「元晖学者教育研究丛书」

CHILD DEVELOPMENT ORIENTED:
FROM CONCEPTS TO STRATEGIES

儿童发展为本：
从理念到策略

姚 伟 / 著

NORTHEAST NORMAL UNIVERSITY PRESS
WWW.NENUP.COM

东北师范大学出版社

长春

丛书序言

在实践领域，教育在全球化、信息化、现代化的背景下，不再呈现为简单有序、线性透明的样态，而是出现了各种各样的复杂样态。因此，这就需要我们更为审慎地思考和更为敏感地把握。在现实生活中，从教育与社会的发展来看，教育越来越多地成为实现国家目的的重要工具，成为实现理想的重要手段；从教育与人的发展来看，教育在满足人的发展需要、培养理想人格方面还有很大提升空间。综观教育的发展，教育的改革不再仅仅是地方性质的，而是成了世界各国政府为实现国家利益和国际诉求的重要手段。教育在应对人的发展的不确定性、人的发展需要的变化性等方面面临着各种各样的挑战。另外，教育的复杂性吸引着思考者不断地进行探索，试图去发现教育世界的"秘密"，找到变革教育世界的"钥匙"，从而使我们更好地认识和改造这个丰富多彩而又纷繁复杂的领域。

东北师范大学教育学部召集十余位教授，整理了近二十年的研究成果，系统诊断教育实践问题，不断追问教育的真理，并创新教育理论。这些研究既有理论模型的构建，又有实践领域的深刻探究；既诊断问题、分析原因，又提出对策、措施；既追本溯源有历史大视野，又关心现实展望未来；既关心国家宏观政策制度，又在微观层面提出具体可操作的方法；既扎根本土研究注重原创，又注重以国际视野进行深度学习。

本套丛书是东北师范大学教育学部教育研究的总结，是十余位教授多年教育研究的记录，是他们对中国教育改革的独特认识。我们希望以这套丛书为支点，与读者展开对话，共同探寻教育的真理，在对教育的凝视中不断地思辨、判断、检视。

吕立杰

2019 年 11 月

于东北师范大学田家炳教育书院

目　　录

第六专题　儿童发展为本的幼儿园教育改革的求索　/ 293

后　记　/400

第一专题

儿童发展为本的教育理念的构建

当我们正在思的时候，我们渐知去思意味着什么。但是，如果我们的努力是卓有成效的，那么我们就必须准备学习思。

一旦我们让自己涉身这样的学习，我们就已经承认自己还无能去思。

最激发思想的事是我们至今还不思——甚至还尚未思。

——海德格尔

儿童教育的反思与现代儿童观的构建

一

随着现代社会的不断发展和终身教育思想的提出，儿童和儿童教育问题成为全球性的热点问题。"为了孩子要保护好我们的地球""让每个孩子都受到教育""倾听孩子的声音"成为联合国舞台上的声音。我国改革开放之后，随着社会的持续发展和人们生活水平的不断提高，儿童教育，尤其是儿童早期教育越来越受到社会和家庭的关注。20世纪70年代末到80年代初，在四个现代化建设的热潮中，改革开放中的中国人从介绍国外早期教育重要性的研究文章中，在对独生子女的加倍珍惜和望子成龙的期望中，开始重视儿童的早期教育，并形成"早期教育热"，可以说这种热潮一直持续到今天。

改革开放至今，我国学前教育的理论与实践经历着艰难的探索过程，其中，有学前教育事业的不断发展，有学前教育研究的不断进步，同时有由于体制改革带来的幼教事业的滑坡，更有商家利用人们浮躁的心态所引发的"不让孩子输在起跑线上"的残酷的竞争。

童年是美好的，童年是人生的童话。在诗化的人生与如歌的生命中，第一乐章是充满玫瑰色彩的童年。每个人都有对童年美好的回忆，童年的天真活泼，童年的纯真无邪，童年的无忧无虑，童年的生机勃勃，让人难以忘怀。飞翔的童心是追求上进风貌的铺垫，自由的想象是创造的萌芽。

但是，今天的孩子在享受快乐的童年吗？

今天的孩子确实比上几代人在物质上拥有更多，他们确实得到了社会、家庭几代人的关注与厚爱。但是，今天的孩子在感受无限关爱的同时，也承受着太大的压力。一个四岁小孩在幼儿园"我最希望发生的事情"的谈话活动中，说自己最希望发生的事情是自己家的钢琴被偷走了，这样他就不用再练钢琴了；一个五岁的小孩对妈妈说，这个世界如果没有声音多好，那样就没有人听见我弹琴了。在为孩子牺牲自己的兴趣爱好，甚至省吃俭用地创造一切好条件，为孩子设计未来的时候，我们成人有没有想过孩子？孩子他是快乐的吗？在宝贵的童年时代，我们应该给孩子些什么？

面对儿童早期教育中存在的种种问题，笔者深切地体会着改革开放以来，儿童早期教育的重要性逐渐被社会认可和重视，深切地感受着家庭对独生子女的高期望和面对众多早期教育项目和宣传的迷茫与无奈，笔者努力寻找答案，探寻其背后的思想根源。当前教育中存在的种种问题，都可以找到其行为背后的思想根源——把儿童看作什么。

教育理论与实践的发展迫切要求对儿童观这一教育基本理论问题给予深入的研究与理论阐述。新世纪教育理论与实践需要以新的教育观念的构建为起点，儿童观的时代性转换与构建是时代发展的必然要求，对儿童观问题的理论研究是构建新的教育理论大厦的基础工程，任重而道远。

二

对于"儿童是什么"这一问题，每个人都有自己的问答，"花朵""未来""希望""种子""天真的孩童""可爱的小孩"……也许因为每个人都曾经历过难忘的童年，也许因为我们会成为另一个儿童的父亲或母亲，也许因为我们一生中不可避免地带着童年表现最明显的游戏之心，也许因为我们作为教育者，每天都在面对儿童的种种表现，所以我们总是以为自己天经地义地知道什么是儿童，而往往忽略了对"儿童本身是什么"的进一步追问，忽略了寻找儿童本真的意义。

在我国的教育学体系中，没有关于"儿童"的命名研究，有的也只是"受教育者""教育对象""学生"的命名。"儿童"在我们的教育里是以概念化的形式出现的，而不是以本真生命状态形式出现。儿童教育总是按照事先设定的儿童该怎样成人和儿童该成为什么样的人的模式去实施影响，在按照标准去塑造儿童的过程中，作为儿童的真正意义在塑造性的教育中失落了。应该说，不但关于儿童的理论没有在实践中发挥其应有的指导作用，而且对儿童观的理论研究也不十分充分。

从20世纪80年代开始，随着教育改革的不断深入，教育理论与实践的探索从关注教育内容的更新与教学方法的改革，转向研究教育对象，研究如何激发学生学习的积极性、主动性和创造性。在实践中人们逐渐认识到落后的观念是落后的教育的根源所在，是教育改革与发展的障碍所在。教育现代化的核心是教育观念的现代化，没有教育观念的转变，就没有真正意义上的教育现代化，而教育观念体系中儿童观和教育观的转变是关键。

儿童观作为对儿童总的看法与观点，是建构教育理论的基础，是进行教育实践的前提。尽管联合国的《儿童权利公约》、我国的《未成年人保护法》和《90年代中国儿童发展规划纲要》等法律文件明确了儿童应享有的社会地位和权利，尽管在公众的意识中，儿童被看作"祖国的花朵""民族的未来"，在教育中也提倡热爱儿童、尊重儿童，按儿童发展的规律教育儿童。儿童观的问题看似已经解决了，但实际上，教育中"国本位""家本位""成人本位"的儿童观依然存在，表现在把儿童期看作成人生活的准备时期，否认儿童期自身的价值；不承认儿童有自己的生活世界，强迫儿童去适应成人的规则与环境；强迫儿童牺牲今天的幸福去为未来做准备，或使儿童成为实现成人未了心愿的工具；在教育教学中把儿童看作任意填充的容器，是有待标准化加工的零件，是分数的奴隶，儿童的生命情感、需要、个性统统被忽视。由落后的儿童观所产生的"异化"教育，完全背离了教育丰富生命内涵、提升生命境界的意义，不仅严重影响着儿童的身心健康，也影响着中华民族整体素质的提高和文化的可持续发展。"更新教育观念""转变儿童观"成为有志于教育改革人士的共同追求。

儿童观是在哲学层面上对儿童这一生命存在的认识与观照。儿童观是人观的缩影，对儿童的认识就是对人类自身的认识，对儿童的看法反映着一个时代、一种文化对个体人的地位和价值的基本认识。梳理教育领域中儿童观演进的历史，构建面向未来并体现时代精神的儿童观，是人类自我意识发展成熟的表现，对儿童认识的时代性转变表征着人类对自身认识的深化。

海德格尔指出，只有人关心存在的意义，追问自己为什么存在，应该如何存在。当人询问"在"的时候，人已经"栖息于"对"在"的某种理解之中。儿童的生命是人的生命的第一乐章，人类对自身的认识自然地包括对"人之初"的认识。人类渴望了解自己，不断寻求自身存在的意义，这意义的寻求必然包括对自己过去的追问，也必然包括对自己曾经岁月的回首，因为这构成人存在意义不可缺少的一部分。对儿童的理解就是对人自身的理解，对儿童的认识就是对自我的追寻。认识儿童是人类灵魂深处的信念使然，认识儿童是对人生存意义的终极性关怀与追问。

三

在现代社会，随着社会的发展和人类对自身认识水平的提高，儿童也有了新的形象。今天的儿童观继承了历史上的优秀文化思想传统，融合了当代社会对儿童的要求。

美国儿童心理学家、教育家，曾任美国幼儿教育学会主席的大卫·埃尔肯德教授，以皮亚杰儿童认知发展心理学为基础，总结了现时流行的儿童观，并进行了深刻的分析。他指出，现代社会使今天的儿童比以往任何时代的儿童拥有更多的东西，但同时给儿童以许多压力。

（一）欲望的儿童

20 世纪 20—30 年代，在以弗洛伊德为代表的精神分析学派的儿童发展理论影响下，人们对儿童期的认识进一步具体化。儿童期，尤其是婴幼儿期被看作影响和决定人格最终结构的关键时期。弗洛伊德甚至认为五岁之前人格已基本形成。在这一时期，如果儿童获得的快感太少，冲动和欲望被抑制，将会导致情绪障碍，影响人格的发展。这种儿童观在儿童教育上，强调给儿童表达、表现自己的机会，成人为儿童提供发泄和表达自己内心情绪的机会，幼儿园把角色游戏、身体运动、绘画等作为幼儿园课程的重要部分。

（二）可塑的儿童

生理学和心理学的研究证明，儿童期是生长发育最迅速的时期，儿童有很强的可塑性，儿童的适应性甚至超过成人。埃尔肯德教授指出，儿童有极强的好奇心，像海绵一样在生活中吸收知识，但这不意味着儿童已经准备好去学习任何东西。童年应该是天真无邪的，成人没有权力从小就让儿童去学习需要很高的智力水平、复杂性和技术性都超过儿童所能真正理解和掌握程度的东西。例如，有的家长让孩子必须学习计算机；有的家长为了让孩子尽早了解社会，给孩子讲艾滋病、核武器等知识；有的幼儿园提早对幼儿进行读写算的训练，等等，这些都会给儿童造成压力，持久的压力影响儿童的心理健康。

（三）有潜力的儿童

在 20 世纪三四十年代，人们认为儿童的智力是由遗传决定的，后天的教育无法改变"先天的事实"，所以成人的作用就是给儿童一个"展开（unfolding）"其遗传素质的环境。20 世纪下半叶以来，随着生理学、脑神经学和心理学的发展，人们对儿童的能力有了新的认识，认为婴幼儿有很大的学习潜力。布鲁纳在《教育过程》中提出："任何学科都能够用智育上是正确的方法，有效地教给任何阶段的任何儿童。"著名心理学家布卢姆根据对近千名儿童出生到成年的追踪研究，提出了早期经验与智力发展百分数的假想。他认为，若以 17 岁测得的智力成熟度作为 100％，那么出生到 4 岁，获得 50％，5 至 8 岁获得 30％，9 至 17 岁获得 20％。布卢姆的假设充分揭示了学前期是智力发展最迅速的时期。

大卫·埃尔肯德教授指出，在成人眼中，儿童具有超出他们年龄的能力，仿佛"小超人"一般。儿童被催促着尽快成长成熟，成为"小大人"，成为"超级儿童"。他指出，儿童被催促着加快成长，社会、学校和媒介是主力军。追求"又快又好"的社会文化，加上科技发展和社会的竞争，使美国儿童生活在一个被催促成长的社会氛围之中；家长由于生活的压力和儿童发展知识的缺乏，不得已采取拔苗助长的教育方式；学校的改革没有脱离"工厂模式"，强调"基本技能"和"成绩测验"加剧了学校对儿童成长的催促作用。以电视为代表的大众传媒使儿童在很小的年纪获得很多不能理解的对世界的认知与概念，使儿童过早"成人化"，穿着更像成人，说话更像成人，做事更像成人。这些假象使成人认为今天的儿童更聪明更成熟，更容易把儿童当作成人一样对待。大卫·埃尔肯德教授提出，社会、父母、学校和媒介给儿童的压力已经超出了儿童的承受能力，对儿童的健康成长具有很大的消极影响。"长大成人是需要一定的时间的，个体的成长涉及一系列与年龄有关的发展阶段，每个阶段的成长都会给儿童带来智力、情感和社会关系方面的重大变化。这些复杂微妙的新能力的充分发展是一个缓慢慎重的过程。如果我们一味催促儿童快速成长，忽视阶段性发展的必要性，那么将会在未来引发严重的问题。"

四

随着经济全球化进程的加速，人类已步入知识经济时代，知识经济时代的到来，对教育提出了一系列新的要求，只有不断地转变教育观念，把握未来教育发展的方向，才能培养出符合新时代需要的有创造能力、学用结合的创造性人才。

知识经济就是以知识作为生产力发展的最主要因素的经济。知识经济的一个重要特征是知识创新和技术创新。知识的生产和创新、知识的传播和应用是经济和社会发展的核心。知识经济也可以说是人才经济，人力资源是知识经济时代的第一资源，高素质的创造性人才是经济社会发展的关键，创新能力是衡量科技人才质量的重要标准。知识经济时代所凸显出的高变化性、高创造性、高竞争性、高合作性、高冒险性等社会特征，要求学前教育同其他教育一样，必须迅速对此做出反应，转变教育观念，推动更加深入的幼儿教育改革，迎接知识经济的挑战。

教育改革，从本质上说是观念的变革和观念的进步。观念的转变在教育运行机制中的体现就是教育领域的一场革命，它势必要冲破一些陈旧的教育观念，产生一些新的教育观念，从而改变一些不符合教育规律的做法。

"观念"一词源自古希腊的"永恒不变的真实存在"。作为一个重要的哲学术语，它同物质和意识、存在和思维的关系密切。它是在意识中反映、掌握外部现实和在意识中创造对象的形式化结果，同物质的东西相对立，属于精神层面的东西。《辞海》对于"观念"一词的解释为：第一，思想、看法、思维活动的结果；第二，表象或客观事物在人脑里留下的概括的形象。

观念一方面反映客观事物的不同属性，同时加上了主观化的理解色彩。观念是理论和经验在人头脑中的积淀，是社会实践中个人所具备的实践性和能动性的体现，是一种特定的思维形式。人们会根据自身形成的观念进行各种活动，利用观念系统（观念体系）对事物进行决策、计划、实践、总结等活动，从而不断丰富生活和提高生产实践水平。由于人们自身认识的历史性和阶段局限性，决定了人们的认识会因时间的变迁而出现与时代不相符的思想和理念。从这个意义上来说，观念更新与否是区分旧观念与新观念的分水岭。

教育观念作为一种思想沉淀，对教育实践的深刻作用，不是以物化的形态显现的，而是以隐性的内在规约形式表现出来的。教育者的观念直接支配着自己的教育实践，教育观念的正确与否，直接关系到教育实践的方向与成败。教育观念不仅直接关系教育行为，还影响教育的性质与状态。教育观念现代化是教育现代化的起点，转变教育观念是社会发展的要求，是教育者的使命担当。

儿童观与教育观密不可分。儿童观是教育的依据，有什么样的儿童观就有什么样的教育观。为了推进幼儿园教育改革，更好地促进幼儿发展，树立正确的儿童观和教育观至关重要。

首先，儿童是人。儿童与成人在人格上是平等的，儿童与成人一样有生理需要，也有社会需求；儿童也有爱的需要、被尊重的需要，也有丰富的内心世界。

儿童期是人生的起始阶段，是一生中身心发展最迅速的时期，有其内在的、固有的身心发展规律。儿童教育必须适应儿童身心发展规律，成人没有权力按自己的意愿去规定儿童怎样成长和成为怎样的人。

在幼儿园教育中，教师要把幼儿当作与成人平等的人来看待。教师安排和设计各种活动必须考虑幼儿的身心发展特点，考虑幼儿的需要和兴趣；教师与幼儿的交往要充分体现平等和互动，使幼儿感受到教师的支持、理解和尊重；教师要采用符合幼儿特点的游戏化的方法，促进幼儿的发展。

其次，儿童是具有主观能动性的人。儿童的发展过程不是被动地接受客观因素影响的过程，儿童自身也积极参与并影响这个过程。儿童不是消极、被动地接受外界环境的刺激，而是主动地对外部刺激加以选择，他们有自己的需要、兴趣和独特的认知结构。

幼儿园教育要充分调动儿童学习的积极性、主动性和创造性。《幼儿园教育指导纲要（试行）》指出，教师是幼儿学习活动的支持者、合作者和引导者。教师要采取多种方法激发幼儿学习的兴趣和愿望，使幼儿成为学习的主人。教师设计活动必须首先考虑如何让每个幼儿都参与其中，使每个幼儿都有机会动手操作、动脑思考。教师要把幼儿看作积极主动的探索者，为幼儿更多地提供独立活动、独立发现问题和解决问题的时间和空间。

再次，儿童是具有差异性的人。幼儿期是个性开始形成的时期，幼儿已表现出在兴趣、能力、性格等方面的差异。学前教育必须重视儿童的个别差异，教师不能期望所有的儿童以同样的方式达到同一发展水平。教师要观察了解每个儿童的特点，针对每个儿童的情况区别对待。当代教育科学发展已证明，只有切合幼儿各自发展水平的教育要求和内容，才能引起幼儿积极主动的活动，才能最大限度地促进发展。

美国哈佛大学的加德纳教授提出的多元智能理论对传统的智力观提出了挑战，也为我们尊重差异提供理论基础。他认为人至少有八种智能：（1）语言智能：口语及书写文字的运用能力。（2）数理—逻辑智能：运用数字和推理的能力。（3）音乐智能：察觉、辨别、改变和表达音乐的能力。（4）自然观察智能：对周围环境及其他事物进行有效辨识及分类的能力。（5）空间智能：对方向的敏感性，以及绘画和设计等方面的能力。（6）身体运动智能：运用身体来表达想法与感觉，以及运用双手生产或改造事物的能力。（7）人际关系智能：辨识与了解他人的感觉、信念与意向的能力。（8）自我认识智能：能对自我进行省察，区别自我的感觉，并产生适当行动的能力。

　　每个人都拥有不同的优势智能领域，比如爱因斯坦、莫扎特、毕加索、乔丹，我们能说出谁更聪明吗？我们只能说他们拥有不同的优势智能领域，而不能分辨出谁更聪明。同样，这些智力也以潜能的形式存在于每个儿童身上，每个儿童拥有不同的优势智能领域和相对的弱势领域，不同的儿童拥有不同的智能组合。不能用聪明与否衡量孩子，只能说他在哪个方面更聪明和如何聪明。从某种意义上说，没有笨小孩，我们所认为的笨小孩更多是通过传统的测验得出的结论，这些测试主要是测查孩子的语言和数理—逻辑智能，用加德纳的多元智能理论来分析，这只是说明了孩子一个方面的智能。

　　加德纳的智力观让我们相信这个世界上不存在笨小孩，只是他们的智力组合特点和发展速度不同。因此，我们应给每个孩子表现和发现自己潜力的机会。我们应主动发现孩子的优势智能领域，有目的地促进他们优势智能的发展，同时通过发展其优势智能来带动其弱势智能。

　　泰戈尔晚年在孟加拉办了一所学校。在这所学校里，孩子们是光着脚在草地上奔跑，在树杈上看书。泰戈尔在《孩子天使》中这样描述："孩子都喜欢泥土，他们全部的肉体和心灵，如同鲜花一样渴求阳光和空气，他们从不拒绝来自宇宙的要求与他们的感官建立直接联系的持续邀请。""童年是一个文明人一生中唯一可以在一根树的树枝和客厅椅子之间做出选择的时期，难道因我已是成人不便这样做就应该去剥夺孩子的这种权利吗？……我知道，在这个实际世界上，鞋子是要穿的，道理是要铺设的，车子是要使用的。然而，在孩子们受教育的时期，难道不应该让他们懂得，世界并非客厅，而是一个诸如自然的东西，而他们的肢体之所以被造就得如此美妙，正是对自然的一种回应？"

　　王逢贤先生曾著文《儿童——一个仍待揭开的奥秘》，提出："人是至今各门相关学科仍未揭开的奥秘，而作为'人之初'的儿童亦然成了这个奥秘中的奥秘。"作者满怀着对生命的敬畏，对童年的珍视，对美好未来的憧憬，从人学研究的视域对儿童和儿童观的研究进行思考，以哲学反思为主要研究方法，在充满人文关怀的视域中，综合相关学科的研究成果，展开了对儿童、对儿童观探索的漫漫里程。

　　[原文《给儿童快乐童年》发表于《学前教育研究》2005 年第 7 期。收录于本书时有改编]

儿童是自然的存在

儿童是什么？童年期为什么存在？童年期可否缩短？人类学的研究给我们重要的启示。儿童是自然界的一部分，是自然存在物，儿童期的存在是人类自然进化的结果；儿童有生命的肉体组织的存在根源于自然，从属于自然，依赖于自然并服从自然的规律。

一、童年期溯源

对现在的我们而言，似乎童年期是必然地存在着的。其实，在人类漫长的进化中，童年期的出现和延长是物质运动社会形式的复杂化与人脑发育相互作用的结果，是人类进化特有的轨迹留下的痕迹，我们承接着祖先进化的结晶。

（一）人的进化与"青春化"

在自然界漫长的进化过程中，40多亿年前地球上产生了生命。经过漫长的过程，猿进化成人，并形成人类社会。人是自然的一部分，人类是物质形态进化的产物，但人类祖先的进化与动物的进化有本质的不同。人类祖先的进化不是纯生物性的，它是社会实践活动和生物因素相互依存、相互制约，且依存和制约程度不断提高的过程。俄罗斯科学院院士、世界著名生物学家和遗传学家尼古拉·彼得罗维奇·杜比宁提出人类祖先存在两种遗传形式——生物遗传和社会遗传，"前者把一切遗传变化的成果储存于自身，后者则把社会历史实践的经验通过学习世世代代传下去"[1]。人类进化的这种特殊的物质运动的社会形式的出现，从根本上改变了人对环境的可适应原则，人类祖先为了以特有的遗传方式适应自然，开始了脑的进化发育。大脑的进化也是社会文化因素和物质因素的辩证作用过程，"如果说古文化的发展对促进大脑的进化施加了很大的压力，反过来可以说大脑的进化带给了社会文化复杂性以进一步发展的奖赏"[2]。

在人的大脑进化过程中，"青春化"过程对大脑的发育成熟起了重要作用。"青春化"就是个体发育的放慢，也就是童年这一生物阶段的延长，也意味着个体发育的未完成状态。在哺乳动物中，灵长类的发育速度都是比较慢的，而人类的发育速度慢到了其他哺乳动物不能比拟的程度。与其他哺乳动物相比，人类的孕期更长，人必须在子宫中度过很长的时间，人也需要很长时间才能真正成熟。这一切都是生物进化的必然选择。为了"成年阶段的长度与漫长的幼年期保持相应的比率"[3]，人类的寿命也比其他动物的寿命更长。

人类童年期的延长，对人类的生物进化和文化发展具有重要作用。人类童年时期的延长不仅使大脑在外界的刺激和文化的影响下持续其组织上的发展，将人类在胚胎中的快速生长延续到出生后的生命中，而且对人类个体的发育和人类的进化有重要意义。童年期是获得人类积累的文化，从生物人向社会人转化的时期。这一文化"化"人的过程，对个体发展必不可少。人类个体发育进展的减慢有利于个体学习各种技能和发展智力，有利于个体接受文化的熏陶，有利于个体发展自己的个性。

童年期的延长是生物进化与社会文化发展的必然要求和产物，童年期的延长又促进了社会文化的发展。在人的进化过程中，社会文化的复杂性不断增加，需要个体有一个较长的童年期，以学习文化和适应文化。同时，童年期的延长"使得把社会文化的基本结构有可能整合到个人的大脑中，又把大脑的基本结构整合到社会文化的结构中；它使得个体的智力和感情有可能同时得到发展"[4]。较长的童年期不仅使最早的家庭关系如母子关系和兄弟姐妹的关系的感情纽带更牢固，而且使人"童年的感情世界在成人生活中扎根，使这种感情在以后采取友情、挚爱和爱情的形式指向新的伙伴"[5]。人类的"青春化"使人能把幼年的情感保持到成人期，并为成年期丰富的情感提供最初的源泉。

（二）幼态持续

"青春化"使人类的童年和成年如此紧密地相联和相通，人类明显降下来的发育速度导致人类的幼态持续，童年的特征不仅表现在儿童的世界中，也融合在成年人的世界里。"青春化在开始时促进了童年期的延长，以后它同时促进成人世界进入青春期和使青春期进入成人世界。"[6]因此，我们从成人身上仍能看到孩童般强烈的游戏兴趣，看到激情的释放，看到疑问的眼神和好奇的探究。

人类幼态持续不仅使人类在成体中保留了祖先的幼体特征，而且使人类对孩童的形态一往情深。生物学家通过研究人类生长中形态的典型变化，发现抽象的人类孩童的特征容易使我们生发出强烈的情感回应。生物学家康拉德·洛伦兹提出："幼年的特征可以焕发成年人的慈爱和养育之心的'固有机制的释放'。当我们看到活生生的具有婴儿特征的生灵时，我们就会感到温馨，我们的顾虑也就自动消失了。"人类的这种情感倾向性还体现在对有孩童特征的动物的喜爱。美国迪斯尼公司动画片的艺术家正是利用了人类生物学上的倾向性，塑造出米老鼠的形象，其特征是：大脑袋、大眼睛、前额突出，这些都是人类幼年时的特征。我们把对成长中的婴孩的喜爱转移到动物身上，所以每个人都喜欢米老鼠的形象。人类喜欢有幼体特征的动物[7]。婴儿的特征可激发人类产生强烈的友善情感，不论这种情感是生物学性的还是社会性的，最重要的是对这种情感的意识使我们珍惜保持幼年特征的力量及这种力量所产生的影响。对童年的回忆与向往是我们成长与努力的乐趣与动力。

"在人的祖先的进化中，社会遗产容量逐渐增加，内容越来越复杂化，这促使在人的生物发展中出现童年、少年和青年的漫长时期，这是其他动物所没有的。"[8]童年期的存在是人类特殊的进化历程的结果。人类是幼态持续的生灵，童年期的存在也是人类特殊的情感倾向的源泉。"真正的人类特征是一直保持着发育状态，这一富有活力的特征是人类幼态持续的本性赐予的一个礼物。"[9]我们虽然会长大，但我们保持着年轻的心态。

总之，"青春化是一个总体和多方面的过程，它的每一个方面都与大脑的进化紧密联系，涉及族类的遗传性质、文化的社会性质和个人感情与智力的性质。它保障了社会文化自我再生和自我发展的更为优越的条件，也保障了个人从出生直到衰老在感情上、智力上和创造性上发展的更为优越的条件"[10]。它使人自然地拥有童年，也使童心永恒。

二、儿童具有自然开放性

从生命之初，人类就是一个远比动物更孱弱无力的存在，瑞士生物学家波特曼认为人类是"生理性早产"，提早了一年来到世上，"换言之，人在出生后一岁，才达到真的哺乳动物降生时就有的发育状态。这样看来，要使人的发展与其他哺乳动物并驾齐驱，人类的妊娠期理应比现实延长大约一年，即约二十一个月"[11]。人类的婴儿能从如此孱弱的生命发展成万物之灵，就是因为人类的婴儿承接着祖先进化的成果——人的非特定化，这使他成为开放性的存在。

马克思说过："人直接地是自然存在物。人作为自然存在物，而且作为有生命的自然存在物，一方面具有自然力、生命力，是能动的自然存在物，这些力量作为天赋和才能、作为欲望存在于人身上；另一方面，人作为自然的、肉体的、感性的、对象性的存在物，和动植物一样，是受动的、受制约和受限制的存在物，也就是说，他的欲望的对象是作为不依赖于他的对象而存在于他之外的。"[12]人对自然的依赖与动物相比有本质的不同，人以开放的普遍性在自然中生存和发展，人的非特定化是这种发展的基础。"不仅猿猴，甚至一般的动物，在一般构造方面也比人更加专门化。动物的器官适应于特殊的生存环境、各种物种的需要，仿佛是一把钥匙适用于一把锁。其感觉器官也是如此。这种专门化的结果和范围也是动物的本能，它规定了它在各种环境中的行为。然而人的器官并不是指向某一单一活动，而是原始的非专门化（人类的营养特征正是如此，人的牙齿既非食草的，也非食肉的）。因此，人在本能方面是贫乏的，自然并没有规定人该做什么或不该做什么。"[13]动物的特定化使动物看起来在自然存在上是一种"完善"，但这种"完善"是非开放性的"完善"。动物机体器官、构造和机能在适应自然环境过程中，通过生物遗传方式固定并传递下来的是一种被特定化和被定向了的行为方式，它使动物片面地属于它生活环境的一部分，也决定了动物只能适应有限的环境范围。总之，动物是被限定了的，被限定在特定的外部环境中，并始终依附、从属于这个环境，成为这个环境世界的一部分。人的非特定化看起来好像是人的一种不完善，但正是这种不完善、未完成、非确定状态，表明了人没有被限定，具有非限定的可塑性，它使人具有普遍地适应一切环境的潜在可能性，具有不确定地用一切可能方式把握环境世界，从而普遍地依赖这个世界的潜力的可能性。"尽管非专门化最初有消极的效果，但经过长途跋涉之后，它却具有不可估价的优点。专门化缺乏实际上相联于高级能力。因为人的器官没有被狭隘地规定在少数的生命功能上，它们可能具有多重作用。因为人缺少此则具有彼。人所缺少的专门化得到补偿，甚至超出了补偿。这是因为下列事实：人多种的能力和人的创造性，使人适应了变化的外在条件，而且通过创造活动和社会制度，使人更易生存。于是，人远远超过了动物，尽管动物看来有更好的装备去进行生存斗争。"[14]

非特定化为人通过普遍的发展来弥补特定化方面的匮乏提供基础和原动力，但这只是潜在可能性。"因此，人必须自我完成，必须自我决定进入某种特殊的事物，必须凭借自身努力力图解决自身出现的问题。人不仅可能而且必须是创造性的。创造性并非只限定于少数人的少数活动，而且必须根源于人类存在的结构。"[15]人要通过后天创造性的努力，发挥自己潜在的能力和素质，把可能性变为现实性，不断塑造自己、完成自己、完善自己。人的完善、非特定化意味着人是"向世界敞开"的。

由于人的肉体组织形态和相关器官构造与机能的非特定化，决定儿童是开放的自然存在。儿童这一活生生的生命是开放的系统，因为他既是构成的，又是不断生成的；既是现实的，又有面向新事物的可能性。儿童作为一个自然的开放的系统，必然与周围环境保持着特质、能量和信息的交换。生态学研究给我们以启示："生态系统的关系不是两个封闭的实体之间的外在关系，而是两个开放系统之间的互相包容的关系，其中每一个系统既构成另一个系统的部分同时又自成整体。一个生物系统愈是具有自主性，它愈是依赖于生态系统。事实上，自主性以复杂性为前提，而复杂性意味着和环境之间多种多样的极其丰富的联系，也就是说依赖着相互关系；相互关系恰恰构成了依赖性，这种依赖性是相对的独立性的条件。同理，在自然界享有最大自由的人类社会以对自然界的多种依存性来滋养它的自主。而生态系统的复杂程度愈大，它愈是能够以极其丰富和多样的食品和产物来滋养人类社会，愈是能够促进社会秩序的丰富和多样化，亦即其复杂性。"[16]人类个体——儿童也是一样，儿童既享有最大的自由，同时又具有最大的依赖性，儿童自主性的维持和发展与对自然和社会的依赖性是分不开的，儿童以组织形态上的自主—依赖关系存在于生态系统之中。"生态学恢复了'自然概念'的崇高地位，使人性根于自然。"[17]生态学的理论也丰富了儿童与自然关系的内涵。

儿童是自然的存在。古今中外的哲人、诗人为追求心灵的自由和与自然融为一体的人生境界，都尊崇童心，多少艺术家努力使自己保持童心的纯与真，希望用孩子般透明的眼睛观察世界和表现世界。尤其在当代，工具理性的膨胀导致人类灵魂和思想远离了人的情感世界和美的世界，人们崇拜童心，把儿童形象作为自然的象征，试图恢复人类被物质价值观念所扭曲的人性。但在当今的社会现实中，"童年"的概念受到了挑战，童年的意义正远离儿童。"为未来做准备"的教育使儿童成为遥远未来的牺牲品，儿童被迫过早成熟，过早成人化。在宝贵的童年，儿童没有体验到生命情感的丰富，没有感受到生命意义的充实，没有体会到不可回复的童年生活的幸福。

人生的每一阶段从生理上说都是不同的，但在价值的时空里，每一阶段都是黄金时期，每一阶段的感受与体验都构成人的整体生命的完整过程不可或缺的生命时段。童年是自然赋予，忽视童年自身的价值，剥夺儿童享受童年的乐趣，就是剥夺儿童的生命权，就是对自然人性的扭曲，对自然规律的践踏。

注　释

[1] 尼·彼·杜比宁. 人究竟是什么 [M]. 北京：东方出版社，2000：259.

[2] 埃德加·莫兰. 迷失的范式：人性的研究 [M]. 北京：北京大学出版社，1999：69.

[3] 蓝德曼. 哲学人类学 [M]. 北京：工人出版社，1988：225.

[4] 埃德加·莫兰. 迷失的范式：人性的研究 [M]. 北京：北京大学出版社，1999：69.

[5] 埃德加·莫兰. 迷失的范式：人性的研究 [M]. 北京：北京大学出版社，1999：71.

[6] 埃德加·莫兰. 迷失的范式：人性的研究 [M]. 北京：北京大学出版社，1999：70.

[7] 斯蒂芬·古尔德. 熊猫的拇指：自然史沉思录 [M]. 北京：生活·读书·新知三联书店，1999：103.

[8] 尼·彼·杜比宁. 人究竟是什么 [M]. 北京：东方出版社，2000：131.

[9] 斯蒂芬·古尔德. 熊猫的拇指：自然史沉思录 [M]. 北京：生活·读书·新知三联书店，1999：109.

[10] 埃德加·莫兰. 迷失的范式：人性的研究 [M]. 北京：北京大学出版社，1999：70.

[11] 筑波大学教育学研究会. 现代教育学基础 [M]. 上海：上海教育出版社，1986：66.

[12] 马克思，恩格斯. 马克思恩格斯全集：第 42 卷 [M]. 北京：人民出版社，2006：167.

[13] 蓝德曼. 哲学人类学 [M]. 北京：工人出版社，1988：210.

[14] 蓝德曼. 哲学人类学 [M]. 北京：工人出版社，1988：211.

[15] 蓝德曼. 哲学人类学 [M]. 北京：工人出版社，1988：246.

[16] 埃德加·莫兰. 迷失的范式：人性的研究 [M]. 北京：北京大学出版社，1999：14.

[17] 埃德加·莫兰. 迷失的范式：人性的研究 [M]. 北京：北京大学出版社，1999：14.

［原文《儿童是自然的存在》发表于《学前教育研究》2005 年第 7 期］

儿童有拒绝的权利

一

在一所幼儿园里，园长陪着一位外籍专家参观班级。这位外籍专家看到正在绘画的孩子们，非常高兴，园长对一名幼儿说："把你的画送给这位老师好吗？"这名幼儿看看自己的画，说："我不想给别人。"园长听了脸上顿时红了起来。

孩子这样做，应该吗？孩子有拒绝成人的要求或好意的权利吗？

在当今世界，随着联合国《儿童权利公约》的颁布，"儿童是权利的主体"成为儿童的新形象，儿童不仅是法律保护的客体，而且是有能力、积极主动的权利主体。但是，我们不无遗憾地看到，现实的世界是由成人主宰的世界，忽视和侵害儿童权利的现象依然存在，儿童权利还没有成为我国"基本的社会价值"。在中华民族的传统中，儿童的价值与权利是相分离的。儿童被认为是宝贵的、重要的，但往往是从"国"或"家"的角度把儿童看作国家发展和家族繁衍的工具，把儿童看作弱小的被保护对象，而不是与成人平等的独立个体和权利主体。

"儿童是权利的主体"意味着要把儿童看作与成人人格平等，具有相同的社会地位，具有基本人权的积极主动的、人格独立的人，是拥有权利并能行使自己权利的自由主体。"儿童是权利的主体"要求社会和成人不仅要看到儿童对社会和家庭的意义，看到儿童弱小而需要成人保护的事实，而且更要看到儿童作为人所具有的生命的尊严与价值，以及在社会、家庭、教育机构中享有的权利和地位。

儿童作为权利主体拥有权利，包括拒绝的权利。儿童有权利拒绝不符合其年龄特点的要求与活动，如要求弱小儿童与社会不良现象作斗争；有权利拒绝出让他喜欢的玩具和物品；有权利拒绝做班级里"最好的孩子"；等等。儿童有拒绝的权利，并不是说儿童的任何要求都必须满足，可以对儿童放任自流。"儿童是权利的主体"的核心思想是要求我们把儿童当作与成人一样平等的人去尊重，把儿童从被动中解放出来，使儿童成为有主动性、能动性和创造性的人。

二

人类一直都经历着这样两个时期：一是道德上升为法律；二是法律转化为道德。儿童道德地位上的变化会在法律上得到印证，同时，法律地位的变化也反映儿童道德地位的高低。随着文明社会的发展和进步，儿童道德地位和法律地位都得到迅速提升，也可以说，对儿童的保护发生了重大的变化。从 1924 年日内瓦《儿童权利宣言》，到 1959 年联合国《儿童权利宣言》，再到 1989 年的《儿童权利公约》的通过，这期间伴随着工业的发展、民权运动的兴起及妇女地位的提升，儿童问题受到了前所未有的关注。

将儿童视为具有权利的主体这样的权利理念是在《儿童权利公约》中才得以确立的。儿童权利从更广泛的意义上说，是人们如何看待儿童和对待儿童的观念问题。儿童是权利主体这一观念有其对儿童更深的认识和理解。

（一）儿童和成人一样，彼此平等，具有相同的价值

联合国儿童权利委员会副主席汉姆柏格先生在阐述《儿童权利公约》的基本精神时指出，在传统上儿童总是被人们看作宝贵的东西，但没有被看作权利的主体。政治家、专业工作者和家长虽然关心儿童的幸福，但出发点是使脆弱的儿童不受伤害。人们没有普遍认识到儿童也是有能力的，他们有自己的观点和想法，应受到尊重，拥有权利。在中华民族的传统中，儿童被认为是宝贵的、重要的，但往往是从"国"或"家"的角度把儿童看作国家发展和家族繁衍的工具，儿童的价值与权利相分离；儿童常被当作弱小的被保护对象，而不是与成人平等的独立个体，儿童与成人是一种依附关系。

权利是人在社会中拥有的生活资格，是人的生命机体和文化角色应有的自主性，也是社会应该赋予他的自由性。人权表明人在社会中是一个活动的主体，具有自主、自由能力，剥夺一个人的自主和自由，就失去了基本权利。人权具有平等性、公正性和尊严性，人权要求社会中的人际关系是平等的，要尊重每个人的人格与价值。儿童是权利主体意味着把儿童看

作是与成人人格平等，具有相同的社会地位，享有基本人权的积极主动的、人格独立的人，是拥有权利并能行使自己权利的自由主体。它表明儿童的权利与价值是统一的，要求人们不仅看到儿童对社会的意义，看到儿童弱小而需要成人保护的事实，而且更要看到儿童作为人所具有的生命的尊严与价值，以及在社会中享有的权利和地位。

（二）儿童作为权利主体拥有权利

按照《儿童权利公约》精神，儿童享有的基本权利有生存权、受保护权、发展权和参与权。儿童的权利反映了儿童在社会关系中的地位，是儿童作为主体的一种资格，是被社会意识或社会规范认为是正当的行为自由。法律赋予了儿童这一权利主体以基本的人权，这些基本权利是与儿童作为人的本性与尊严相一致的，践踏这些权利就是对人性和人的尊严的践踏；另外，这些权利也不是由其他权利派生出来的，它们本身就是儿童权利存在的基础。

"有权利就意味着有能力要求尊重，有能力提出要求，并有能力要求对方听取。"有人认为儿童太幼稚，不懂得如何运用权利，甚至可能乱用权利。这并不能构成否定儿童权利的理由。坎贝尔注意到，从婴幼儿的角度看儿童的能力，容易将机能上的自治不能和缺乏对具体生活的内容的选择能力相混淆。把能力作为抑制权利的理由，无论多么善意，都具有潜在的危险性。

儿童拥有法律赋予的权利意味着儿童权利是人权不可分割的一个组成部分，意味着儿童可以通过法律手段行使自己的权利、保卫自己的权利，意味着儿童与社会的关系成为一种法律的契约关系，社会有责任保护儿童权利的实现。儿童是权利主体这一儿童观要求人们观念的转变，要从儿童是法律保护的客体转变为儿童是权利的主体，从只有家长有保护儿童的责任转变为国家和社会都有保护儿童的义务，在教育中，从把儿童"培养成……"转变为"为儿童成为……而服务"。总之，儿童是权利的主体要求我们把儿童从被动中解放出来，使儿童成为有主动性、能动性和创造性的人。

（三）儿童作为权利主体的特殊性

儿童和成人一样平等地拥有法律保护的权利。但是，儿童毕竟是发展中的人，身心处于发育成熟过程之中，与成人相比，在体力、心理上都处于弱势，这决定了儿童作为权利主体的特殊性。

儿童作为权利主体的特殊性首先表现在，儿童权利的行使需要社会的教育和保护。儿童是社会发展的未来和基础，尽管儿童群体不直接参与社会生产，儿童仍在社会体系中占有一席之地，并影响社会的发展；儿童作为社会有特殊需要和权益的群体，需要社会在精神上和物质上给予特殊的照顾和法律保护。

儿童权利的相对义务人是成年人，成年人对儿童权利的实现具有不可推卸的责任和义务。对儿童的保护不仅是家长的责任，更是国家和社会的责任。确立儿童权利的法律保护在司法实践上包含两层意义：一是国家以法律形式，根据儿童身心发展的特点与需要，把社会公众保护儿童权利的愿望和意志，集中起来转化为国家的意志，用以调整家庭、学校、社会各方面及公民个人同儿童权利保护之间的关系；二是对儿童权利保护负有责任和义务的组织和个人，必须严格执行关于儿童权利保护的各项法律规定，确保儿童权利法律保护的实现，否则要承担法律责任。关于儿童的法学理论新的观点是，家长是儿童的当然监护人，国家是儿童的更高监护人。儿童权利保护和健康成长不仅仅是家庭的事，而且是社会的事、国家的事。

教育是实现儿童权利过程中的基本环节，教育是儿童学习运用权利和保障儿童权利实现的重要途径，在教育中保障儿童权利的实现是教育的基本职能之一。过去我们常从狭隘的教育观念出发，认为教育就是传授知识，教师和儿童的关系就是传授者与接受者的关系，儿童仅仅被看作塑造的对象。"儿童是权利的主体"要求我们把儿童和教育的关系放在整个社会的大背景下去认识，把教育理解为一个完整的过程，如教科文组织所言："'教育'一词指的是社会生活的整个过程，通过这一过程，个人和社会群体学会在国家和国际社会内，并为了国家和国际社会的利益，自觉地、全面地发展个人能力，培养观念和爱好，拓展知识。这一过程并不局限于任何特定的活动。"成人和教师不仅是教育者，而且是儿童权益的维护者。仅仅把儿童确认为教育的主体是不够的，必须把儿童看作"权利主体"，这是现代儿童观的内涵，是"人类的新道德"。

儿童作为权利主体的特殊性还表现在，儿童作为权利主体拥有权利，但不连带与成人一样的责任和义务。权利与义务的统一是一般的法律原则，但对儿童权利的法律保护主要是成年人的义务和责任。儿童作为一个特殊的群体，他们不仅需要特殊的法律保护，而且他们只能在未来才能履行法律上的义务。"权利和义务的暂时不对等性，是对儿童权利的法律保护的一个显著特点。"社会和成人不仅要承认儿童的权利，而且要保证儿童权利的实现。

《儿童权利公约》将儿童及儿童权利的概念从人们思考的边缘推到了世界舞台中心。《儿童权利公约》也使儿童是权利主体这一儿童观更具有现实性。儿童权利的尊重和保护既是人类文明的产物，也是衡量文明程度的重要标志。把儿童看作权利主体，体现了人类对儿童更高水平上的尊重和理解，在这方面我们还有很长的路要走。

［原文《儿童有拒绝的权利》发表于《教育导刊》2007 年第 4 期。收录于本书时有改编］

以人的方式理解儿童——儿童观的方法论思考

在当前的教育改革中，观念的更新是关键，而儿童观的转换则是关键的关键。儿童观是指对儿童的总的看法和态度。如何看待儿童，其重要前提是以什么样的方法论为指导来认识儿童。"对儿童的认识"由来已久，但"如何认识儿童，以什么方法认识儿童"却一直困扰着人们，成为人们一直探索的问题。人们曾经像认识其他事物一样，把儿童当作客观对象，运用科学研究的方法去认识儿童；曾经像认识小动物一样，解剖式地认识儿童的生理和心理；也曾经像崇拜神一样"仰视"儿童。应该说，正是由于方法论上的限制使我们对儿童的认识远不能满足儿童教育实践发展的需要。

随着人类对自身认识的深化和人类主体性的增强，人们对儿童的认识也有了新的方法论基础。儿童是人，人是万物之灵，人的生命与动物的生命有根本区别。只有在对人的生命本质有全面的理解和解释之后，才能真正把人从动物的世界提升出来，进而全面理解"人"。只有在深刻理解人的基础上，才能有对儿童全面的把握。对儿童只能用人的方式去理解和把握。对儿童的理解就是对人自身的理解；追寻儿童的意义，就是在追寻人类自己的意义。

一、人是双重生命的存在——哲学、人类学的启示

人类是生物进化与文化进化相互作用的结果，人是双重生命的存在。由此，人的生命本性由两方面构成：人类和其他生命共有的生物性；人所独有的文化性。从人的生物性看，人依然是动物界的一员，是一个有生有死的动物肌体。然而，人和动物的根本不同在于人还有文化性的一面，从这一方面看，人又是超生物的、超生命的。人的肉体生命是有限的，是自然给予的，具有自在的性质，不能随人所左右；人的文化部分则是超生命的，具有自为的性质，它不受生命规律的支配，可以长期保存、流传。在人类的长期进化过程中，是人把自己的生命从环境的支配下解放出来，变

成了"自我规定"的自由存在，使生命摆脱了自然的绝对控制和主宰，同时把自己同本能生命区别开来，并超越于本能生命活动之上，追求高于生命、具有永恒性的东西。马克思说过："动物和它的生命活动是直接同一的。动物不把自己同自己的生命活动区别开来，它就是这种生命活动。人则使自己的生命活动本身变成自己的意识和意识对象。"[1] 这时，人已不再是单一的生命存在，而是有着"超生命本质"的更高级的存在。人只有在自然赋予的本能生命基础上，通过自己的活动创造了支配生命的生命，即超生命的生命时，才能称之为"人"。"人应当被看作有着双重生命的存在——本能生命与超本能生命。双重生命、双重本性，这就是人的特质。只有这样去理解人，把人理解为双重的存在，才能体现人之为人，人之区别于动物的真正本质。"[2]

人作为双重生命的存在，决定了人的本质不是"预成"的，而是"生成"的。"不仅我们创造了文化，文化也创造了我们。"[3] 文化决定了人除了承接动物进化的成果，通过精卵结合发育成自然人之外，还必须经历后天自觉的第二次成人过程，才能走向成熟的人、文化的人。

人是自然进化的产物，人产生于自然，自然是人的生命之源，这决定人不可能完全脱离动物界，生物性是人的生命内涵中应有之义。但人之为人，就在于人要超越物种生命的限制，以生物性为基础，不断去创造超自然的价值生活。在这个意义上，超生命性即文化性也是人生命中的重要内容。人不同于动物的高贵之处就在于人有高于动物的追求，人的全部要求从本质上说就是要求成为真正的人。只有在创造文化的活动中人才能成为真正意义上的人，人也只有在文化活动中，才能拥有真正的文化和自由，也就是说，只有在文化中人才能成为人。

人天生是一种文化生物。"人生来就进入一个文化世界。人要在这复杂世界中生存，需要学习，受教育。"[4] 从精子和卵子结合生成人的那一刻起，人就在基因中承载着世代人类文化的信息，从降生到这个世界开始，人便开始了文化"化"人的过程。"没有人完全'从头'开始，我们的诞生并非只伴随个体的天赋，而是同时进入了文化的'外在装置'，这文化装置是由我们的祖先积累承传给我们的。"[5] 在文化的氛围中，我们展开生命的里程，不断学习，与环境中的人与事物相互作用，不断获得人的本质规定性，获得"类生命"，生成为人。人类学家用"文化濡化"（enculturation）表述人从小习得文化、适应文化并学会适应其身份与角色的行为的过程，这个过程纵贯每一个个体的整个生命。

人类学研究告诉我们，与动物相比，人是一种有缺陷的生物。人以外的其他动物在其总的构造上都具有特定化的特性，它们的器官是特定化了的，适合于特定的生存环境，仿佛是一把钥匙开一把锁。例如动物有皮毛可抵御严寒，有锐爪可爬树、防止敌人的攻击，有牙齿可啃坚硬的食物。而人在从类人猿进化到人的过程中，这些生存的武器已经退化了，许多先天能力已经丧失，人的器官并不指向某个单一的活动，而具有原始的非专门化，或称非特定化（unspecialization）的特性。另外，动物的后代在子宫中度过相对其生命来说较长的一段时间，动物在子宫里依靠纯粹的生物学过程，其本能结构就得以成熟。出生之后，动物并不需要很长的幼年期，自身便显现出其本能，而且一出生便已具有较成熟的本能系统，因此，动物出生不久就能在本能指导下独立生活。而人则不同，与其他哺乳动物相比，人必须在子宫中度过很长的时间，"人'提早'一年来到世界上，以致人不得不有'子宫外时期'"[6]。人的后代在母体的子宫中并没有获得成熟的独立生存能力，甚至人的一些基本动作和能力，如人的直立姿态和行走都需要在成人榜样的影响和帮助下通过学习而逐渐获得，并不能依赖于遗传。

人的这种"非特定化"使其有了完全不同于动物的生命与生活。"人生来是一种有缺陷的生物，只在某种文化中，才有生存能力。"[7]人的天然缺陷与文化之间从一开始就是相互补充的，而且是一个统一体中的两个互动环节。正是由于存在着要通过较高的能力来弥补现存的缺陷的必要性，人才成为不断求新的生成者，成为了虽不完满，但因此能不断使自己完善起来的生物。人类这个生物界中"不幸"的幸运成员，其"非特定化"不但没有构成人的弱点，相反，却"成全"了人。大自然没有给人以具有特定功能的器官，人便发育了自己独有的大脑，并充分利用大脑去适应一切环境；自然界没有给人留下现成的家园，人却因此去创造和追寻自己的家园，从而能够四海为家；自然界没有留下多少现成的东西可供人享用，于是人便去自己创造所需要的一切，并在创造中不断完善自己。可以说，正是人的这种匮乏性的"不幸"，使人成为真正的人，成为一个能通过反思"认识自己""创造自己"的人。

二、对于人只能以人的方式去把握

人从非人发展成人，其身上既有自然性又有超自然性，人既是物性的存在，又是非物性或超物性的存在，这是人的基本矛盾本性；人虽来自于自然，但人的本性不是先天的自然规定，人之为人是自我创生的产物，是文化"化"人的过程。人在宇宙中所处的特殊地位和与其他生物不同的存在方式，决定了人只能用人的方式去把握人。

过去人们常常用"对象意识"把人这一认识对象当作物去把握，常常把人视为特定的客观对象，以形式逻辑的方法知性地分析人与其他存在的异同点，从而得出人是理性的动物，人是精神的动物，人是有意识的动物，人是社会化的动物等结论。所谓"对象意识"，就是认为每一个对象都具有区别于他物的确定性质，要认识一个对象，就要按形式逻辑的方法去把握其根本性质。按这种方式去分析人，把人归结为某种不变的性质与规定，势必把人"物化"。用物的方式规定人，不仅不能认识人的精神世界的丰富，也无法理解人所特有的双重性质，对人的双重生命性质，往往只承认一种性质的真实性，而否认或忽视另外的性质。由"对象意识"把握到的只能是"物性的人"。

对人这一特殊的存在，也不能单纯用宗教神学的方式去把握。古代的哲学家已意识到人对物具有某种"超越本质"，但他们能够运用的认识和表现这种本质的方式只有神化方式。神化方式也就是"超对象意识"。在古代，奴隶没有独立的人格。欧洲中世纪，个体更是从属于一个在个人之上的共同体的那种"人"的形象，"我不属于个人，我是属于城邦的"。人不表现为有血有肉的"个人"，而是表现为神圣化的"大写人"，人的形象不是表现为单个的实实在在的"个体生命"，而是表现为神圣化了的"抽象实体"。用宗教神学的方式去把握人，似乎是对人的拔高与升华，其实是把人变成了虚幻的存在，依然使人丧失了现实的本质。作为一种双重存在，人总是在有限中追求无限，在自然的羁绊中超越自身，人的超越、自我创造是一个以实践活动为基础的充满矛盾的辩证过程，以"超对象意识"和神性的思维方式把握的人必然是"神性的人"，必然是把内心世界丰富多彩的人还原成神性的超自然的存在。

思维方式最终总是受制于事物的存在方式，不同性质的存在方式要求与之相应的思维方式来把握。物的存在方式要求用"物性"的思维方式去把握，人的存在方式则必须用"人性"的思维方式来把握。"适合人存在方式的思维方式是哲学的实践思维方式，是在对人的生命存在方式的自觉反思中所形成的符合人的本性的认识方式。"[8]对人的认识，既不能单纯运用科学的"对象意识"方式，也不能单纯运用神学的"超对象意识"方式，而只能是"人化"的反思的方式。反思的方法是哲学的方法，是以

"思想"为对象，以时代精神为引领，批判吸收以往种种关于人的思想，重新构建关于人的思想的方法。反思的方法可以说就是人本主义的方法。"对教育问题的研究来说，最为重要和基本的方法是人本主义的方法。这种方法的核心是强调教育作为生命整体的展开，它是和完整的文化世界相契合的，是直接根植于人的全面发展的本质规定的。"[9]只有用哲学的"人化"的反思方式把握到的人才可能是真实的人、完整的人。

三、以人的方式理解儿童

"人化"的反思方法要求我们以理解人的方式理解儿童，把儿童看作与理解主体一样具有全方位人性的人；要从儿童之为人和儿童之为儿童的自身根据去理解儿童、把握儿童，把儿童理解为生成性的存在，把儿童理解为自身的创造者；还要从对儿童认识的辩证发展历程去把握儿童的历史性和具体的本性，把儿童理解为规定性和生成性、历史性和超越性、自然性和社会性、现在性和未来性相统一的存在。只有采用"人化"的思维方式才能认识和把握立体的儿童和丰富的儿童生活。

若以对象意识认识儿童，无异于把儿童当作分析和解剖的"客体"与对象，以这种方式认识儿童，所获得的不是活生生的、能动的儿童形象，而是抽象的儿童概念，儿童完全失去了存在的主体性质，成为与物没有差别的被动的存在，儿童观所"观"到的也只能是客观的、不以人的意志为转移的对象性存在，所得到的只能是尽可能排除主观性的所谓"科学"的儿童概念。而抽去了活泼的生命，儿童就成了标本。

海德格尔曾明确指出，在追问"哲学之为哲学"时，最重要的不应该是"什么是哲学"，而应该是"什么是哲学的意义"。换句话说，只有首先理解了哲学与人类之间的意义关系，然后才可能理解"哲学是什么"。我们经常问："儿童是什么？"这是一种知识型的提问方式。作为一种知识型的提问方式，起决定作用的是一种单纯的认识关系，而被提问对象则必然以实体的、本质的、认识的、与提问者毫不相关的面目出现。它关注的是已经作为认识对象存在的"儿童"，而不是与提问者息息相关、互相映照的"儿童"。"儿童之为儿童"首先要被理解为是对"儿童何为"的提问，在其中起决定作用的不再是一种一般的认识关系，而是一种意义关系，提问者最关注的是儿童的意义。

狄尔泰提出："我们解释自然，我们理解心灵活动。"对人的认识不同于对自然的认识，因为"自然是由外界赋予我们的，对我们来说它是一种陌生的东西。我们设法通过把它分解成一个个最小的简单成分，并借助起初为假设后来由经验证实的法则，再在结构上使这些最小的简单成分重新构成整体，由此而了解它、掌握它。但人的心灵活动不存在这种简单成分，其本身就是一种有一定结构的整体。我们也无需先借助假设去尝试说明心灵活动的状况和人的精神世界的构造，因为我们可以从自身的经历出发由其内部来认识它们"[10]。狄尔泰把人从内部来认识人的心灵活动称为"理解"。对于儿童，我们必须通过活生生的个体的灵性去感受，去理解，走入儿童的生命世界。在理解时，我们将自己的生命置于儿童的心理及产生此心理的背景之中，把自己的生命与儿童的生命融为一体。在这个过程中，我们不仅有观察，也有体验，不仅有认识，也有反省，而不是通过理性的逻辑分析解剖儿童，阉割儿童世界。只有以"体验"和"生命"为根据，我们才能了解真实的儿童，我们才能真实地了解儿童。

人是一个未完成的生物，他必须在文化环境中通过意义的引导使自己真正成为人。"人追求事物的意义，在对意义的追求中实现自己。"[11]当我们领悟儿童意义时，我们不是闭上眼睛设想一个儿童世界，而是把自己投身于儿童世界之中，爱其所爱，乐其所乐，和他们一起快乐、哭泣、成长。通过体验与理解，我们也完成了自我生命的某种转移，融入到所体验的精神关系之中。与其说我们领悟了儿童世界的意义，不如说儿童的意义占有了我们，影响着我们。当我们寻求意义时，我们已经赋予生命以意义。

对一切事物的认识都是一个无限深入的过程，认识是永无止境的。对人的认识更是如此，人性不是抽象的既定性质，而是在历史的长河中不断生成和发展的东西，它处于永恒的流动之中，处于不断迈向未来的开放性生成之中。无论是个体成长过程，还是人类整体的成长史，都是一个永无尽头的不断否定、自我超越的过程，人就是在此过程中一步一步走向成熟的。当我们问"儿童是什么"时，似乎我们已经知道了所有的"什么"，而只是去看儿童是其中的哪一个"什么"。其实，这里我们忽视了一个关键的问题，那就是我们永远说不出"儿童是什么"的答案，我们只能讨论儿童的"为什么"和"什么样"。

儿童的一切都是成长中的、生成中的，是面向未来的。对儿童的认识过程不是一个封闭的逼近过程，而是一个开放的不断建构的过程。我们不能以为有一个既定的儿童状态供我们的认识去逼近，而应认识到儿童的今天是由我们认识和行动的参与而构成的、不断发展着的存在状态，对儿童的认识和研究就是我们为推进这个状态而做出的努力。当我们以人的方式理解儿童的时候，我们使自己与儿童的历史同行，与儿童的生命进程一起前进。在与儿童的"视界融合"的境界中，意义被丰富、拓展、理解的我们得到提升。

注　释

[1] 马克思，恩格斯. 马克思恩格斯全集：第42卷 [M]. 北京：人民出版社，2006：96.

[2] 高清海，胡海波. 人的"类生命"与"类哲学"：走向未来的当代哲学精神 [M]. 长春：吉林人民出版社，1998：36.

[3] 蓝德曼. 哲学人类学 [M]. 北京：工人出版社，1988：273.

[4] 博尔诺夫. 教育人类学 [M]. 上海：华东师范大学出版社，1999.

[5] 蓝德曼. 哲学人类学 [M]. 北京：工人出版社，1988：20.

[6] 蓝德曼. 哲学人类学 [M]. 北京：工人出版社，1988：221.

[7] 高清海，胡海波. 人的"类生命"与"类哲学"：走向未来的当代哲学精神 [M]. 长春：吉林人民出版社，1998：26.

[8] 高清海，胡海波. 人的"类生命"与"类哲学"：走向未来的当代哲学精神 [M]. 长春：吉林人民出版社，1998：80.

[9] 朱小蔓. 教育的问题与挑战：思想的回应 [M]. 南京：南京师范大学出版社，2000：6.

[10] 博尔诺夫. 教育人类学 [M]. 上海：华东师范大学出版社，1999.

[11] 秦光涛. 意义世界 [M]. 长春：吉林教育出版社，1998：7.

[原文《以人的方式理解儿童——儿童观的方法论思考》发表于《学前教育研究》2003年第5期]

第二专题

儿童发展为本的教育理念的回溯

每当我目睹
彩虹横贯天宇
我的心便充满激情：
我的生命开始时，是这样，
我长大成人了，是这样，
但愿我老了，也还是这样，否则不如死去！
儿童是成人之父，
因而我但愿今后的岁月，永远
贯穿着对自然的虔诚爱戴。

——威廉·华兹华斯

现代幼儿教育理念——以儿童发展为本

为了落实《国务院关于基础教育改革与发展的决定》，推进幼儿园实施素质教育，全面提高幼儿园教育质量，2001 年教育部公布了《幼儿园教育指导纲要（试行）》。作为贯彻教育方针，指导广大幼儿教师将《幼儿园工作规程》的教育思想和观念转化为教育行为的指导性文件，《幼儿园教育指导纲要（试行）》的基本观点就是以儿童发展为本，以儿童发展为幼儿教育的出发点和归宿。

一、幼儿教育目标定位于为幼儿终身的、可持续的发展奠定基础

《幼儿园教育指导纲要（试行）》明确幼儿园教育的性质：幼儿园教育是基础教育的重要组成部分，是我国学校教育和终身教育的奠基阶段；明确幼儿园教育的目的：从实际出发，因地制宜地实施素质教育，为幼儿一生的发展打好基础。

联合国教科文组织在教育丛书《从现在到 2000 年教育内容发展的全球展望》中指出："未来的教育不应仅限于给学习者坚实的知识和培养他们对继续学习的兴趣，它还应该培养人的行为和能力并深入精神生活之中。"并针对传统教育目标的三级层次"知识—使用技术—态度和技能"，提出新的教育目标的三级层次"态度和技能—使用技术—知识"。这种改变表明幼儿教育已经从重知识教育、智力开发发展到以培养创新精神和实践能力为核心，以促进幼儿终身可持续发展为目标。《幼儿园教育指导纲要（试行）》在相对划分的健康、语言、社会、科学、艺术等五个领域中，提出的"教育目标"都是突出强调发展幼儿对自己、对他人和对社会环境的积极情感和态度。例如，健康领域的目标是"身体健康，在集体生活中情绪安定、愉快"；社会领域的目标是"能主动地参与各项活动，有自信心"；科学领域的目标是"对周围的事物、现象感兴趣，有好奇心和求知欲"；艺术领域的目标是"能初步感受并喜爱环境、生活和艺术中的

美"。

但是在现实中，许多教师和家长还把传授知识作为幼儿教育最重要的目的，家长把幼儿在幼儿园学到知识的多少作为衡量幼儿园教育好坏的重要标准，幼儿园则把考察幼儿掌握知识的程度作为评价教师的重要指标。不少家长和教师还没有认识到幼儿阶段的个性和谐发展对幼儿一生发展的影响，更没有意识到，在幼儿阶段过分强制的知识技能的训练，牺牲的是儿童对学习的兴趣，付出的是影响儿童自尊心和自信心的发展，这是一种得不偿失的"高代价的教育"。相信随着《幼儿园教育指导纲要（试行）》的颁布和实施，会带动教师和家长教育目的观的转变，在尊重幼儿身心发展规律的基础上，实现幼儿童年生活的独特价值。

二、幼儿教育要实现"促进每个幼儿富有个性的发展"

《幼儿园教育指导纲要（试行）》指出："幼儿园教育应尊重幼儿的人格和权利，尊重幼儿身心发展的规律和学习特点，以游戏为基本活动，保教并重，关注个别差异，促进每个幼儿富有个性的发展。"

20 世纪 80 年代的《幼儿园工作规程》中曾提出"促进每一个幼儿在原有水平上得到充分的发展"，《幼儿园教育指导纲要（试行）》提出"促进每个幼儿富有个性的发展"，这突出体现了教育的个性化的改革和发展的趋势。幼儿教育应以儿童生命活力的不断增强、生命内涵的不断充实为最终目标，从而实现人类发展的最终目标。正如国际 21 世纪教育委员会报告《教育——财富蕴藏其中》中所言："使人日臻完善，使他的人格丰富多彩、表达方式复杂多样；使他作为一个人，作为一个家庭和社会成员，作为一个公民和生产者、技术发明者和创造性的理想家，来承担各种不同的责任。"

尊重儿童的差异性是尊重儿童的重要内涵之一。每个儿童都有自己的优势领域，幼儿教育必须充分考虑不同幼儿身心发展的特点，"尊重幼儿在发展水平、能力、经验、学习方式等方面的个体差异，因人施教，努力使每一个幼儿都能获得满足和成功"。在《幼儿园教育指导纲要（试行）》中的"教育内容与要求"部分，每个领域的指导要点都体现着尊重幼儿身心发展特点这一重要教育原则，例如，语言领域指出"幼儿的语言学习具有个别化的特点，教育与幼儿的个别交流、幼儿之间的自由交谈等，对幼儿语言发展具有特殊意义"，艺术领域指出"幼儿的创作过程和作品是他们表达自己的认识和情感的重要方式，应支持幼儿富有个性和创造性的表达，克服过分强调技能技巧和标准化要求的偏向"。

尊重幼儿的身心发展特点，尊重幼儿的差异性，就要在具体的教育教学中，为幼儿提供符合其身心发展水平的活动内容和方式，让幼儿在游戏、探究、操作、探索和交往中学习；在教育活动中，要注重幼儿积极参与活动的过程，而不是注重幼儿异口同声地说出结果；要接受幼儿不同的发展水平，更多地提供幼儿可选择性的活动机会，允许幼儿以自己的方式进行探索，不追求所有幼儿一刀切的发展。

三、幼儿教育强调幼儿主动学习和发展

《幼儿园教育指导纲要（试行）》提出："幼儿园的教育活动，是教师以多种形式有目的、有计划地引导幼儿生动、活泼、主动活动的教育过程。"世界教育改革的一个重要趋势是强调充分调动学生学习的积极性、主动性，促进学习方式的转变，使其成为学习的主人。

促进幼儿主动学习和发展，教师的角色要转变，《幼儿园教育指导纲要（试行）》提出"教师应成为幼儿学习活动的支持者、合作者、引导者"。教师要以关怀、接纳、尊重的态度与幼儿交往；耐心倾听，努力理解幼儿的想法与感受，支持、鼓励他们大胆探索与表达；关注幼儿在活动中的表现和反应，敏感地察觉他们的需要，及时以适当的方式应答，形成合作探究式的师生互动。

幼儿的品质和习惯是在生活中培养和形成的，幼儿生活环境中的人和事是幼儿学习和发展的条件，它们在潜移默化地影响着幼儿个性的形成。在生活中，幼儿体验生活的丰富、世界的神奇；在生活中，幼儿形成探索精神，发展对学习的兴趣；在生活中，幼儿体会自尊，形成自信。幼儿身心发展的特点决定了幼儿的学习是吸收性的学习，在环境中学习。只有贴近幼儿生活的教育，才能使幼儿的学习变成有意义的学习。《幼儿园教育指导纲要（试行）》体现了幼儿教育与幼儿生活广泛、密切的联系，强调在幼儿的生活中进行教育。例如，健康领域提出"建立良好的师生、同伴关系，让幼儿在集体生活中感到温暖心情愉快，形成安全感、信赖感"，社会领域提出"在共同的生活和活动中，以多种方式引导幼儿认识、体验并理解基本的社会行为规则，学习自律和尊重他人"。《幼儿园教育指导纲要（试行）》还十分强调利用生活中的教育资源，充分利用了这些资源，

就能有效地促进幼儿生动、活泼地发展。这要求教师要对教育有更全面的理解和认识，不是只有在集体的、教师讲授的教育活动中，幼儿才在学习和发展，教师的职责也绝不仅仅在于组织集体教育活动，而是要为幼儿创设和组织丰富的生活环境，利用生活环境中的教育资源对幼儿进行全面发展的教育。

[原文《现代幼儿教育理念——以儿童发展为本》发表于《早期教育》2003 年第 3 期。收录于本书时有改编]

杜威教育哲学视域中的
"以儿童为本"及其实践意蕴

学前教育是每个生命接受教育的开端，是基础教育的基础，对个人成长具有重要的价值，对个人发展具有持续性的影响。儿童作为学前教育阶段的教育对象，在学前教育中的地位日益受到重视。2001 年，我国颁布的《幼儿园教育指导纲要（试行）》中，"以儿童为本"在政策层面上得到了表达与体现，为学前教育发展指明了方向，确定了行动依据[1]。该理念的提出，旨在对儿童理解、信任与尊重的基础上，转换传统的成人与儿童之间的关系，培养具有独立人格品质的儿童，实现儿童全面、和谐、健康的成长。唯有对儿童具有正确的理解与认知，才能够更好地践行"以儿童为本"。

约翰·杜威（John Dewey，1859－1952），美国著名的哲学家和教育家，创造了实用主义哲学体系，其教育思想对 20 世纪的美国乃至世界教育界都产生了巨大的影响。他的"种种理论批判与建构实质上就是对人生存的'异化'或'非常态'的批判与对人应然存在的向往"[2]。他强调教育要注重儿童的天性，要遵循儿童特殊的生理和心理特点，他立足于人的现实生活，表达着对儿童的关注和关怀。在杜威教育哲学思想中，体现了"以儿童为本"，凸显了人道主义精神，以及尊重、关心、重视儿童的特质，对于正确的理解与践行"以儿童为本"具有重要的指导意义与实践价值。

一、"以儿童为本"的现实困境

党的十六届三中全会提出："坚持以人为本，树立全面、协调、可持续的发展观，促进经济社会和人的全面发展。"在中国实现现代转型的时期，我党将"以人为本"作为治理国家的基本原则，为教育学的发展提供了重要的政治保障。在教育领域中，"以人为本"的政治基本原则意味着教育应当"以儿童为本"。"以儿童为本"对于转化传统的成人与儿童关系，达成"以人为本"将起到重要的奠基作用。因此，"以儿童为本"对我国学前教育理论与实践都将产生深刻的影响。但是，在现实教育情境中，"以儿童为本"受到了来自于理念与实践层面的双重影响，遇到了现实的困境。

（一）"以成人为本"的绝对主导

在中国传统社会中，"以家族为本位"是一个家族传承、教育及延续的主导思想。在封建父权主义、宗法主义的观念中，将儿童"视为其父母的所有品"，甚至不把儿童当人看，把儿童当作牛马一般地养育，以便"养大以后可以随便吃他骑他"[3]。在传统的观念中，成人对儿童的认知局限于儿童是弱小的、附属的，是一无所知的，因此，儿童自身的独立人格无法得到尊重，其个性被漠视，价值被抹杀。

在传统思想、文化的影响下，"以成人为本"在成人思想意识中根深蒂固，当成人是儿童的时候，他在这样理念的指导下成长起来；当成人成为儿童的教育者后，他依旧使用该理念对儿童进行教育，因此，在意识层面，"以成人为本"成为成人思维模式、行为模式的自动化指导思想。如果没有专门的学习与教育，成人难以摆脱传统教育思想的"控制"，他们依旧用传统的方式与儿童进行沟通与交流，因此，"以儿童为本"无法冲破"以成人为本"的束缚，在理念的转化上，遇到了与传统思想相悖的困境。

（二）"以儿童为本"的认知异化

著名儿童史著作《儿童的世纪》的作者阿利埃斯认为"在中世纪人们缺乏儿童观念"[4]。那么，关于儿童的观念是从什么时候产生的呢？人们通常认为，著名的启蒙思想家、哲学家、教育家卢梭在其著作《爱弥儿》中，实现了对儿童的"发现"，以此为前提，"以儿童为本"的现代教育学在这部著作中应运而生[5]。在我国，新文化运动兴起后，人们也逐渐认识到"儿童是人"，具有独立的人格；"儿童是儿童"，具有自己的个性。儿童不是成人的缩小版，儿童具有独特的心理特征，有其自身的特点，儿童的世界与成人的世界是截然不同的。"以儿童为本"的产生与发展对"以成人为本"的传统社会和传统文化起到了颠覆性的作用。

为了适应新的理念，成人简单直接地将"以成人为本"替换为"以儿童为本"，将"以儿童为本"理解为以儿童的一切为本，用一刀切的方式放大了儿童的存在价值，而忽视成人对儿童行为价值的引领作用，于是，出现了一系列假的"以儿童为本"。例如，在日常生活中，包办儿童的衣、食、住、行；在社会活动中，过度关爱，剥夺了儿童参与的机会，妨碍了儿童主见、观点的形成，扼杀了儿童的进取心和创造力，使得儿童的自信心及独立解决问题的能力受到影响，等等。由此，在一种假的"以儿童为本"的指导下，产生了新的教育问题，即儿童自身的内在潜力、行为能力无法得到挖掘与发展，变相地被成人"温柔地控制"。

（三）从"以成人为本"到"以儿童为本"

从"以成人为本"到"以儿童为本"的转化，是一个漫长的过程，这是一个从理念开始，到行为与之匹配的转化过程。在"以成人为本"的指导下，教育者形成了一系列与"以成人为本"相适应的教育方法与策略，例如，批评、指责、威胁、恐吓……它们在一定意义上达成了教育者对儿童的教育与培养，使得儿童获得了成长，完成了从儿童到成人的发展。

"以儿童为本"作为新的教育理念，与之相应的教育方法与策略则需要人们进行新的探索与研究，在此过程中，会产生一种新的困境，即"以儿童为本"指导下的"以成人为本"的教育行为，即教育者能够"发现"儿童，但是，在与儿童建立的关系中，却没有与之相适应的行为与方法，达成对儿童有效的教育与指导，教育者会形成理念与实践的矛盾对立，一方面，思想上的认知是尊重儿童、理解儿童，另一方面，行为上的策略与原本的策略相差无几。在新、旧理念更迭下，教育者遇到了缺少实践策略指导的困境，知行之间无法达到统一。

二、杜威"以儿童为本"的人性本质

"以儿童为本"，其实质就是以人为本。"以儿童为本"是以人为本的思想在教育领域里的具体体现。卢梭、杜威、陶行知等著名教育家，主张的教育就是以儿童为本的教育，即"尊重儿童的天性，以儿童为教育的中心"[6]。在杜威教育哲学思想中，也体现着"以儿童为本"，他强调教育的第一原理就是以儿童为中心，尊重儿童的天性。人的发展从儿童开始。儿童是人类原初人格状态的隐喻形式[7]，只有正确地认识儿童天性，认识童年"未成熟状态"，以及将儿童个体成长与社会发展融合在一起，才能培养出适合未来社会需要的人，为社会进步提供人力资源的保障。

（一）天性：儿童与生俱来的本能

天性，指人先天具有的固有属性，具有一个外界难以改变的却可以引导善恶的趋向。"天"指先天具有的，也就是通过遗传获得的各种生理性状；"性"是指事物的状态、特点或质性等。天性是指自然对人发展的规定性，也是人身上的自然属性，它的发展遵循着一定的自然法则，即"它含有一切遗传东西，一切与生俱来的东西，一切人体结构中存在的东西"[8]。对天性，古今中外教育家有着丰富的论述，呼吁教育应尊重儿童的天性，遵循儿童发展的自然规律。对儿童天性的认识也从直觉现象和经验描述阶段，逐渐发展到理论化和专门化的阶段。

杜威关于天性思想的构建，是基于对传统天性思想认知的批判与审视上的。杜威认为，传统教育对儿童天性要么视而不见，要么予以压制，或者是在任何情况下都需与外部标准保持一致的应受谴责的特征，都将造成教育上的极大浪费。杜威认为，儿童有一种天生的本能性情和冲动，"我们对于儿童的倾向和行为，除了把它们看作是萌芽的种子、含苞待放的蓓蕾，及其所结的果实以外，我们不知道它们的意义是什么"[9]119。在杜威看来，天性是儿童与生俱来的本能，它是儿童成长的根基，对儿童采取的一切教育都应该以此为基础。

基于对儿童天性的认识，杜威将儿童天性的本能和兴趣分为四种，即社交本能、制造本能、算数本能及探究和发现事物的本能，它们是儿童生长的原料，每个儿童都具备，但存在个体差异，不同儿童具有不同的天赋能力，他引用康纳德的话说"在儿童生长发育过程中，在身体方面和心智方面，都是不平等的"。因为生长从来不是一般的，而是有时在这一点突出，有时在另一点上突出。尽管本能存在差异，但杜威认为本能没有好坏、善恶之分，"人类原始冲动本身既不是善的，也不是恶的，原始冲动或善、或恶，就看我们怎样使用它们"[9]126。

在儿童身上蕴藏着天性本能，但它们具有不完善性。"儿童自然或本能的冲动与其出生所在的群体的生活习惯存在着差异。因此，需要对他们进行指导或引领。"[9]47在杜威看来，儿童固有的"本能"具有冲动、活泼和自然的特性，仅靠儿童与生俱来的天性本能，并不能使社会群体的生活延续下去，社会群体生活的延续需要博学、审问慎思、明辨笃行，只有教育才能够完成这个使命。儿童天性本能的不完善性为教育提供了存在的可能性，即"儿童自己的本能和能力为一切教育提供了素材，并指明了起点"[10]。本能是"器官对某种活动有强烈的倾向性——这种倾向性很强，我们不能违抗它，要想违抗它，就可能歪曲它，阻碍它生长，使它败坏"[9]126。综上可知，杜威认为，天性本能是具有双面性的，它既有可能成为动力力量，反之，也可能成为限制力量，所以，教育的意义就在于对儿童天性本能的把握，既不能放任不管，让它们自发地发展，又不能干预过多，迫使儿童违背天性做事。

（二）未成熟状态：童年是人生的根本

童年是指生命处于未成熟状态的阶段，既是生理的不成熟，也是在生理不成熟基础上的心理和能力的不成熟，童年就是个体用来生长发育的时期，蕴含着从儿童的不成熟、不完整、非理性、未社会化的状态发展为成人的成熟、完整、理性、社会化的状态的价值[11]。这样的价值认知普遍存在于各种社会文化认知中。儿童生物层面的不成熟性，构成了童年存在的可能性和意义，也构成了人们对童年的最原始的理解与认知。

童年与儿童的不成熟状态紧密相连，但未成熟状态却是相对而言。杜威关于"未成熟状态"的阐述能够帮助我们更好地理解儿童、认识童年。杜威说"生长的首要条件是未成熟状态"[9]49，即"未成熟状态"就是有生长的可能性。未成熟状态之"未"具有一定的积极意义，儿童的"未成熟状态"为人的"成熟状态"奠定了基础，"如果我们不用比较的眼光，而是用绝对的眼光看未成熟状态，那么，未成熟状态就意味着一种积极的势力或能力——成长的力量"[12]43。由此可见，杜威从更为深刻的层面对"未成熟状态"进行了阐释。

杜威认为"未成熟状态"具有"依赖性"和"可塑性"，"依赖性"作为一种无能为力的状态，暗示着具有某种补偿的力量，即社交能力，有助于儿童与成人建立更多的连接，从而在成人身上学习到更多的技能；"可塑性"则意味着儿童为了生长而具有的特殊适应能力，即"从经验中学习的能力，是根据经验而保持的力量，可以用来应对以后面临的情境中的困难。这就意味着可塑性是以先前经验的结果为基础从而改变行为活动的力量，是发展各种倾向的力量。没有这种力量，就不可能养成习惯"[12]45。由此可见，未成熟状态不是一种缺乏，而是儿童向着"人"的方向发展的必经阶段。

儿童作为生命个体的存在，其生命是伴随着生活不断发展，获得连续性生长的。杜威认为："生活的本质就是想方设法使生命绵延不断。因为生活的延续只能通过生命持续不断的自我更新才能达到，所以生活的过程就是一个自我更新的过程。"[9]9因此，生活就是生命个体在与环境的交互过程中的成长与发展。生活的连续性意味着"生命就是发展；不断发展，不断成长，就是生命"[12]51。在此基础上，杜威认为："因为生命就是生长，所以，一个人在一个阶段的生命和在另一个阶段的生命，是同样真实和同样积极的，这两个阶段的生命的内容同样丰富，地位同样重要。"[9]52

（三）学会共同生活：培养走向未来的儿童

国际21世纪教育委员会报告《教育——财富蕴藏其中》中，使用"学会共同生活，学会与他人一起生活"表达了对"学会共同生活"这一教育支柱的认知。学会共同生活意味着，在当今世界，了解他人、了解世界成为了人类共同的需要，通过增进对他人及其历史、传统及精神价值的了解，教学生懂得人类的多样性，同时，教会他们认识地球上的所有人之间具有相似性，又相互依存。在此基础上，树立一种新的精神，"即基于对我们之间日益增加的相互依赖性的认识，借助于对未来的风险和挑战的共同分析，促使人们去实现共同的计划，或以理智的、和平的方式对不可避免的冲突进行管理"[13]。由此可见，学会共同生活将成为人类立足社会、安身立命的根本条件。

在杜威的教育哲学中，体现出促进社会发展的"共同生活"能力的培养是教育的重要组成部分。杜威认为，儿童具有自己的本能和倾向，在将这些本能与倾向转化为与之社会相当的事物之前，我们不知道它们所指的是什么。唯有将它们带入共同生活的社会中去，并投射到未来，才能看到儿童内隐的本能，从而正确对待儿童的本能。他指出："一个共同体或社会团体是通过不断自我更新来维持的。这种自我更新过程，是通过对共同体中的未成年人实施教育使其获得成长来完成的。一个社会通过各种教育机构和非教育机构，把懵懂无知的、与社会格格不入的人改造成有用的社会资源，使其成长为身心健康的理想的社会管理者。"[12]11在杜威看来，教育就是通过对儿童的抚养、培养和教导，帮助儿童从个体走向共同体，从"自然状态"走向"共同生活"的过程。

儿童在生活、生长及经验改造中获得共同生活的技能。社会是通过人与人在共同生活中经验的传递过程而生存的，这种传递依靠年长者把工作、思考和情感的经验传递给年轻人，通过传递，将正在离开群体生活的社会成员的经验传递给即将进入群体的成员，使得社会生活持续传递下去。社会正是通过这样的传递、沟通继续生产，即社会在传递中、在沟通中生存，而儿童通过经验的改造在社会生活中学会共同生活，获得自我的成长。

社会发展的核心就是人与人之间、成人与儿童之间基于合作基础上的共同生活、共同参与，实现经验的传递与交互式互动，"只有通过联合的活动，一个人在这种活动中运用材料和工具，有意识地参照别人如何运用他们的能力和器具，他的倾向才获得社会的指导"[9]47。杜威向往着这样一种民主意义上的社会，即"不仅有着数量更大和种类更多的可以分享的共同利益，而且更加依赖对作为社会控制因素的相互利益的识别；不仅表示社会群体之间更加自由的互动，而且意味着社会习惯的改变，通过适应由于各种交往而产生的新情况，社会习惯得以持续地重新调整"[12]86。共同生活范围的不断扩大与个人各种各样能力更多地得到解放，是杜威向往的一种理想社会生活状态。

综上，杜威的教育思想在儿童天性、童年"未成熟状态"及旨在促进社会发展的儿童共同生活能力培养三个维度上，都体现了"以儿童为本"。从杜威教育哲学视域看，"以儿童为本"是基于对传统教育的批判，对儿童价值的澄清、童年意义的重构，以及对儿童个体价值与社会发展的辩证关系的统一认识。

三、杜威"以儿童为本"的实践启示

杜威教育哲学思想在人类教育思想史上发挥着巨大的作用，至今，仍对世界各国教育的发展产生着广泛而深刻的影响，尽管其思想也引发了很多的争议，甚至是误解，但是，在杜威教育哲学视域中，所体现出的"以儿童为本"及其指导下的实践，对于完善我国"以儿童为本"并促进学前教育发展、提高学前教育质量，都具有重要的指导意义与借鉴价值。

（一）"以儿童为本"就是要尊重儿童的天性

尊重儿童的天性意味着对儿童天性的正确认知，即天性是以一种潜在的、隐蔽的方式存在于儿童的内在，并会在儿童未来的教育中显现、发展。天性是儿童获得成长的本源，尊重儿童的天性是"以儿童为本"的前提和基础，更是扭转"以成人为本"的重要切入点。

以尊重儿童天性为前提的"以儿童为本"体现在：首先，在与儿童的关系中，看到并正视儿童天性的存在，在观念上尊重儿童的天性，将天性视为教育的内在蕴含和基础，不能违背，否则就会阻碍儿童的生长。第二，看到儿童的天性，意味着要放下"成人"的思想，放下"成人"的权威、垄断、代替，以及主导，给儿童表达的机会、选择的权利、成长的时间，以及思想上的解放。第三，在教育实践中，尊重儿童天性意味着让儿童从"静听"中解放出来，给儿童动口、动手、动脑的机会，引导儿童在完成任务的基础上，发展思维、获得知识、培养技能，充分激发儿童的创造性和积极性。重视儿童的兴趣和给儿童自由，调动儿童天生的主动性去做事情，"当儿童在游戏过程中有机会进行调动其自然冲动的身体活动时，上学便是一件快乐的事情，儿童的管理就不再是一种负担，并且他们的学习也会变成轻而易举的事情"[12]197。

"以儿童为本"意味着在正确认知儿童天性的基础上，把儿童从传统教育的"以成人为本"的束缚中解放出来，将其视为具有独特生命的个体，以这独特生命的成长为中心，尊重天性在儿童成长中的意义，使儿童在原初的、天性的基础上不断形成更高层次的新的个人特质。

（二）"以儿童为本"就是要接纳童年的"未成熟状态"

接纳童年的未成熟状态意味着成人允许儿童以其独特的状态存在于成人的内在，未成熟状态既不是儿童的缺陷，也不是儿童本有的状态，它们会因为教育使得儿童的成长拥有无限可能性。社会发展源于人的生长，人的生长从儿童开始，从儿童的未成熟状态开始。接纳童年的未成熟状态是"以儿童为本"的开端，具有矫正"以儿童为本"异化的作用。

以接纳童年未成熟状态为开端的"以儿童为本"体现在：首先，正确理解童年的重要意义。看到童年的价值，耐心地对待未成熟状态，将其视为人生的必经阶段，不娇纵、不溺爱，给他机会探索成长中经历的一切。第二，珍视从"未成熟"到"成熟"的动态过程。将未成熟状态视为儿童"生长"、"人"生长的土壤，借助"教育"这一中介的生长，使得儿童通过"未成熟状态"向着未来成人的"成熟状态"迈进。第三，重视经验对未成熟状态转化的重要作用。经验"既从过去经验中采纳了某些东西，又以某种方式改变未来经验的性质",人的"未来生活"并不是儿童"当下状态"的简单累加,而是儿童与环境的交互作用过程中,经验诞生,并不断重组或重构的过程;同时,每一种经验都"提供某些东西,使人做好准备去获得未来的更深刻、更广泛的经验,这正是经验的生长、经验的连续性和经验的改造的含义"。儿童经验的积累、增加与改造,为儿童提供能够获得经验积累的学习及成长机会,引导儿童通过与环境的交互作用,使得经验不断更新与提升。第四,尊重儿童经验的独特性。成人的经验不能代替儿童的经验,成人成熟自然发展的经验仅仅是儿童经验产生的中介,未成熟状态的发展需要的是儿童个体经验的不断重构与提升。

"以儿童为本"就意味着以儿童的未成熟状态为本,以儿童自身的成长规律、成长节奏为本,而不是依据成人标准,加速推进儿童从"未成熟状态"向成人自认为的"成熟状态"转化,将童年视为具有独特价值的成长阶段,接纳童年未成熟状态的样貌,使得儿童在自身经验的不断积累中,自然而然地成长为属于自身特点的"成熟状态"。

(三)"以儿童为本"就是要培养儿童共同生活的能力

培养儿童共同生活的能力意味着"以儿童为本"不是脱离社会的对儿童的教育,儿童是社会发展的传承者、继承者,"年长者需要将其做事、思考和感知事物的习惯传递给年轻人""在这种情况下,社会组织结构通过思想和实践行为的传承得以不断地更新和延续"[12]3。"以儿童为本",就意味着未来的"以人为本",教育就是在该理念的指导下,通过传承培养未成年人的各种能力,将儿童培育成为有能力参与社会共同生活的社会共同体成员。

"以儿童为本"指导下的培养儿童共同生活能力的教育,首先,建立儿童与成人之间的连接。帮助儿童知道成人做的是什么事情,并对成人所做的事情感兴趣,进而对把自己所做的事与他人的行为联系起来,产生兴趣,从而使得儿童有机会在共处或共享的情境中,运用理解事物的能力,形成一定的社会心理倾向,形成对事物统一的理解与认知。第二,指引儿童成长活动方向,引领社会的发展方向。利用教育的力量来改善社会,教育不仅代表着儿童和青年的发展,更意味着未来社会的发展状态。"一切教育都是通过个人参与人类的社会意识而进行的,这个过程几乎是在出生时就在无意识中开始了。它不断地发展个人的能力,熏染他的意识,形成他的习惯，锻炼他的思想，并激发他的感情和情绪。由于这种不知不觉的教育，个人便渐渐分享人类曾经积累下来的智慧和道德的财富。他就成为一个固有文化资本的继承者。"[14]第三，构建合作化的社会共同体。在共同体中，每个人都是互相了解的，"共同的了解控制着每个人的行动"，彼此之间形成了相互连接的思想和行为。杜威实验学校的教师指出，"分担计划的责任是这个学校共体的社会化成功的秘密"[15]，教育要形成合作化的社会组织，通过合作实现共同成长。教育中，纪律是社会生活的副产物，它以社会化作为维持动机，而不是对儿童或教师等教育关系个体的压抑和控制。

"以儿童为本"意味着在培养儿童参与社会共同生活能力方面，以儿童已有认知为本，帮助儿童获得关于社会关系的意识、区分社会关系的能力，在社会关系中不断认识"我"，从而认知他人。通过创造与成人经验的连接促进儿童经验发展的环境，在带动儿童个体性发展的基础上，培养儿童参与共同体生活的能力，促进儿童通过生活经验的更新，获得社会化发展的能力。

从杜威教育哲学视域看，"以儿童为本"并不是降低成人的作用，而是对成人提出了更高的要求，即成人需要尊重儿童的天性本能，接纳童年的未成熟状态，以及基于社会发展培养儿童参与共同生活的能力。"以儿童为本"的教育就意味着，从儿童天性本能出发，对儿童进行与天性相得益彰的教育；接纳童年的未成熟状态，将未成熟状态视为教育的财富；培育儿童共同生活的能力，将教育视为促进社会发展，构建社会共同体的重要媒介。作为教育的重要基础，学前教育也应该不断更新对"以儿童为本"的认知，从而突破传统教育束缚，走出学前教育改革瓶颈，促进儿童发展，为社会发展奠基。

注　释

[1] 李季湄.《幼儿园教育指导纲要（试行）》解析［A］//教育部基础教育司.《幼儿园教育指导纲要（试行）》解读［C］. 南京：江苏教育出版社，2002：50.

[2] 叶启绩，林滨. 20 世纪西方人生哲学［M］. 北京：人民出版社，2006（3）：72.

[3] 周作人. 人的文学［J］. 新青年，1918（6）.

[4] 阿利埃斯. 儿童的世纪：旧制度下的儿童和家庭生活［M］. 沈坚，朱晓罕，

译. 北京：北京大学出版社，2013：6.

　　[5] 刘晓东. 儿童本位：从现代教育的原则到理想社会的生成 [J]. 全球教育展望，2014（5）：64.

　　[6] 刘晓东. 儿童文化与儿童教育 [M]. 北京：教育科学出版社，2007：165.

　　[7] 程志宏. 儿童天性与儿童教育 [D]. 南京：南京师范大学，2007：121－130.

　　[8] 唐丽娟. 尊崇天性尊重儿童：对幼儿教育的再思考 [J]. 科技信息，2006（4）：158－159.

　　[9] 杜威. 民主主义与教育 [M]. 王承绪译. 北京：人民教育出版社，2001：3－197.

　　[10] 杜威. 杜威教育论著选 [M]. 上海：华东师范大学出版社，1981：2.

　　[11] 崔金丽. 回归童年：成人理解儿童的一种可能途径 [D]. 南京：南京师范大学，2015：24.

　　[12] 杜威. 民主主义与教育 [M]. 陶志琼译. 北京：中国轻工业出版社，2015：3－197.

　　[13] 联合国教科文组织总部. 教育：财富蕴藏其中 [R]. 联合国教科文组织总部中文科译. 北京：教育科学出版社，1996.

　　[14] 杜威. 我的教育信条 [M]. 罗德红，杨小微，编译. 上海：华东师范大学出版社，2016：94.

　　[15] 凯瑟琳·坎普·梅休等. 杜威学校 [M]. 北京：教育科学出版社，2007：263.

　　[原文《杜威教育哲学视域中的"以儿童为本"及其实践意蕴》与刘艳滨合作发表于《河北师范大学学报（教育科学版）》2019 年第 1 期]

儿童启蒙教育意义的现代探寻

生命早期的教育通常被称为启蒙教育。启蒙，就是开导蒙昧，使人明白事理，获得独立人格的过程。然而，现在人们对儿童生命早期教育的启蒙意义存在误读，片面地认为就是向蒙昧的儿童传授基础知识或提供入门知识，将启蒙教育理解为知识的启蒙，成人是知识的权威，儿童作为被启蒙者是被动的、消极的，儿童教育偏离启蒙的宗旨。探寻启蒙含义与意义对于我们深刻认识现代儿童启蒙教育的目的，以及儿童启蒙教育的过程，具有重要启发和借鉴意义。

一、儿童启蒙教育的目的探寻

（一）启蒙旨在完整人性的形成

人是未完成的，人性是不完善的，启蒙是一个不断促进完整人性生成的过程。启蒙一词在古代汉语中的本意是去除遮蔽物，而显露出被遮蔽的东西。现代中文里的启蒙，英文中的 enlightenment 和德文的 die aufklarung，均是对法文 les lumières 的翻译。在法文中，les lumières 字面上是指"光"或"光明"。启蒙即意味着光明对黑暗的驱赶，含有"点亮自己""弄清自己"和"唤醒他人"的意思。启蒙伴随"成人"的整个过程，并贯穿人生的方方面面。这是因为，人的真正本质区别于其他动物，人具有文化的生命，是在本能生命基础上"自我规定"的自为存在。这种生命的自为性质决定了人的本质处于不断生成和不断建构中，是永远向着未来开放的可能，这也意味着启蒙本身将永远处于纵横双向的自我澄清之中，随着认识的发展变化而不断吐故纳新，不断扬弃过时的部分，生发新的内容。因此，启蒙是自我澄清的过程，始终与人性的成长、心智的发育历程相伴，是人的精神不断提升，不断地审视和反思自己，"弄清自己"，最终通过启蒙主体性的获得而达到完整人性的生成。

促进完整人性的不断生成，必须以儿童启蒙教育为起始和条件。每个未特定化的，具有独特的先天禀赋、迥异的气质、兴趣与情感体验，并具有无限的发展可能性的儿童，也是成长中的、生成中的、面向未来的、未完成的"社会存在"。他们具有自发的不断向上发展的潜能和驱力，是内部自我世界与外部客观世界的探索者、发现者、思想者。他们以自身独特的思维方式建构和理解着这个世界。启蒙教育正是为儿童提供了运用自身思维和经验的环境和机会，为儿童的选择、思考与创造提供了一个多元的、自由的空间，帮助儿童积极主动地与他人交往、互动，支持、引导和帮助儿童的自由思考和自由表达，使其通过对自身存在与生存环境的体验和感悟把握自身与他人的生命特质与生活意义，体会到生命的自由、激情与力量，并在这些体验中不断否定自我，生成新我。

儿童教育不应把儿童视为无知无能的人，消极地对待儿童，机械地使儿童集合在一起，施以整齐划一的课程和教法，强调知识的硬性灌输和能力的机械训练。成人应认识到儿童身上蕴藏着学习和成长的力量和能力，以及不同于成人的活动方式和思想。儿童的生命和未来不是被决定的，而是不断生成和建构的持续过程。那种"为未来做准备"的教育使儿童今天的生活成为遥远未来的牺牲品，儿童被迫过早成熟，过早成人化[1]。那种忽视儿童接受能力和求知兴趣，在对儿童心智的钳制中，在奖励与惩罚的诱使下，在不断灌输的知识教条与强化训练中，增加的无非是儿童对知识教条的盲从与迷信，损耗的却是儿童自由自主的精神。显然，忽视"儿童之为儿童"的教育不仅忽视儿童存在的意义，曲解儿童教育的启蒙意义，而且不利于儿童的和谐发展。

（二）知识启蒙是启蒙教育的重要手段与形式

启蒙早在柏拉图的"洞穴之喻"中已初现端倪，在 18 世纪的启蒙运动中进入鼎盛。启蒙在最初是一个古今划界的过程，即从一个神的世界演变为人的世界。到了近代，思想家号召人们在一切领域中破除神秘化和拜物教，要求人勇敢地、公开地运用理性摆脱迷信，打破权威，否定一切声称占据更高秩序的东西[2]。如康德就曾明确指出，"启蒙就是人从他自己造成的不成熟状态中挣脱出来。……敢于明智！（Sapere aude）大胆地运用你自己的悟性！"[3]卡西尔也认为"现代人，启蒙时代的人……他必须而且应该拒绝来自上面的帮助；他必须自己闯出通往真理的道路，只有当他能凭借自己的努力赢得真理，确定真理，他才会占有真理"[4]。到了现代，阿多诺的"祛魅"（Entzauberung）概念将启蒙的意蕴提升到一个崭新的高度，为后现代氛围下的知识分子拓展了一个新的话语空间。理性曾是启蒙精神所倚赖的法宝，但据阿多诺的观点，理性已经堕落为神话，因为启蒙精神和神话原理同源同根同构，阿多诺所要"祛"的恰恰是理性自身的"魅"。从启蒙意蕴发展的历史之维可以发现，启蒙之"蒙"并非单纯的某种束缚或遮蔽，消除有碍个体摆脱束缚或遮蔽而获得心智成长和完整人性生成的蒙昧都是启蒙的职志所在。

启蒙教育通过知识传授和教化把儿童从无知的懵懂状态提升到有知的文明状态，这只是教育的最初意蕴。但是知识传授只为启蒙提供必要的材料，它并不能带给儿童主动的思考。启蒙教育在其组成内容上是极其丰富的、多元化的，包括情感的启蒙、道德的启蒙、主体资格的启蒙、科学思维方式的启蒙及健全人格的启蒙。成人通过有目的、有计划的活动组织的生活经验不再仅仅与认知有关，理性的、非理性的、适合儿童发展特点与兴趣爱好的因素都涵盖其中。因此，启蒙教育是对儿童整体的、全面的启蒙，其内容不仅仅局限于单纯知识的启蒙，知识传授也并非是其最终目的。启蒙教育更重要的任务是通过教育，向每个儿童展示其发展的各种可能性，为每一个儿童提供进一步发展的机会和条件，使知识成为生活的基础的同时内化为个体的精神和动力，促进儿童心智的发展。在这个意义上，知识的启蒙、情感的启蒙、主体人格的启蒙等都只是趋向儿童全面发展的手段和形式，而不是启蒙教育的最终目的和全部内容。

启蒙教育与知识传授并不矛盾，也不反对各种形式和内容的学习。当教育为人提供一种理性的知识，而且这些知识能够对各种形式的、具有强暴性的压抑力量——知识霸权、科学霸权、话语霸权，包括理性霸权——进行逐一消解时，知识本身不再是对个体经验的压抑性的、蒙蔽性的力量，而成为一种自我解放的工具，一种解放人的力量。当教育不再是简单的知识传授，而是批判性地审视我们与世界、我们与真理的关系，叩问我们现实存在的境况，并审慎地规划我们行动的方向时，教育便获得了启蒙的意义。然而，教育启蒙一旦被误解为单纯的知识传授，这本身就意味着启蒙精神的泯灭和启蒙活动的终结。因为单纯知识的传授本身就是一种人为地、无形地对人的蒙蔽。而且，如果将知识传授当作儿童教育的最终目标或唯一目标，儿童教育势必会导致知识的灌输和强化式训练。值得注意的是，系统化、学科化的知识体系，以及被动的接受性学习并不适宜儿童自由、主动的发展。因此，当前至为重要的是要正确把握启蒙教育和知识启蒙二者的关系，要充分认识到知识的学习只是启蒙教育的一部分，知识只为启蒙教育提供所需的素材，并不能代替启蒙教育作为内生的"人"的觉醒状态，实现自我澄清和完整人性生成。

二、儿童启蒙教育的过程思考

（一）启蒙是"有蒙共启"的事业

"有蒙共启"就是一种人人对人人的启蒙，是一种需要人类共谋的事业[5]。人作为一种社会关系的存在，其一切社会生产活动是以人的交往为前提和纽带的。交往是人与人之间的互动过程，是个人作为社会存在的交互共生状态。哈贝马斯也曾指出，交往行为不仅是以语言为媒介、以理解为目的的对话行为，而且是在行为主体共识基础之上，通过规范调节实现个人与社会和谐的行为[6]。总之，交往是人的本质、功能在对象性活动中表现和实现的平台，是人类的根本存在方式。人的交往活动自然也是启蒙得以进行的基础和前提。因此，在人人都可能陷入种种新、老的蒙蔽之中，需要启蒙之光驱逐蒙蔽的处境时，"有蒙共启"就是一种需要人类共谋的事业。它促使我们自己和别人一道，在"点亮自己""弄清自己"的同时也在"唤醒他人"。

启蒙教育可以促进儿童和成人的共同成长。成人与儿童双方在人格上是平等的关系，在教育教学中也是平等的交往主体。在教育教学的交往活动中，虽然成人为"平等者中的首席"，在很大程度上起着引导者、辅助者的角色，但成人与儿童在教与学的过程中，也会有"学然后知不足，教然后知困。知不足然后能自反也，知困然后能自强也"的效果。与此同时，随着社会体制转变、价值观和生活方式趋于多元，成人理性权威的地位不断受到挑战。面对"知识大爆炸"的信息化社会，无论成人或儿童都需要不断学习，更新知识和观念，在某种程度上，成人和儿童处于同一起跑线上，是平等的探索者。"有蒙共启"，即意味着启蒙教育不再只是"我启你蒙"或是一方（成人）带动另一方（儿童），而是双方作为具有主动性和创造性的个体，面对共同的问题，共同寻求真理，这样双方可以在平等对话与交往中寻找问题，互相帮助，互相启发，互相促进，在错综复杂的困惑中做出理智的判断，心智得到共同的提升。

成人应该避免以自己的知识自居以权威为代表。传统社会"成人本位"的家长制与师生关系都明显地预设了"启蒙者—被启蒙者""教育者—被教育者"的二分法，皆认可成人高大、权威的启蒙者和儿童弱小、无知的被启蒙者意象。可以说，这种二分法表现出了成人与儿童之间明晰的等级意识与支配关系。于是，无论在日常生产生活中，还是在特殊的教育教学活动中，成人往往掌控活动的发起和开展的主动权，占据绝对的主导地位，儿童则更多地处于服从、依赖的被动地位；成人牢牢地掌握着隐含权力意志的话语权，儿童从来只有"沉默权"可享，而无"话语权"可言。如果成人仰仗自身的知识丰厚、闻道在先而将自身作为启蒙的权威，视儿童为启蒙的对象，那将会使儿童成为传统知识的被动接受者。启蒙教育对儿童来说，即意味着被强行纳入一种成人化的活动，儿童被深深地烙上成人化的思维与行为方式。我们应该意识到，冷冰冰的知识可以灌输，活生生的思考却无法传授，启蒙必须充分发挥理性主体的主动性才能完成。因此，成人在担当对儿童启蒙任务的同时，也要时刻地提醒自己，进行自我反思。只有这样的成人才拥有健全的心智以保护儿童运用自身理性的勇气和对求知的渴望。

（二）启蒙是一个开放的过程

启蒙是一种对人的现实生存和生活的深层根据的不断追问和审视，并在追问和审视中不断生成、不断完善人自身的活动及过程。然而，人总是存在于具体的、现实的"场域"之中，受到人自身的、政治的、代际的、社会的诸种局限，这就使得启蒙在不同历史和空间语境中会呈现不同的启蒙形式和内容，相应的也会有不同的启蒙主题和对象，导致每个时代的启蒙都会产生那个时代的意义。因此，可以说，启蒙并不是一项一劳永逸的任务和事业，它没有永恒的、终极的、亘古不变的主题，不以永恒在场的终极存在为目标，而是需要在历史过程中针对不同历史条件下"使人成为被侮辱、被奴役、被遗弃和被蔑视的东西的一切关系"进行反思批判活动，从而祛除压制与遮蔽人的自由的种种抽象力量，推动人的自由和解放[7]。从这个意义上讲，启蒙就是要不懈地祛除和超越与人的存在和发展相对立的种种桎梏，推动人从种种压制、奴役和盲从中解放出来，不断地面向未来面向人类自身进行持续的、动态的、开放的自我澄清和自我生成的过程。启蒙在本质上成为人类反思自己、批判制约和追求自由的一种存在方式。

儿童的发展受多种因素的影响。自然的、社会的环境，专门的教育机构，家庭及照管儿童的成人等各类"社会生态系统"都会经常地、广泛且深刻地影响儿童，并对其终身发展产生深远的影响。而且，这些影响本身也会对儿童弄清自己、成为自己产生压制与束缚，其心智亦容易受到事物表面现象的蒙蔽而做出错误的判断。启蒙教育的核心内容正是除却这些因素的蒙蔽而使理智开显出来，为儿童的再发展提供开放性的吸收和超越性的生成空间，为儿童的创造性和自由提供自我建构和生成的机会，使儿童在生理成熟和发展的基础上，在非压制和奴役的教育与生活实践中，通过教育与儿童的自我建构而逐渐生成和发展。因此，这个过程既不是成人预先设计好的在教育过程中永远不可改变，也不是儿童无目的、随意的、自发的活动，它是在开放的非僵化的人与人、人与物的交往活动中，成人通过对儿童身心发展规律的把握、发展需要和生活经验的价值判断，不断调整、完善活动目标和内容，以促进儿童在这些体验中获得相对完整的经验与主体意识，建构对外部世界、对他人、对自己的态度和认识的过程。

儿童启蒙教育不应该是一个僵化的、封闭的过程。成人往往对儿童的本能需要感到忧虑，常常善意地违背儿童的天性而控制其本能的需要，认为儿童是贮藏邪恶欲望的容器，生来就有"盲目冲动的种子"，按照成人自身的标准和尺度，这些都是应当祛除的。于是，成人为了使儿童达到成人所希望的完满成熟的境地，便会用"成人的看法、想法和感情去代替他们的看法、想法和感情"，这样自然会对儿童的发展产生压制与束缚，使"天真快乐的童年消磨在哭泣、惩戒、恫吓与奴役的生活中"。然而，对于儿童来说，本能和无意识的精神根茎正是他以后发展为一个健全的完人的基础，是儿童成长所需要的"营养"来源。如果成人逆其本性，阻遏其自然需要，便会阻断儿童生命不断丰富的生长力，使其生活以一种依附于成人、从属于成人、围绕成人运转的方式而存在，儿童的发展也会成为一个僵化的、封闭的、穷尽过程的预定产物。因此，启蒙教育不能从儿童未来的角度提早设计儿童现在的生活，不能为儿童的未来而牺牲孩子的现在，而是要注意运用各种方法使儿童避开社会的不良习俗和偏见，废止知识和社会道德的强行灌输，理解和欣赏儿童的生活，恢复儿童的天性，使儿童获得真正的解放。

注　释

[1] 姚伟. 儿童观及其时代性转换 [M]. 长春：东北师范大学出版社，2007：162.

[2] 詹姆斯·斯密特. 启蒙运动与现代性：18 世纪与 20 世纪的对话 [M]. 徐向东，等译. 上海：上海人民出版社，2005：360.

[3] 康德. 什么是启蒙 [J]. 哲学译丛，1991（5）：3－6.

[4] E·卡西尔. 启蒙哲学 [M]. 顾伟铭，等译. 济南：山东人民出版社，2007：125.

[5] 任剑涛. 启蒙的自我澄清：在神人、古今与中西之间 [J]. 学术界，2010（10）：5－16.

[6] 马丽，陈玉林. 解读哈贝马斯的交往行为理论 [J]. 理论界，2009（2）：114－115.

[7] 贺来. 启蒙精神与哲学的当代合法性 [J]. 哲学研究，2010（8）：11－17.

[原文《儿童启蒙教育意义的现代探寻》与索长清合作发表于《东北师大学报（哲学社会科学版）》2013 年第 9 期]

学前教育公平的理论基础探究

随着社会的发展与进步，人们越来越多地认识到"公平"对社会发展的重要性，相应地，教育公平问题也日益受到人们的关注。用公平的视角来审视学前教育，我们发现，相对于义务教育、高中教育和高等教育，学前教育领域存在着更多、更严重的不公平问题，如东部、中部、西部地区之间，城市和乡村之间，各托幼机构之间差异显著，呈现出巨大的不公平现象。这些不公平导致学前儿童个体之间发展的不平衡，影响儿童接受正规义务教育的质量，制约着全国学前教育事业的整体发展和国民教育质量的提高。导致学前教育不公平问题的根本原因主要有两个：一是在实践层面上，经济、政治、文化等多种因素制约并影响了学前教育事业的整体发展；二是在理论观念层面上，人们对学前教育公平认识不清，还没有深刻认识到学前教育公平的重要性。从伦理学、法学、经济学的视角分析与探讨学前教育公平的理论基础有利于学前教育公平的理论构建与实践推进。

一、学前教育公平的伦理学基础

公平是正义的基本内容，是人们追求的一种理想状态，也是人们的一种伦理标准和价值观念。伦理学上的公平主要指人在道德生活中的权利平等和义务平等，简单来说即是一视同仁和得所当得。

（一）伦理公平的实质是人权公平

对于个人自身而言，公平是指个人无论自己的经济状况、社会地位和才能如何，都以平等之心对待所有的人，即把人当人看的道义平等和人格平等，尊重人之为人的价值和尊严，尊重每一个人的根本利益。对于全社会而言，公平是指所有的人在人格上的平等，每个人都有平等的生存权和发展权。生存权和发展权是人的基本权利之一，简称"人权"。伦理公平的实质就是人权公平。

人权源于人的本性，而不是任何外界的恩赐。马克思指出，人的本性和本质是人的自然属性和社会属性的统一，是一切社会关系的总和。人人都要求生存，要求发展，要求理性，要求过幸福的生活，这是由人的生理和心理的自然属性所决定的人的本能。人权的普遍性及平等性就是基于人共同的本能和对人的尊严与价值的确认。人，仅仅因为他们是人，就应当享有他们所应当享有的基本权利，否则，他们将失去做人的基础，而不能成其为人。人是有理性、有道德、有认识、能改造世界、并已脱离动物界的高级动物。依照人类的共同本性，人们彼此之间就应当是平等的、自由的，都应当有生存的权利和发展的权利，这是人作为人所应享有的尊严。正如《维也纳宣言》之序言所言：一切人权都源于人类固有的尊严和价值，人是人权和基本自由的中心体，因而应是实现这些权利和自由的主要受益者，并积极参与其中。

（二）伦理公平要求并重或兼顾所有人的利益

伦理公平首先要求并重或兼顾，强调人我己群利益的连带性和不可分割性，主张"人人为我，我为人人"，把个人利益与他人利益、个人利益与社会共同利益有机地结合起来，既善待自己又善待他人和社会，促使个人利益、他人利益和社会共同利益和谐健康增长及其合理实现。这一意义上的公平既是最原初的亦是最根本的，是公平之为公平的最一般义和普遍义，因而无疑是人人都必须遵从和讲求的。

罗尔斯在《正义论》中提出了公平三原则：平等自由的原则、机会的公正平等原则、差别原则。"其要义是平等地分配各种基本权利和义务，同时尽量平等地分配社会合作所产生的利益和负担，坚持各种职务和地位平等地向所有人开放，只允许那种能给最少受惠者带来补偿利益的不平等分配，任何人或团体除非以一种有利于最少受惠者的方式谋利，否则就不能获得比他人更好的生活。"[1]三个公平原则公开申明保障一切人的平等自由和机会平等。

（三）伦理公平要求向弱势群体倾斜

伦理学认为，兼顾所有人的利益是一种理想的公平状态，这在现实中是很难或者不可能实现的。如果不能并重或兼顾，则须对二者的性质、功能及其效用做出理性或具体的分析，看谁的正当性更高或更强，看谁的正当利益更能够体现全社会的伦理公平，更能够促进伦理公平的真正实现，因此伦理学的公平还强调对弱者的怜悯和同情。

怜悯心和同情心是人的天性之一。孟子认为，人人生而有恻隐、羞恶、辞让、是非之心，在人则成为仁、义、礼、智这四种道德之"端"。这是孟子对人的本质属性的界定，所谓"四心"就是我们平常伦理道德意义上的良心。其中恻隐、辞让之心是道德强调的重点内容，其对象是相对处境不利的弱者。伦理公平即是对弱者的怜悯、恻隐、同情和帮助。从这一层面上说，要实现伦理公平，就必然向弱势者倾斜。伦理公平的本质要求照顾弱势者。

罗尔斯的"差别原则"也指出，公平并非绝对的平等，而是包容了差异和充分顾及社会下层人们利益的平等。用罗尔斯的话来说，就是"在社会的所有部分，对每个具有相似动机和禀赋的人来说，都应当有大致平等的教育背景和成就前景。那些具有同样能力和志向的人的期望，不应当受到他们的社会出身的影响"[2]。罗尔斯是从最少受惠者地位来看待和衡量任何不平等的，而且他认为，任何不平等的利益分配都要符合最少受惠者的最大利益。罗尔斯期望达到的事实上的平等，实际上需要以不平等为前提，即对先天不利者和有利者使用不同的尺度，以对弱者达到某种补偿的效果。

依据伦理学的公平观念，学前教育中的伦理学公平即受教育权利公平，指的是学前儿童在教育面前享有同样的资格，是学前教育公平的逻辑起点和实践起点。学前儿童作为有独立人格与尊严的普遍意义上的"人"，理应拥有"人"的最基本权利：生存权与发展权。受教育权是发展权的重要方面，因此，受教育权是学前儿童的应然权利。在学前教育过程中，对家境条件好和处境不利的儿童都应一视同仁，平等对待，做到并重或兼顾，这才是伦理学上的公平。但是由于中国现有经济发展水平不高及各地区经济、文化发展不平衡，学前教育还不能做到并重或兼顾所有儿童的利益，即不能使全中国所有的学前儿童都接受同等质量的教育。因此，学前教育的整体和谐发展更需要政府的投入与关注，向弱势群体倾斜，向那些教育发展滞后或缓慢的地区和托幼机构倾斜，向那些由于家庭贫困而不能接受学前教育的儿童倾斜。

二、学前教育公平的法学基础

（一）形式公平：法律面前人人平等

在法学中，形式公平指的是所有公民在法律面前一律平等。在权利和义务上，法律的公平要求体现平等性原则。公民都平等地享有宪法规定的法定权利，并应平等地履行宪法规定的法定义务，不允许有超越法律的特殊公民存在。具体包括三层涵义：第一，所有公民都必须平等地遵守宪法和法律，并且依法平等地享有权利和承担义务；第二，任何公民的民主权利和合法权益都平等地受到国家宪法和法律的保护，毫无例外，他人不得侵犯；第三，任何公民，不论其职位高低，资历深浅，只要有违法犯罪的行为，都要平等地依法受到追究和制裁[3]。

形式公平是近代市民革命确立的原则。革命的目的就是要推翻以身份为权力特征的封建社会，建立一个以契约为权利特征的平等自由的现代市民社会，即"从身份到契约的运动"，代表人物包括资产阶级启蒙思想家孟德斯鸠、洛克、卢梭等人，他们将平等归为天赋人权。但是由于人性及其他种种原因，这些权利得不到保障，人们便订立契约，建立国家和法律，把自己的全部或一部分权利转让给国家，国家通过法律来规定和保障人们的各种权利。这样，一部分自然权利就变成法定的公民权利，而且还产生一些新的公民权利。他们一致认为，不论是法定的公民权，还是其他公民权、生存权、自由权、财产权、平等权，都是天赋的重要人权，是人类最基本的权利，神圣不可侵犯，"每个人都生而自由平等"[4]。而自由社会的前提是个人主义，把个人的意志和自决置于优先保护的地位，强调自治并对此做出最大的尊重，使每一个人的内在价值和潜力都能得到自由而充分的发挥，而要确保这一点，自由的主体在形式上必须是平等的和抽象的，是抛弃一切具体特质的以抽象人格存在的个人。因此，"为了保障自由以便能让个人个性和能力充分发挥出来，这种必要的平等，说到底还是只要能保障社会构造上的机会均等就可以了，不能在实质上介入其中。如果在实质上也加以控制，就会破坏自由竞争的社会本质，阻碍个人幸福与社会福利的发展。只有形式上的平等，对于自由的保障来说，才是真正必要的平等的应有姿态"[5]。资产阶级启蒙学者为后人探索出一条使人权得以实现和保障的途径，即将自然权利变成法定权利。伴随着资产阶级革命的胜利，在传统法律体系中产生了现代生活中保障人权必不可少的宪法，天赋人权被写入其中，平等由此归结为在法律面前人人平等。

（二）实质公平：顾及现实差异

随着社会的发展，平等与自由的悖论出现了。"追求平等的历程几乎没有终点，因为在某方面实现的平等，会在其他方面产生明显的不平等。"[6]形式的公平只是机会的公平，并不问站在起跑线上的人是否真正具有对等的实力，也全然不顾现实生活中个人所拥有的经济和社会地位的差别，平等完全是为自由服务的。这种不受约束的自由会造成诸如贫困、失业、垄断、两极分化等严重的社会问题。拉德布鲁赫指出："给实力不平等的两个人以平等的机会本身就是不平等，形式的平等发展下去，只会造成结果的严重不平等，自由只能使有产者获得实际利益。形式的平等越受保障，矛盾就越为深刻。"[7]随着问题的严重化，时代呼唤实质的公平以在某种程度上对形式平等的原则加以修正，这就从形式公平导出了实质公平。实质公平是指为了纠正由于保障形式上的公平所导致的实际不公平，对作为每个人的生存和发展所必须的机会与条件进行实质意义上的倾斜保障。每个人获取利益的机会在实际上是不可能完全同等的，它受到个人能力、家庭条件、区域环境等因素的影响，人们在追求公平的过程中起点的不平等是客观存在的，而法律的重要价值之一就是要以自身特有的规则、机理和技术手段将起点设置得尽量平等，使符合相同条件的主体获得平等机会。

学前教育中的法学公平包括机会公平和规则公平。机会公平指的是学前儿童在享有基本权利的前提下，能够在实际生活中普遍参与教育活动并享受同等质量的教育。机会公平是权利公平在现实中的进一步体现和落实。规则公平实际上是过程或程序的公平，它意味着在权利公平和机会公平的前提下，学前儿童参与教育各项活动的过程应该公平。1948 年的《世界人权宣言》第 26 条规定："人人都有受教育的权利。"[8]1966 年联合国制定的《经济、社会和文化权利国际公约》指出："本公约缔约各国承认，人人有受教育的权利。"1989 年联合国第 44 届大会通过《儿童权利公约》，规定了儿童出生后具有姓名权、国籍权、生存权、受教育权、不受剥削和虐待等各种权利，不受种族、肤色、性别、语言、宗教信仰、政治主张等影响。在《儿童权利公约》所规定的儿童权利中，受教育权是儿童最重要也是最基本的权利之一。学前教育是整个教育体系中的一部分，是每个公民都应接受的最基本、最起码的教育，即每个儿童都应拥有同等的接受学前教育的机会和权利[9]。不过这种形式上的公平还不能保证儿童受教育的质量问题，法学实质公平理论还要求在实际的学前教育活动过程中注重儿童的差异，同时对处境不利的儿童给予倾斜和补偿[10]。

三、学前教育公平的经济学基础

（一）起点公平：参与经济活动的权利和机会公平

所谓起点公平，指的是市场经济的自由竞争应该在同一起跑线上，即竞赛的规则必须公平。古典经济学派的亚当·斯密最早对经济公平问题进行了论述，他主张一种权利或机会公平的起点公平观。在其《国民财富的性质和原因的研究》一书中，他提出以机会均等作为经济公平的核心判断标准。其"看不见的手"的著名论断认为，市场是一只看不见的手，只要由市场价格体系界定的交换规则公平，所有者通过资本和土地交换获得利息与地租、劳动者通过劳动交换获得工资就是公平的。这是用来支持他的机会均等经济公平观的最重要的理论依据。他主张参与市场竞争的每个经济主体必须有平等的权利，反对人为地制造机会不均等的障碍。人们参与市场竞争的平等权利由此是一项基本的人权；机会均等是实现社会资源最佳配置的必要前提。经济公平即是要保障每个人有平等的机会参与市场交换[11]。这种经济公平观所关注的是"同一起跑线"，即机会或者起点公平，但并不关心收入分配的结果是否平等。

（二）结果公平：经济分配、收入的公平

结果公平是就分配而言的，是指社会财富占有非两极化。结果公平并不是绝对的平均主义，而是指人们对社会财富占有的差异性应保持一个适当的"度"，即应获得人们普遍的接受。市场本身的缺陷无法消除影响公平的因素，完全自由的市场经济容易导致贫富差距扩大，结果越来越不公平。由此，在市场经济发展过程中，政府必须实施公平有效的社会资源再分配措施，以防止由于社会利益调整和市场经济发展所可能导致的严重贫富悬殊，确立一个结果公平的社会。

著名新古典经济学家庇古在《福利经济学》一书中提出，社会福利是所有个人福利的总和，个人的福利则是他所感到的满足的总和。按照边际效用递减规律，一个人的收入愈多，其货币收入的边际效用愈小。因此，将货币收入从富人那里转移一些给穷人，可以使社会福利的总量增加。庇

古确立的社会经济福利标准是：（1）国民收入总量愈大，福利愈大；（2）收入分配愈平均，福利愈大[12]。显然，庇古的经济公平观不仅注重起点和机会均等，还更加关注分配结果是否公平。这是对古典经济学的经济公平观的重大修正。持类似观点的还有著名英国经济学家约翰·梅纳德·凯恩斯，他认识到资本主义经济危机时期的低效率，而且把低效率的一个重要原因归结为收入分配不均，即分配结果上的不公平。依据消费倾向边际效用递减规律，低收入者增加的收入用于消费的部分较大，高收入者增加的收入用于消费的部分较小，收入分配不均不利于扩大消费需求，影响消费品的生产和效率的提高。要提高效率，一个重要的途径就是通过政府的再分配，如运用税收和转让支付政策等方式实现收入的均等化。

从经济学的公平来看，学前教育公平问题就是学前教育资源的分配和享用问题。学前教育资源包括制度资源和实物资源。同其他资源一样，学前教育资源也是有限的，而且要受到国家政策和社会意识形态及经济水平、教育人口变化等主要因素的影响，这些因素使学前教育资源的分布具有不平衡性，即教育资源的地区分布、学校分布、时间分布不平衡。研究表明，教育资源分配方式大体上经历了以权力（父亲的社会地位和政治权力）、学生的能力、金钱为标准的三个历史阶段[13]。当前，在市场经济的影响下，少数地区的一些托幼机构为了提高经济效益，在激烈的市场竞争中求生存与发展，使学前教育资源的分配以"权力"和"金钱"为标准，即以幼儿家长的社会地位、职业和经济状况为标准。同样的教育却要用不同的代价来换取，这对幼儿来说是不公平的。家长按经济状况选择收费标准不同、档次各异的幼儿园，也使幼儿过早地感受到了社会的不公平和人与人之间的不平等。

学前教育的伦理学公平即受教育权利公平，是学前教育公平的逻辑起点和实践起点。学前教育的法学公平强调机会公平和规则公平。学前教育的经济学公平要求实现所有儿童公平地占有和使用有限的教育资源，是经济学的结果公平在教育领域的具体表现。伦理公平和法律公平的实质还只是一种形式上的公平，只有在权利、机会、规则公平的基础上，利用经济与政策手段，通过对社会贫富状况的调剂实现了结果公平[14]，才意味着公平的真正实现。

注　释

[1] 翁文艳. 教育公平的多元分析 [J]. 教育发展研究，2001（2）：62—63.

[2] 何怀宏. 公平的正义：解读罗尔斯《正义论》[M]. 济南：山东人民出版社，2002：111.

[3] 修义庭，张光杰. 法学概论新编 [M]. 3 版. 上海：复旦大学出版社，1999：7.

[4] 卢梭. 社会契约论 [M]. 北京：商务印书馆，1982：9.

[5] 大须贺明. 生存权论 [M]. 林浩，译. 北京：法律出版社，2001：33—34.

[6] 乔·萨托利. 民主新论 [M]. 冯克利，等译. 上海：东方出版社，1998：52.

[7] 马新福. 法理学 [M]. 北京：科学出版社，2004：39.

[8] 董云虎，刘武萍. 世界人权约法总览 [M]. 成都：四川人民出版社，1991：963.

[9] 虞永平. 试论政府在幼儿教育发展中的作用 [J]. 学前教育研究，2007（1）：3—5.

[10] 刘璐，蔡迎旗. 农村"留守儿童"问题解决中政府应承担的责任 [J]. 学前教育研究，2007（6）：12—14.

[11] 亚当·斯密. 国民财富的性质和原因的研究：下卷 [M]. 北京：商务印书馆，1972：252.

[12] 乔洪武，龙静云. 西方经济公平观的演进及其启示 [J]. 社会科学辑刊，1998：5.

[13] 陈玉琨. 试论高等教育的公平与效率问题 [J]. 上海高教研究，1998：12.

[14] 冯晓霞，蔡迎旗，严冷. 世界幼教事业发展趋势：国家财政支持幼儿教育 [J]. 学前教育研究，2007（5）：3—6.

[原文《学前教育公平的理论基础探究》与邢春娥合作发表于《学前教育研究》2008 年第 1 期]

终身教育思想对学前教育的影响

　　终身教育所倡导的把教育贯穿于人的一生之中的思想，不但加强了人们对学前教育的认可和重视，而且也对学前教育工作者为幼儿的可持续发展而进行教育指明了方向。因此，了解终身教育思想的基本观念并分析它对学前教育的影响，对提高学前教育的质量，使其更符合社会发展的要求有重要的作用。

一、终身教育的基本理念

（一）教育是包括学前期在内的终身过程

　　当学校教育产生后，人生就截然地分成两个不同的阶段：在校学习阶段和离开学校以后的生活阶段。而终身教育思想认为，教育不但是渗透于人的全部活动中，并且是与个体的生命、活动共始终的。它要求对人的教育要超越传统学校的范围，而去挖掘人的学前和成年阶段的潜力。在这种认识下，学前阶段自然而然地成为终身教育的起点和奠基阶段。按照终身教育的观点，现有的教育目标已不是简单地让受教育者掌握已有的知识，而是以培养人的学习能力、选择能力、创造能力和协作能力为出发点，培养人进行终身学习的能力。与此相应，我国新的幼儿园纲要也相应地将幼儿园的教育内容相对地划分为健康、语言、社会、科学、艺术等五个领域，各领域相互渗透，从不同的角度促进幼儿情感、态度、能力、知识、技能等方面的发展，从而为幼儿终身的学习奠定良好的基础。

（二）教育贯穿于生活之中

　　从教育最原始、最根本的功能来讲，它本来与个人一生的生活是共始终的。终身教育思想更是扩大了教育的时空，在人生的纵向方面，强调实现人的一生（幼儿、青少年、成年及老年）都受教育；在人生的横向方面，强调家庭、社区、工作场所及大众媒体对人生的每一阶段都发挥教育作用。终身教育的倡导者们认为，教育要突破学校的限制，重视家庭教育和社会教育等非正式教育机构的作用，它们都对人的身体、情感、智力诸方面和谐发展起着举足轻重的作用。学前阶段的正规教育机构——幼儿园也要注意到家庭、社会等各方面的教育资源的重要性，开始有意识地与之合作，争取共同为幼儿的发展创造良好的条件。家庭教育在幼儿的发展学习中占重要的地位，社会教育也从幼儿与社会相接触起伴随幼儿的一生，这些非正规教育是对幼儿园教育的有效补充。另外现今的学前教育趋势是从幼儿的生活中发现他们感兴趣的东西，形成幼儿学习的内容，从而在生活中实现对幼儿的教育。

（三）教育促进个人与社会的适应

联合国教科文组织在《教育——财富蕴藏其中》的报告中提出了终身教育的四个支柱，即：学会认知，学会做事，学会共同生活，学会生存。这四种学会的提出说明现代社会中知识、技能、共同生活和生存技能是与一个人成长密切相关的四个方面。终身教育鼓励人提高对自身的认识，对周围环境的认识，以及鼓励人们充分参与工作和社会生活。由此可见，终身教育的最终目标在于改进个人的生存本领，以适应当今社会科技迅猛发展、社会经济飞速变化的要求。与之呼应，在新《幼儿园教育指导纲要（试行）》提出的健康、语言、社会、科学、艺术等五个领域中，都分别从不同的角度有意识地提出了对幼儿在学会认知、做事、共同生活和生存四个方面能力的发展和兴趣的培养。

二、终身教育思想对学前教育的影响

终身教育思想对学前教育的影响是不可小觑的。终身教育不但认可了学前教育的地位，而且在改善学前教育内容，扩展学前教育思路方面都发挥了重要的作用。它使得人们以一个新的视角看待学前教育，并把学前教育看作是完整科学的教育体系的一个重要的基础部分。终身教育思想对学前教育理论和实践的深化有着深远的影响。

（一）终身教育提高了学前教育的地位

学前教育在世界各国很早就有，一些杰出的教育家，如卢梭、裴斯泰洛齐、福禄倍尔、欧文、蒙台梭利等都为建立科学的学前教育理论做出过巨大的贡献，而且也为把学前教育纳入正规教育做出了积极的努力。但是，人们真正把学前教育视为正规教育的基础部分还是终身教育出现以后的事。终身教育思想带动了人们儿童观和教育观的更新，各个国家不但把学前教育纳为基础教育的组成部分，而且都采取了与终身学习相适应的学前教育改革。

另外，终身教育思想主张的教育过程贯穿于整个人生各个阶段的理论，是以对人类自身认识的深化，尤其是关于早期儿童智力发展和学习能力的研究成果为基础的。生理学、心理学、脑科学等学科对人的多维度的研究把对人类学习能力的认识推进了一大步。各学科的发展证实了儿童早期具有巨大的学习潜力。另外，研究者对狼孩和孤儿院儿童进行的研究，从另一个侧面表明了人的早期学习、刺激对人以后的发展具有不可弥补的影响力。这些研究表明，早期的学习是成长后学习发展的基础，其效果是比较持久的。在人的早期发展阶段存在着许多最为有效的发展期，它直接影响着成人以后一些重要的行为和反应的形成，错过这些最佳学习期将会导致某些行为在以后的学习中付出成倍的努力却难以实现。一个人学业成绩在很大程度上与他的早期学习经验和智力发展有关。早期发展不但为一个人将来的发展打下基础，而且将持续影响他的一生，影响他的终身学习。在终身教育思想的观点下，学前教育的重要性更加凸显出来。

（二）终身教育改善了学前教育的内容

终身教育的倡导者认为，学前阶段是对人的性格形成起主要作用的时期。以往的教育过于强调知识和技能技巧的掌握，而终身教育思想提出的终身学习则要求学前阶段的主要任务是培养儿童学习的兴趣、愿望、积极的情感和态度。终身教育思想所提出的四大支柱丰富了学前教育的内容。

学会认知即学会学习，它不但包括使儿童从各个不同的角度了解他周围的世界，而且要乐于理解、认识和发现这个世界。美国北德克萨斯大学莫里逊教授在总结美国学前教育机构的不同教育目标时指出："这些基本的目标涉及儿童的社会交往、自我服务、自尊、学习、思考、学习准备、语言和营养等方面。"由这些目标可见在学前阶段，首先要培养的是儿童的独立能力，协助儿童形成自己的认知方法和独立思考的学习习惯。

学会做事是指教会儿童实践他所学到的知识。结合学前期儿童发展的特点，在学习过程中，着重点不能再放在安排刻板的内容上，学前阶段作为一个人学习习惯、兴趣和能力形成的最初阶段，更应注重培养儿童的学习兴趣。儿童是主动的学习者，是自己成长的主人，他们常常在具有一定挑战性的情景中显示自己的能力，会在与社会和物质世界的"交往"中积极地构建自己的学习和理解。幼儿不是被动的"被保护者"，要尊重幼儿不断增长的独立需要，在保育幼儿的同时，帮助他们学习生活自理技能，锻炼自我保护能力。

学会共同生活是指与他人一道参加人的所有活动并在这些活动中进行合作。在学前期，使儿童体验到人与人之间的友爱、关心、合作、对话、沟通、理解和互相帮助将会对他将来与人和谐地交往奠定良好的基础。通过儿童的各种活动，尤其是游戏来培养儿童学会与他人共同生活。游戏可以使儿童从中认识到他人的存在，并能与其他人一起为实现共同的目标而努力。对儿童来说，从同伴或成人那里获得认可，会使他们体验到认同感、归属感，从而更加自信地参与各种活动。

学会生存是前三种学习成果的主要表现形式。"授之以鱼不如授之以渔"是使儿童学会生存的有效途径。一个具有学习能力的儿童远比掌握了一些知识的儿童更能适应社会的发展。正如联合国教科文组织在《教育——财富蕴藏其中》的报告中所指出的那样："如果最初的教育提供了有助于终身继续在工作之中和工作之外学习的动力和基础，那么就可以认为这种教育是成功的。"当学前教育能够培养儿童具备良好的学习兴趣，学会运用他掌握的知识，并乐于与他人共处时，这样的教育可以说是使儿童学会生存、具备终身学习能力的教育。

（三）终身教育扩展了学前教育的思路

以往人们普遍认为，学前教育是儿童在幼儿园里接受的教育。终身教育思想认为，它包括正规教育，也包括非正规教育，儿童可以在各种教育环境下学习和发展。终身教育提高了儿童家庭教育和社会教育的地位，也扩展了学前教育的思路，不仅仅把对儿童的教育局限在幼儿园里，还可以向社会各界寻求教育的协调合作。像家庭、社区、文化机构和媒体都可以成为学前教育的合作对象，共同完成对儿童的教育工作。

家庭是一切教育的第一场所，家庭成员之间的相互影响、家庭的管理、家庭生活方式及家庭的教育环境等在终身教育的初期起着极为微妙的决定作用。儿童的发展要求学校教育和家庭教育互相补充。对处境很差的居民进行学前教育的经验表明，教育的效率主要取决于家庭对学校的充分了解和信任。社区是个人成长的最直接的社会环境，社区对儿童的成长具有潜移默化的教育影响。在终身教育思想中，社区对每位成员都有教育责任。另外，社区在其成员学习合作和相互支援方面及以更深入的方式学习公民权利和义务方面有积极的教育作用。良好的社区环境有助于儿童发展与人共同生活的能力，并增进对他人的了解和对相互依存问题的认识。

儿童对文化机构包括博物馆、图书馆、展览馆、科技馆、剧院及本国特有的文化场所等的了解，可以使他具有审美观和不断接触各种人类精神作品的愿望。学前教育与这些机构的合作，不但可以培养儿童的学习兴趣、探索精神，而且可以从小培养儿童尊重并保护文化遗产的思想。另外，现代社会媒体的发展及其广泛的渗透性，也是教育不能忽视的一个方面。不论媒体作品的质量如何，是否具有教育作用，都无法否认它是人们生活的组成部分，对儿童也具有诱惑力。这使得现代教育的一个主要目的是培养每个人的判断能力，以及据此采取行动的能力。学前教育工作者要认识到，教育者一方面要学会利用媒体协助教育活动的进行，另一方面也要培养儿童自我控制和独立判断的能力。终身教育思想使学前教育意识到要利用社会提供的一切机会。

总之，终身教育思想对学前教育发展的影响是全方位深层次的，而学前教育理论的创新和发展也展示了终身教育思想的强大生命力。

注　释

［1］李生兰. 比较学前教育学［M］. 上海：华东师范大学出版社，2000：20.

［2］联合国教科文组织. 教育：财富蕴藏其中［R］. 北京：教育科学出版社，1996.

［3］联合国教科文组织. 学会生存［R］. 北京：教育科学出版社，1996.

［4］吴杰. 外国现代主要教育流派［M］. 长春：吉林教育出版社，1989.

［5］教育部高等教育司. 学会学习［M］. 北京：教育科学出版社，1999.

［6］曹延亭. 现代外国教育思潮［M］. 长春：东北师范大学出版社，1989.

［7］李玢. 世界教育改革走向［M］. 北京：中国社会科学出版社，1997.

［8］单中惠. 西方教育思想史［M］. 太原：山西人民出版社，1996.

［原文《终身教育思想对学前教育的影响》与郝苗苗合作发表于《外国教育研究》2003 年第 7 期］

幼儿园教育——终身教育的奠基阶段

新颁布的《幼儿园教育指导纲要（试行）》在第一部分"总则"中明确提出"幼儿园教育是基础教育的重要组成部分，是我国学校教育和终身教育的奠基阶段"。这种阐述表现了国家对幼儿园教育的价值、意义有了更进一步的评价，使幼儿园教育的性质更加明确。将幼儿园教育放在终身教育的大背景中，使幼儿园教育发挥对人的终身发展的奠基作用，这是新《纲要》所表达出来的时代精神与教育理念，为此，我们必须对终身教育理念有一个清晰的认识，这样，我们才能更好地理解和把握新《纲要》的精神，并使其真正落实到实践中。

终身教育理念自 20 世纪中叶兴起，之后通过联合国教科文组织的推进，在世界范围内迅速发展，并成为一种教育改革和发展的思潮。终身教育理念之所以兴起，是因为法国著名的成人教育家"终身教育的奠基人"保罗·朗格让在《终身教育导论》一书中有这样的阐述：现代人面临着许多挑战，例如变革的加速、人口的增长、科技的发展、政治的挑战，信息、闲暇，生活模式和相互联系的危机，身体、意识形态的危机，等等，所以现行的教育已难以适应时代的发展变化与挑战，必须实行一种贯穿人的一生的教育，即"终身教育"，来应答时代的变革与挑战。社会发展到今天，终身教育日益成为各国社会和教育改革的指导思想和目标，也"唯有全面的终身教育才能够培养完善的人，而这种需要正随着使个人分裂的日益严重的紧张状态而逐渐增加"[1]。国际 21 世纪教育委员会在向联合国教科文组织提交的报告《教育——财富蕴藏其中》中强调指出要把"终身教育放在社会的中心位置上""终身教育概念看来是进入 21 世纪的一把钥匙"[2]。

"终身教育这个词所包含的所有意义，包含了教育的各个方面、各种范围，包括了从生命运动的开始到最后结束这段时间的不断发展，也包含了在教育发展过程中的各个点与连续的各个阶段之间的紧密而有机的内在联系。"[3] 21 世纪教育委员会将"与生命有共同外延并已扩展到社会各个方面的这种连续性教育称为'终身教育'"[4]；日本把终身教育称为从摇篮到坟墓的教育。由此可见，幼儿园教育是终身教育的起始阶段，而且幼儿期还是个体身体、心理发展十分迅速的时期，它对人的一生的发展起奠基作用，所以我们可以说"幼儿园教育是终身教育的奠基阶段（新《纲要》"。意大利著名的幼儿教育家蒙台梭利曾指出："生活最重要的时期并非大学时代，而是人生之初，即从出生到六岁这一阶段，这是因为，这一时期正是人的潜能，其最伟大的工具——本身开始形成之时，不仅仅是智能，人的所有心理能力亦然。"所以我们必须充分重视幼儿教育，充分发挥幼儿教育对人的发展的奠基作用，充分发挥幼儿园教育在终身教育体系中的奠基作用。为实现这样的教育信念，幼儿园教育的目标、内容等都应做出相应的调整。

一、幼儿园教育的目标：以积极的情感、态度的形成为主，注重学习能力的培养

当下的社会，是一个变化日益迅速的社会。知识的大爆炸、技术的迅速更新，再加上信息产业的推动，使得如今世界的知识量每几年就要翻一番，我们再也不可能一劳永逸地获取知识了。传统的以传授知识为主的幼儿园教育的目标已不能适应时代的要求，终身教育要求的是人们能够持续不断地接受教育。所以，如果在幼儿期个体获得的仅仅是知识，而且是迅速过时、落后的知识，那么这将不足以保证个体能够终身不断学习，不断获得新的发展。因此，在幼儿园教育中我们必须寻求对人的终身发展有益的较恒久的东西，从而实现为终身教育奠基的作用，这应该是：幼儿对学习的持久兴趣、热情及学习能力，对周围事物的积极的情感、态度等。幼儿对学习的兴趣、强烈的探索欲及对人对事的热爱与尊重，这些永远是个体前行的巨大动力和最可靠的臂膀，因为这些是不易改变，更不会迅速过时或消逝的。因而，新《纲要》从为终身教育奠基的角度出发，明确地将幼儿园教育的目标定位在培养幼儿的情感、态度和个性上。如第二部分"教育内容与要求"中科学教育的目标为"对周围的事物、现象感兴趣，有好奇心和求知欲……爱护动植物，关心周围环境，亲近自然，珍惜自然资源，有初步的环保意识"；社会的目标为能"主动地参加各项活动，有自信心；乐意与人交往，学习互助、合作和分享，有同情心……能努力做好力所能及的事，不怕困难，有初步的责任感"。

新《纲要》对教育目标的阐述是符合终身教育理念的，也与教育发展

的趋势相符合。从终身教育的角度出发，联合国教科文组织在《从现在到2000年教育内容发展的全球展望》一书中预测了教育目标的层次，即从传统的知识、实用技术、态度和技能，到新的三级目标层次：态度和技能、实用技术、知识。新《纲要》中幼儿园教育目标的定位，不仅符合世界教育发展的趋势，而且也符合幼儿身心发展特征，如杜威所说，"儿童的世界是具有他们个人兴趣的人的世界，而不是一个事实和规律的世界。儿童世界的主要特质，不是什么与外界事物相符合这个意义上的真理，而是感情和同情"[5]。也唯有在这样的教育目标的导引下，幼儿园教育培养出的人才是符合社会需要的，更体现了幼儿的本质特征，也给了幼儿一个更真实的教育和生活空间，让幼儿更加幸福地生活和更自然地成长，也更能充分发挥幼儿园教育对终身教育的奠基作用。

二、幼儿园教育的内容：源于生活，在幼儿熟悉的生活中促进幼儿发展

终身教育是一种更开放的教育，教育不再仅仅是学校的专利而是整个社会，包括家庭、社区各文化场所等在内的一切社会力量的共同职责。在这种更加广阔的教育视野中，教育在很大程度上是源于生活，在生活中进行的，而且终身教育理念提出的原因之一就是为了丰富闲暇时间，充实改善个人生活，更注重人的生活意义与人生价值的实现。幼儿期由于个体身心发展不够成熟，幼儿的思维以具体形象思维为主，幼儿认识事物主要是通过动作、直观形象和活动来实现的。对于幼儿来说，与其现实生活有关的内容和与其生活经验相贴近的内容是他十分乐意接受的，也是易于吸收的。杜威曾指出："儿童的社会生活是他的一切训练或生长的集中或相互联系的基础。社会生活给予他的一切努力和一切成就的不自觉的统一性和背景。"

在新《纲要》中，体现着幼儿园教育内容与幼儿生活的密切联系。如，在健康的内容与要求中提出"密切结合幼儿的生活进行安全、营养和保健教育"，在社会中提出"在共同的生活和活动中以多种方式引导幼儿认识、体验并理解基本的生活行为规则，学习自律和尊重他人"，在科学中提出"在幼儿生活经验的基础上，帮助幼儿了解自然、环境和人类生活的关系"，等等。尤其是新《纲要》中，幼儿园教育应与家庭、社区相结合的思想的提出，使得"幼儿园教育的内容源于生活，在幼儿熟悉的生活中促进幼儿发展"获得了更加有力的保证。因为家庭、社区是幼儿的主要

生活空间，是幼儿度过时间最多的地方，也是"教育的第一场所"。新《纲要》在第三部分"组织与实施"中这样阐述，"环境是重要的教育资源""家庭是幼儿园重要的合作伙伴""充分利用自然环境和社区的教育资源扩展幼儿生活和学习的时间"。

幼儿园教育的内容源于生活，在幼儿熟悉的生活中促进幼儿发展，幼儿园教育要与家庭、社区相结合，充分利用教育资源，这体现了终身教育的要求与理念，而且这也是符合幼儿身心发展特点的。幼儿园教育的内容源于生活实质上意味着对教育中幼儿主体地位的认可及对幼儿的尊重，因为只有教育扎根于幼儿的现实生活世界，才能把握到幼儿的真正需要和真实的儿童世界，而且幼儿园教育的内容源于生活也使得终身教育获得了更大的可能性，这将有助于幼儿获得更自由、更充分的发展，有助于终身教育理念付诸于教育实践，有助于幼儿接受下一阶段的教育，获得更进一步的发展。

新《纲要》体现着终身教育思想，也在幼儿园教育的目的、内容等方面为实现对终身教育的奠基作用做出了相应的规定。这必将有助于幼儿更为自由、充分、健康地发展，也为幼儿的终身发展提供了源源不断的动力。新《纲要》的颁布必将会给我国幼儿教育事业的发展带来又一个明媚的春天，也将对广大的幼教工作者提出更大的挑战。因此，我们必须认真学习新《纲要》，领会新《纲要》的精神实质，为使其真正贯彻落实到教育实践中而共同努力！

注 释

[1] 联合国教科文组织. 学会生存：教育世界的今天和明天 [M] //埃德加·富尔主席致勒内·马厄总干事函. 北京：教育科学出版社，1999 (9).

[2] 联合国教科文组织. 教育：财富蕴藏其中 [M]. 北京：教育科学出版社，1999 (9)：8.

[3] 保罗·朗格让. 终身教育导论 [M]. 北京：华夏出版社，1988：16.

[4] 联合国教科文组织. 教育：财富蕴藏其中 [M]. 北京：教育科学出版社，1999 (9)：10.

[5] 约翰·杜威. 杜威教育论著选 [M]. 赵祥麟，编译. 华东师范大学出版社，1981：76.

[原文《幼儿园教育——终身教育的奠基阶段》与李辉合作发表于《教育导刊》2002 年第 1 期]

自然主义教育对当前学前教育的启示

进入 21 世纪，人们的教育理念提升到了前所未有的高度，关注人自身，关注人的生命，已成为人们的共识。然而，在教育实践中，违反儿童天性，违反儿童身心发展规律的现象仍时有发生。例如，孩子是父母理想的实践者，幼儿园是小学的预备校，最乖的孩子是那些坐着一动不动认真听老师讲话的孩子，孩子是"小大人"，等等。这些现象绝不是个别的，这不得不引起我们的思考。为此，我们重新温习了自然主义的教育思想。

自然主义教育理论是西方教育发展史上一种非常重要的理论，它具有漫长的历史发展过程。从亚里士多德到昆体良，到夸美纽斯，再到卢梭，他们都强调教育中的自然适应性原则。他们主张，教育应适应自然，合乎自然，儿童的身心发展是有其自然规律的，教育应顺应儿童的天性，遵循儿童身心发展的规律，而不能逆规律而行。教育应帮助儿童生命自然地展开，而不能压抑儿童的天性。自然主义教育思想的典型代表首推夸美纽斯和卢梭。重新思考自然主义教育思想的精髓，对照当前我国幼儿教育存在的一些问题，我们会受到许多启发。

一、把儿童看作儿童，守护儿童的世界

人类对任何事物的认识都要经过一个由浅入深的过程，人类总是在努力使自己的认识日趋合理。在对儿童的认识过程中，自然主义教育思想帮助我们提高了对儿童的认识。儿童从完全被成人所忽视，到重新被发现，这是一种历史性的进步。把儿童看作儿童，守护儿童的世界，也仍是我们今天所要做的基本工作。

（一）把儿童看作儿童

自然主义教育思想的一个最基本内容就是把儿童当作儿童看待。其代表性人物卢梭在这方面做出了伟大的贡献，人们称他"发现了儿童"。卢梭把儿童从传统的种种偏见和歧视中解放出来，并且从一个崭新的角度来

审视儿童、研究儿童。在卢梭看来，儿童首先是人，应把儿童当人来看待，但儿童又与成人不同，因而还应当把儿童当作儿童看待。我们只有把儿童看作儿童，儿童才能成为有意义的存在，儿童的生命才能得到张扬。

把儿童看作儿童，与儿童建立平等的对话关系，要求我们的家长、教师能经常与孩子换换位，多想一想"如果我是孩子，我会怎么办"之类的问题，这有利于我们放下架子，与孩子形成融洽的关系，也有利于孩子的成长。当然，要真正做到把儿童看作儿童，真正尊重儿童的生命，确实有很大的难度，仍需我们做出极大的努力。

（二）儿童拥有自己的世界

把儿童看作儿童，要求我们尊重儿童的世界。儿童的世界与成人的世界不同，儿童的发展水平处于主客体互渗状态。儿童的世界是泛灵性的、诗的、艺术的、游戏的、梦想的、童话的……而成人的发展水平则已处于主客体相分离状态，世界在成人的眼中是客观的。因此，我们不能用成人的眼光去看待儿童的世界，更不能试图用成人的世界去替代儿童的世界。儿童有儿童的世界，儿童有其独特的思维方式。

儿童拥有自己的世界，并在与同伴的交往中形成自己的文化——儿童文化。然而，随着时代的进步、科技的发展，电视、网络走进了孩子的生活。于是，孩子更多地了解了成人的世界，成人文化空前地向儿童文化渗透，同时儿童文化也在影响着成人文化，"向孩子学习"的提出就是最好的证明。在这样一个飞速发展的时代，每个人都需要不断地学习，更新知识和观念。可以说，成人和儿童在某种程度上处于同一起跑线，面对同一个新世界，成人应与儿童成为平等的探索伙伴。

（三）守护儿童的世界

成人眼中只有一个客观的世界，成人对世界的理解往往是单调枯燥的"科学"注释，于是成人的世界只剩下一种"语言"。在孩子那里，世界的注解是"一百种语言"。可是成人却试图偷走"九十九种"，把儿童的世界同一到成人的世界里。既然成人自己无法生活在不属于自己的世界里，我们又有何理由让孩子离开自己的世界而生活到成人的世界中来呢？儿童的世界是一个有意义的存在，成人应给予尊重和关怀，应真诚地去守护儿童的世界。

首先，我们要真实地感受儿童的世界。我们应走进儿童的生活，和他们交流，和他们一起嬉戏，保持童心，把自己的生命与儿童的生命融为一体。其次，我们要理解儿童的世界。对于儿童，我们必须通过一个个活生生的个体的灵性去理解、去感悟他们的真正含义，从心灵深处去接受儿童，爱其所爱，乐其所乐，和他们一起快乐、哭泣和成长。最后，我们要积极引导儿童去建构生命的意义。儿童的一切都处于成长中、生成中，我们应该用动态的眼光去看待儿童，适当地引导儿童，充分激发儿童生命的潜能，帮助儿童构建更有意义的生活。

二、遵循儿童身心发展规律，保护儿童的天性

就如宇宙万物都有其自身发展的规律一样，人类也有其自身的发展规律。儿童与成人处于同一生命过程的不同发展阶段，各有其自身的特点和规律。遵循儿童身心发展规律，保护儿童的天性，这是自然主义教育给我们今天的教育最大的启示。

（一）儿童有其自身发展的规律

卢梭曾根据他对儿童发展自然进程的理解，在《爱弥尔》一书中将儿童的成长发育分为四个时期：0—2岁是幼儿期，2—12岁是儿童期，12—15岁是少年期，15—20岁是青春期，并根据每个时期的特点，确定了相应的教育任务。他说："在他们的心灵没有具备种种能力以前，不应当让他们运用他们的心灵，因为，当它还处在蒙昧的状态时，你给它一个火炬它也是看不见的，而且，在辽阔的思想的原野中，它也不可能找到理性所指引的道路，因为那条道路的痕迹是这样的模糊，就连最好的眼睛也难以辨认出来。"就是说教育应在儿童有相应的接受能力，有需要的时候才进行，否则，教育就可能是徒劳的。随着心理学和教育学的研究不断深入，人们对儿童年龄阶段的划分和对儿童身心发展规律的认识更趋科学。我们的教育应遵循儿童身心发展的规律，看到儿童的兴趣和需要，切不可急于求成，揠苗助长，否则，其结局也只能像被拔过的禾苗那样逐渐枯萎。

（二）儿童期有其自身的价值

卢梭作为儿童的"发现者"，确立了儿童期本身的价值。他抨击了以往的观点，认为儿童不是生来就有"原罪"的存在，也不是可以任意涂抹的"白板"，更不是"小大人"，儿童期本身具有不可替代的价值。卢梭把人们的目光引向儿童期自身。到20世纪，用科学方法研究儿童盛极一时，

人们对儿童有了新的、更完整的认识，人们惊叹儿童丰富的内心世界，儿童越来越被看作是独立的、有自身价值和尊严的个体，教育中成人和儿童的关系也发生了"哥白尼式"的革命，儿童成为教育的中心，为此，20世纪被称为"儿童的世纪"。但是，目前忽视儿童期价值，仅仅把儿童期当作未来生活"准备期"的观念还存在于许多教师和家长的头脑中，牺牲儿童童年的幸福，逼迫儿童去学习成人自认为有用的知识和技能的现象还比较普遍地存在，仍有为数不少的父母、教师打着"为了孩子明天的幸福"的旗号牺牲着孩子的今天。殊不知，没有了今天的幸福，明天的幸福也就成了无源之水，无本之木。人生的每一阶段从生理上说都是不同的，但在价值的时空里，每一阶段都是黄金时期，每一阶段的感受与体验都是人的完整生命过程不可或缺的。童年是自然的赋予，忽视童年自身的价值，剥夺儿童享受童年的乐趣，就是剥夺儿童的生命权，就是对自然人性的扭曲，就是对自然规律的践踏。我们的教育应给予儿童充分享受快乐童年的权利和空间，给予儿童一个在儿童理解意义上真正快乐的童年。

（三）保护儿童的天性

中国自古以来就有"学而优则仕"的传统，其影响至今不减，那些"望子成龙""望女成凤"的家长恨不得自己的孩子"十八般武艺"样样精通。有人曾对北京 1000 个家庭进行"家庭教育现状"调查，问卷中有这样一个问题："你的孩子参加过下列哪些培训班？"回答"参加过"的家长竟高达 87.7%。另外一个问孩子的问题："你在节假日有多少自己玩的时间？" 65.3% 的孩子答道："一点儿自己玩的时间也没有。"家长总是出于某种考虑让孩子去上各种兴趣班，而很少有根据孩子兴趣去报名的。

儿童不是"白板"，而是和成人一样平等地拥有自身存在价值的生命体，儿童的生命应得到尊重。教育的目的是促进儿童的成长，但这种促进是适度的引导，而不是不讲条件、不顾儿童身心发展规律的盲目行为。我们的教育应保护儿童的天性，激发儿童的天性。

［原文《自然主义教育对当前学前教育的启示》与孟香云合作发表于《幼儿教育》2003 年第 5 期］

儿童教育要关注儿童的生活质量

在现代社会，提高生活质量是当代社会发展观的新内涵，关注和提高儿童的生活质量是时代发展赋予儿童教育的使命。今天的孩子是快乐的吗？他们在享受快乐的童年生活吗？儿童教育应该为提高儿童的生活质量做什么？

一、生活质量的研究

西方最早提出研究生活质量问题是在 20 世纪 60 年代末，当时主要是作为一个社会发展指标而进行研究的，70 年代后开展更深入和普遍的生活质量研究。美国经济学家加尔布雷斯在 1958 年出版的《丰裕社会》一书中，首先提出了"生活质量"的概念；美国经济学家罗斯托在 1971 年出版的《政治和成长阶段》一书中，将追求生活质量作为其划分经济成长阶段的最后一个阶段的特有标志，标志生活质量的理论研究从此开始。他认为，人类社会至今已经经历了五个成长阶段："传统社会""为起飞创造前提阶段""起飞阶段""成熟阶段""高额群众消费阶段"，而美国在进入第六阶段，即"追求生活质量阶段"。他认为，"起飞"和"追求生活质量"是人类社会发展中两个重要的"突变"，"追求生活质量"则是"工业社会中人们生活的一个真正的突变"。1975 年，莫里斯在《莫里斯全球生活估价模式》一书中，将生活质量作为衡量社会经济发展的社会指数名称，同时，著名经济学家萨缪尔森在《经济学》一书中，比较系统地介绍了西方生活质量理论的观点。

生活质量概念的提出是西方社会在发展过程中对自身社会发展的一种反思，生活质量研究的深入与国际范围内对发展问题的新认识与观念有密切关系。首先，人们认识到经济增长与经济发展的区别。经济增长只表明产出的增长和生产的速度，经济发展则更注重随着产出增长和生产速度而出现的生产、就业、消费等结构上的变化和体系，以及分配上的变革等。GDP 作为衡量一个国家发展的唯一的指标受到质疑。其次，提出发展是以人为中心的发展。1976 年国际劳工组织首次在世界会议的文件中论述了人的发展问题，提出经济发展首先必须满足人的基本需要。20 世纪 70 年代末 80 年代初，联合国制定的第三个十年发展规划明确提出：发展的最终目的是在全体人民充分参与发展过程和公平收入分配的基础上，不断提高他们的福利。第三，提出可持续发展问题。1987 年联合国环境与发展委员会发表了《我们共同的未来》的报告，提出可持续发展"是在不危及后代人，满足他们需要的能力的前提下，满足我们现时之需要的一种发展"。可持续发展观从此成为世界各国现代化进程中指定社会发展战略的指导思想。对发展问题认识上的进步，凸显了人作为社会活动主体的地位，人既是社会发展的基本动力，也是社会发展的最终目的，既要满足人的基本需求，提高生活水平，同时也要满足他们的精神需求，提高他们的生活质量。生活水平是指社会供给社会成员用于生活消费的商品的数量和质量的状况，主要反映在物质方面的满足程度，只是生活质量的一个方面，生活水平的大幅度提高并不意味着生活质量的提高。生活质量既反映人们的物质生活状况，又反映社会和心理特征，生活质量的提高反映的是社会的整体进步和可持续发展。

　　生活质量是一个多层面的、复杂的概念，从宏观上讲，生活质量是影响人类生活的一切条件——政治、经济、文化、科学技术、教育、环境保护等相互作用的产物，从微观上说，每个个体都在生活中体会和感受着生活质量。国外生活质量指标体系的建立主要遵循三种模式：以经济学为基础的扩展（GDP）账户模式，以社会学为基础的社会指标模式和以心理学为基础的心理模式。心理模式继承了西方学者对福利体验的主观性本质的认识，侧重对人精神活动、心理活动等主观内容的考察。1976 年坎布尔将生活质量定义为"生活幸福的总体感觉"，我国学者林南认为生活质量是"对生活各方面的评价和总结"[1]。这些观点都倾向于生活质量的主观指标，认为生活质量应反映人们的认知、情感和反馈三个层面，即包括满意度、幸福感和社会积极性三个方面。事实也确实如此，人们的生活标准在提高，但生活质量并不一定同时在提高，正如阿玛塔尔·森提出，经济的发展并不能自然而然地给全体社会成员带来生活质量的改善。对经济发展的最终检验，不是普通的物的指标，而是人的（能力）发展的程度，是人生活质量的提高程度[2]，"社会只是生活的必要手段，生活本身的质量才是生活的目的"[3]。

　　近些年来，生活质量的研究不仅在西方受到普遍重视，也引起了更多发展中国家的关注。我国提出的科学发展观是一种全新的发展观，是全面、协调、可持续的综合发展观。以人为本是科学发展观的实质与核心。要树立和落实科学发展观，必须全面坚持以人为本，以人民的利益为本，以人民的共同富裕为本，以人的全面发展为本。人的全面发展与生活质量密切相关，以人为本的社会发展观必然要求提高和改善人们的生活质量，提高人们的生活质量是科学发展观的内在要求。

在以人为本的和谐社会的建设中，关注和提高人们的生活质量是其应有之义。教育与生活有密切关系。教育的根基是儿童的生活，教育的最终目的是为了生活。以生活质量的视角考察今天的儿童生活和儿童教育，有利于我们反思当前的儿童教育，有利于我们为儿童的生活与教育创造良好的条件，真正提高儿童的生活质量。

二、儿童生活质量的反思

儿童是生活着的人，尽管其身心发展特点决定了儿童还处于成长过程之中，但是，儿童作为自己生活的主体与成人有同等的价值与权利。杜威曾说："因为生活就是生长，所以一个人在一个阶段的生活和在另一个阶段的生活，是同样真实、同样积极的，这两个阶段的生活，内容同样丰富，地位同样重要。"[4] 同时，我们也必须看到由于其在社会中的特殊地位，儿童个体的生活与生活质量很大程度上具有依附性，依赖于儿童所属家庭的经济状况、家庭成员的亲密关系，依赖于社会经济文化发展水平及对儿童的态度，以及成人对儿童和儿童教育的观念和行为，等等。无论如何，儿童的生活质量是儿童主观生活感受与客观生活质量标准的统一。那么今天的儿童是幸福的吗？

一个五岁孩子的作息时间表[5]

三月底的一天晚上9点，河北省石家庄市一条大街上，《燕赵都市报》记者赵书华看到一辆自行车从大街上急驰而过，车上还载着一个孩子。忽然，"咚"的一声，孩子从急驰的自行车上掉下来，摔得不轻。赵书华忙上前去帮忙，原来，孩子在自行车上睡着了。孩子的父亲也急忙下车把孩子扶起，对赵书华说："孩子太累了，昨天晚上上了一个班（社会上举办的少儿知识技能类学习班——记者注），今天晚上又上了一个班。"

赵书华于是与这位家长共同探讨起孩子学前教育的话题。这位父亲说，现在广播、电视、报纸天天在讲孩子早期教育如何如何重要，有的家长从娘胎里就开始"开发"孩子了。自家孩子虽然才上幼儿园，但邻居家的孩子都在上这班、那班，咱的孩子不上又怎么与别的孩子竞争呢？说着，他从身上拿出一份孩子的作息时间表递给赵书华。下边就是这个五岁娃娃的作息时间表：

星期一：早7点起床，8点上幼儿园；15至17点，学识字；18点回家吃饭；19点去少年宫上画画班；21点写识字作业一小时；22点洗漱、睡觉。

星期二：早8点上幼儿园；15点学外语；18点回家吃饭，看书一小时；20点学拼音一小时；21点看电视；22点睡觉。

星期三：下午15至17点学美术；晚上去少年宫学围棋；回来，学英语一小时；22点上床睡觉。

…………

星期六上午：学珠脑心算。

星期日下午：学小提琴。

"唉，没办法。现在社会竞争这么激烈，不从小抓紧点，以后上不了名牌大学，找不到好工作，就影响了孩子的一生。"孩子的父亲道出了许多家长的忧虑和无奈。

今天的孩子确实比上几代人在物质上拥有更多，他们确实得到了社会、家庭几代人的关注与厚爱。但是，今天的孩子在感受无限关爱的同时，也承受着太大的压力。有调查显示，城镇居民中有95.5%的家长希望自己的子女上大学，其中42.8%的家长希望子女读到博士。家长的高期望使无数的孩子感受不到童年的幸福和快乐。现在太多的孩子在最喜欢游戏的时候被逼迫去学习对儿童来说没有意义的文字和字母，太多的孩子在周末与父母一起奔波于各种兴趣班之间。甚至有的幼儿园为了满足家长的需要，周六照常开园，教孩子各种知识；有的家长，除了幼儿园里让孩子学习的英语、汉字和数学之外，还要自己给孩子出数学运算练习题，要求老师帮助孩子完成。难怪孩子无奈地唱到"书包最重的人是我，作业最多的人是我，起得最早、睡得最晚的人，是我是我还是我"。当我们家长为孩子牺牲自己的兴趣爱好，甚至省吃俭用地创造一切条件，为孩子设计未来的时候；当我们教师为了满足家长和社会的需要，以为了孩子明天的美好为理由，让孩子放弃玩的时间，而去学习小学课程的时候，我们往往忽略了儿童作为生活着的人的感受与体验。这种忽略实质上是对儿童作为生活主人的忽视，这种忽视有悖于儿童教育的宗旨。

今天成人对儿童生活质量的判断存在误区，第一个误区是以成人的标准和感受替代儿童对生活的感受。今天的成人会说"现在的孩子比起我们小时候的生活，幸福多了"，成人这种感受在很大程度上是以自身的经历与体验为基础的，而且在与自己童年生活的比较中，成人看到的是今天儿童的衣食无忧。第二个误区是以物质的丰富作为生活质量的重要的甚至唯一的标准。成人更多地关注儿童的物质生活条件的改善和提高，无条件地满足儿童的物质需求，从现在儿童消费市场上的高消费可见一斑。有很多家长在孩子身上投射了自己童年的梦想，让孩子学钢琴、学绘画、学书法，让孩子有一技之长，这是很多家长在圆自己的梦，成人往往忽略儿童主观上对生活的感受和体验。第三个误区是认为儿童牺牲今天的快乐是为了明天更高质量的生活。受"教育是未来生活的准备"思想的影响，儿童教育与儿童生活隔离，年幼儿童不得不学习对他们来说很难理解，甚至没有意义的英语单词、汉字、数学运算……，童年的快乐在枯燥乏味的学习中消失了，难怪今天的儿童都不愿意自己是"孩子"。童年的意义就是为未来生活做准备吗？杜威曾指出："现代教育把学校当作一个传授某些知识，学习某些课业或养成某些习惯的场所。这些东西的价值被认为多半要取决于遥远的未来；儿童之所以必须做这些事情，是为了他将来要做某些别的事情；这些事情只是预备而已。结果是，它们并不成为儿童生活经验的一部分，因而并不真正具有教育作用。"[6]忽视儿童当下的生活，把成人认为正确的生活强加给儿童，使儿童生活成人化，结果是儿童的学习是强制性的，儿童充满了厌倦和恐惧，童年无忧无虑的快乐生活成了奢侈品。

儿童生活质量的高低不是仅以成人的评价分析为标准的，也不能简单地等同于物质生活水平的提高与否，物质的丰富并不是快乐的代名词。快乐是一种体验，是儿童亲身的感受，童年的快乐来自于天性的舒展，来自于被尊重与理解的喜悦。儿童——这一稚嫩的生命体有着更多的直觉和情感色彩，他们在现实中切实地体验着自身的生活，感受着生活的质量。儿童对生活的感受和体验是判断儿童生活质量的重要依据。儿童的生活质量有待提高。

三、儿童教育与儿童生活

教育是生活的需要。从教育起源来看，教育直接产生于人类的社会生活需要，它通过传承人类的文化和经验，满足人类生活的需要。教育作为一种唤醒人的生命意识，启迪人的精神世界，建构人的生活方式，实现人的生命价值的活动，其产生与发展的合理性本身就是由个体和人类的生活需要决定的[7]。教育与人的一生的生活共始终，而且对人的生长与发展具有重要意义。教育的根本目的是为了人的生活，为了实现人的价值生命，教育本身应是一种美好的生活。

生活是人生的历程，正如马克思所说"人们的存在就是他们的实际生活过程"[8]。每个人都只能以自身的生活事实来确证和实现其生命的存在和生活的价值。生活本身不直接等同于教育，但是生活具有教育意义。人是生活的主体和生活的核心，人的生活与动物生存的根本区别在于人的生活是有意识的生活，人的生活是追求意义、关照价值的生活。生活的过程就是人的价值不断实现的过程，就是个体提高能力、丰富社会关系、发展人格的过程。教育与生活密不可分，"社会人口素质的提高、社会经济的发展、人们生活质量的提高都有赖于教育进步的支持，而普及高质量的教育是提高生活质量首先的基本的教育职责所在"[9]。

儿童是未完成的人，是孕育着一切发展可能性的人。儿童的生活是具有自然属性的生活，儿童的生活是以儿童固有的天性为依据展开的，成长是生活的内容。儿童在生活中被"人"化。儿童教育与儿童生活交错并行，教育在儿童生活中展开，儿童以自己独特的方式生活着，接受着教育。教育就是生活，接受教育本身就是儿童生活的一部分，构成儿童完整人生的一个特殊阶段。杜威提出："生活就是发展，而不断发展，不断生长，就是生活。"儿童本能的生长、发展及经验改造过程表现为活动就是儿童的生活。儿童在教育中，实现着"自然人"向"社会人"的转变，不断生成为人；在教育中，儿童在自然生命的基础上，获得超越的"文化生命"或"类生命"。因此说，教育是一种特殊的生活过程，在教育中，儿童以一种他人导引和自我生成相结合的独特方式生活着。

儿童在生活中走进教育，教育在儿童生活中展开。儿童在这一特殊的生活中获得发展，在发展中生活着，体验着生活经验的不断丰富、生活意义的不断生成。儿童教育在本质上应该是培养人的主体性生活经验与能力，提高人的生活质量和生命意义的活动[10]，儿童教育必须关注儿童的生活和生活质量。

儿童教育关注儿童的生活，就要关注儿童当时当下的生活，关注儿童当时当下生活的价值，关心当下的儿童真实的生存和生活状态。如果儿童教育本身没有关怀当下的儿童，而是以遥远的目标关怀淹没对当下儿童个体生活的关照，那么这种教育就是违背教育的本真含义的，对儿童来说是异己的。

儿童教育不应当是生活的预备，而是儿童现在的生活过程，应以儿童今天实际生活经验为基础，满足儿童今天生活的需要，使儿童今天的生活不断更新。"尊重儿童时期，就是尊重生长的需要和时机。""为了成人生活的造诣，而不管儿童的能力和需要，是一种自杀的政策。"[11]

儿童教育本身不是未来生活的准备，并不意味着儿童教育不能为未来生活做准备，而是不能以未来的名义，剥夺儿童当下生活的快乐。当儿童教育能更好地关怀儿童当下的生活状态与发展状态，就是关注儿童的未来，为未来生活做准备。儿童教育要真正成为儿童参与生活，享受童年生活，创造未来生活的实实在在的、完整的、现实的生活过程。

四、儿童教育对儿童生活质量的关注

童年时代是美好的。在诗化的人生中，在如歌的生命中，第一乐章是充满玫瑰色彩的童年。每一个人都有对童年生活美好的回忆，童年的天真活泼，童年的纯真无邪，童年的无忧无虑，童年的生机勃勃，让每个人难以忘怀。童年是人生的童话，是幸福生活的起跑线。关注和提高儿童的生活质量是儿童教育的价值追求。儿童教育要以生活质量观为指导，把提高儿童的生活质量作为出发点与归宿。这种关注主要体现在关注儿童在生活中的感受与体验，关注儿童在教育生活中的独特学习方式，关注儿童在教育的过程中富有个性的发展。

（一）关注儿童在生活中的感受与体验

生活意味着在现世中的生活，意味着每个人的现实生活，意味着一个个独特个体的独特的生命历程。生活给了我们每一个人获得各种感受与体验的时间和空间，这些感受与体验不仅丰富了我们的人生，也是我们不断成熟与进步的力量。对学前儿童来说，他们像海绵一样在生活中吸收着、成长着，各种独特的感受与体验构成了他们独特的生活，在不断丰富的经验中，他们获得发展。

儿童教育要关注儿童的生活质量就要重视儿童的感受与体验。体验是建立在认知基础上，以客观对象为中介，通过亲身经历或移情获得新的理解的过程。体验是一种理解活动，理解是儿童主要的生活方式或生活形式。标准化、统一化、抽象化的教育教学，使儿童在学习中缺少了真实的体验与感受，也就是缺失了"理解"的生活方式。关注儿童生活质量的儿童教育要以儿童的感受与体验作为儿童教育课程开发的生长点，作为课程整合的起点。当儿童来到幼儿园的时候，他们已经具有了相当的经验，这些已有的经验是儿童知识建构的基础，是课程内容的来源。在教育活动中要不断唤起儿童已有的经验，不断给儿童获得新的、有益的感受与体验的机会，并让儿童有机会与教师和同伴交流自己的感受与体验。教师要将每个儿童的需要、动机、兴趣和个别发展置于指导的核心地位，适时、适当地提供适合不同儿童的教育指导。在这个过程中，儿童不仅感悟着当下的生活，也为成长积累着经验，不断发展着对实际生活感受的敏感性。

儿童是感性的。他们会按照教师的要求与小草"说话"，有的幼儿向教师汇报说："我问小草可不可踩，他说可以，但不能跑，只能走。"有的说："我说小草对不起，我要踩着你去采树叶，但你别害怕，我轻轻地走，我不使劲。"有的说："我问小草可不可以上草地，小草说，只要认真做事的小朋友，我就让他来。我说，我就是这样的小朋友，小草说可以。"有的说："我不跑，小草会疼的。"儿童在成长过程中，需要获得作为主体的人的能力感和成就感。"生物能为他自己继续活动而征服并控制各种力量。""我们应首先承认，在某种意义上，人性并不改变。我不相信能证明：人们固有的需要自有人类以来曾改变过，或在今后人类生活在地球上的时期中将会改变。"儿童的个体生命需要在表现中现身，在各种活动中丰富，在创造中获得意义。

在人类漫长的进化中，童年期的出现和延长是物质运动社会形式的复杂化与人脑发育相互进化的结果，是人类进化特有的轨迹留下的痕迹，我们承接着祖先进化的结晶[12]。童年生活的快乐体验是自然赋予儿童的礼物，充满活力的生命是创造的，甚至是破坏的，充满"野性"的，童年生活的快乐来自于天性的舒展，来自于被尊重与理解的喜悦。当儿童在游戏的时候，他们不知疲倦，尽情挥洒生命的能量；当儿童在大自然新奇的事物面前，他们瞪大双眼，不禁伸手触摸，去探索，儿童在生活中体验到玩的快乐、与人交往的快乐、探索的快乐，甚至是无理由的快乐。卢梭曾指出，在自然状态下，有时在成人眼里是痛苦的事，而儿童却感到其乐无穷。"雪地上有几个淘气的小鬼在玩，他们的皮肤都冻紫了，手指头也冻得不那么灵活了，只要他们愿意，就可以去暖和暖和，可是他们不去；如果你硬要他们去的话，也许他们觉得你这种强迫的做法比寒冷还难受一百倍。"[13]这就是儿童的快乐！儿童教育要强调儿童在顺应天性的活动中获得各种感受与体验，让儿童在快乐中生活，在快乐中成长。童年的天真活泼，童年的纯真无邪，童年的无忧无虑，童年的生机勃勃，构成可贵的童心、童趣，飞翔的童心是追求上进风貌的铺垫，自由的想象是未来创造的萌芽。

（二）关注儿童独特的学习方式

教育生活是童年生活的一个重要组成部分。儿童在生活中学习，在学习中成长，关注儿童的生活质量就要正确看待儿童的学习和学习方式。儿童身心发展的特点决定儿童的有效学习是操作性的、探究性的、游戏性的、体验性的，儿童的学习过程就是儿童对周围事物全身心投入的探究过程。探究是儿童好奇天性的表现，是儿童学习与发展的基础。

儿童教育改革的一个重要方面就是转变儿童的学习方式。在以往的教育中，儿童的学习多是被动的、机械的、记忆性的学习，儿童被作为知识的容器，教师不考虑儿童的接受能力和认识方式，一味灌输。儿童的学习任务就是把教师讲的内容记在脑子里，在成人问起的时候，能一字不差地说出来。按照儿童的身心发展特点，他们的机械记忆能力是很强的，对于他们并不理解的知识，他们能背诵下来。可是很少有家长或教师想过这些知识是否是他们理解的，是否对儿童有意义，能否同化到已有认知结构中。在机械记忆性的学习过程中，儿童没有任何主动性可言，一切围着教师的教学转。他们很少有机会体会童年的无忧无虑，很少有机会尽情玩耍，很少有机会按自己的兴趣去游戏，去探索。以这种方式学习，儿童在获得一些暂时的知识技能的同时，失去了对他们一生的发展起动力作用的好奇心和探究精神的发展。让年幼儿童被动地、机械地学习也是浪费儿童的童年！自然主义教育家卢梭很早就说过："大自然希望儿童在成人以前就要像儿童的样子。如果我们打乱了这个顺序，就会造成果实早熟，它们长得既不丰满也不甜美，而且很快就会腐烂。"我们给儿童最好的教育是顺应其天性，引导其发展，在儿童探索、发现、游戏、学习的快乐童年生活中，使其学会认知、学会做事、学会共同生活、学会生存，为他们一生的可持续发展奠定基础。联合国教科文组织在《教育——财富蕴藏其中》的报告中指出："如果最初的教育提供了有助于终身继续在工作中和工作以外学习的动力和基础，那么就可以认为这种教育是成功的。"

要关注儿童的生活质量就要满足儿童探索的需要，让儿童成为积极主动的学习者，变"要我学"为"我要学"；要让儿童在真实的生活中发现问题，在生活事件中引起儿童探究的兴趣，给儿童亲身面对事物，尝试靠自己的力量去操作、探索、解决问题的机会，让主动的探究成为儿童主要的学习方式。关注儿童的学习方式，教师要为儿童营造宽松的心理环境和丰富的有准备的物质环境，教师成为儿童学习活动的支持者、合作者、引导者。在适宜的学习活动中，儿童才能体会到学习与成长的快乐，才能获得最大限度的发展，才能有效体现童年生活的价值。

（三）关注儿童富有个性的发展

每一种生活，每一个人的生活及其价值都是不可代替的。由于遗传素质、社会环境、家庭条件、成长经历不同，儿童形成了他们独特的心理世界和个性鲜明的发展轨迹。关注儿童的生活质量就是关注和促进每一个儿童富有个性的发展，儿童发展状况是儿童生活质量的关键指标。每个人都是一个特殊的个体，正是人的独特性使每一个人成为现实的、有独特人生体验与价值的社会存在物。儿童教育要使儿童过美好生活，首先要使儿童具有独立性、自主性和创造性，凸显每个儿童作为独立个体生活的价值。

尊重差异，因人施教是当代世界各国教育改革的趋势之一。《幼儿园教育指导纲要（试行）》指出"要促进每个幼儿富有个性的发展"。

儿童的个体差异表现是多方面的，包括发展水平、能力倾向、学习方式和原有经验等等，适宜的教育要针对每个儿童的特点，有针对性地进行教育。加德纳的多元智能理论为差异教育提供了重要的理论基础，他认为，人的智能分为八种，即语言智能、数理智能、空间智能、节奏智能、运动智能、自然智能、交流智能和自省智能。每个儿童都有自己的优势智能领域，家长或幼儿教师眼中的好孩子往往只是在语言智能或数理智能上有优势的孩子，而在其他智能领域存在优势的孩子却被忽视。依据加德纳的多元智能理论，没有笨小孩，只是孩子的优势智能领域没有被发现而已。因此，在教育过程中，我们要尊重儿童的个体差异，这种差异性正是每个儿童的特殊标志，是每个儿童的特点所在；儿童的差异也是儿童教育课程的一种资源，是儿童之间相互作用的有效基础。儿童教育要充分发挥每个儿童的才能，以其优势智能带动弱势智能的发展；不是用同一标准要求所有孩子，而是在发现儿童最近发展区的基础上，引导每个儿童在原有水平上得到发展。家长和幼儿教师应该为儿童创设一个丰富的、具有多种选择的宽松环境，让每个儿童都有机会接触符合自己特点的环境，努力使每一个儿童都获得成长的快乐与满足。儿童的生活是多彩的，儿童的发展样式是不拘一格的，使每个儿童在自己独特的生活中富有个性地发展，体现着儿童教育对儿童生活质量的终极关怀。

联合国教科文组织的《德洛尔报告》针对新的世界背景和世界各国教育状况，提出"学会认知""学会做事""学会共同生活""学会生存"是教育的四大支柱，而基础教育的根本目的是使儿童获得"走向生活的通行证"[14]。儿童在童年的生活中舒展着生命，体验着童年成长的快乐，享受着生命与生活的本真。儿童教育作为儿童一种特殊的生活过程，要引导每一个儿童过有价值的生活，过幸福的生活。儿童是沿着当下的生活之路走向未来的，儿童教育要不断充盈儿童当下生活的内涵，顺应天性，引导发展，让儿童在游戏、探索、发现的快乐童年生活中，学会认知、学会做事、学会共同生活、学会生存。这一探索与努力过程没有终点。

注　释

[1] 饶权，周长城. 关于生活质量指标问题的探讨 [J]. 宏观经济管理，2001 (8)：39.

[2] 吴姚东. 生活质量：当代发展观的新内涵 [J]. 国外社会科学，2000 (4)：53.

[3] 赵汀阳. 论可能的生活 [M]. 北京：生活·读书·新知三联书店，1994.

[4] 杜威. 杜威教育论著选 [M]. 赵祥麟，王承绪，编译. 上海：华东师范大学出版社，1981：156.

[5] 杨占苍. 一个五岁孩子的作息时间表 [N]. 中国教育报，2002 (2).

[6] 杜威. 杜威教育论著选 [M]. 赵祥麟，王承绪，编译. 上海：华东师范大学出版社，1981：5.

[7] 郭元祥. 生活与教育：回归生活世界的基础教育论纲 [M]. 武汉：华中师范大学出版社，2002 (3)：141.

[8] 马克思，恩格斯. 马克思恩格斯选集：第 1 卷 [M]. 北京：人民出版社，1972：30.

[9] 联合国教科文组织教育丛书. 教育的使命：面向二十一世纪的教育宣言和行动纲领 [M]. 北京：教育科学出版社，1996：158.

[10] 靖国平. 论教育与生活的"二重变奏" [J]. 天津教科院学报，2002 (4)：16.

[11] 杜威. 杜威教育论著选 [M]. 赵祥麟，王承绪，编译. 上海：华东师范大学出版社，1981：134.

[12] 姚伟. 儿童是自然的存在 [J]. 学前教育研究，2005 (7—8)：5.

[13] 卢梭. 爱弥儿 [M]. 李平沤译. 北京：商务印书馆，1983：86.

[14] 联合国教科文组织总部. 教育：财富蕴藏其中 [M]. 联合国教科文组织总部中文科译. 北京：教育科学出版社，1996：75—107.

[原文《儿童教育与儿童的生活质量》与关永春合作发表于《东北师大学报》2004 年第 3 期。收录于本书时有改编]

国外学前教育补偿的借鉴与启迪

美国前总统约翰逊曾说："在百米比赛中，一个人戴着脚镣，在他只跑了 10 米时，另一个就已经冲过了 50 米，裁判裁定比赛不公平。那么怎么样改变这场比赛的不公平呢？仅仅摘下镣铐让比赛继续，显然是不公平的。只有让原来戴着脚镣的人重新赶上这 40 米再开始跑，比赛才是公平的。"他的这段话表明：对"弱势群体"要进行补偿，以达到公平正义。学前教育补偿就是以"弱势群体"为主要对象，通过补偿来提高"弱势群体"的教育资源供给水平，平衡受教育的权利，缩小"强势群体"和"弱势群体"的总体差距[1]。近半个世纪来，无论是美国、英国、日本等发达国家，还是印度、巴西等发展中国家，都把发展学前教育摆在重要位置，出台一系列补偿政策，推动学前教育健康发展。

一、学前教育补偿价值

在当今世界全球化发展进程中，虽然世界各国地理、历史、语言、文化等都存在着各种差异，但是各国在寻求人类生存的社会民主、平等、公正的目标永久不变。同时，世界各国在追求教育公平的过程中，各国政府也纷纷进行一系列积极的教育变革，这些教育变革是教育公平通往社会公正的出发点，是实现一切民主与公平的起点。学前教育补偿为促进社会公正与教育公平起到至关重要的作用。

（一）促进公平，为建设和谐社会提供保障

公平是社会文明程度和道德水平高的重要标志，教育利益如何分配，各地区儿童受教育的条件如何，是教育公平与否的直接体现，也是衡量社会制度先进与否的标志[2]。学前教育补偿是对目前学前教育不公平的补救措施，它能使一些本来没有机会接受学前教育的儿童获得新机，使得诸多待遇有落差的弱势群体在教育上获得支持，为改变弱势地区儿童的不利处境，缩小东西部、城乡之间儿童教学质量的差异，促进社会公平正义，将

发挥重要推动作用。学前教育补偿能有效减少弱势群体的经济负担，为他们提供一个公平、公正的环境，让他们的孩子在起跑线上享受平等的教育，提高孩子的能力素质，缓解社会两极分化、贫富差距越来越大的矛盾。学前教育补偿能缓解当前教育资源不足与教学需求增加的矛盾，改变弱势地区"本土人才培养不出来，优秀人才引不进来"的尴尬局面。

（二）夯实基础，为培养优秀人才创造条件

木桶理论表明，系统功能取决于系统中最薄弱的环节。一个国家的综合国力会受到弱势群体的直接影响和制约，因此，弱势群体素质问题不解决，中华民族的伟大复兴就无从谈起。通过对美国"开端计划"和英国"确保计划"等项目的追踪调查，我们发现，良好的学前教育使处境不利的儿童比未接受教育的儿童在认识、语言和思维方面发挥得更好，对于帮助他们摆脱"经济贫困→受教育机会匮乏→职业地位低下→经济贫困"的恶性循环具有重要的意义。改革开放后，我国经济快速发展，但东西部之间、城乡之间的经济差距越拉越大，我国还有 7000 余万的适龄幼儿，他们是实现"中国梦"的强大动力，只有解决好学前教育不公平问题，使每一个适龄幼儿都能得到公平的教育，帮助他们做好入学准备，才能为国家不断培养素质过硬、能力出众的各类人才。

（三）均衡发展，为实现中国梦提供支持

政府在制定教育政策时，既要考虑社会整体利益的增长，又要考虑社会群体和个人对教育资源的需求，抑制一部分人的利益要求，保护和满足弱势群体的学习需求。调整、构筑新的教育格局，是实现社会公平、国家均衡发展的重要举措。学前教育补偿能够从根本上改善处境不利地区学前教育的办学条件，从制度上保证儿童接受学前教育的权利，让弱势群体的子女接受更多的教育，获得更高的学历，掌握更多的技能，走出贫穷代际循环，改变家庭状况，改变生存状态，促进社会良性循环，促进社会均衡发展。良好的学前教育还能让儿童在今后的学习工作生活中表现得更优秀，他们善于思考、敢于创新、勇于面对苦难和挫折，使自身拥有更多择业机会和发展前途。实行教育补偿，能够从弱势儿童身、心和物质上给予弱势儿童帮助，消除他们的自卑心，增强他们的学习能力，为他们的健康成长打好基础。

二、国外学前教育补偿的经验

以学前教育补偿作为学前教育的功能具有重要意义。借鉴与分析国外学前教育补偿的相关经验，其中以美国为主要代表的国外学前教育补偿是建立在以地区均衡发展为基础，以发展不同区域间的学前教育为前提，加大经费投入，不断完善的教育补偿服务体系与立法体系建设；以高福利与建立良好的学前教育空间环境为基础，以保障学前教育的师资力量与确保教学设施完备为基础条件，它为我国学前教育补偿提供了重要参考。

（一）建立与完善体制机制，确保不同区域教育均衡发展

美国政府明确提出联邦政府必须通过减免学费、政府补助、社会捐赠等形式，帮助缩小处境不利的儿童与同龄人之间的差距，实现儿童在教育起点上的公平。从 1965 年开始，美国在全国范围内实施了《开端计划》，以改善儿童的身体健康和知识技能，增强儿童的情感和认知能力。此后，《早期阅读优先》《同一起跑线》和《未成年人保育援助计划》等，几乎每一个项目都对处境不利的幼儿学前教育给予投入和资助。英国的《确保计划》自 1997 年推出以来，政府通过扩大社区合作、保教一体化、共同办学、咨询帮助等手段，提升学前教育和保育的质量[3]。德国政府的《学前儿童家庭教育援助项目》通过慈善组织或者社区青年福利部门的资助，帮助弱势家庭解决幼儿入学难的问题，弥补了学前教育机构的不足，一定程度上提高了家长科学育儿的能力。

（二）广开财源，完善补偿体系，确保补偿经费足够到位

美国公立幼儿园、保育学校等机构的经费均由政府拨款补助，而且美国每年都增加对《开端计划》的投入。布什总统在任时，每年投入学前教育的经费都在 500 亿美元以上，且每年均保持在 5％以上的增长率。奥巴马在竞选时提出，每年至少增加 180 亿美元投入，用于补偿弱势群体的学前教育。入主白宫后，他签署了《美国复苏与再投资法案》，投入 1150 亿美元补助教育事业，其中单列 50 亿美元用于学前教育。英国政府高度重视发动社会力量资助学前教育发展，鼓励通过社会捐赠、私人资助、企业办园、基金扶持、福利彩票等多种社会力量补偿学前教育发展。韩国政府拨款实施《特殊扶持计划》，在乡村和城市低收入集中区增设示范幼儿园，鼓励社会力量资助学前教育，帮助弱势群体接受平等的教育。

（三）关注重点群体，完善立法体系，确保学前教育管理规范化

美国政府于 1964 年通过了向贫穷宣战的《经济机会法案》，根据法案，美国政府于 1965 年开始向贫困家庭 3—5 岁儿童和残疾儿童提供免费学前教育的《开端计划》，对"处境不利儿童"进行补偿。1994 年，美国政府又提出了《早期开端计划》，将资助对象扩展到 2—5 岁，逐年增加投资。1997 年拨款达到 39.8 亿美元，比 1965 年增长了 40 倍。1996 年，美国国会通过了《儿童保育与发展固定拨款法》，规定 1996—2002 年，联邦政府每年投入 10 亿美元，用于改善农村儿童保育服务质量。2009 年，奥巴马政府通过了《美国复苏与再投资法案》，明确联邦政府投资 1150 亿美元补偿发展教育，其中专门投资 50 亿美元用来补偿发展学前教育，这相当于我国近五年所有的学前教育补偿经费的总投入。迄今为止，法国政府已颁布实施的学前教育及相关教育法规、法令就多达 40 余部[4]，明确了学前教育的基础性和公益性的定位，规定了政府在促进学前教育发展中的职责，确立了学前教育事业采取以政府主办和政府投入为主的原则，切实维护法国学前教育的地位、作用和性质。

（四）高福利高收入，优质的工作环境，以此来确保学前教育师资的实力

教师是组织实施学前教育的第一责任人，教师的专业素养直接决定学前教育的质量效益。美国政府高度重视学前教育教师的福利待遇，制定学前教育教师的最低工资标准，增加政府预算，将幼儿教师纳入社会保障范围，保证幼儿教师福利待遇与高校教师同步。为留住人才，解决幼儿教师流失率高的问题，英国政府通过高福利待遇、舒适的工作环境来吸引优秀人才投入幼儿教育事业。日本为确保学前教育师资队伍的专业性，文部省建立了幼儿教师许可证制度和进修制度，只有知识渊博、能力突出、心理健康及专业过硬，且在文部大臣规定的大学进修完所有学分，并经过考核后，才能取得幼儿教师录用资格证书。英国政府采取增加专项经费、增加幼儿教师的福利待遇、健全保险制度、解幼儿教师的后顾之忧等措施来吸引幼儿教师。在英国 17 个职业分工中，幼儿教师位居榜首。

（五）顺应时代发展，树立前卫的教育理念，确保充足的教学设施设备

美国将学前教育纳入国家教育体系，形成学前教育的责任部门、信息

反馈、组织体系、质量标准和检查督导体系，通过兴办儿童保育中心、幼儿园、托儿所、蒙台梭利学校、学前班、早期补偿教育中心等幼儿机构，广开学前教育补偿渠道。法国成立具有多种功能的学前教育中心，每个中心则根据当地学前教育需求，为儿童提供良好的幼儿教育设施设备、园区校舍和教学服务。英国政府一方面通过政策规定，要求每个家庭必须尽抚养责任和提供幼儿教育的机会，从主观上规范学前教育组织管理秩序，另一方面，通过开设"父母教育班"，提高家庭科学抚育幼儿的能力。

三、我国学前教育现状分析

在分析以美国为代表的国外学前教育补偿成功经验的基础上，我国学前教育的发展状况也有其表现特征。"十二五"以来，我国学前教育健康、有序、科学地得以发展，截止 2012 年，全国共有 3－6 岁适龄幼儿 7100 余万，其中农村适龄幼儿 4700 余万，入园幼儿 3000 余万；城市适龄幼儿 2400 余万，入园幼儿 2000 余万。通过对东部浙江省、江苏省，中部湖南省、湖北省，西部甘肃省、青海省，每省 4 个城镇、4 个乡村，共计 48 个调研点的实地考察，分析总结出当前我国学前教育现状如下。

（一）区域发展不平衡

在 48 个调研点中，东部的浙江、江苏省城镇幼儿园平均为 5 所，每年投入经费 1000 万左右，入园率为 99％；乡村幼儿园平均为 3 所，每年投入经费 270 万左右，入园率为 90％。中部的湖南、湖北省城镇幼儿园平均为 4 所，每年投入经费 300 万左右，入园率为 92％；乡村幼儿园平均为 2 所，每年投入经费 50 万左右，入园率为 60％。西部的甘肃、青海省城镇幼儿园平均为 2 所，每年投入经费 2 万左右，入园率为 70％；乡村幼儿园平均为 1 所，每年投入经费 20 万左右，入园率为 40％。从幼儿园数量、投入经费及入园率均可以看出，东西部之间、城乡之间存在着学前教育发展不均衡的问题。由于各地区经济发展不同步，培养体制有差异，导致了区域发展不平衡。首先，经济基础决定了上层建筑，随着改革的不断深入，东西部、城乡之间经济差异越拉越大，在经济欠发达地区，政府投入学前教育的经费少，师资力量薄弱，教学设施短缺，教育理念落后。其次，欠发达地区老百姓负担沉重，家长忽视学前教育，从而陷入"养羊为了赚钱→赚钱为了娶媳妇→娶媳妇为了生娃→生娃养羊赚钱"的恶性循环，导致欠发达地区的学前教育陷入了被动局面。最后，各级政府并没有实现真正的"教育公平"，教育资源向发达地区、城镇地区倾斜，而欠发达地区得到的人力、物力支持相对较少。

（二）经费投入不充足

由于经济条件的限制，我国教育经费占国内生产总值的比例始终在2%—3%之间徘徊，教育投入占国内生产总值的比例低于世界平均水平，距《教育法》规定的4%这一目标还有差距。同时，在总量不足的前提下，我国政府对教育的投资主要集中在"普九"和高等教育上，幼儿教育经费在教育总经费中的比例偏低，仅占总数的1%左右。公共经费投入少，补偿机制不完善，导致教育资金不充足。导致教育经费投入不足的原因是：首先，"十二五"以来，我国每年投入的教育经费虽然一直在增加，但总体还是在较低水平徘徊。其次，省、市、县、乡各级政府投入的经费有限，"僧多粥少"的局面使得学前教育发展后劲不足。再次，我国学前教育经费来源主要还是以政府投入为主，私人办学为辅，而银行信贷、福利彩票、社会捐赠、基金股票、私人资助等多元补偿体制不完善，没有形成"有内有外、上下互动、全民参与"的良好局面。最后，在学前教育经费总体不足的情况下，经费投入重点向基础教育和高等教育倾斜，而雪上加霜的是，学前教育经费更多的是投入到了城镇具有优势的幼儿园，而弱势地区幼儿园分到的教育经费只能是杯水车薪。

（三）管理体系不健全

乡村和西部地区学前教育基本上都是沿用"谁办园，谁管理，谁负责"的管理模式，许多幼儿园都是未经审批、注册、批准的黑幼儿园，其缺少专业管理人员，"专干不专"的现象普遍；同时，这些幼儿园得到政府经费支持更是微乎其微，基本上都是靠"百姓掏钱办教育"，园主还要考虑自身经济收益，导致这些幼儿园设施差、规模小、师资力量弱、教育水平低。政府主导作用小，管理体制不健全，才导致幼儿园管理水平不高。首先，目前多数教育部门没有学前教育管理机构，也没有专职人员，只设一名兼职人员管理学前教育，很多农村幼儿园园长由小学领导兼任，他们身兼数职，事务繁忙，专业知识少，工作缺乏专业性和指导性。其次，学前教育由教育、妇联、卫生、农业、财政等多部门管理，各部门之间按照"谁审批，谁管理，谁负责"的原则，使得许多幼儿园处于"批管分离"的状态。最后，虽然颁布了《国家中长期教育改革和发展规划纲要

（2010—2020 年）》，但是从上到下没有根据《规划纲要》，结合各地经济和文化发展特点，出台切实可行、易于操作的政策法规来扶持学前教育事业的健康发展。

（四）师资力量不雄厚

教师是决定学前教育质量最基本、最核心的因素。从 48 个调研点来看，共有教师 11234 名，学历层次大专以下的有 9324 名，占总数的 83%；研究生以上学历的有 137 名，占总数的 1.2%；本科以上学历的教师有95% 集中在东部浙江、江苏省的城镇幼儿园，说明我国幼儿教育师资力量相对薄弱，尤其是西部地区和乡村幼儿教师文化程度偏低、年龄偏大、能力偏弱、观念滞后问题较为严重。导致这一现象的原因是：首先，幼儿教师尤其是欠发达地区学前教育机构的教师福利待遇较低，他们从事教师工作，身份却是农民，干着教师的工作，拿着微薄的收入。其次，幼儿教师整天与孩子打交道，工作压力大、任务重、时间长，很多高学历年轻人都不愿从事这种又苦又累的工作，致使很多幼教专业的学生毕业后都转投它行，造成教师资源不足。最后，欠发达地区生活环境较差，基础设施薄弱，工资福利待遇较低，很难吸引有文化、有素质的优秀人才投入到学前教育事业中来，使得这些地区幼儿教师流失严重，队伍不稳。

（五）教学设施不过硬

大多数乡村、城郊幼儿园都是通过农民自用房改造或者租借场地建园的，园舍破旧，人均占地面积不足 2.5 平方米，人均建筑面积不足 1.7 平方米，不及国家标准的 20%，尤其是教学和辅助用房更是严重不足，幼儿体检室、活动室、休息室、保育室、音乐室、舞蹈室等基本设施简陋甚至没有。幼儿教具多以画板、画笔、拼图、积木等传统教具为主，缺乏必备的图书资料、多媒体、投影仪、视频传输、电子乐器等现代教学设施。幼儿园饮用水、营养餐、点心等饮食的卫生无人监管，卫生间、厨房、盥洗设施、儿童座椅、户外游戏器械、锻炼设施配套不完善。更新发展速度慢、教育理念不先进，导致基础设施不过硬。首先，幼儿园管理者主观上有更新教学用具、优化教学环境，为幼儿提供良好学习空间的良好愿望，但巧妇难为无米之炊，由于经费限制，学前教育办学水平始终在较低水平徘徊。其次，各级政府对幼儿园缺乏有效的监督与管理，没有健全的安全、卫生、教学巡视考评制度，准入门槛较低，办学标准不高。最后，农民的教育理念相对滞后，他们没有"三百六十行，行行出状元"的理想与目标，认为高考是孩子跳出农门的唯一出路。很多幼儿园为了迎合家长的愿望而背离学前教育的办学原则，忽视了孩子人文思想、开拓性思维、心理健康等方面的诉求，从而导致学前教育"小学化"的现象非常严重。

四、国外学前教育补偿对我国学前教育的启示

分析国外学前教育补偿所获得的成功模式，为我国当下学前教育的发展提供了宝贵的经验与启示。

（一）科学统筹，均衡发展学前教育

经济发展不平衡是造成我国学前教育城乡、东西部之间不均衡发展的直接原因，各级政府要树立教育从娃娃抓起的发展理念，将学前教育补偿纳入到全社会发展总体框架之中，研究推进学前教育全面发展的对策措施。首先，要大力推进经济的均衡发展。以科学发展观为指导，贯彻实施西部大开发和新农村建设方针，让经济发达地区与经济落后地区结成帮扶对象，不断提高欠发达地区学前教育发展水平。其次，对不同地区、不同类型的幼儿园进行摸底调查，对生源较少、位置较近的幼儿园实行合并；对生源较多、没有幼儿园的乡村，要科学规划确定建设规模，解决幼儿入园难的问题。再次，出台确保国家财力不断向教育倾斜，教育经费不断向学前教育倾斜，学前教育经费不断向弱势群体倾斜的政策。最后，根据教育均衡发展原则，增加补偿经费，科学规划幼儿园的规模和密度，实现学前教育区域之间的均衡发展。

（二）增加投入，完善学前教育补偿机制

秉持"政府主导，社会参与，均衡发展，正确引导，科学统筹，加强管理"的原则，建立以政府和集体投入为主，以社会捐赠、个人办学、银行信贷、福利彩票、民间资本等为辅的多元补偿机制，增强农村学前教育补偿经费投入的力度。首先，要坚持"两条腿走路"的方针，在继续做好政府和教育部门主办学前教育事业的同时，积极动员社会力量，拓宽学前教育补偿经费来源的渠道，共同推进学前教育事业全面发展。其次，要增加政府经费投入，从源头上解决学前教育补偿经费不足的问题。再次，一视同仁地对待私立幼儿园，从资金、税收、管理等方面给予扶持。最后，积极探索多元化资金筹措方式，通过鼓励社会力量投入学前教育的政策，

打造农村幼儿园补偿服务多元化格局，弥补地方财力不足的困难。

（三）加强领导，规范学前教育管理秩序

没有规矩，不成方圆。只有规范学前教育管理制度，制定补偿教育法规，才能保证我国学前教育规范有序地发展。首先，我国要通过立法，确定学前教育在我国教育体系中的地位，明确其在我国人才培养战略中的重要作用，制定补偿弱势地区学前教育发展的"扶持计划"。其次，规范学前教育管理机构，严格执行幼儿园准入制度，明确学前教育"谁批准，谁监管，谁执行"的管理职责，改变学前教育无人监管的状态[5]。再次，将学前教育纳入公共服务体系之中，明确收费标准，加快弱势地区幼儿园建设，完善县、乡、村三级学前教育服务网络。最后，在政府的主导下，逐步将其他机构审批的各类幼儿园归口到教育行政主管部门，进一步明确各自工作范围和工作职责，改变当前学前教育管理缺位的现状。

（四）优化环境，改善学前教育师资力量

提高学前教育质量的关键在于建立一支"能力全面、素质出众、队伍稳定、专业过硬、结构合理"的幼儿教师队伍。首先，提高幼儿教师培养质量，在各高校设置幼师专业，增加招生数量，从源头上增加幼儿教师的数量，提高专业技能。其次，实行幼儿教师福利待遇稳定增长的长效机制，增加经费投入，提高教师社会地位，缴纳五险一金，落实幼儿教师编制和职称问题，解决工作在学前教育事业第一线的幼儿教师生活中的后顾之忧。再次，加强对幼儿教师的培训，比照省市骨干教师的培训方法，规定幼儿教师每年必须进行一次培训，逐步提高幼儿教师的专业技能。最后，改善幼儿教师生活环境，从住房、交通、通信等方面改善幼儿教师生活条件，筑巢引凤，吸引更多的优秀人才投身到学前教育事业中来。

（五）与时俱进，更新学前教育基础设施

基础设施、教学用具、教学理念是学前教育事业健康发展的根本保障。首先，要利用义务教育改革之机，有效利用中小学闲置的校舍，将其改造成为幼儿园，根据生源分布的区域划分，实行区域幼儿园联办机制，优化学前教育园舍环境。其次，定期更新和添置玩具、健身器械、教学用具和保育设备，满足幼儿学玩结合的发展需求。再次，配备电视、电脑、电子乐器、投影仪、校车等教学设施设备及运输工具，为提高授课质量、

消除安全隐患提供支持。最后，加强交流沟通，通过座谈会、家长会、专家座谈、亲子活动等形式丰富家长的科学育儿知识，提高家庭育儿质量，使幼儿园和家庭目标协调一致，共同承担起培养幼儿健康心理的责任。

总之，学前教育作为基础教育的起点，对于幼儿全面健康发展具有重要的意义。借鉴国外学前教育补偿的经验做法，结合我国自身特点和规律，实行学前补偿，对维护社会公平正义、缓和社会各阶层矛盾、平衡不同地区发展、推动社会不断进步、提高全民综合素质具有重要意义。

注 释

[1] 余海军. 从国外发展学前补偿教育项目的经验看我国农村学前教育的发展 [J]. 河北师范大学学报，2011（10）：42-45.

[2] 谭友坤，卢清. 论幼儿弱势群体的早期教育政策支持 [J]. 中国特殊教育，2005（12）：3.

[3] 田景正，周芳芳. 我国地方学前教育的现有基础与发展定位 [J]. 学前教育研究，2012（8）：30-34.

[4] 戚妹婷. 美国补偿教育计划对我国民族教育优先发展的启示 [D]. 重庆：西南大学，2011（4）：38-45.

[5] 张婕. 对我国学前教育公平性的审思 [J]. 幼儿教育，2006（4）：11-14.

[原文《国外学前教育补偿的借鉴与启迪》与万慧颖合作发表于《学术交流》2014年第6期]

当代美国儿童福利政策的特点

儿童福利政策是一套谋求儿童幸福的方针或行动准则，其目的在于促进所有儿童的身心健康发展。从广义上讲，儿童福利政策可指一切涉及儿童福利的活动和政策立法，包括医疗政策、教育政策及未成年人保护立法等各个方面；狭义而言，则指涉及儿童生存环境状况的、地区性的、针对儿童的问题及需要而提出的、有利于儿童的成长与发展的政策保障。

随着美国社会政策在 20 世纪前期的快速发展，美国儿童福利政策作为社会政策的一个重要组成部分，逐渐发展，并日趋完善。

一、儿童福利政策不断修正和完善，并以立法作保障

儿童福利政策的制定和实施决定了一个国家儿童福利事业的发展方向及发展程度，这对儿童福利事业的发展起着关键性的作用。美国儿童福利政策在政策行动的过程中不断修正，首先表现为逐步扩大儿童福利政策的适用范围。例如，美国 1961 年实施了针对有未成年孩子家庭的重要补助项目《抚养未成年子女家庭援助计划》（Aid to Families with Dependent Children）。随着计划的实施，有调查表明，由于某些受益者实际得到的可支配收入高于就业者的可支配收入，这使他们减少了寻找工作的动力，导致受补助的单亲家庭越来越多，单亲家庭的比率也不断升高。援助计划在使儿童和家庭受益的同时，也对社会造成了一定的负面影响。针对《抚养未成年子女家庭援助计划》实施过程中出现的问题，联邦政府在进行了两次有针对性的民意调查后，推出了《贫困家庭临时救助计划》（Temporary Assistance for Needy Families）。这一计划对受益者提出一定限制和工作上的要求，例如，受益者一个人终生最多领取 60 个月的福利金；受益者一旦条件成熟必须工作，条件还不成熟的，在享受福利两年之后必须去工作。这些政策的调整使政策受益者逐渐自食其力，摆脱了对社会福利的依赖，既解决了原有的问题，又减轻了政府的财政负担。

社会政策是制度化的行动体系，社会政策行动实际上就是制定、实

施、修改相关法规的过程。美国儿童福利政策的不断修正和完善是儿童福利政策顺利实施的重要前提，对儿童福利政策的成熟发展至关重要。克林顿于 1994 年签署《多民族安置法案》（Multi-Ethnic Placement Act）[1]，试图阻止寄养家庭和收养家庭对不同种族、不同肤色、不同信仰的儿童的歧视，达到种族间的公平、和谐相处。1996 年这一法案修正为《种族间收养规定法案》（Inter-Ethnic Adoption Provisions Act），修订案中删除了"允许考虑种族，把其作为一个用于确定儿童的最佳利益的考虑因素"，并添加了对不符合法律规定的州的相关惩罚措施[2]。通过这次修订，种族、文化等不得作为儿童是否被安置的基础，也不得以类似的理由对寄养或收养的儿童拖延安置。

政策是一个国家或地区在特定的时间与范围的一个架构性导向，在一定的宏观层面上影响着特定的人群。政策的执行需要有相应的法规作为后盾，同时政策可以促进相关法规的进一步完善。美国联邦政府十分重视通过立法来确保儿童福利政策的顺利实施。如《抚养未成年子女家庭援助计划》，经过不断修正和完善，1996 年颁布了涉及相应内容的《个人责任与就业机会协调法》（Personal Responsibility and Work Opportunity Reconciliation Act）来保障计划的顺利实施[3]。美国有关儿童福利的立法主要针对儿童和家庭，涉及特殊需要儿童、残疾儿童、家庭支持、寄养等[4]。（详见表 1）

二、儿童福利政策由残补性取向发展为普惠性取向

工业化之前的美国，生产力水平不高，因而早期儿童福利政策是以残补性取向为主，其关心和照顾的对象是特定的儿童和家庭，儿童福利主要是救济性福利，针对的是部分有特殊需要的儿童，如孤儿、贫困儿童、流浪儿童等，儿童的某些需要只能通过邻里、社区和宗教慈善组织互助来满足。

1909 年的白宫儿童会议是美国儿童福利的重要会议，这次会议的成果之一是政府设立了美国儿童局，主要负责儿童福利的相关事宜；会议的另外一个成果是各州相继制定法律提供儿童津贴，这一津贴主要是针对孤儿等困境儿童，以寡妇年金、母亲年金的形式支付[5]。进入 20 世纪以来，美国儿童福利的新观念逐渐形成，儿童不再仅仅被视为父母的私人财产，而被视为具有社会意义的完整生命；对儿童的教养保护不再是个别家庭的责任，而是整个国家的责任；儿童福利不仅是对有特殊需要儿童的救济，

而是促进一切儿童健康全面发展的宏大事业。美国儿童福利政策由原来的残补性取向过渡到普惠性取向。

普惠性取向的儿童福利政策是针对儿童普遍的、客观的要求制定更全面的政策和规范制度，以促进儿童生理、心理各方面的发展，为儿童提供全面的服务。发展至今，美国儿童福利政策已涉及儿童教育、儿童饮食健康、儿童医疗、普遍家庭的心理辅导与训练、父母教养能力训练、针对困境家庭的居家服务和托儿服务、针对严重问题家庭的寄养和领养服务等诸多方面。普惠性取向的儿童福利政策不仅扩大了服务对象，由原来的特殊需要儿童扩大到所有儿童，而且扩充了服务内容，由主要为儿童身体健康服务扩大到儿童的教育、医疗、心理辅导等多方面的综合性服务。在儿童饮食健康方面，营养计划包括《全国午餐计划》《全国学校早餐计划》《暑期食品服务计划》等[6]。教育方面，以密歇根州实施的一系列普惠性的早期儿童福利与教育项目为例，包括《早期补偿计划》（Early On），主要资助0—3岁有残疾或发展滞后的儿童和他们的家庭；《家庭读写计划》（Even Start Family Literacy），主要资助父母没有高中毕业或父母不会讲英语的0—7岁儿童；《完美开始预备课程项目》（Great Start Readiness Program），为有影响他们在学校表现的"危险因子"的4岁儿童提供前幼儿园课程；还包括《学前特殊教育项目》（Early Childhood Special Education），为3—5岁残疾或发展滞后儿童提供特殊教育[7]。普惠性的儿童福利政策是真正实现社会公平和教育公平的重要条件。

表 1

针对特殊需要儿童的立法	1974 年《虐待儿童的预防和治疗法》（Child Abuse Prevention Treatment Act）
	1974 年《少年司法与犯罪预防法》（Juvenile Justice Delinquency Prevention Act）
	1975 年《所有残疾儿童教育法》（The Education of all Handicapped Children Act）
	1986 年《学龄前残疾人教育修正法》（Preschool Amendments to the Education of the Handicapped Act）

续　表

针对儿童家庭支持的法案	1990 年《家庭支持法案》（Family Support Act）
	《第十九社会保障法》（Title XIX of the Social Security Act）
	1990 年《农场法》（Farm Act）
	1996 年《个人责任与工作机会协调法》（Personal Responsibility and Work Opportunity Reconciliation Act）
	《补充保障收入法》（Supplement Security Income）
针对儿童寄养、收养等相关问题的立法	1999 年《寄养独立法》（Foster Care Independence Act）
	1980 年《儿童福利收养援助法》（The Adoption Assistance and Child Welfare Act）
	《独立生活倡议法》（Independent Living Initiative）

三、社会各界参与儿童福利政策的实施与管理

立法是保障儿童福利政策顺利实施的一种手段，政策的普惠性是为了惠及更多的儿童及家庭，但这都不是儿童福利的最终目的。政府制定儿童福利政策的最终目的是为了儿童及其家庭独立，不再接受国家给予的福利；是为了让儿童有独立生活的能力，家庭有独立抚养、寄养或收养儿童的能力，这样既能减轻国家的负担，还从根源上解决了儿童及其家庭的问题。

要想达到这一目的，仅仅依靠政府是远远不够的，需要家庭、幼儿园、企业、个人等社会各界共同参与和努力。社会福利既不能完全依赖市场，也不能完全依赖国家，福利是全社会的产物，每个人及相关机构都应该参与到儿童福利政策的实施和管理过程中。

美国受福利多元主义理论的影响，逐渐降低国家在提供社会福利方面的作用，重视家庭、企业和其他非正式组织的作用，提倡社会的不同部门共同提供社会福利，使福利国家向福利社会转型。福利多元主义强调通过福利多元组合安排，将国家提供所有福利转变为社会诸多部门共同提供福利，在多个部门参与合作下，化解福利国家危机。

美国儿童福利政策的实施与管理采取多元化的手段，鼓励社会各界人士来共同参与。例如，旨在向贫困家庭中 3—4 岁的儿童免费提供学前教育、营养和保健的《开端计划》（Head Start）就是由联邦政府和各州政府合作实施的。《抚养未成年子女家庭援助计划》由联邦健康与人力资源部

与各州的人力资源局共同管理，联邦机构负责审批州计划和拨款，提供技术支持，评估各州实施该计划的运作情况，制定标准，收集和分析有关数据，各州负责制定受助资格，每月寄文票等[8]。1978 年国会颁布了《美国印第安儿童福利法案》（The Indian Child Welfare Act），参与这一法案的机构或人员包括部落法庭、各州及家长等，部落法庭制定评判印第安儿童的一些标准，各州司法部门通过儿童监护权听证会，把儿童转给部落法庭，而部落法庭和家长都有权去关注和干预各州法庭的进展。这一法案是联邦政府和各州加强针对印第安家庭福利政策制定方面所迈出的重要一步[9]。据报道，2010 年 6 月 9 日，美国科罗拉多州人力资源部和尼科尔森股份有限公司签下合同，投资 124995 美元，为儿童福利社会工作者的培训服务提供奖励，以帮助县级儿童福利监督员、县级儿童福利工作者及社会工作助手接受高质量的以发展能力为基础的培训[10]。这是政府和公司合作的新形式，最终受益者是儿童和社会。社会各部门和机构的职责分工明确，有利于政策的顺利实施，也有利于儿童充分享受国家给予的福利。

我国儿童福利观念和立法还处于形成过程中，缺乏对社会力量的引导及明确规范的政策，还没有形成畅通的儿童福利事业多元参与渠道。随着我国社会经济发展水平的不断提高，普惠性的儿童福利政策是我国下一步政策发展的必然的趋势；随着我国经济实力的提高及公民、企业、团体等社会责任意识的增强，政府需要在相关政策上对儿童福利事业支持体系进行整合，形成公民支持力、家庭支持力、企业支持力、社会支持力和政府支持力的合力，真正实现儿童福利事业的多元参与和共享发展的理念。

注　释

[1] PETER J. PECORA, JAMES K. WHITTAKER, ANTHONY N. MALUCCIO, RICHARD P. BARTH, ROBERT D. PLOTNICK. The Child Welfare Challenge: Policy, Practice, and Research [M]. Walter de Gruyte, 2002: 35.

[2] PETER J. PECORA, JAMES K. WHITTAKER, ANTHONY N. MALUCCIO, RICHARD P. BARTH, ROBERT D. PLOTNICK. The Child Welfare Challenge: Policy, Practice, and Research [M]. Walter de Gruyte, 2002: 36.

[3] 龚婷婷. 法国、美国和日本儿童福利的发展及其启示 [J]. 教育导刊（下半月），2010（3）：88—93.

[4] PETER J. PECORA, JAMES K. WHITTAKER, ANTHONY N. MALUCCIO, RICHARD P. BARTH, ROBERT D. PLOTNICK. The Child Welfare

Challenge：Policy，Practice，and Research ［M］. Walter de Gruyte，2002：35－38.

［5］邹明明，赵屹. 美国的儿童福利制度 ［J］. 社会福利，2009 （10）：58－60.

［6］姚建平，朱卫东. 美国儿童福利制度简析 ［J］. 域外借鉴，2005 （5）：57－61.

［7］ MS. GILLARD. Michigan Great Start Early Learning Advisory Council Strategic Report ［EB/OL］. http：//www. greatstartforkids. org，2010-01-26/2010-08-22.

［8］姚建平，朱卫东. 美国儿童福利制度简析 ［J］. 域外借鉴，2005 （5）：57－61.

［9］ ELIZABETH CLARK-KAUFFMAN，GREG J. DUNCAN，PAMELA MORRIS. How Welfare Polities Affect Child and Adolescent Achievement ［J］. Hein On Line's Law Journal Library，2003，93 （2）：299－303.

［10］ HT MEDIA LTD. CONTRACT AWARDS：Colorado Department of Human Servies Awards Contract for Child Welfare Caseworkers Training Service，Incllouding US State News ［N］. Washington，D. C.，2010-06-10.

［原文《当代美国儿童福利政策的特点》与王宁合作发表于《外国教育研究》2011 年第 5 期］

美国政府在儿童福利中的作用研究

20 世纪初，经济危机导致美国产生很多社会问题，人们逐渐意识到国家有责任为弃儿提供各种福利使他们摆脱困境。随着民众观念的转变和社会的需求，美国联邦政府不断积极介入儿童福利事业，在儿童福利立法、国家与家庭的关系重塑、社会福利设施建设、儿童服务质量监测等方面承担相应的责任，有效地促进了美国儿童福利事业的发展。

一、完善儿童福利立法，促进社会公平

美国儿童福利政策优先保障处境不利儿童的福利权，促进社会公平。处境不利儿童指身处环境不利于其成长和发展的儿童和身体或心理上有发展障碍的儿童，如低收入家庭、单亲家庭、少数民族家庭、新移民家庭或未婚妈妈家庭的儿童[1]。美国联邦政府通过加强对这类家庭的儿童立法，缩小处境不利儿童与同龄人的差距，促进社会公平。

（一）针对低收入家庭儿童立法，促进其公平竞争

大量研究表明儿童的学业成就及未来生活质量与其家庭的经济状况有着密切的联系。低收入家庭的儿童，与其他同龄人相比，所处的社会经济地位更低，其辍学率、失业率和犯罪率更高，且容易把这种状况传递给下一代，造成代际传递。联邦政府通过对低收入家庭的儿童立法，加大对低收入家庭的财政支持，努力提高低收入家庭儿童的学业成就，打破贫困代际传递，促进儿童的教育公平。

罗尔斯认为公正是社会分配制度的首要价值。他认为在社会竞争和分配中保护弱势群体的利益，而不是牺牲某些群体的利益来换取另一些群体的利益，这才是公正合理的社会分配制度。他同时认为公正的一个原则就是通过补偿得到利益最少的群体这种途径来缩小社会和经济存在的不平等，从而促进社会公平[2]。

加大对低收入家庭儿童的财政投资，促进教育公平，使低收入家庭的

儿童有公平参与竞争的机会。美国对学前儿童发展颇有影响力的儿童福利项目就是《开端计划》（Head Start）。《开端计划》项目自1965年开始实施，旨在对处境不利儿童进行教育上的资助，以改善贫困代际传递的现状，对美国儿童早期教育产生了深远的影响。美国联邦政府1981年颁布了《开端计划法案》（Head Start Act），规定联邦政府每年至少资助《开端计划》10.7亿美元。近年来，联邦政府一直不断加大对《开端计划》的资金投入，如图1，1973—2013年间《开端计划》的资金投入整体呈递增趋势[3]。

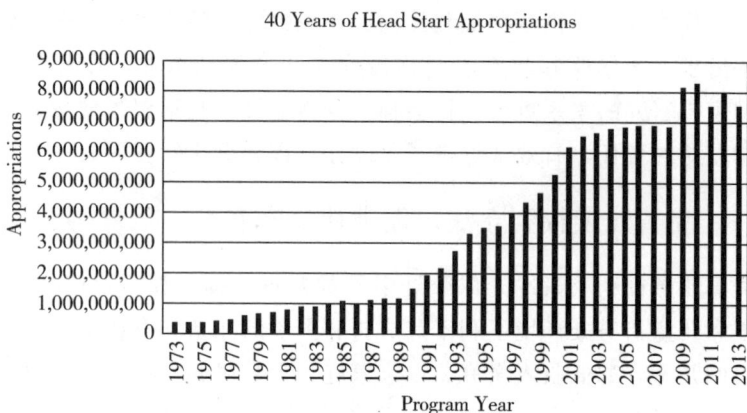

40 Years of Head Start Appropriations

图1

美国1990年颁布了《儿童保育与发展固定拨款法》（Child Care and Development Block Grant Act），加大对低收入家庭儿童保育资助的力度，规定联邦政府每年必须安排一定的财政资金专门资助儿童保育，保障了联邦政府对贫困家庭儿童在早期保教方面的资金投入[4]。《儿童保育与发展固定拨款法》和1996年的《福利改革法》共同授权建立了儿童保育与发展固定拨款项目（Child Care and Development Block Grant，以下简称固定拨款项目）。

2013年美国重新授权新的固定拨款法，即《2013年儿童保育与发展固定拨款法》。此项目的援助对象主要是收入水平低于所在州平均水平85%，并育有0—13岁儿童的家庭，用于预防因经济条件给儿童的成长和发展造成不良影响，及方便父母正常工作、参加教育和培训而设置的联邦援助服务项目[5]。《福利改革法》规定联邦政府每个财政年度必须保证划拨资金，联邦政府划拨资金额度从1997年至今呈现持续增加的趋势。据统计显示，联邦政府对固定拨款项目划拨资金1997年为19.67亿美元，

2002 至 2005 年均为 27.17 亿美元，2006 至 2012 年均为 29.17 亿美元[6]。联邦政府还会给各州提供儿童保育福利津贴，供州政府自由支配，两年内必须予以清算。财政年度内未使用完这部分资金将由财政部门收回后重新分配到下一财政年度。

（二）针对少数民族家庭儿童立法，促进教育公平

美国是典型的移民国家，由很多民族构成，其中白人占 85.5%，少数民族主要有四类：非裔美国人、西班牙裔美国人（也称拉丁人或墨西哥裔）、北美土著人（印第安人）、亚裔美国人等。少数民族基础教育的发展远远落后于白人，联邦政府为了提高少数民族的教育质量，促进教育公平，颁布了相关法案。

1965 年，美国国会颁布了《初等和中等教育法》（Elementary and Secondary Education Act），法案重点强调了少数民族子女及黑人的受教育问题。此法案为少数民族儿童、黑人家庭的儿童提供更多的受教育的机会。据统计，2009—2010 年间全美有 56000 多个公立学校利用此法案获得资金来为更多的儿童提供上学的机会，共超过 2100 万处境不利儿童从中受益。2002 年，布什总统签署了《不让一个孩子掉队法案》（No Child Left Behind Act），旨在提高美国所有学生的学业成绩，包括少数民族儿童和贫困儿童。其中专门提到提高印第安儿童受教育的机会，提供的服务有：（1）双语或双文化的项目；（2）特殊的健康和营养服务，或是致力于满足印第安儿童特殊需要的健康、社会等相关服务；（3）全面的指导、咨询和测试服务；（4）吸取有资格的前辈经验，能意识到且支持印第安儿童特殊文化需求和教育需要的活动。2009 年 2 月，奥巴马政府颁布了《美国复苏与再投资法案》（American Recovery and Reinvestment Act of 2009），通过此法案扩展了少数民族儿童接受学前教育的年龄，并对《0—5 岁计划》投资 50 亿美元，旨在为更多少数民族儿童提供较多的受教育机会，促进其平等发展，从而推进教育公平的实施进程。2010 年，奥巴马提出《改革蓝图》政策（A Blueprint for Reform），重点强调少数民族的教育问题，为少数民族制定了很多计划和政策，如培养更多有能力的少数民族学校的教师和领导者，针对少数民族家庭的儿童，制定更加多元的语言学习政策和投入更多的教育资助经费，以扩大少数民族的教育选择权等。

（三）针对残疾儿童立法，促进其公平发展

美国联邦政府制定了一系列法律，以促进残疾儿童更好地适应社会，使其得到公平发展的机会。有特殊需要的儿童由于生理缺陷，自身活动会受到限制，且残疾儿童通常会伴有严重的心理发展滞后问题，残疾儿童社会适应能力的缺乏成为其未来发展的直接障碍，如人际交往能力、环境适应能力、生活自理能力、适应社会生活的能力等都会受到影响。残疾儿童能顺利融入正常的社会生活，对其自身发展及整个社会的进步都有着积极的意义。

1975年美国国会通过了《所有残疾儿童教育法》（Education for All Handicapped Children Act），法案中明确规定各州教育部门负责发现州所有残疾儿童并对其进行评估。1990年美国国会颁布了《障碍者教育法》（Individuals with Disabilities Education Act），此法案确立了无歧视评估的原则，规定在对特殊需要儿童进行评估时必须制定严格的程序和规范，确保评估材料无种族和文化歧视。无歧视评估原则是美国特殊教育立法的原则之一，即保证残疾儿童在最小受限制的环境中接受免费、适当的公立教育，并对残疾儿童制定合理的个别化教育计划，使残疾儿童得到全面公平的发展。《残疾人教育法修正案》注重对残疾儿童的教育受益和成效问题，通过立法保障了残疾儿童的教育权利，给予残疾儿童公平发展的机会。此修正案主要包括的内容：（1）对残疾儿童违纪、违法行为的规定及相关处罚措施；（2）在个别化教育中，注重残疾儿童与普通教育的相互衔接，挖掘和提高残疾儿童的学习潜力，培养其自信心，提高其学习成绩；（3）制定残疾儿童学业成绩目标，提高对其的期望值，促进和提高对残疾儿童的教育水平；（4）对非歧视原则做了进一步的评估。2004年对《残疾人教育法修正案》进行修订，颁布了《残疾人教育促进法》（Individuals with Disabilities Education Improvement Act of 2004）。此法案明确规定了对3—21岁残疾儿童与青少年提供相应的服务，对0—3岁的残疾儿童提供"婴儿和学步期幼儿项目"，并且提高特殊教师的教育质量。

二、儿童保护政策向支持家庭功能倾斜

麦克马斯特（McMaster）的家庭功能模式理论认为家庭的基本功能是为家庭成员生理、心理、社会性等方面的发展提供一定的环境条件。他认为家庭提供的环境条件越好，其成员的身心健康状况就越好。反之，家

庭成员的身心出现问题，其家庭也易面临困境[7]。

美国的儿童保护政策经历了一个"去家庭"到"回家庭"的过程。起初，美国各州保护受虐待儿童的主要方式是将其带离家庭，帮助其找到寄养家庭。这时联邦政府主要是对家庭功能进行补偿或替代。随着时间的推移，人们发现儿童长期滞留在收养家庭，其成长和发展会受到消极的影响，加之人们对出现的福利依赖现象有诸多不满和指责，因此联邦政府对福利制度进行改革，一个重点就是支持并强化家庭功能，在儿童保护政策制定中加大对家庭的支持力度。

（一）宣传健康的婚姻观念及进行婚姻教育

研究表明：与健康的双亲家庭比较，单亲家庭更易出现经济上的问题，因为单亲家庭会面临家庭和工作的双重压力，容易陷入失业困境，在经济、心理支持和儿童照顾等方面都将面临困境。单亲家庭成长的儿童比正常家庭的儿童犯罪率高，而且在认知、技能、学业等方面的表现较正常家庭的儿童，这些方面的能力低下。

20 世纪 60 年代，受民权和女权运动的影响，美国离婚率和非婚生育率大幅上升，已婚女性的离婚率呈现迅速上升的趋势，美国非婚生儿童的骤增导致了大量单亲家庭的出现。据统计，非婚生儿童 1962 年所占比例是 5.9％，到 1996 年达到 32.4％，单亲家庭所占比例从 1974 年的 17.4％增到 1996 年的 29.6％[8]。

美国联邦政府通过向民众宣传健康的婚姻观念，对个人和家庭进行婚姻教育来预防婚姻的破裂和失败。1994 年通过的《福利指标法》（Welfare Indication Act）指出，国家福利政策要维持婚姻与家庭的完整，让儿童在经济条件和生活环境良好的家庭中成长。1996 年颁布的《福利改革法》（Welfare Reform Act），指出家庭贫困和福利依赖现象的出现，其原因之一就是单亲家庭的增多，福利改革的重要方向是促进健康的婚姻关系和维持健全的家庭。根据美国总审计局的报告，合法结婚的夫妇最少被赋予了1138 项福利。福利的目的是促进健康的婚姻关系，主要内容是：（1）为夫妇提供婚姻教育，讲授健康的婚姻观念，培训婚姻技能；（2）对法定婚姻进行鼓励和奖励，尤其是有子女的家庭[9]。2006 年布什总统启动了《健康婚姻倡议》（Healthy Marriage Initiative），《赤字削减法案》（Deficit Reduction Act of 2005）为其拨款 1.5 亿美元，用于为家庭和个人进行婚姻教育（例如人际沟通和冲突技能培训），向公众宣传健康的婚姻观念和支持相关的研究。《健康婚姻倡议》这项政策通过对健康婚姻观念的宣传，对个人和家庭的婚姻教育，促进健康家庭的建立，从观念意识上预防婚姻破裂和失败。

（二）儿童安置过程强调家庭的完整性和永久性

儿童保护政策对儿童安置重点强调家庭的完整性和永久性。1978 年美国政府颁布《印第安儿童福利法案》（Indian Children Welfare Act），此法案强调避免印第安儿童与原有家庭分离和对儿童不恰当的机构安置，提倡家庭寄养安置方式。1980 年通过《收养救助与儿童福利法案》（Adoption Assistance and Child Welfare Act），该法案要求州政府：（1）提供早期预防服务，开展有助于儿童回归原有家庭的服务，采取"适当的努力"维持家庭完整；（2）制订和开发福利服务提供方式的计划；（3）制定有关儿童福利个案管理、长久安置计划及安置审查的联邦程序规则；（4）针对没有解决永久安置问题且被带离家庭的儿童，法院或者政府每 6 个月要去了解一次儿童的状况，以确定这种安置是否符合儿童的最大利益。该法案还要求法院在儿童被带离家庭后的 18 个月内评估做出永久安置决定，或者是和父母团聚回到原有家庭，或者是被收养，或者是继续留在寄养家庭中。以上法案重点强调家庭的完整性，尽最大努力维持儿童原有家庭的完整性，不得已收养寄养时，是否可永久性安置作为首要考虑的安置方式。

1997 年联邦政府通过《收养与家庭安全法案》（Adoption and Safe Families Act），该法案特别强调对儿童的"永久性安置"，还制定了新规定以便收养或寄养的儿童在短时间内可获得永久性安置，主要涉及设定时间限制、强调安全、认可亲属寄养、强调责任制等内容。《收养与家庭安全法案》强调寄养体系是为儿童准备回归永久性家庭期间提供的安全和过渡的安置服务，同时规定为进入寄养体系的儿童举行的永久性安置听证会，其时间不得超过 12 个月，这比之前规定的 18 个月整整缩短了 6 个月。虽然法案目的是让儿童尽快获得永久性安置，但同时特别指出不能让儿童待在或返回环境不利或不安全的家庭中，一旦儿童在原有家庭中得不到安全保障，必须及时为儿童制定永久性安置的计划。法案还强调合适的永久性安置方式包括原有家庭融合和亲属、合法监护人或其他永久性的安置方式，首次以立法形式认可亲属寄养的方式可作为永久性安置的一种选择。在《收养与家庭安全法案》的基础上，2008 年美国国会颁布了《促进成功与增加收养法案》(Fostering Connections to Success and Increasing Adoptions Act),此法案再次强调永久性安置对寄养儿童发展的重要性,且增加了收养奖励经费。以上法案仍强调对儿童的永久性安置,发展探索了多种有利于儿童发展的永久性安置方式:原有家庭融合、亲属寄养方式及其他安置方式。

三、强化社会福利设施的服务性和教育性

儿童的需要除了基本的生存、健康、安全外,还有情感、娱乐、社交、自主、教育等精神上的需求。为了满足儿童的多重需求,政府需要不断强化公共图书馆和儿童博物馆等社会福利设施的服务性和教育性。

(一) 制定政策及设立儿童部门加强公共图书馆的服务性

美国联邦政府通过对公共图书馆设立专门的儿童部门、活动区和制定相关政策增强其对儿童服务的教育性。全美有 1.6 万多所公共图书馆,其服务理念是"儿童优先",并提供儿童相关的服务。1933 年的《公共图书馆标准》中明确了儿童拥有与成人相同的服务地位,并强调要确保儿童读书的乐趣。1956 年制定了《公共图书馆服务法案》(Public Library Service Act),详细规定了面向儿童与青少年的图书种类。自 1979 年起,美国公共图书馆将儿童馆藏和儿童服务作为评估图书馆服务的标准之一,不断提升儿童服务的质量。美国公共图书馆在空间设置上充分考虑儿童活泼好动的特点,部分图书馆还将三岁以前的儿童作为一个独立的儿童群体来提供针对性的服务。例如伊利诺伊州的乌尔班纳公共图书馆,设有阅读区、玩具区、亲子区;休斯顿福遍县公共图书馆设有儿童阅读区,其面积与成人区相同,并提供与儿童特点相符的玩具和桌椅;波士顿公共图书馆馆长的座右铭是公共图书馆的服务始于孩子们。1996 至 1997 年,全美图书馆协会 (America Library Association) 发起"别让儿童再等待"的运动,强调图书馆的服务与儿童培养有很大的相关性。

(二) 财政支持儿童博物馆为儿童提供教育服务

美国儿童博物馆主要采用展览与活动项目相结合的形式,主张让儿童亲身体验,注重儿童间及儿童和成人间的互动,重视儿童游戏的作用,向儿童及关心儿童成长和发展的人员如儿童家长、相关研究人员等开放,是具有教育意义的非营利性主导的社会教育机构。美国儿童博物馆设有专门

的教育部门，负责设计、实施、评价各项教育服务。美国儿童博物馆教育部门的工作人员是儿童教育从业者，在设计和实施教育服务时，工作人员会考虑儿童年龄特征和心理发展特点等为儿童选择服务内容和活动。美国儿童博物馆还向家长、社会大众等宣传渗透科学的儿童教育理念，促使民众不断加深对儿童的理解和认识，从而促进社会文明的发展。

美国联邦政府通过直接的资金援助、间接的税制方式对儿童博物馆提供重要的财政支持，为更多儿童提供教育等服务。如蒙大拿州密苏拉儿童博物馆 2010 年的收益中，65％来自捐助，35％来自项目，而 65％的捐助中有 50％是由政府资助的；再如纽约科学会堂儿童博物馆与一些商业机构有合作。这里的商业机构是指有志于科学、技术学习和创新的机构，在儿童博物馆展览、发现实验室、教育性的项目中发挥重要的作用。政府对这些商业机构进行免税，来鼓励它们与儿童博物馆的合作[10]。根据美国 2007 年儿童博物馆协会的官方数据，目前全世界已存在的儿童博物馆中，其他国家有 23 家，而美国高达 260 家。美国儿童博物馆每年将近有 3000 万人次参观，已经成为美国成长最快的教育文化机构之一。

四、实施联邦政府主导的儿童福利服务质量监测

有效的监测能促进儿童福利服务质量的提升。高质量的儿童教育、医疗、健康及家庭住房等福利服务对打破贫困代际传递有很好的促进作用。联合国儿童基金会在《世界儿童状况报告》中指出，"在非常具有发展潜力的儿童早期阶段实施打破贫困代际传递的各项政策效果最为明显"。美国实施以联邦政府为主导的福利服务质量监测主要体现在以下几个方面。

（一）监测数据全面化，确保监测结果客观公正

美国联邦政府提供多方面的监测数据，如儿童、家庭、班级及项目的相关信息和数据等来确保监测结果的客观公正性。《开端计划家庭和儿童经验调查》（The Head Start Family and Child Experiences Survey，FACES）是联邦政府的一个纵向研究，负责收集参与开端计划儿童的信息，还负责收集家庭、班级和项目特征的数据和资料。这些信息提供了儿童参与开端计划期间班级质量的状况和儿童的发展和学术准备情况，用于检测开端计划的质量和效果[11]；开端计划有专门的报告体系来收集所有参与项目的儿童的信息：《开端计划国家报告体系》（The Head Start National Reporting System，NRS）提供全美参与项目儿童的对比信息。

这些信息不是个人的，是小组的信息，作为当地评价的补充信息。联邦政府和地区办公室把这些作为引导培训和技术辅助的信息[12]。通过研究项目和信息数据库收集了儿童、家庭、儿童所在班级、项目的信息，全方位的监测数据，有利于联邦政府客观、全面评价儿童福利项目的实施情况。

（二）监测过程以评估标准为基准，确保监测的科学性

美国联邦政府在监测评估中，每个评估指标都有明确的定义和具体的评估标准，这些标准都是经过多次修改和反复研究实践提炼出来的，评估人员以此为基准，确保了监测的科学性。如 2007 年制定的地方监管审查工具（Local Supervisory Review Instrument），一直到 2011 年，不断修订完善评估标准保证监测过程中的科学准确性。这个工具由问卷调查组成，是儿童福利监督员与相关工作者在讨论和对全州儿童福利自动化信息系统（Statewide Automated Child Welfare Information System）的记录进行审查的基础上填写的问卷。此问卷主要是用来评价社会工作者在实践中的工作质量和测量社会福利工作者个人的表现。问卷主要通过测量儿童福利在安全、永久性和幸福等方面的成果来评估社会工作者的工作质量及表现。安全指儿童受保护免遭虐待或忽视，尽可能把儿童安置在家中；永久性指居住环境的稳定性和维持家庭的关系和联系；幸福是指家庭给儿童提供需求的能力，包括教育、身体和心理健康。另外，它还检查实践领域覆盖州内要求新就职儿童福利工作者的岗前培训课程，包括评估、规划、干预、服务和重新评估/进行中的评估等相关主题。每一部分由一些问题组成，具体陈述每一部分的主题。

（三）建立信息发布体系和奖惩机制，确保公众知情权

公共信息是公众的共同财产，公众有对这些信息的知情权。政府掌握着公共信息，只有政府向公众公开发布这些信息，公众的知情权才能实现从抽象走向具体。如美国儿童局通过儿童福利信息门户网站向公众开放儿童福利相关信息。该网站的运行由儿童局负责，是儿童福利的专业工作者及其他相关人员查阅儿童福利信息及公开出版物的便捷通道。网站提供的信息涉及全国儿童福利领域的各个方面，包括儿童虐待忽视案件的处理及实践指引，对儿童福利工作者的工作指导，服务信息机构及联系方式，公开出版物及研究资源的检索等内容。

美国联邦政府建立相关数据库向公众公布儿童福利的相关信息。如

1988 年颁布《儿童虐待防治与处分法修正案》，规定联邦卫生部建立全国性的数据收集与分析系统。联邦政府根据此法案建立了"全美儿童虐待与照管不良数据系统"（National Child Abuse and Neglect Data System），并每年对各州及华盛顿特区自愿上报的儿童虐待与照管不良案件进行数据分析。自 1990 年起，每年均向公众公布基于该数据库的报告[13]。再如全州儿童福利自动化信息系统（Statewide Automated Child Welfare Information System），这个系统作为全州儿童福利信息数据中心，可用来测量和监测州在儿童福利方面的业绩。质量保证团队把这些数据作为评估业绩和结果过程中的一部分。这个系统中的数据被用于儿童福利的多个服务领域，如调查研究、家庭服务、家庭外服务、收养服务和资源房屋服务，旨在揭示儿童安全、永久性安置和健康幸福等方面的情况。

美国联邦政府对各州有明确的奖惩制度。政府对采用质量评估系统的各州普遍采取一定的经济激励措施，对各机构也会根据评估的结果给予形式不一、数额不等的资金补助。根据政府的监测结果来管理办学资格、补助水平、经费数额等。政府还可以根据评估的结果要求未达到评估标准的机构停业整顿，或向其发出警告，或减少其资助经费金额等[14]。公众通过政府对机构的奖励和惩罚来了解机构的运行情况，可有选择性地寻找福利服务机构。

五、结语

综上所述，美国联邦政府在儿童福利事业发展中扮演着很重要的角色：在宏观层面把握儿童福利发展方向的同时，承担多方面的责任。联邦政府通过完善儿童福利立法，改善处境不利儿童的生活质量和学业成绩，促进社会公平；在制定儿童保护政策时，由对家庭功能的替补向支持家庭功能倾斜；为了满足儿童多种需求，不断强化社会福利设施的服务性和教育性；通过监测儿童福利服务质量来确保服务质量，试图通过高质量的服务来打破儿童贫困代际传递。美国联邦政府在儿童福利发展中发挥的作用是不可替代的，这对我国儿童福利事业的发展有很大的借鉴和启示作用。

注　释

　　[1] 宋占美，阮婷. 美国处境不利儿童补偿教育政策及其对我国的启示 [J]. 学前教育研究，2012（4）：25－29.

［2］罗尔斯. 正义论［M］. 何怀宏，译. 北京：中国社会科学出版社，1988：96—97.

［3］Head Start Program Facts Fiscal Year 2013［EB/OL］. http：//eclkc. ohs. acf. hhs. gov/pir. 2014-10-07.

［4］向美丽. 美国"儿童保育与发展专款"项目的形成、内容与特点［J］. 学前教育研究，2009（2）：16.

［5］李辉，蔡迎旗. 美国儿童保育与发展固定拨款项目的运行机制及启示［J］. 早期教育·教科研，2014（7－8）.

［6］Child Care and Development Block Grant Background and Funding［EB/OL］. http：//greenbook. waysandmeans. house. gov/sites/greenbook. waysandmeans. house. gov/files/2012/documents/RL30785％20v2 _ gb. pdf. html，2013-12-20.

［7］Administration on Children，Youth and Families Administration for Children and Families，U. S. Department of Health and Human Services Preventing Child Maltreatment and Promoting Well Being：A Network for Action［EB/OL］. http：//www. childwelfare. gov/preventing/preventionmonth/guide2012/ index. cfm，2012/2014-01-22.

［8］LAMISON WHITE，L. U. S. Bureau of the Census. Current Population Reports，Series P60—198，Poverty in the United States：1996［R］. Washington，D. C.：U. S. Government Printing Office，Appendix Tables C—8.

［9］About. com，Gay Marriage Benefits，URL：http：//gaylife. About. com/ od/samesexmarriage/a/benefits. htm，2014-9-16.

［10］张海水. 美国儿童博物馆研究［D］. 上海：上海师范大学，2013.

［11］Child Outcomes and Classroom Quality in FACES 2009 Report（1 Year in Head Start ）（ OPRE Report 2012 － 37A）［R］. http：//www. acf. hhs. gov/programs/opre/hs/faces/index. html，2014-11-02.

［12］The Head Start Path to Positive Child Outcomes 2003［EB/OL］. http：//www. headstartinfo. org，2014-11-12.

［13］张鸿巍. 儿童福利法论［M］. 北京：中国民主法制出版社，2012.

［14］潘月娟. 国外学前教育质量评价与监测进展及启示［J］. 中国教育学刊，2014（3）：13－16.

［原文《政府在儿童福利中的责任：以当代美国为借鉴》与王宁合作发表于《江西社会科学》2015 年第 12 期。收录于本书时有改编］

儿童发展为本的学前教育质量保障体系构建的探索

　　教育可以帮助我们完成更为艰巨的任务——改变思维方式和世界观。人们需要更多的机会过上有意义的生活，享有平等的尊严，而教育对于扩大这种机会的能力建设至关重要。新的教育观应包括，培养学生学会批判性思维、独立判断和开展辩论。要实现这些转变，必须改善教育质量，同时提高由个人和社区决定的、具有经济和社会针对性的办学质量。

　　——联合国教科文组织：《反思教育：向"全球共同利益"的理念转变？》

构建幼儿园教育质量保障体系理论基础探究

20 世纪后半叶以来，质量问题逐渐进入人们的视域。提高学前教育质量成为当前世界各国教育发展的迫切任务，也逐渐转化为各国政府的巨大责任。我国政府在 2010 年颁布了《国家中长期教育改革和发展规划纲要（2010—2020 年）》，明确指出"要把提高质量作为教育改革发展的核心任务，树立以提高质量为核心的发展观"，并提出"制定教育质量国家标准，建立教育质量保障体系"。构建幼儿园教育质量保障体系成为我国当前学前教育发展的重要任务。

教育质量保障体系是在一定教育质量观念和价值取向引导下，依据质量标准和流程，教育机构从内部和外部对相关教学因素加以控制、审核、评估，以保障质量的一套理论和实践体系[1]。相对于高等教育质量保障体系的研究，幼儿园教育质量保障体系研究仍不深入，其理论基础还很薄弱。从多学科视角探索构建幼儿园教育质量保障体系的理论基础及其作用机制，可以让我们拥有更加合理的理念，并对幼儿园教育质量保障体系进行深入的分析。人类发展生态学和协同理论对构建幼儿园教育质量保障体系具有理论支撑与价值引领作用。

一、人类发展生态学理论

人类发展生态学理论是由美国发展心理学家尤·布朗芬布伦纳提出。他一生致力于人类发展生态学理论的探索与发展，针对理论的缺陷不断进行着自我完善，到晚年形成了人类发展生物生态学模型。他将生物性因素和环境性因素进行有效整合，打破二元对立状态，更加全面地把握人类发展。该理论为理解人带来了一个新途径。他的同事及好友塞西称他："布朗芬布伦纳被广泛地认为是在发展心理学、幼儿保育、人类生态学这三个交叉的学术领域中的大师级人物。"[2]

（一）人是生态性的存在

布朗芬布伦纳深刻了解人的生态特性，从哲学高度认识人作为一种生态性的存在。"自然创造生命是连同它的环境一块儿创造的，特定的生命脱离不开特定的环境，离开它所需要的环境条件生命就无法存在。生命属于它的环境，自然就是通过环境来主宰生命的。"[3]针对当时发展心理学进行的研究是"短时间内，在陌生的情景下由陌生人进行的，对幼儿的陌生行为进行的科学研究"[4]这一种状况，他将人的发展纳入到各种生态系统当中去，从时空两个环境维度来探究人发展的影响因子。

布朗芬布伦纳认为人类发展生态学是"对成长中的有机体与周围动态环境之间相互调适进行研究的科学"[5]。人类发展生态学视域下人的发展是自身与外界环境系统相互作用的过程。个体受到离自己最近的生态环境的影响，并同时受更大的环境系统的影响。更大的环境系统对人的影响主要是通过较小环境系统作为中介来进行的。生态系统是一个由近及远、从小到大、层层扩展的结构，包括了微系统、中间系统、外系统、宏系统、时序系统。五个系统同时存在并且每一个系统都和自己相邻的生态系统相互渗透、相互影响。生态系统影响不是单向的，是一个互相滋养、双向建构并且相互制约的影响过程。

生态环境也是一个开放、包容的系统。在生物性因素和环境因素综合作用下，生态环境会不断地进行生态转化。生态转化是人发展的必要过程，是人的视野不断地拓展，并不断地进行自我位置转换，确认自我角色的过程。生态变迁是生态系统不断发展，不断完善，不断地适应内部结构变换的有效方式。人作为一种生态性的存在，必须也是一种动态的存在。

（二）人受环境与生物性因素共同影响

布朗芬布伦纳的人类发展生态学模型由于没有重视生物性因素对人发展的巨大影响而被诟病，为此布朗芬布伦纳对其理论不断地进行完善。布朗芬布伦纳借鉴好友塞西的智力生物生态学模型之后，与塞西共同探究了人类发展的生物生态学模型，将生物性因素纳入到人的发展系统中来，并探讨了生物性因素与环境因素相互作用机制，提出人的发展受到生物性因素和环境因素的双重影响，但是生物性因素具有更强的潜在性，不容易被人们所发现。生物性的遗传因素向表现型转化的时候，需要一定的环境作为刺激物，才能将遗传基因的素质充分激活。

人类发展生态学用"过程"的概念将环境与生物性因素容纳到相互作用的机制中来。最近环境与个体基因的相互作用形式称为"最近过程"，其在人的发展过程中处于重要地位，是人发展的发动机。因为它是环境与个体发生直接的相互作用，对人发展的影响更为直接，施力间距最小，环境对人施加的作用力相应的也就最大。

（三）人类发展生态学理论的启示

教育系统在一定意义上来说就是一个生态系统，把教育放入到生态系统当中，可以从更全面、清晰的视角了解教育的结构及功能。生态学强调在真实的自然与社会的生态环境中研究儿童成长规律，提高教育的外部效度，提高科学研究的实际应用价值[6]。用人类发展生态学的视角来看待幼儿园教育质量保障体系的构建可以从全局对其进行动态把握。

1. 构建教育质量保障体系首先应关注人的发展

布朗芬布伦纳等人从生态学的视角研究人的发展问题，将人的地位凸显出来，把环境定义为："是有机体和影响人发展或受人发展影响各种事物、条件的总和。"[7]提出环境是人发展视野下的环境，环境是人发展所需要的周遭世界，环境为人的发展服务。由此可见人类发展生态学是一门立足于人的发展的一门人学。

幼儿园教育质量保障体系是一个围绕着幼儿园教育质量的生态圈，构建幼儿园教育质量保障体系首先应该关注人的发展，包括幼儿、教师及家长的发展。

幼儿园教育质量保障体系在追求质量保障的过程中，首先需要关注幼儿的发展。构建幼儿园教育质量保障体系需要站在幼儿的生命立场上，促进幼儿生命的自然展开，让幼儿在幼儿园的生活有质量。《幼儿园教育指导纲要（试行）》中明确提出："教育评价是幼儿园教育工作的重要组成部分，是了解教育适宜性、有效性，调整和改进工作，促进每一个儿童发展，提高教育质量的必要手段。"构建幼儿园质量保障体系的过程中，我们必须将教育质量评价纳入幼儿发展的框架下，把教育质量评价作为了解幼儿发展状态及教育目标实现程度的手段，坚持发展性评价，追求幼儿在最近发展区中的主动健康和谐发展。

人类发展生态学理论将人纳入了发展的轨迹，这里的人包括了每个环境系统中的人，尤其是微系统中涉及的更加具体化的个人。构建幼儿园教育质量保障体系还应该关注教师与家长的发展。教师是幼儿园中的重要主体，教师素质是幼儿园教育质量的重要体现。没有教师的发展，就没有幼儿园整体质量的提升。家长作为幼儿的监护人，家长的素质、教育观念与行为是影响幼儿发展和幼儿园教育质量的重要因素。构建幼儿园教育质量保障体系的过程中必须有教师与家长的积极参与，并在此过程中促进教师的专业发展和家长的观念更新与行为转变。

2. 构建教育质量保障体系应形成政府、社会、学校、家庭四维联动格局

人类发展生态学认为，人的发展受由小到大层层嵌套的环境系统的影响，并且生态环境是通过组合的形式对人施加影响的。生态系统作为一个动态整体，需要整合域内各种力量主体，形成整体合力，否则任何一部分脱离整体结构，未发挥应有之力，都将对整体产生弥散性的影响。"某一环境对于发展的潜力将随着两个环境间存在的支持性联系的增多而提高，当两个环境间的联系或相互抵触时，对发展不利。只有当环境间进行个人化交流时，每个环境对发展的影响才会提高。"[8]这说明人的发展受不同环境的影响，不同环境间的相互作用也会对人的发展产生重要的影响。构筑有利于个体发展的生态圈，需要不同环境中的主体共同捍卫。个体的环境资源具有相互联系的两种类型[9]，一种类型叫"最近过程"，作为人与最近环境的互动产物，它对人的发展具有至关重要的作用。教师和家长作为微系统中的重要主体，是最近环境的有机组成部分，影响着幼儿的"最近过程"。另一种叫"远端资源"，社会与政府因素作为较大的环境系统，常常是对幼儿有着重要影响的"远端资源"。"远端资源"影响着"最近过程"，社会与政府因素常常通过各种途径影响着教师和家长，再作用于幼儿。

人类发展生态学在强调个体发展的时候，也要求考察诸如家庭、学校、社会等各种可能的子系统，并且特别注重全面细致地把握它们之间的潜在交互关系[10]。为此，构建幼儿园教育质量保障体系需要政府、社会、学校、家庭四维互通，构建上下联动、左右联通、彼此尊重、目标指向一致的动态格局。在幼儿园教育质量保障体系中，缺少某一个环境系统作用的有效发挥，缺少某一个利益攸关者的参与，教育质量保障体系都是不完善的，将无法发挥幼儿园教育质量保障的功能。当前教育评价的发展趋向也是"主体多维"和"全面参与"。以评价主体划分，可分为内部评价主体与外部评价主体。幼儿园教育质量评价内部评价主体主要包括幼儿园教师与管理人员，外部评价主体主要包括政府、学前教育专业组织、公共舆论、家长等。只有内外结合，从多视角来透视幼儿园质量，才能合理评价幼儿园教育质量，做好教育质量保障工作。

3. 构建教育质量保障体系应建立分级分类的保障标准

人类发展生态学理论认为环境系统是由微系统、中间系统、外系统、宏系统和时序系统组成的。由于人的发展或环境因子的改变，生态系统是会不断地进行生态变迁的。由于地理、经济、政策等因素的影响，每个地区都有其独特性。环境是一种区域性的存在，是一定区域的环境。我国地域广阔，每个幼儿园所处的生态环境有所不同，尤其是东西部、南北方、农村与城市，生态环境呈现巨大的差异。在我国城乡、地域学前教育发展不平衡的状态下，构建幼儿园教育质量保障体系应该设立分级分类的标准，增强教育质量保障体系的区域适宜性。在幼儿园教育质量保障标准建设方面，不应该片面地追求统一，而应该立足于真实，追寻情景化的意义。分级分类应该成为幼儿园教育质量保障体系的重要特征，因地制宜的幼儿园教育质量保障体系才会有巨大的实践力，才能够真正发挥作用。

二、协同理论

协同理论是由德国斯图加特大学的理论物理学教授赫尔曼·哈肯首创的。在信息论、控制论、系统论基础上，并借鉴了耗散理论之后，在经过对无生命世界和有生命世界的研究过程中，他发现了开放系统从无序到有序的转变过程，以及有序向新的有序的发展。幼儿园教育质量保障体系是一个有序的开放系统，是一个子系统相互协同的系统。作为现今复杂系统研究新三论之一的协同理论可以在整体把握的基础上洞悉保障体系的内部结构及其运作机制，对于构建幼儿园教育质量保障体系具有重要的意义。

（一）整体是部分的耦合

整体是由部分耦合而成的有序系统。哈肯提出有序结构的共同特点，即一个由大量子系统所构成的系统在一定的条件下子系统之间通过非线性的相互作用产生协同现象或相干效应，使系统形成了一定功能的自组织结构[11]。系统并不是一个散漫的整体，而是一个彼此紧密联系，子系统之间互相弥补、相互协同的结构。有序系统中各个子系统之间的耦合并不是和的作用，而是大于的作用，是 $1+1>2$ 的作用。在这一作用过程中有互补效应和协同效应发挥着重要作用。"互补效应就是通过扩大实体资产的使用范围而使实体资产得到充分利用，从而产生的效应。协同效应则是在实体资产得到充分利用的基础上，通过整体的隐性资产的相互共享和重用，使整体和个体提高了对实体资产的利用效率而产生的效应。"[12]协同效应与互补效应两者有机联系在一起，缺了任何一个都不能发挥整体的最大潜能。

整体由部分构成，并且部分协同耦合。但是部分之间在一定程度上是一种竞合关系，即竞争与合作。系统之间各要素的竞合在一个系统框架下应该达成一种统一，这是系统张力的体现。竞争使得系统各要素保持个性化发展的趋势，使得各要素在系统中具有不可替代性。合作使系统中各要素趋向一致，增强各要素的相似性、集体性，增强系统结构的稳定性。系统只有竞争必定走向崩溃，系统只有合作就无所谓系统。系统中存在着斗争性与统一性的关系。

（二）系统的自组织

自组织在哈肯的协同理论中具有重要的地位。"如果系统在获得空间的、时间的或功能的结构过程中，没有外界的特定干预，我们便说系统是自组织的。"[13]自组织就是系统在外界能量与信息的不断输送下，各要素通过协同，自行从无序发展到有序，并从有序发展到新的有序的过程。这是在一定的环境条件下由系统内部自身组织起来，并通过各种形式的信息反馈来控制和强化着这种组织的结果。

系统从无序向有序，或从有序向新的无序转化的自组织过程中，序参数起着决定性作用。单个组元好像由一只无形之手促成的那样自行安排起来，但相反正是这些单个组元通过它们的协作才转而创建出这只无形的手，我们便称这只使一切事物有条不紊地组织起来的无形之手为序参数[14]。序参数有两个向度，一方面序参数是子系统协同产生的，并由子系统维持，另一方面序参数支配着子系统，子系统受序参数的役使。序参数在系统相变的过程中产生并急剧增加，并且序参数并不是只有一个，而是多个。协同有两层含义，不仅仅是子系统之间的协作，还包括序参数的协同合作。当然在系统的发展过程中，几个序参数相互竞争，最终一个序参数占据主导地位，形成一个单一序参数主宰系统的格局。序参数是所有子系统对协同运动的贡献总和，是子系统对协调运动程度的集中体现[15]。

自组织必须建立在开放的系统之上，而不是孤立的系统或封闭的系统。在自组织的过程中，信息占据了一个很重要的地位。哈肯认为："所有这些高度协调密切相关的过程只有通过交换信息才可能实现，因此得出信息是生命赖以存在的至为关键的元素。"[16]信息的产生、传输、交流、沟通是系统赖以生存和发展的基础，信息不仅不要静态地获取，还需要在子系统之间流动，在子系统做出反馈后，达成意义的自创生。

（三）协同理论的启示

1. 构建教育质量保障体系应充分发挥系统的协同效用

哈肯利用幼儿拼装玩具小汽车的例子阐明了这样一条箴言"整体大于部分的总和"。各个子系统组合在一起并不是发挥线性加和的作用，而是$1+1>2$的效果。这就需要各主体达成协同，协同的内涵就是竞合，除了"合"的一面，系统中还必须有"竞"的一面，只有竞合才能达成系统的动态平衡。在竞合的过程中还要各子系统发挥协同效应和互补效应。构建幼儿园教育质量保障体系需要充分发挥专家学者的专业知识，发挥政府的宏观调控功能，发挥家长的支持与监督等，同时需要园内园长、教师的自我监控，自我改进，自我支持。只有各要素充分发挥自身的长处，才能达到互补效应。在幼儿园教育质量保障体系的构建过程中，各主体需要充分表达自身的利益诉求，在合作与竞争中达成统一，增强系统稳定性。在保障系统的构建过程当中需要引入竞争机制，幼儿园之间的竞争是质量保障的重要手段，合理的竞争会促进资源的优化配置，实现效益的最大化。

哈肯认为在社会生活中流行舆论起着重要的作用，当然它受传媒与政府等多种因素的影响。流行舆论起着序参数的作用，它支配着个人的意见，强制形成一种大体上是一致的舆论，借以维持其自身的存在[17]。构建幼儿园教育质量保障体系必须在全社会形成一种"重视幼儿园教育质量"的良好舆论氛围。在舆论造势的过程中需要充分发挥政府、大众传媒、学前教育专家或专业组织的作用，政府进行宏观把控，通过相关文件或积极的教育政策来为积极舆论的形成做好基础性的服务工作；专家或专业组织加强自身的社会影响力，积极投身社会事业，宣讲正确的儿童观、教育观、学习观；大众传媒加强自律，做科学学前教育理论与实践的扩音器，为全社会形成积极的舆论氛围贡献力量。流行舆论不仅需要在系统内达成一致，还需要信息流，影响更广大的舆论场，进而在全社会形成一种尊重教育，重视教育质量的社会风气。

2. 构建教育质量保障体系应赋予体系自组织功能

自组织是系统的一项重要特性，是系统自我完善、自我发展的重要引擎。没有系统的开放，自组织将无法起到应有的作用。开放系统就是系统以开放包容的姿态，不断与外界交流互通的系统。幼儿园教育质量保障体系就是这样一个开放的系统，构建保障体系的过程中，应充分赋予体系的自组织功能。幼儿园教育质量保障体系应赋予其自组织的功能，充分发挥各界人士的主观能动性，在系统运行规律的指导下进行构建。政府作为整个教育质量保障体系的重要主体，应有理有节，在构建幼儿园教育质量保障体系的过程中必须对各个幼儿园赋权增能，更多地进行物质流的输送，以及做好监督工作。正确的科学的政策应该是既提出总的方向，又为自组织留有余地[18]。

注　释

[1] 陈玉琨. 教育评价学 [M]. 北京：人民教育出版社，1999：216－218.

[2] CECI，SJ. UrieBronfenbrenner（1917－2005） [J]. American Psychologist. 2006，61（2）：173－174.

[3] 高清海. 哲学的创新 [M]. 长春：吉林人民出版社，1997：总序 6.

[4] BRONFENBRENNER，U. The ecology of human development [M]. Cambridge，MA：Harvard University Pree，1979：19.

[5] BRONFENBRENNER，U. The ecology of human development [M]. Cambridge，MA：Harvard University Pree，1979：21.

[6] 盖笑松，张婵. 走向生态化的儿童研究：聚焦中国儿童成长环境 [J]. 东北师大学报（哲学社会科学版），2005（4）：135－139.

[7] BRONFENBRENNER，U. &. CROUTER，A. C. The evolution models in development research，In mussen，P. H（Ed.），Handbook of child psychology（4th ed. vol1）[M]. New York：Wiley，1983：357－414.

[8] 虞永平. 学前课程的多视角透视 [M]. 南京：江苏教育出版社，2006：352.

[9] 丁芳，李其维，熊哲宏. 一种新的智力观：塞西的智力生物生态学模型述评 [J]. 心理科学，2002，25（5）：541－543.

[10] 车广吉，艳辉，徐明. 论构建学校、家庭、社会教育一体化的德育体系：尤·布朗芬布伦纳发展生态学理论的启示 [J]. 东北师大学报（哲学社会科学版），2007（4）：155－160.

[11] 郭志安. 协同学入门 [M]. 成都：四川人民出版社，1988：34.

[12] 金玲. 基于自组织理论的建筑业系统演化发展研究 [D]. 哈尔滨：哈尔滨工业大学，2007：52.

[13] H·哈肯. 信息与自组织：复杂系统的宏观方法 [M]. 郭志安，译. 成都：四川教育出版社，2010：18－19.

[14] 赫尔曼·哈肯. 协同学：大自然构成的奥秘 [M]. 凌复华，译. 上海：上海译文出版社，2005：7.

[15] 郭志安. 协同学入门 [M]. 成都：四川人民出版社，1988：24.

[16] H·哈肯. 信息与自组织：复杂系统的宏观方法 [M]. 郭志安，译. 成都：

四川教育出版社，2010：35.

[17] H·哈肯. 信息与自组织：复杂系统的宏观方法 [M]. 郭志安，译. 成都：四川教育出版社，2010：121.

[18] 赫尔曼·哈肯. 协同学：大自然构成的奥秘 [M]. 凌复华，译. 上海：上海译文出版社，2005：185.

[原文《构建幼儿园教育质量保障体系理论基础探究》与许浙川合作发表于《东北师大学报（哲学社会科学版）》2016 年第 4 期]

构建学前教育质量保障体系的国际趋势研究

让幼儿接受高质量的学前教育成为当前世界各国共同的追求。2015年5月在韩国仁川召开的"世界教育论坛"通过《仁川宣言》，宣言提出"我们鼓励提供至少1年高质量的免费和义务的学前教育，让所有孩子都有获得高质量儿童早期发展、看护和教育的机会"[1]。2015年联合国教科文组织发布的《教育2030行动框架》将提供高质量的学前教育作为联合国可持续发展目标当中的一个子目标，将其纳入容纳性、公平性与高质量的全民终身教育体系中[2]。实现高质量的学前教育，世界各国都努力构建或完善学前教育质量保障体系。学前教育质量保障体系是以政府为首席的利益相关者协同参与，运用质量保证、质量审计、质量监测等多种手段以改善学前教育质量的综合系统。

为了科学合理地建立学前教育质量保障体系，我国需要突破当前学前教育质量保障中的窠臼：第一，质量保障地方化。我国学前教育管理体制实行"地方负责、分级管理及各有关部门分工负责"的形式。政府间职责划分不明晰，导致学前教育管理的地方化。地方政府间的经济发展水平有相当差距，学前教育资源的空间聚集直接导致学前教育区域发展不平衡，教育质量参差不齐。第二，保障主体单一化。我国长期以来实行计划经济体制，政府统揽国家各项事业的计划与分配，即使实行社会主义市场经济体制，制度惯性的作用依然强大。"大政府"成为了保障学前教育质量的唯一主体。第三，保障功能惩戒化。学前教育质量评估以质量结果的获得为奖惩的依据，而缺乏对质量的深入支持。这主要是由于管理主义倾向及学前教育质量保障专业力量不足所致。研究构建国际学前教育保障体系的发展趋势，有利于我们把握学前教育质量发展动向，并为我国学前教育质量保障体系的构建提供相关国际经验。

一、保障重心上移：中央（联邦）政府承担更多责任

政府作为一种社会公权力的重要代表，其公共职能就是为社会全体公

民提供充足而优质的公共产品，为社会公共事务提供公平公正的公共服务[3]。财政学家马斯格雷夫提出了有益品理论，认为通过政策制定干预个人消费提高的物品就是有益品。随着有益品理论的丰富和发展，他将教育定义为一种有益品，认为国家必须促进教育的消费[4]。国家比起个人和家庭，更能充分获取信息并了解投资教育的有效意义，因此政府在教育领域要发挥主导性作用。联合国教科文组织发布了 2017－2018 年全球教育质量监测报告《教育的责任：我们的承诺》，强调了各国政府有责任普及优质教育，并强调问责制对于实现这一目标不可或缺[5]。该报告延续了教科文组织对政府在教育中责任履行的重要意义。

具体到学前教育来说，中央（联邦）政府积极参与学前教育建设主要基于两个方面的思考。一方面，学前教育阶段是整个教育体系中投资回报率最高的阶段，政府投资学前教育有利于"构筑国家财富"。美国高瞻佩里幼儿教育项目中的成本收益显示，"在考虑通胀因素的情况下，实验组被试 27 岁时，对学前教育每投入 1 美元能够获得 7.16 美元的收益；实验组被试 40 岁时，对学前教育每投入 1 美元就可获得 17.07 美元的收益，学前教育的投入回报率大幅增长，其中 4.17 美元是对个体成长的回报，12.90 美元是对社会公共的回报，体现在社会福利、补偿教育、预防犯罪方面投入的降低及纳税的增加"[6]。另一方面，中央（联邦）政府参与学前教育有利于推进区域教育公平。学前教育是一项地方性和福利性很强的事业，在国外州县政府承担着学前教育的主要责任，而在国内学前教育责任主要由县级政府承担。这在学前教育管理体制方面就造成了学前教育不平等的逻辑必然。经济发达的区域在学前教育投入及学前教育资源的吸纳能力相对比较强，反之贫困落后地区就比较弱。为此，就需要层级更高的政府统筹配置学前教育资源，例如建立学前教育财政转移支付制度，实施落后地区学前教育政策倾斜，合理分配政府间的职责。

《强势开端Ⅳ：学前教育质量监测》显示在学前教育质量监测系统的建立过程中，各国政府开发国家标准与管理条例，开发国家监测框架，使用标准化的监测工具[7]。OECD 国家将质量监测上升到了国家高度，对监测系统进行顶层设计以体现国家意志。《强势开端 2017：OECD 早期保教中的关键指标》显示在课程建设方面，为了打破课程之间相互隔离的状态，各国强化中央政府的介入，制定国家课程标准，超过半数的 OECD 国家建立课程与管理 ECEC 综合体系[8]。

澳大利亚政府对学前教育质量保障的力度不断加强，集中表现于联邦政府对教育质量保障体系的极大参与。2012 年 1 月 1 日，澳大利亚《学前教育及儿童保育国家质量框架》（以下简称《国家质量框架》）开始正式实施。澳大利亚虽然是联邦制国家，但是新政策将学前教育提升到了国家战略层面。《国家质量框架》包括了《国家质量标准》《幼儿学习框架》和《学龄儿童保育框架》，各州及自治领地采用统一的标准来进行质量保障。在联邦议会的批准下，2010 年 10 月 5 日，独立的法定机构澳大利亚儿童教育和质量管理局成立，统一监管全国学前教育质量问题。《国家质量框架》的实施、相关法律法规的颁布，对全国幼儿教育和保育机构实行统一质量标准，颁布全国统一的幼儿学习标准，对全国和地方的教育和保育质量管理局统一监控等措施，体现了澳大利亚幼儿保教管理体制由典型的分权型向"准中央集权制"靠近的趋势与特点[9]。

加拿大联邦政府与省/特区政府在 2003 年签订《早期学习与儿童保育多边框架》，由联邦向省/特区政府从资讯提供、费用补贴、质量保证体系、投资与运营补助、培训与专业发展、提高师资待遇等一系列服务菜单中选择学前教育支出项目，学前教育作为专项内容正式进入国家政策议程[10]。2008 年加拿大联邦教育厅长理事会发布《2020 年加拿大学习》，把学前教育作为联邦教育发展的四大领域之一。

20 世纪下半叶，美国联邦政府也开始大力参与到学前教育的质量保障中来。在立法方面，20 世纪 90 年代以来，相继颁布一系列有关学前教育的法案，例如《儿童早期教育法案》《儿童保育与发展固定拨款法案》《美国 2000 年教育目标法案》《不让一个孩子掉队法案》《所有儿童都成功法案》等。在行政方面，奥巴马政府为了克服目前美国经济的窘境，缓解学前教育的公平与质量的问题，大力改革与发展学前教育。政府设立了总统直接领导的专门行政领导机构——总统早期学习委员会，该机构将极大促进联邦政府在学前教育意义普及、国家学前教育发展规划、统筹政府间合作、质量监管等方面发挥重要作用[11]。与此同时，美国联邦政府对处境不利的儿童实施了《强化计划》（STEP UP）。对《公立学前》《开端计划》和《特殊教育》等项目的投入统计，2012 年联邦政府、州政府和地方政府投入额分别为 128 亿美元、258 亿美元和 208 亿美元[12]，而 2005 年的投入分别是 33 亿美元、176 亿美元、165 亿美元。

澳大利亚、加拿大、美国等联邦制国家其教育职权通常由州政府履行，导致各州之间学前教育体系各异、质量参差不齐。这一体制构建对其学前教育事业发展与学前教育质量提升来说成为了重要的阻碍。为此，联邦政府积极介入，以更加高位的方式进行顶层设计与长远规划。以中国为代表的中央集权型国家而言，学前教育发展是中央委托地方管理的模式，中央政府对学前教育的关注与支持相应减少。区域质量发展不平衡的暴露，需要高位政府的协调参与，中央政府开始积极介入学前教育质量的保障。上位政府的参与显然成为了重要的国际发展趋势，而更为根本的是，如何协调政府间的权责关系。

二、保障主体扩容：更多利益相关者参与质量保障

利益相关者理论自从 1963 年首次在斯坦福大学研究院提出到现在已经经过了半个多世纪的浸润，已经渗透到社会生活的各个方面，深刻变革着人们的思考方式。所谓利益相关者即能够影响组织目标实现或者为组织目标实现过程所影响的个人或集团[13]。从广义上来说，作为企业的利益相关者可能就包括了股东、员工、顾客、公益团体、抗议团体、政府机关、业界团体、竞争对手、工会等[14]。这些利益相关者与企业的生存和发展密切相关，他们有的分担了企业的经营风险，有的为企业的经营活动付出了代价，有的对企业进行监督和制约，企业的经营决策必须要考虑他们的利益或接受他们的约束。任何一个组织都必然伴随着利益主体的多元，集中体现着利益共享、责任共担的价值逻辑。利益相关者理论同样体现着每一个利益主体的自我意识，尊重个体在组织中的利益诉求，是社会民主化发展的集中体现。只有各相关主体朝着共同的愿景前进，在分工明确基础上的协作才能发挥整体的最大力量。在利益相关者利益呼求的同时，政府自身职能也在进行着深刻变革。20 世纪 90 年代以来，面对"公共行政合法性危机"，新型的政府职能理论逐步形成，包括"新公共行政""新公共管理""政府再造"等理论。政府需要转变自身职能，变成"掌舵者，而非划船者"，为其他利益相关者的介入提供可能，并且以更加开放的姿态悦纳他们参与到公共事务治理当中。

《反思教育：向"全球公共利益"的理念转变》强调了教育的人文主义原则，提出了教育和知识应被界定为需要社会集体努力的"共同利益"，超越"公益事业"的产品性和个人收益的观念[15]。学前教育作为一种基本的教育形态，其教育质量的保障也逐渐由过去以政府为主体，向更多的利益相关者参与其中的模式发展。充分尊重各利益主体，采纳多种声音，汇聚各方力量。许多国家正在构建政府、社会、高校、专业团体、家庭、学前这样一个多层次、多领域、多角度的综合学前教育质量保障主体体

系。保障主体呈现出"上下联动、左右联通、彼此尊重、目标指向一致的动态格局"[16]。

爱尔兰政府由教育与科学大臣邀请都柏林理工学院和圣巴特里克大学共同筹建了早期幼儿发展与教育中心（the Center for Early Childhood Development and Education）。这个中心的核心功能就是推出《爱尔兰早期儿童保育》和《教育国家发展质量框架》[17]，确保爱尔兰的幼儿接受的是高质量的幼儿教育。这个中心也推动国家质量咨询，充分尊重各利益相关者的意见和建议，促进每一个利益相关者的参与，尽量做好最佳服务。利益相关者包括来自各个职业和领域的家长、监护人、教师和保育员，包括政策制定者，也包括政策实践者。质量咨询过程通过爱尔兰媒体进行报道，所有文件均有爱尔兰语和英语两个版本。

英国最早由教育和技能部负责英国学前教育的提供与监管。有研究表明，仅由政府来进行监督与管理极大地压制了其他利益相关者的有效参与。经过协商之后，英国政府将学前教育质量标准的制定与监管权置于教育标准办公室。教育标准办公室将测评结果通过报纸和网络及时向社会传达。在外部保障体系构建基本成型后，英国又积极向内部质量保障体系拓展。2012年，英国教育部印发《早期发展标准框架》为托幼机构审视自我质量提供依据，重视托幼机构质量的自我评估，从内部来保障托幼机构的教育质量。2013年10月，教育标准办公室更新了《托幼机构督导评价要求》，同时发布了《托幼机构自我评估表》《托幼机构自我评估表格填写指南》，进一步巩固托幼机构自我评估制度[18]。

新西兰学前教育质量保障最早由教育部领导。但是由于学前教育利益相关者强烈希望参与学前教育质量保障维护自身利益，政府建立了独立的外部评估机构——教育评估办公室（Education Review Office），以构建多元利益相关者保障格局。教育评估办公室在学前教育机构进行自我评估的基础上进行评估并及时通过书面或网络形式发布信息，满足各利益相关主体对学前教育发展的信息需求。教育评估办公室通过召开研讨会、座谈会，围绕学前教育评估与教育部、学前教育机构、高等教育机构和公众进行交流[19]。家长在保障主体中处于专业弱势地位，为了提高其参与的能力，教育部专门开通了网上专栏以供家长专业素养的增加。

多元主体参与唤醒了利益相关者维护自我利益的意识，学前教育质量保障体系吸纳越来越多的利益相关者参与其中。学前教育质量保障应是外部保障和内部保障的有机结合。现实中存在诸多问题，一方面，学前教育质量保障外部主体缺乏沟通协调，政府、专业团体、大众传媒及幼儿家长之间还没有达成利益相关者之间的利益共识，常常是各自为战，未能发挥整体合力。另一方面，也存在学前教育质量保障内部主体缺失的现象。学前内部主体主要是指学前的教职工队伍，由于常常成为被评价、被监控的对象，导致学前教育质量内部保障主体参与质量保障的兴致不高，甚至有抵触情绪，美国有学前教师与相关管理人员等实践者报告"视察者的介入被看作是为了惩罚，而不是提供支持"[20]，加大教师的身心压力，无形中削弱了保障体系的保障效能。

纵观各国主体多元化发展，由于各自的历史文化因素影响，多元化路径还是存在一些差异。西方资本主义国家长期实行市场经济，其公民社会发育相对成熟，第三方机构积极参与社会生活的各个方面。为此，在保障主体多元化的过程当中，第三方机构作为质量监测与质量提升的专业性力量而被广泛纳入到体系中来。反观我国由于长时期处于计划经济时代，政府在社会生活当中发挥着举足轻重的地位，管理着社会生活的各个方面，市场及第三方机构的发展时间比较短，体制机制的建构还不完善，在未来相当长的一段时间内，政府仍然将扮演着十分重要的作用，在发挥多元主体首席角色的同时，完善市场经济建设，以及培育第三方机构的发展。

三、保障功能：质量问责走向质量问责与质量改善相统一

从历史上看，质量的目的看起来是强加上来的责任，改善通常感觉处于遥远的第二位。以往人们通常将质量问责等同于质量保障，这种想法将质量改善排除在质量保障之外，极不利于质量保障体系的完善及其作用的发挥。在仅仅注重质量问责的学前教育质量保障体系之中，处处体现着地位的高低，如政府和专家学者更多地处于一种自上而下的俯视状态。保障过程中仅仅通过相关的标准对学前教育质量进行判断，而后监督其达到标准中规定的状态，政府或专家不提供任何的支持，只是指出不足之处，并进行问责。这对于教师来说承担了巨大的压力，将会增加学前质量保障的阻力。

随着历史步伐的迈进，一大批新思想如雨后春笋一般出现在世人眼前，发展成为一股强烈的思潮，影响到社会的各个方面。质量保障不应该故步自封，规定着质量的达标阈限，忽视质量的未来发展性。环境在改变，研究在推进，质量的内涵在更新，质量保障必须具有发展性的认知，不断与时俱进。新公共服务理论同样为质量保障注入活力，质量保障不要仅仅停留在对新公共管理的认识上，而是需要用新公共服务理论中的服务

性思维重新思考质量保障。学前教育作为一种准公共产品，那么就应该是服务的供给。保障主体不应该仅仅作为监控者的存在，还应该是服务者的存在。在新思潮的冲击下，人们开始反思"质量保障是什么"这一基础性问题。质量保障是质量问责与质量改善的连续统一体，质量问责活动应该总是伴随着质量改善的倾向性，质量改善活动的进行必须以前期质量问责所进行的数量与价值判断为先导，质量问责与质量改善一同构成了质量保障的两种重要保障手段。但是在协同的过程中首先需要进行区别，只有知其异才能发挥其优势，达到互补状态（参见表 2）[21]。只有本着发展性的原则才能够为教育质量的提高和人才的培养提供有力的保障和支持[22]。

表 2　质量问责与质量改善的区别

质量问责	质量改善
教育的过程认识不足	足够重视教育的过程
更多与评估与责任相联系	更多与改善和发展相联系
满足外在的标准	满足内在的标准
从高向低移动	从低向高移动
这是一个总结性的过程	这是一个形成性的过程
定量的特性	定性的特性
关注过去	关注现在与未来
更少的自由（完全根据规则）	更自由（使用灵活与协商的方法）
给管理者巨大的空间	给学者更大的空间

在平等、服务等理念下，质量改善在学前教育质量保障体系中的比重在不断上升，质量保障的延续性不断增强。质量问责并不是质量保障的唯一有效途径和最终目的，质量改善才是质量保障同时所应该追求的手段与理念。质量问责并不是结束，而是开始，只有在质量判断的基础上，针对不足，政府和专家等才能提供必要的支持来促进学前的质量改善。他们不是作为旁观者监视质量改进，而是作为积极的参与者，与学前教育机构一道为质量提升而努力。各主体之间将呈现出平等、团结、合作、和谐的状态，凝聚力量，形成促进质量改善的合力。从 OECD 国家的经验来看，质量监测能实现的目的是多样的，既可以为问责提供必要的信息，也能用于促进机构、教师和儿童的持续发展，还能为公众和科学决策提供信息[23]。

美国俄克拉荷马州于 1998 年创建了第一个"质量评级系统"，其主要功能就是用于幼儿园教育质量评级，评级的结果将会作为学前教育分层补贴的依据，以此来鼓励高质量幼儿园。但是，该系统不能反映幼儿园教育质量改进的需求，于是各州将"质量评级系统"改进为"质量评级与促进系统"。"质量评级与促进系统"更多强调的是政府及专家学者对学前教育机构提供专业、政策、资金及技术的全方位支持与保障，而不仅仅是通过评级定类来加强对学前教育的控制。例如在技术协助方面，针对不同质量等级的学前教育机构及其发展需求，"质量评级与促进系统"提供多元化的技术协助形式：咨询、同行指导与专家指导[24]。根据 QRIS 国家学习网络提供的信息，截止 2017 年 1 月，美国除了密苏里州没有推行 QRIS，阿拉斯加州、夏威夷州在内的七个州正在计划制定 QRIS，阿拉巴马州正在试点之外，其余各州均实施了 QRIS 系统[25]。这足见美国社会对质量提升的重视，随之一大批质量提升项目开始出现。为了积累优质经验，并促进区域间的信息共享，美国中西部教育实验室与衣阿华州质量评级与促进委员会进行合作，开发了一套"质量评级系统发展调查的工具"（"I"in QRIS survey）用以监测改进项目的优劣程度[26]。

英国教育标准办公室在 2013 年发布了《托幼机构自我评估表》《托幼机构自我评估表格填写指南》等文件，旨在深入推进托幼机构自我评估的目的就是提升托幼机构的质量意识并明确其改进方向，使得改进的目标与路径清晰可见。许多校长（园长）都认为督导制度主要是为了问责，而不是为了改进。于是，英国政府进行了相应的调整，"把'学校改进'而不是'公共问责'作为督导评估的主要目的"[27]。我国香港特区政府教育统筹署于 2000－2001 学年针对幼儿园开始实施"质素保证视学"，视学小组进驻幼儿园进行为期三至四天的视学，保证幼儿园的教育质量。视学小组在幼儿园的三四天时间，通过观课，查阅有关行政和教学的文件，与家长及校内成员会谈等方式，从"管理及组织""学与教""校风及给予学生的支援"三个范畴十二个方面评核学校的表现[28]。视学结束后相关结果将会在网站发布，以供社会监督。同时，视学结果将成为对学前教育机构进行奖惩的标准。为克服"质素保证视学"所带有的监控性质，从 2003－2004 学年起，香港政府开始推行"质素评核"。"质素评核"是在核实学校自评结果的同时，以伙伴式的方式协同幼儿园检视学校情况，客观地汇报学校的表现和发展潜力，以促进学校自我完善和持续发展[28]。"质素评核"带有更强的民主气息，政府不是完全去监督、控制学前教育机构，而是加强与学前教育机构的合作，为学前教育质量提升提供专业和行政支持。

四、结论

国际学前教育质量保障体系的构建呈现出三大特征，即高位政府对质量管理的参与，强化质量保障的顶层设计与科学布局；政府、家庭、幼儿园、社会四维联动网络的构建，增强保障的全面性与科学性；质量问责与质量改善的有机结合，推动保障功能的完整性。构建学前教育质量保障体系的国际趋势与我国目前质量保障所存在的三大窠臼具有反向对照作用，对于窠臼的破除具有重要借鉴意义。我国在构建学前教育质量保障体系的过程中需要树立服务意识与多元意识。当然在国际经验的借鉴中，我们需要把握"中国社会生境"。第三方评估在我国才处于起步阶段，现有的资金、政策、制度、意识、社会发育状况还无法有效支持第三方评估机构的独立发展；幼儿园由于专业化程度还不是很高，保障的参与水平受到一定限制；家庭更是在生活压力和专业知识欠缺的双重作用下，参与的意愿不强烈，能力也不足。为此，构建多元平等主体的协同参与面临着诸多挑战。如何培育社会保障主体，提升幼儿园与家庭的专业参与能力，构建具有中国特色的政府领导型的多元主体保障机制，需要进行深入的研究。

注　释

[1] 陶西平. 21 世纪课程议程：背景、内涵与策略 [J]. 比较教育研究，2016 (2)：1—5.

[2] UNESCO. Education 2030：Incheon Declaration Towards inclusive and equitable quality education and lifelong learning for all [EB/OL]. [2018-6-7] https：// reliefweb. int/sites/ reliefweb. int/ files/ resources/FFA _ Complet _ Web—ENG. pdf.

[3] 刘祖云. 当代中国公共行政的伦理审视 [M]. 北京：人民出版社，2006：33.

[4] 陈静漪. 从"村落中的国家"到"悬浮型有益品"：农村义务教育供给机制与政策研究 [M]. 北京：科学出版社，2016：28.

[5] UN. 教科文组织发布全球教育监测报告 强调各国政府对普及优质教育负有责任 [EB/OL]. [2018-3-28] https：//news. un. org/zh/story/2017/10/284562.

[6] 裘指挥，刘焱. 国外学前教育的社会经济效益研究 [J]. 比较教育研究，2011 (6)：1—4.

[7] OECD. Starting Strong Ⅳ：Monitoring Quality in Early Childhood Education and Care [M]. Paris：OECD Publishing，2015：203.

[8] OECD. Starting Strong 2017：Key OECD Indicator on Early Childhood Education and Care [M]. Paris：OECD Publishing，2017：8.

［9］董素芳. 澳大利亚《学前教育及儿童保育国家质量框架》的产生、内容与特点［J］. 学前教育研究，2013（2）：14－20.

［10］吴小平，赵景辉. 加拿大学前教育政策：历史、经验与走向［J］. 外国教育研究，2015（4）：55－65.

［11］Barack Obama's Plan for Lifetime Success through Education.［EB/OL］.［2018-6-3］http：//www. barackobama. com.

［12］赵海利. 美国政府学前教育投入的特点、趋势与启示［J］. 教育研究，2016（5）：141－147.

［13］江若玫，靳云汇. 企业利益相关者理论与实践应用［M］. 北京：北京大学出版社，2009：5.

［14］李维安，王世权. 利益相关者治理理论研究脉络及其进展探析［J］. 外国经济与管理，2007（4）：10－17.

［15］王默，范衍，苑大勇. 全球教育治理走向"共同利益"：论联合国教科文组织《反思教育》报告的人文主义回归［J］. 中国职业技术教育，2016（33）：72－77.

［16］姚伟，许浙川. 构建学前教育质量保障体系理论基础探究［J］. 东北师大学报（哲学社会科学版），2016（4）：186－190.

［17］MARESA DUIGNAN. Talking about Quality：Report of a Consultation Process on Quality in Early Childhood Care and Education in Ireland［J］. Child Care in Practice，2005（2）：211－230.

［18］姚伟，黎诩. 英国托幼机构自我评估制度及其启示［J］. 外国教育研究，2015（1）：72－79.

［19］杨锐. 新西兰学前教育评估研究［D］. 重庆：西南大学，2014：51.

［20］MARGARET KERNAN，MARY O'KANE. Pre-school regulation in Ireland：learning from the past to improve young children's everyday lives in early childhood care and education services［J］. Irish Educational Studies，2006（2）：171－185.

［21］NOHA ELASSY. The concepts of quality，quality assurance and quality enhancement［J］. Quality Assurance in Education，2015（3）：250－261.

［22］樊增广，史万兵. 高校教育质量的内涵演变及监控原则［J］. 东北师大学报（哲学社会科学版），2015（1）：35－39.

［23］刘颖，李晓敏. OECD 国家学前教育质量监测系统分析及其对我国的启示［J］. 学前教育研究，2017（3）：3－14.

［24］刘昆，郭力平，钟晨焰. 美国学前教育质量评级与提升系统：实施现状及面临的挑战［J］. 外国教育研究 2016（5）：110－128.

［25］QRIS National Learning Network. Current Status of QRIS in States［EB/OL］.［2018-3-28］https：//www. qrisnetwork. org/sites/all/files/maps/QRISMap _ 0. pdf.

［26］ANN-MARIE FARIA，LAURA HAWKINSON，IVAN METZGER，NORA BOUACHA，MICHELLE CANTAVE. The "I" in QRIS Survey：Collecting data on quality improvement activities for early childhood education programs ［R］. Regional Educational Laboratory Midwest administered by the American Institutes for Research，2017（2）：1.

［27］褚宏启. 基于学校改进的学校自我评估 ［J］. 教育发展研究，2009，24：41—47.

［28］彭泽平，姚琳. 香港学前教育质量保障体系的构架及其特征分析 ［J］. 学前教育研究，2010（11）：56—60.

［原文《构建学前教育质量保障体系的国际趋势研究》与许浙川合作发表于《东北师大学报（哲学社会科学版）》2019 年第 1 期］

构建多元主体的幼儿园教育质量保障体系

教育质量是教育的生命线。2005 年联合国教科文组织发布的《全民教育全球监控报告 2005：质量诚命》指出："质量是教育的核心，它影响学生学习的内容、学习的效果，以及他们能从教育中得到的益处。"20 世纪 90 年代以来，随着市场经济体制的建立和学前教育改革的不断深化，特别是社会对学前教育的需求不断增加，国家提倡多种力量兴办学前教育，幼儿园数量不断大幅度扩大，幼儿园教育模式多样化，学前教育质量受到社会各方面的关注，形成学前教育质量保障体系也越来越成为迫切解决的问题。

教育质量保障体系是在一定教育质量观念和价值取向引导下，依据质量标准和流程，从内部和外部对相关教育因素加以控制、审核、评估，以保障教育质量的一套理论和实践体系。教育质量保障体系分为外部保障体系和内部保障体系，外部保障体系是指领导、组织、实施、协调教育质量鉴定活动与监督学校内部质量保障活动的组织机构，内部保障体系是由学校或幼儿园为提高教育质量，配合外部保障活动而建立的组织与程序系统。

自上世纪 80 年代以来，高等教育质量保障问题受到很大关注，许多国家和地区逐步建立起高等教育教学质量保障机构。我国对教育质量保障的研究多集中于高等教育领域，尚未建立幼儿园教育质量保障体系，对幼儿园教育质量保障体系的研究也相对较少。

幼儿园教育质量保障主要包括质量保障标准、质量保障主体、质量保障过程等基本要素。在幼儿园教育质量保障体系的构建过程中，明确质量保障主体的职责是核心。只有形成多元主体的保障体系，才能确保幼儿园教育质量的高标准，才能确保教育中的每一个环节都体现教育质量的要求。我国学前教育事业的发展急需建立一个政府、社会、认证机构、幼儿园有机联系，政府宏观管理，幼儿园自我保证，中介评估服务，家庭社会监督的相互协调、互为补充的全方位的质量保障体系。

一、明确政府作为保障主体的职能

我国政府担负着建设社会主义文化的重要职责。促进学前教育事业的改革与发展，建立幼儿园教育质量保障体系，不仅需要政府的支持与指导，更是国家意志在发展学前教育方面的具体体现。

政府作为幼儿园教育质量保障的主体，应该加强宏观调控和监督管理。转变政府职能，建立一个合理、公平、权威的教育质量评估机制，通过政策的控制引导、行政性奖惩手段、综合信息反馈、预警机制的建立等方面工作，保障幼儿园的教育质量。

政府实施构建外部保障体系的具体职能包括：首先，制定相关法律，给予学前教育质量以法律保障。建立完善的规章制度是政府保障学前教育教学活动和管理工作正常运行的必不可少的环节。其次，政府制定幼儿园教育质量标准，从宏观上给予其指导、统筹、协调，有效监督和管理幼儿园教育质量保障工作。第三，制定幼儿园教育质量保障的有关法令法规和政策条例，建立一个完善、公正、权威的幼儿园教育质量保障体系，使幼儿园教育质量保障活动走上规范化、法制化的轨道。

二、明确中介机构作为保障主体的职能

中介机构是教育质量外部保障的重要主体，它以中介性和权威性承担政府或社会委托的监督、检查、评估的职责。美国的教育保障体系中，其教育质量专业认证机构是非官方机构，这种非官方性质使他们容易获得高校的接受，容易吸引职业界人士的参与，也容易公正地履行评估认证的职责。在国外，实施教育专业认证的机构也多是以行业为背景、以行业专家为核心的行业协会或由行业协会发展而来的专业认证机构。行业协会为背景的专业认证，一方面保证了专业认证的专业性和权威性，另一方面专业发展与行业发展紧密结合起来，实现双赢。

中介机构作为评估主体，对幼儿园教育质量进行认证是中介机构的重要职能。国外具体的认证程序主要包括四个阶段：第一阶段是注册，幼教机构要给认证部门提交全部所需资料。第二阶段是自我研究和促进，幼教机构进行自我评价，填写自我研究报告表，形成发展计划。第三阶段是访问确认，认证机构选派访问人员，到幼教机构实地观察和记录。第四阶段是调整与指导，认证机构派指导员到幼教机构进行指导，写出具体的调整和改进计划。

目前我国还未建立幼儿教育质量中介评价机构，教育质量的评价主要

依托于专业研究部门和行政管理部门。我们可以参考国外的教育质量保障体系的构建经验，初步建立幼儿园的专业认证制度。幼儿园要定期接受审查，只有符合要求才可获得认证资格，质量评价工作要注意体现专业认证的专业性和权威性。另外，中介机构依据科学的教育质量观念能对幼儿园质量保障工作提供有权威价值的信息和依据，应尝试建立这类中介组织。

三、明确社会作为保障主体的职能

幼儿园的服务能否满足社会和家庭的需求，应受到各个方面的社会力量如专业机构、社会团体、家长等对其质量进行外部评价监督。作为教育质量外部保障的主体，公众舆论监督发挥着不可忽视的作用。

公众舆论监督主要包括新闻媒体监督和家长监督。新闻媒体通过广播、报刊、电视、网络等媒介，把社会对幼儿园教育领域的热点现象和存在的问题拿到公共平台上，供公众发表意见，敦促幼儿园及相关部门采取相应措施，及时解决问题。作为幼儿监护人的家长有权利对幼儿园教育质量进行监督。家长可以通过了解幼儿园的教育活动内容，参与幼儿园的教育活动，或在家长开放日入园观察了解幼儿园的教育情况，监督幼儿园的园务工作、办园条件的改善、教学活动质量等。家长监督可增强幼儿园工作的透明度，真正发挥社会对教育的监督作用。

四、明确幼儿园作为保障主体的职能

幼儿园教育质量保障体系的建立不应仅仅依靠政府、中介机构、公众舆论等外部保障主体，而应强调内部与外部保障主体相互合作、协调。内部质量保障体系是由教育机构本身为提高教育质量与配合外部保障活动而建立的组织与程序系统。幼儿园是教育质量保障体系中的重要主体，受教育质量保障体系的影响最为直接和深远。

幼儿园的内部保障系统主要依靠幼儿园的管理工作。质量来自于管理，质量的高低取决于管理的优劣程度。幼儿园一方面要建立高效、通畅的管理运行机制，从而加强对质量的管理监控；另一方面要建立有效的质量管理制度，对幼儿园教育工作进行全方位的、制度化的管理。

综上所述，教育质量保障就是相关主体，主要是指政府、社会、教育机构等，通过运用质量管理、质量监督、质量控制、质量审计、质量认证和质量评估等手段所进行的教育质量的持续的促进活动。构建幼儿园教育质量保障体系，取决于各保障主体每一个质量保障的过程中相互协调，发挥合力。

参考文献

［1］洪秀敏，庞丽娟. 学前教育事业发展的制度保障与政府责任［J］. 学前教育研究，2009（1）：3－6.

［2］崔爱林. 澳大利亚幼儿教育质量保障体系的发展、内容与特征［J］. 学前教育研究，2008（7）：60－62.

［3］樊明成，管弦. 我国高等教育质量保障体系形成的特点和问题［J］. 山西财经大学学报，2005（9）：11－14.

［原文《构建多元主体的幼儿园教育质量保障体系》与崔哲、孙洋洋合作发表于《幼教新视野》2010年第3期］

幼儿园教育质量
内部监控存在的问题、原因及对策

一、问题提出

上世纪 90 年代以来，全球掀起了一股加强社会问责、强化教育质量保障的改革浪潮，建立教育质量监控体系成为许多国家和地区提高教育质量的重要措施[1][2]。幼儿园教育质量监控指为保证幼儿身心健康和谐发展，政府、幼儿园和社会有关部门在一定教育价值观的指导下，依据科学指标对幼儿园的教育工作进行调查评估、价值判断、纠正指导、控制调节的过程。幼儿园的内部监控和来自社会的外部监控都是教育质量监控过程中不可欠缺的组成部分。除了保证幼儿园教育质量，实施幼儿园教育质量监控还有助于规范教师的教育行为，引领正确的社会舆论，为更好地制定和实施学前教育政策提供重要依据，满足公民对学前教育质量的知情权[3]。然而，教育质量监控在我国学前教育领域尚未形成规范体系，缺乏相关的政策指导，尤其是以幼儿园作为监控主体的幼儿园教育质量内部监控还存在诸多问题，致使监控工作难以发挥其应有的作用。本研究拟采用质化研究方法，深入幼儿园工作实际，探讨当前幼儿园教育质量内部监控体系存在的问题及其影响因素，并结合我国学前教育发展的实际情况提出改进建议。

二、研究方法

选取某市三所公立幼儿园，对与幼儿园教育质量有密切关联的责任人进行访谈，包括 3 名园长（或业务园长）、8 名普通教师，共计 11 人。研究者制定了具体的访谈提纲，选择结构式与非结构式相结合的访谈方式，在受访者同意的情况下对访谈的全过程录音，并现场笔录访谈情况，每次访谈时间约为 30—40 分钟。访谈提纲主要包括幼儿园基本情况，幼儿园对教育质量监控的认识与态度，幼儿园在教育质量内部监控上的人员安排、指标体系、内容、手段、效果，以及与上级部门外部监控的配合等。其中，幼儿园教育质量的相关维度主要参考了《幼儿学习环境评价量表

（ECERS－R）》中所涉及的评估维度和刘占兰等在《中国幼儿园教育质量评价——十一省市幼儿园教育质量调查》中所提的 7 项指标。访谈结束后，结合幼儿园相关文件分析访谈记录，对幼儿园教育质量内部监控的现状进行概括，并对存在的问题进行分析。

三、研究结果与分析

（一）幼儿园教育质量内部监控存在的问题

1. 监控主体定位不准确

幼儿园教育质量内部监控的监控主体是幼儿园教育质量的相关责任人，也是监控工作的直接参与者和实施者。监控主体的组成、性质和定位直接影响监控工作的具体开展。幼儿园的工作任务之一就是满足幼儿身心发展的需要，因此不论是幼儿园的管理者还是普通教师都是监控的主体。然而，通过访谈发现，各幼儿园在实施教育质量内部监控时对监控主体的定位不够准确，主要表现为普通教师对自身主体地位的不明确和幼儿园管理者对普通教师主体地位的不认可。

在 11 名受访者中，3 人（普通教师）认为幼儿园管理者和普通教师都是监控主体；7 人（3 名园长＋4 名普通教师）认为只有幼儿园管理者才是监控主体；1 人（普通教师）表示不清楚。（见表 3）其中，接受访谈的 3 位园长全都认为教育质量内部监控由幼儿园领导层或骨干教师组成的指导委员会负责，而认为管理者和普通教师都是监控主体的 3 位普通教师均是所在班级的班长，相对于配班教师承担了更多责任。

表 3　关于"幼儿园教育质量内部监控主体"的访谈结果

监控主体	人数	比例	具体描述
幼儿园管理者	7	63.6	园长；领导；教师指导委员会
幼儿园管理者、普通教师	3	27.2	园领导和教师；领导监控全园，教师承上启下；教师既是监控者也是被监控者
其他	1	9.1	不清楚，没有参与

在回答"您所在的幼儿园有没有设置专门的机构或人员进行质量监控"时，有园长表示："监控主要由园里的领导班子来负责，从一把手的园长到分管的园长都按照管理的程序进行。"在回答"您在教育质量监控的过程中承担着怎样的任务"时，接近六成的受访教师认为负责监控的人是"领导"，教师在监控的过程中是被监控的对象，即使参与到监控工作

中也是消极的参与主体，如某教师表示："现在还没有真正实施监控，教师只是起着承上启下的作用，只是一个小的环节，联系孩子和家长，在监控中不是特别重要。"

对监控主体的不准确定位，使幼儿园难以形成一个制度化和系统化的监控团队，普通教师没有意识到自身的主体地位，同时上层管理者与普通教师之间缺乏有效沟通，这种单一化的组织系统必然会影响监控工作的民主化和科学化，使监控工作难以有效实施。

2. 监控指标体系过于笼统

指标是一种具体的、可测量的、行为化的评价准则，是根据可测量或可观察的要求而确定的评价内容，科学合理的指标体系会对监控内容和监控对象产生深远的影响。幼儿园教育质量内部监控的指标体系应该是一个相对概念，即由不同的幼儿园根据各自的监控目标并结合幼儿园现状和自身特色来确定，因此这一监控指标应该是具体的、有针对性的。

受访的三所幼儿园都没有可直接呈现的监控目标和监控指标体系，各园均把本园岗位标准和工作守则作为监控和评价的参考标准。例如某幼儿园一日生活制度和各岗位工作标准主要依据《幼儿园工作规程》，教师工作标准和行为准则参考了《幼儿园教师专业标准（试行）》，课程和活动以《幼儿园教育指导纲要（试行）》中五大领域的目标与内容作为评价指标。还有某省级示范性幼儿园直接将所在省份的《省级示范性幼儿园检查评估标准》作为园内教育质量监控指标。类似的标准虽然保证了监控的方向性和全面性，但内容较为笼统，不易于评估检验和实际操作。如有受访教师表示："不清楚有没有相关的指标，但是国家的纲要、幼儿园的标准，包括工作章程、对教师纪律和道德的要求、幼儿园的理念、个人的标准、家长的要求都可以作为参考。"同时，只对合理的状态进行规定，而没有对不合理、不合格的状态进行描述，缺少细致的等级划分和衡量标准，也使评价所得结果难以分解和量化，如有教师认为"监控指标就是幼儿园的标准，孩子接受和喜欢就是标准"。

另外，本研究发现各幼儿园的岗位质量标准等条例和守则在内容与表述上千篇一律。例如某幼儿园教师岗位职责的前三条为：（1）落实《幼儿园工作规程》和《幼儿园管理条例》及全园工作计划，结合本班幼儿特点和个性差异，制定教育教学工作计划，合理安排幼儿生活并组织实施；（2）积极参加政治、业务学习及保教与科研活动，摸索幼儿教育规律，探索教育方法，提高保教质量；（3）指导并配合保育员做好本班的卫生保健工作，给幼儿创设良好的环境。类似的指标并没有展现不同办园理念的特点，缺乏针对性，在实际工作中难以作为评价工具为监控主体所用。

3. 监控实施有效性不强

监控实施指监控主体运用合理的监控手段依据监控目标对监控对象进行检查、评估、纠正、指导的过程，是教育质量监控工作的主体部分，监控工作成效的高低取决于监控实施水平和质量。虽然各幼儿园都采取了多种手段对教育质量的各要素进行了监控，但仍存在监控内容狭窄、监控手段随意化、监控反馈延时低效等问题，降低了幼儿园教育质量内部监控的有效性。

在监控内容的选择上，幼儿园对具体可见的静态要素较为重视，例如多数受访者都提到了对硬件设施、玩教具材料、师资情况、教案反思、个人总结等内容的监控，但对教学过程中的师幼互动因素、教育环境创设与利用、教师与家长交流互动等动态要素的关注较少，显示出监控内容选择较为狭窄、比重不够合理等弊端。

在监控手段的运用上，检查评估、听课评课、业务考核是幼儿园常用的监控手段，但多数教师甚至幼儿园管理者对于这些手段的具体应用标准和注意事项都不甚了解，导致监控手段的经验化和随意化。例如幼儿园运用听课评课这一手段进行教育质量监控时，受访对象中没人能说出具体的时间、班级和内容上的明确计划，几乎全都是依靠经验、习惯甚至喜好来进行监控。业务考核这一监控手段虽然相对规范，但利用不当的话，可能会给教师造成不必要的压力，反而不利于教师提升个人素质，如某教师表示："应该给予老师足够的发展、发挥的空间，有时老师不敢放开做事情……幼儿园要更加维护教师的权利，在监控的同时提供更多鼓励。"

在监控结果的反馈上，受访幼儿园对这一重要环节都没有表现出明显的关注。例如幼儿园在采用收集教师自我反思笔记的方式对教育行为进行监控时，常见的反馈通常是园长批注的"阅"或是学期末的统一总结。而在回答"您认为幼儿园教育质量内部监控应该包括哪些环节和步骤"时，只有一名受访对象在未经提示的情况下提到了监控结果的反馈，该教师认为"评估和反馈比较重要，因为有的人对自己的错误没有意识，发现问题之后有反馈才能有改正"，但对于如何反馈和如何改进，该教师也说不清楚。这就导致前期所做的检查评估工作和所获得的相关信息不能及时、有效地反馈给监控主体和监控客体，监控工作也就难以达到既定目标。

（二）幼儿园教育质量内部监控存在问题的原因分析

1. 监控主体对教育质量监控的狭隘认识

首先，监控主体多将教育质量监控狭义地理解为"监视""控制""约束"等。例如，很多教师听到"教育质量监控"的第一反应是幼儿园中安装的监控摄像头，认为实施质量监控就是对教师进行约束和控制，如有教师说："监控不就是在每个班安装监控录像吗？我觉得这很有必要，因为能让家长和园领导看到老师每天的工作，看看有没有遵守一日的生活规范，有没有体罚幼儿。"这样的观念可能导致部分教师对监控产生负面印象，认为实施教育质量监控就是上级管理者控制普通教师，是刻板强硬、缺乏人性的工作，进而导致教师监控主体身份不被认同，监控责任分散，监控工作难以真正实施。

其次，幼儿园对于教育质量监控的把握不够全面，将监控的具体形式等同于监控工作，忽视了反馈、调控等环节的重要性，使教育质量监控成为走形式。多数园长和教师都谈到监控的重点集中在"设立目标、监督检查、听课评课、业务考核"等具体问题上，对评价结果的反馈与应用则少有关注。

2. 教育质量监控的外部动力不足

教育质量监控是幼儿园对其质量进行管理的需要，也是上级部门了解和把握学前教育质量的必要途径。当前教育质量外部监控的主要形式是上级教育部门的检查和评估，但这种以评优评级为目的的检查往往缺乏时间上的一贯性和制度上的引导性，没有严格的评估标准和专业的评估人员，过于偏重结果忽视过程，并非真正意义上的质量监控，也就不能产生真正有效的督促和指导作用。

尤其是对于资金和生源都有保障的公立幼儿园来说，在教育质量方面存在的问题相较于私立幼儿园并不突出，外部的检查和监督更是容易沦为形式，教育质量也就难以进一步提高。例如在被问及"您认为幼儿园质量监控还存在哪些问题"时，某园长表示："上次省里来复检'省示范园'的老师觉得我们幼儿园各方面都做得非常好，教学非常好、卫生非常好、管理非常好，总之全是优点，没提出一点毛病。对别的幼儿园人家可能提出了一些问题，但对我们没有。"可见，由于缺少由上而下的指导和园际之间的互动，幼儿园教育质量监控的效果大打折扣。

3. 教育质量监控工作缺乏专业指导

教育质量监控是科学性很强的工作，需要专业人员对影响教育质量的各个因素进行深入研究，并结合不同幼儿园的实际特点，制定出科学合理的监控标准，同时在监控实践过程中给予有针对性的培训和指导。然而，我国并没有幼儿园教育质量监控方面的政策文件和实施要求，在各园实践监控过程中也缺乏个性化的指导和培训，造成了监控的主观性和随意性，影响了监控的科学有效进行。

在缺乏具体规范和要求的情况下，幼儿园难以对监控的实施流程和实施要点进行准确把握，例如各类监控手段的实施要点有哪些，监控所依据的标准是什么，监控的周期应该是多久，监控效果应如何评估。对此，某幼儿园园长提出希望能有专业人士为幼儿园提供更多理论和操作上的指导："幼儿园在摸着石头过河，但是似乎还缺乏可以摸得着的东西，有时会上网去查资料，好像有道理但是又好像不对。现在缺乏一个理论的支持和指导来告诉我们现在监控得可不可以，如果不可以那应该怎样进行。不同的幼儿园需要的支持是不一样的，不同的教师需求也是不一样的。怎么提高监控的力度？奖罚的制度应该怎样制定？这些都需要更专业的人来给我们指导。"

四、改进建议

（一）幼儿园管理者和教师应形成科学的教育质量监控观

幼儿园教育质量监控工作中出现的问题是由多种原因引起的，但究其根本，最关键的还是观念问题，所以要改善幼儿园教育质量内部监控工作，首要的任务就是树立科学全面的教育质量监控观，以先进的理念指导实践。

首先，要明确教育质量监控的意义。幼儿园管理者和教师都应该从更宏观、更积极的视角去理解和诠释质量监控，肯定质量监控对幼儿、教师和幼儿园可能产生的积极影响。其次，应全面了解和认识教育质量监控，树立"三全"的监控观，即教育质量监控的过程中要全员监控、全程监控和全因素监控，以保证教育质量监控的有效性。

（二）应加强外部监控对内部监控的推动力

学前教育质量的保障需要幼儿园内部与社会政府外部共同尽责。只有外部监控体系形成推力，内部监控与外部监控有机结合，才能实现监控效果的最优化。学前教育质量监管部门应当承担国家和地方学前教育质量标准的宣传、推广与实施职责，并与专业学术机构开展深入合作，提高幼儿园等幼教机构的自评能力，确保质量标准能够真正融入到教育实践中[4]。

相关政府教育部门应结合当地实际设定系统化和制度化的监控工作计划，除了常规的检查和评优资格的例行复检，还需要深入幼儿园实践，切实了解不同园所的发展现状与存在的问题，同时制定合理的奖惩制度，对发现的问题提出具有针对性和可操作性的改进建议，并为幼儿园实施教育质量内部监控提供相应的资金、政策、技术指导，以确保监控的科学顺畅实施。在这个过程中，社会舆论也发挥着重要作用。发动社会力量，促使更多人关注幼儿园的教育质量，可以为幼儿园的内部监控提供更多动力，使幼儿园内外形成合力。

（三）应提升教育质量内部监控的专业化水平

为提升当前我国幼儿园教育质量内部监控的专业化水平，首先应形成科学合理的内部监控体系。各幼儿园可以在专业人员的指导下，适当引进和借鉴各类先进经验与模式，结合我国现状和幼儿园发展实际，对当前的监控体系进行调整。幼儿园还可以与专业评估机构或高校合作，以《幼儿园教育指导纲要（试行）》等权威指导文件和评价工具为参考，结合幼儿园发展理念和自身实际情况，形成科学完整具有针对性的监控体系，保证监控内容设置合理，监控手段运用得当。

其次，应提供专业学习机会，提高监控主体的专业素养。幼儿园教师、园长的素质和能力在很大程度上影响着教育质量内部监控实施的效果，只有提高参与监控人员的监控水平，才能确保监控工具的合理使用和监控工作的科学实施。幼儿园要定期开展教育质量监控的学习和培训，向教职工讲解监控工作的相关政策法规、理论基础和实施要点，或者请专业人员对教师和管理人员进行现场指导。同时，还可以运用"头脑风暴"的方法，针对教师在开展质量监控工作时遇到的问题组织讨论，实现幼儿园整体教育质量评价水平的共同提高。

注　释

[1] KAREN M，LA PARO，AMY C，THOMASON，JOANNA K，LOWER，VICTORIA L，KINTNER-DUFFY，DEBORAH J CASSIDY. Examining the Definition and Measurement of Quality in Early Childhood Education：A Review of Studies Using the ECERS-R from 2003 to 2010 [J]. Early Childhood Research & Practice，2012，14（1）.

[2] 李克建，胡碧颖. 国际视野中的托幼机构教育质量评价：兼论我国托幼机构

教育质量评价观的重构 [J]. 比较教育研究，2012（7）：15－19.

[3] 周欣. 建立全国性学前教育质量监测体系的意义与思路 [J]. 学前教育研究，2012（1）：23.

[4] 钱雨. 世界学前教育质量监管体系的发展特点与趋势分析及其对我国的启示 [J]. 学前教育研究，2012（12）：18.

[原文《幼儿园教育质量内部监控存在的问题、原因及对策》与黎诩合作发表于《学前教育研究》2015 年第 2 期]

第四专题

儿童发展为本的学前教育评价体系的改革

　　教育评价是幼儿园教育工作的重要组成部分，是了解教育的适宜性、有效性，调整和改进工作，促进每一个幼儿发展，提高教育质量的必要手段。

　　管理人员、教师、幼儿及其家长均是幼儿园教育评价工作的参与者。评价过程是各方共同参与、相互支持与合作的过程。

　　评价的过程，是教师运用专业知识审视教育实践，发现、分析、研究、解决问题的过程，也是其自我成长的重要途径。

——《幼儿园教育指导纲要（试行）》

当代幼儿发展评价的基本理念

幼儿发展评价是主要依据幼儿教育目标及与此相适应的幼儿发展目标，运用教育评价的理论和方法，对幼儿身心发展的各个方面进行全方位判断的过程。幼儿发展评价是促进幼儿全面发展的重要手段，目的在于及时分析幼儿发展状况，针对每个幼儿的发展需要进行培养，最终促进幼儿的全面发展。当代幼儿发展评价的基本理念体现着"以人为本"的教育思想。

一、幼儿发展评价旨在促进每个幼儿全面发展

（一）幼儿发展评价的目的是促进每个幼儿的发展

《幼儿园教育指导纲要（试行）》（以下简称《纲要》）明确提出："教育评价是幼儿园教育工作的重要组成部分，是了解教育的适宜性、有效性，调整和改进工作，促进每一个幼儿发展，提高教育质量的必要手段。"幼儿发展评价的终极目标并不是让我们知道某个幼儿发展得怎么样，或发展的进程如何，而是让我们能够在了解幼儿发展状况的基础上考虑应该怎样做，并采取措施有针对性地、高效能地促进幼儿个体更好地发展。正如冯晓霞教授所指出，"评价的根本目的在于为发展服务，支持发展，促进发展"[1]。促进每个幼儿发展的评价，其评价实质是为幼儿改进学习提供信息，而非证明幼儿发展层次或筛选评定等功能。教师搜集大量幼儿发展的信息并对所获取的信息进行整理分析，然后采取相应的措施进行调整。如此循环往复，教师不断改善实践行动，提高教育活动的质量，从而达到了通过评价促进幼儿发展的目的。

（二）幼儿发展评价旨在通过评价创造适宜每个幼儿发展的教育

幼儿发展评价的重点不是"选拔适合教育的幼儿"，而是"创造适合幼儿发展的教育"。幼儿的发展存在着一个生长和变化的、普遍的、可预知的顺序，也就是具有一定的阶段性。幼儿发展评价一方面要根据幼儿年

龄阶段的特点来进行，另一方面又必须考虑幼儿之间的个体差异，正确认识幼儿发展的个别差异，只有认识到幼儿是共性和个性的结合体，才能促进幼儿的可持续发展，体现评价的本真价值。《纲要》指出"关注幼儿在活动中的表现和反应，敏感地觉察他们的需要，及时以适当的方式应答"，这体现了评价者要关注幼儿学习中所进行的观察、思考、假设、选择、推理等动态过程，借此了解幼儿的内心世界，研究幼儿的心理发展特质，为寻求下一步适宜的教育策略提供依据。

（三）幼儿发展评价要尊重幼儿的多种表达方式

《纲要》明确提出，"要全面了解幼儿的发展状况，防止片面性，尤其要避免只重知识和技能，忽略情感、社会性和实际能力的倾向"，要"以发展的眼光看待幼儿，既要了解现有水平，更要关注其发展的速度、特点和倾向等"。允许或提倡幼儿把所学的内容纳入自己的认知结构后，能自主选择一种适宜的方式进行展现或表达。比如，在秋游活动后，由幼儿自己决定用一段话、一幅画、一首歌甚至一种表情来表达自己的情绪情感，评价者通过对幼儿的所思所想或幼儿的绘画作品进行分析和思考，对幼儿不同的表达方式给予富有个性倾向特征的评价——能够反映幼儿在活动中的情绪情感、生活经验、思维方式等，注重评价幼儿的创造力、观察力、逻辑思维能力、整合能力等方面的表现。

二、幼儿发展评价的方法多样化

幼儿发展评价的方法逐渐朝着多元化的方向发展[2]。每一种方法都有自己的优势与不足，评价方法的选择是评价实施的一个重要方面。而不同类型的评价会有不同的技术和方法，多种评价方法的运用也比较切合多元智能的评价观，特别是与《纲要》所提出的"应以发展的眼光看待幼儿，既要了解幼儿的现有水平，更要关注其最近发展区"的要求相吻合。马什和威利斯也整理出了多种适用于幼儿发展评价的技术和方法，可以归纳为非正式地观察幼儿行为，用录像或观察等记录幼儿的信息，分析幼儿作品（书画作品、手工作品、个案追踪记录），对幼儿发展进行测试等。

（一）观察法

观察法是了解幼儿自然行为反应的一种方法。《纲要》指出，对幼儿发展状况进行评估时"应在日常活动与教育教学过程中，通过对幼儿的观察、谈话、幼儿作品分析等方式了解幼儿的发展和需要"。教师可以观察幼儿各种行为反应与表现，详细考察幼儿身体发育和动作发展、语言发展、认知发展和社会发展的各个方面，并对幼儿的行为和心理特点做出正确的解释与评价，考察检验教育效果，并有的放矢地提出教育方案。教师如果"离开了敏感的分析和解释，通过观察儿童而获得的信息将只是对观察者所见所闻的一种描述"[3]。

（二）档案袋评价

成长档案袋是幼儿发展评价方式的典型代表，能描绘幼儿的成长经历。这种档案袋评价（portfolio assessment），又叫成长记录袋评价，具有很强的发展性功能。这种评价主要包括系统地收集幼儿在真实情境中表现出的信息（如幼儿的作品、照片、录像、成人对幼儿做的观察记录等），还包括幼儿自评、同伴互评或教师和家长的评语，以此来反映幼儿在一定时期内取得的进步与不足，描绘幼儿的成长历程。在评价过程中，教师不仅对幼儿的作品进行横向的比较，更主要的是把新的作品同幼儿以往的作品进行纵向对比，使幼儿看到自己的进步和发展。另外，家长通过参与档案的收集和评价，可以更加了解自己的孩子，增进家长与孩子之间的交流，从而更加有效地帮助、支持孩子。

（三）谈话法

谈话法是教师和幼儿及了解幼儿生活的人进行语言交流，从对方的语言中获取幼儿发展信息的方法。谈话法能更深入地了解幼儿个体发展信息，可以弥补观察法和作品分析法的不足，丰富已有的材料。由于一些信息是观察法难以收集到的，教师采取谈话方式能更深入地了解幼儿的心理表现，可以多渠道地获取幼儿行为背后的心理特点。

三、幼儿发展评价着眼于真实自然的情境

幼儿发展评价的一个改革方向是强调评价的真实性。评价的真实性指的是评价背景与生活背景的接近程度，即对幼儿的评价或者在实际生活中进行，或者在模拟真实生活的情境中进行。传统评价中那种孤立的问题或测验题目，缺乏与真实生活的联系，幼儿在这种测验中所得的分数，对他们未来在真实生活中的表现很少有预见价值，而真实性的评价从与幼儿息息相关的生活中取材，可自然引发幼儿的兴趣，能促使幼儿尽其所能地表现，达到了解儿童真实发展水平的目的。

（一）幼儿发展评价贴近幼儿的现实生活

幼儿发展评价强调真实记录幼儿的发展，以幼儿生活中发生的真实事件和真实行为作为评价的内容，评价的情景和任务都贴近幼儿的现实生活。幼儿是充满生机与活力的有机体，幼儿的生活充满着无数的变化，幼儿在生活中的事件和行为最能代表幼儿真实的表现。根据具体的行为或作品进行评价，能够从广泛的行为例证中得出关于每个幼儿的有意义的结论，在此基础上收集的关于幼儿及相关背景的信息，可以作为评价者进行下一步干预和指导的根据。幼儿发展评价的情境性强调评价过程是持续的，评价被用来即时监控幼儿的进步，而不仅仅是在每年或每学期结束时进行总结性评价。

（二）幼儿发展评价使一日生活充满教育契机

幼儿发展评价强调在幼儿现实生活的真实情景中对幼儿发展进行评价。这样的评价减少了幼儿之间不恰当的比较，增加了对幼儿真实任务中具体的、可观察行为的评价，对"幼儿知道什么"的评价是从幼儿的"做"中来寻找答案的，每个幼儿的反应都是唯一的，幼儿独特的反应是进一步教育与指导的重要依据。在每天的活动中，处处都会充满着生活内容、教育的契机，对幼儿发展而言，一日生活的各环节都是其成长的途径。来园时和教师、同伴问好，运动中培养穿脱衣服、饮水、擦汗等自理能力，游戏中合作、分享和谦让，自由活动中爱护、整理玩具及交往和自我控制等许多习惯和能力的养成，都渗透在一日活动的各环节中。教师评价的过程也是教育的过程。评价者对幼儿生活情境的描述和把握，对日常观察所获得的具有典型意义的幼儿行为表现和所积累的各种作品等的记录，是评价的重要依据，也是对幼儿成长历程的真实写照。

四、幼儿发展评价参与主体多元化

幼儿发展评价过程是多元主体共同参与的过程。教育家帕雷斯和艾娅斯认为："应该将评价活动的参与者吸收到评价系统及其标准的制定过程中，让学生、家长、教师和教育行政官员一起参与评价政策的制定过程。也只有这样才能保证评价活动的参与者对评价的认同和积极的参与。"[4]《纲要》中也明确提出："管理人员、教师、幼儿以及家长均是幼儿园教育评价工作的参与者，评价过程是各方共同参与、相互支持与合作的过程。"

(一) 专家与教研员、幼儿园管理者成为研究共同体

幼教专家具有较全面而丰富的教学科研等方面的理论知识与实践经验，可以从宏观的角度把握和设计幼儿发展评价的总体框架，呈现幼儿发展的各种潜力与实际发展水平的研究资料，成为幼儿发展评价指标体系创建的主体。幼教专家同教研员、幼儿园管理者形成研究共同体，利用各种渠道获取幼儿发展的信息。在这一过程中，幼教专家应改变以往的唯一评价者的身份，通过和教研员、幼儿园管理者的讨论和合作研究，相互之间建立平等、尊重、互助的"同伴式"协作关系。

(二) 幼儿教师积极主动地成为幼儿发展评价的主体

在幼儿发展评价过程中，幼儿教师不再仅仅是"服从指挥""听从安排"的被动实施操作评价的人，而是拥有话语权的评价者。幼儿教师对幼儿的发展信息了解得最全面，能依据幼儿的发展水平对幼儿发展各项指标做出各层次的价值判断。幼儿教师在与幼教专家的共同商讨中，从"幼儿发展评价为什么评""评什么""怎么评"等问题开始，进一步对幼儿发展评价的价值加以确认，幼儿教师在评价过程中的主体地位得以确认。

(三) 家长和幼儿从评价边缘走向中心

在幼儿发展评价过程中，家长和幼儿也以主体的身份参与其中。家长的信息成为当代幼儿发展评价过程中的重要资源，家长对幼儿各方面情况的了解更真实、全面，通过一些生动的生活案例的列举，家长能为幼儿教师、专家等提供多方面的互补信息。幼儿与同伴间的互动交往行为、幼儿的谈话、幼儿在各种活动中的行为表现、幼儿的作品等，都是幼儿发展评价的主要素材，幼儿对自身的评价也成为当代幼儿发展评价理念中必不可少的一部分。

五、幼儿发展评价成为教师专业发展的有效途径

(一) 幼儿发展评价的过程是教师自我成长的重要途径

教师作为幼儿发展评价的重要主体，其对幼儿发展进行评价的过程能促进自身内在专业素养，如观察能力、分析能力、综合能力的提升。在幼儿发展评价过程中，教师不但敏锐观察幼儿，分析幼儿的行为，还能根据

实际情况及时灵活地调整教育方法和策略，这都提升了教师的观察能力和组织教学等能力。通过对幼儿发展的评价，教师也可以从中审视、发现自己的教学是否有效，是否适合幼儿，这有利于教师在反思中促进专业成长。

（二）幼儿发展评价有助于教师改进教育教学过程

教师在开展幼儿发展评价时，能够掌握和评价全班幼儿在发展过程中的闪光点或点滴进步，能够在课程实施中总揽全局，注意发现教学过程的不当之处，以便及时做出调整，促进幼儿更好地成长。任何课程与教学，无论是预设的还是生成的，在实施过程中都是根据幼儿的现实发展水平不断调整的。即时性的幼儿发展评价过程是调整课程的依据。教师可以根据幼儿的发展情况分析班级教育目标是否恰当，即是否符合本班幼儿的发展水平；也可以了解课程内容、方法及手段的选择是否适宜；还可以了解为个别幼儿所确定的目标是否恰当，个别教育的方法、途径是否有效。这种分析过程，实际上就是教师教学反思改进教学的过程。因此，幼儿发展评价是教师把握幼儿的发展状况，反思自己的教育行为，进行新的教育教学的开端。

（三）幼儿发展评价过程能促进教师更好地进行家园合作

通过评价，教师可以清晰地发现每个幼儿哪些方面的发展达到了预期目标要求，而哪些方面的发展还存在明显的问题，需要进一步指导和帮助。教师可以把信息反馈给家长，让家长全面了解幼儿的发展情况。教师对每个幼儿发展进行的评价，可以为家长了解自己的孩子提供重要的参考，使家长迅速掌握孩子发展的大量信息，而且，家长在了解孩子的进步和不足的同时，也能了解到幼儿园教育的目标和内容。这样，在教育孩子的过程中，家长会更有针对性，在配合教师教育孩子时也必然会更为主动。

注　释

[1] 冯晓霞. 多元智能理论与幼儿园教育评价改革：发展性教育评价理念 [J]. 学前教育研究，2003（9）：5—7.

[2] 教育部基础教育司.《幼儿园教育指导纲要（试行）》解读 [M]. 南京：江苏教育出版社，2002：38.

［3］SHEILA RIDDALL-LEECH. 观察：走进儿童的世界［M］. 潘月娟，王艳云，译. 北京：北京师范大学出版社，2008：2.

［4］ELLEN WEBER. 有效的学生评价［M］. 国家基础教育课程改革"促进教师发展与学生成长的评价研究"项目组，译. 北京：中国轻工业出版社，2003：36.

［原文《当代幼儿发展评价的基本理念》与于冬青合作发表于《学前教育研究》2010 年第 10 期］

科学有效的教育评价
是提高幼儿园教育质量的关键

美国著名质量管理专家朱兰博士曾断言：如果说 20 世纪是"生产率的世纪"，那么 21 世纪是"质量的世纪"。提高教育质量成为世界高等教育的共同主题。开展质量评价是教育改革与发展的重要行动。2005 年联合国教科文组织发布的《全民教育全球监控报告 2005：质量诚命》中的第一句就是"质量是教育的核心，它影响学生学习的内容、学习的效果及他们能从教育中得到的益处"。20 世纪 80 年代以来，世界许多国家和地区开始关注教育质量的理论与实践问题，关于教育质量评价的研究更是呈上升趋势。我国随着教育改革的不断深入，教育质量评价研究越来越成为热点问题，教育质量是教育的生命线逐渐成为共识。

20 世纪 90 年代以来，随着我国市场经济体制的逐步建立和学前教育改革的不断深化，特别是社会对学前教育的需求不断增加，提倡多种力量兴办学前教育，幼儿园数量不断大幅度增加，幼儿园教育模式多样化，学前教育质量越来越受到社会各方面的关注，什么是优质的幼儿园教育成为学前教育理论与实践研究必须回答的问题。在现实中，由于没有科学、有效的幼儿园教育质量评价标准，有些由教育行政部门进行的幼儿园教育质量评价流于形式，甚至起着错误的导向作用，例如，过分关注幼儿园的硬件设施，而忽视对幼儿园办园指导思想和教师教育教学质量的评价等。分析学前教育质量评价的现实，确立正确的教育质量评价观，推进和提高学前教育质量是本研究的根本目的。

学前教育发展需要数量和规模，但这只是学前教育发展的一个阶段性特点。幼儿园教育要实现为儿童终身的可持续发展奠定基础的任务，必须依靠教育质量的不断提高。若长期不讲教育质量，或受错误的质量标准误导，其后果不仅是教育资源和人才的浪费，更严重的将是人才质量的下降，以及学前教育事业的整体发展受损。

联合国教科文组织认为，教育质量是从广义角度来说的教育标准，即学习标准的同义词。学习标准既包括要达到的学习标准，即"人们为了生存下去，为充分发展自己的能力，为有尊严地生活和工作，为充分参与发展，为改善自己的生活质量，为做出有见识的决策和为继续学习所需要的基本学习手段和基本学习内容（如知识、技能、价值观念和态度）"，也包括教育计划的全部特点，如"班级规模、教师的资格、所需要的课本、校舍的状况等与此标准相关的各个方面"。一般来说，教育质量包括两个方面，一是教育对象的发展水平或状态质量，二是教育工作水平或状态的质量。教育对象发展的质量主要是指在教育过程中，学生身心发展状态所达到的特定的教育标准或规格程度，这是教育质量的核心；教育工作质量主要是指教育设施、办学条件、教育管理制度与管理水平等工作的质量，这是儿童身心健康成长的保证条件。

评价是保障质量的重要手段，从质量评价的角度出发，为我国幼儿园教育质量评价探索一条有效的途径，无论在理论还是在实践价值方面，都具有积极的作用。理论上，构建幼儿园教育质量评价体系可丰富与发展幼儿园教育评价的理论；实践上，建立起科学、高效的幼儿园教育质量评价体系，对幼儿园教育真正发挥为培养适应时代需要具有较高创新精神和较强创新能力的人才奠定基础的作用有十分重要的实践指导价值。

［原文《科学有效的教育评价是提高幼儿园教育质量的关键》发表于《幼教新视野》2008 年第 9 期。收录于本书时有改编］

多元智能理论的评价观
及其对我国幼儿发展评价的启示

20 世纪 80 年代，美国著名的发展心理学家加德纳提出了一个全新的理论——多元智能理论。该理论在当前美国教育改革的理论和实践中产生了广泛而积极的影响，并且已经成为许多西方国家 20 世纪 90 年代以来教育改革的重要指导思想。多元智能理论，尤其是其评价观体现了当代最新的教育和评价理念，对我国当代幼儿发展评价有重要的启示意义。

一、评价以帮助幼儿发展为主要目的

通过评价来更好地促进幼儿发展，是当代教育评价的出发点和归宿。加德纳在表达自己对学校教育的理解时认为，学校教育的宗旨应该是开发多种智能并帮助学生发现适合其智能特点的职业和业余爱好。由此出发，加德纳指出："我将评估定义为，获得个体技能和潜力等信息的过程。它可以达到两个目的，一是帮助学生，为该个体提供有益的反馈；二是为该个体周围的社区提供有用的资料。"以帮助学生发展为评价目的的多元智能理论来反思我国已有的评价体系，可以发现，在我们对幼儿的传统评价中，过分强调评价的甄别和选拔功能，而忽视评价的发展功能，因而评价者往往花大量的时间来对幼儿进行排序，评定等级，贴"标签"等，"选拔适合教育的幼儿"，而不是为幼儿的发展服务，不是"创造适合幼儿的教育"。其直接危害是使大多数幼儿成为失败者，他们的自尊心和自信心受到严重挫伤，其内在的潜能得不到发掘，发展受到阻碍，甚至对幼儿的一生产生消极的影响。因此，我们要改变传统的评价目的观，吸收多元智能评价的目的观，即评价必须始终围绕促进幼儿发展这个目的进行。

（一）通过评价，识别幼儿的强项和弱项，了解幼儿

帮助幼儿的前提是了解幼儿。多元智能理论的评价观认为，评价要帮助识别幼儿的智能强项和弱项，进而在充分肯定其智能强项的基础上，针对其智能弱项，采取有效的补救措施，扬长补短，达到促进幼儿发展的目

的。多元智能理论的《多彩光谱》所采用的方案是，在教室设置大量能启发幼儿运用多种智能（包括语言、数学、运动、音乐、科学、社会理解能力和视觉艺术等）的材料，并在每个领域都设计特别的游戏或活动，以更准确地确定幼儿在该领域的智能程度。幼儿在这样丰富的环境里学习，有充分的机会探索各个学习领域。在一个较长的时间内，教师充分观察和记录幼儿在活动中的情况，逐渐发现幼儿的兴趣和才能，识别幼儿的智能强项和弱项。在我国，教师要在幼儿园的日常生活中了解幼儿，应主要学会运用观察的手段，关注每一个幼儿的智能倾向，包括观察幼儿在各种教育活动中愿意做什么，不愿意做什么；观察幼儿在各种非正规的活动中的兴趣和活动及其交往水平；观察幼儿与同伴交谈和讨论问题的情况；收集幼儿的绘画和手工作品；访问幼儿家长；与幼儿交谈，等等。通过长期的观察和了解，教师就可以掌握幼儿的个性特点，因人而异进行教育。

（二）评价应关注并赞扬幼儿的智能强项，以增强幼儿的自信心

与评价是为了帮助幼儿发展这一目的相一致，评价应关注并赞扬幼儿的智能强项，并以此为切入点，相应地给幼儿提供适当的学习经验和表现机会。关注幼儿的智能强项可使幼儿获得成功体验，感受到自己是有能力的，从而帮助他们树立自尊心和自信心。同时，多种多样的评价活动，也给幼儿提供了展示自我、表现自我的平台和机会，使每个幼儿的潜能得到充分发挥，更重要的是它激发了幼儿的主体精神，为幼儿的可持续发展奠定了基础。关注并赞扬幼儿的智能强项的方法有很多，如直接表扬，即在教学活动和日常生活中，当教师发现幼儿表现出智能优势时，应及时地给予表扬。给幼儿提供充分表现强项智能的机会，如幼儿的音乐智能较强，教师可让其在音乐活动中带领其他儿童唱歌，或让他担任指挥等。

（三）以幼儿的智能强项带动智能弱项，促进幼儿全面发展

识别出幼儿的智能强项和智能弱项并不是评价的最终目的，教师应在此基础上引导幼儿利用优势领域的经验来进行其他领域的学习，并以优势领域智能带动弱势领域智能发展，促进幼儿全面和谐地发展。

二、评价内容和评价标准的多元化

加德纳至今已提出了九种智能，包括语言智能、数理逻辑智能、音乐智能、空间智能、身体运动智能、人际关系智能、自我认识智能、自然观察智能和存在智能。加德纳的多元智能理论包含以下主要观点：以上九种智能是相对独立的，各自有着不同的发展规律并使用不同的符号系统；各种相对独立的智能以不同的方式和程度有机地结合在一起，使得每个人的智能结构各具特点；同一种智能在每个个体身上的表现形式也是不一样的；每一种智能在人类认识世界和改造世界的过程中都发挥着独特的作用，而且具有同等的重要性；每个人与生俱来就在某种程度上拥有九种以上智能的潜能环境和教育对这些智能的开发和培育有重要作用。多元智能理论的评价观承认智能结构的多元化，为评价的多元化提供了理论基础。我国传统的对幼儿的评价，内容往往单一、片面，重语言智能和数理逻辑智能，轻情感态度和能力；评价标准也存在单一化的缺陷，重统一要求，忽视个别差异。单一的评价内容和单一的评价标准不利于培养未来社会所需的多方面的人才，多元化的评价有利于培养幼儿丰富的个性和创造性，有利于促进幼儿富有个性地全面发展。

（一）将多方面内容纳入评价范围，实现评价内容的多样化

评价内容是指评价活动所关注的评价对象的某些具体方面或要素，确定评价内容是评价活动的一项核心方面，对促进幼儿发展具有重要作用。幼儿发展的表现是多方面的，社会所需的人才也是多样的，因此对幼儿发展评价的内容必须多样化。

1. 把多种智能毫无偏见地纳入评价内容，使其处于同等重要的地位

加德纳的九种智能中，每种智能都包含有次级智能。如前所述，九种智能在人的智能结构中都占有重要的位置，处于同等重要的地位，在人们日常生活中发挥着自己独特的作用。事实上几乎任何文化背景的人，都需要运用多种智能的组合来解决问题。例如，拉小提琴并非仅靠音乐智能就能完成，还需要身体运动的高难度技巧、人际关系智能，以及自我认识智能等。因此，任何一种智能对于解决问题、创造产品都是有价值的。借鉴多元智能理论的评价观，我们在确定评价内容时要充分认识到多种智能在人的智能结构中的同等重要地位，以及在个体未来社会生活中的独特作用，从而毫无偏见地把它们都纳入评价的内容之中。

2. 把能力、情感态度和知识纳入评价内容，突出对解决问题的实际能力的评价

加德纳在《多元智能》一书中对智能的定义，突出强调了解决问题和制造产品的能力。他还指出："我们所欣赏的评估方法，将跨越物质条件的限制，最终找到解决问题和制造产品的能力。"由此我们可以看出，多元智能理论特别重视能力的培养，把解决问题的能力作为评价内容的一个重要方面。另外，在"光谱方案"中还有一个关于情感态度的评价维度，即幼儿在不同领域的工作风格，如幼儿的兴趣、自信心水平、坚持性水平及对细节的关注程度等，这些在幼儿的学习和日常生活中起重要作用。而我们传统的对幼儿的评价，其内容以幼儿识记和再现的清晰度和准确性为主，忽视了对幼儿获得知识过程中的情感态度与价值观的评价。

借鉴和吸收多元智能的评价观，对幼儿发展评价要把能力、情感态度纳入评价内容。首先，强调对幼儿在实际活动和生活情境中解决问题的能力的评价。其次，把情感态度作为一项评价内容，如学习的兴趣是否浓厚，是否乐于探索，能否大胆想象，是否乐于合作和交流等。再次，在对知识进行评价时，也要评价幼儿运用知识的意识和能力。总之，对幼儿发展的评价应是全面的。

（二）改变传统单一的评价标准，实现评价标准的多元化

评价标准指确定评价对象的某些方面或要素发生变化程度的尺度。评价标准制定得是否合理、是否具有弹性，直接关系到评价的有效性和科学性。加德纳认为，每个人的智能有独特的表现形式，每一种智能也有多种表现形式，因而不存在适合于任何人的统一的评价标准。因此，设计出多元的、弹性的评估标准，是多元智能评价观的必然选择。我们传统的评价往往把幼儿置于一个预先确定的标准和常模下，将幼儿多样的个性和多彩的表现强行纳入成人预测和控制的框架之中，以一元化的评价标准对幼儿进行等级评定，忽视了幼儿的个体差异及个性的丰富性、复杂性，不利于促进幼儿富有个性的发展。因此，我们要抛弃这种一元化的评价标准，制定多元化的评价标准。

1. 变革传统的聪明观，扩大幼儿聪明的标准

我们必须认识到智能是多方面的，智能的表现形式是多种多样的，因而幼儿聪明的标准也应该是多样的。应该把幼儿聪明的标准扩大到九种智能领域，而不仅仅把语言智能和数理逻辑智能强的孩子视为聪明的孩子。因此，教师要认识到每种智能在未来的社会生活中都能发挥独特的作用，而且要认识到每个幼儿都有各自的智能强项，因此应该说每个孩子都是聪明的，只是他们聪明的领域和程度有差异。只有这样才能在评价中找回大部分幼儿的自信，使他们在自信中获得进步，在进步中得到更大的发展。

2. 尊重幼儿的个别差异，制定个性化且适合的评价标准

由于遗传和环境的交互作用，每个幼儿都是具有独特个性的个体，他们有不同的心理倾向、智能特点、兴趣爱好和学习风格等，因此，对幼儿发展的评价必须以幼儿的个性特点为依据，制定出个性化的、多样的评价标准。多元智能理论为幼儿发展评价的多种标准提供了理论依据，多元智能理论认为，智能上的差异决定了个体看问题的方法和解决问题的方式的不同，对同一个问题，有着不同智能强项的幼儿的看法或解决问题的方式可能是不一样的，尊重幼儿差异的评价除了制定个性化、多样化的评价标准，还要制定出适合的评价标准。维果茨基的"最近发展区理论"认为，每个人的智力发展至少有两种发展水平，第一种是现有的发展水平，第二种是在有指导的情况下，借别人的帮助所能达到的解决问题的水平。我们在对幼儿进行评价时要注意在幼儿发展的现实性和可能性之间制定出适合的标准，以评价每一位幼儿是否在各自原有的基础上有所发展，这也是评价标准多元化的体现。例如，一个幼儿音乐智能比较弱，那么我们在对该幼儿制定评价标准时，就应该以基本会唱出歌曲，能初步感受音乐的节奏为标准，而不能要求幼儿和谐地唱出歌曲，节奏感强等，这种适合的评价标准既符合现代教育所倡导的纵向评价的要求，又尊重了幼儿的个别差异，发展了幼儿的成就感和自我满足感。

三、评价是情境化的，评价成为幼儿日常学习情境的一部分

加德纳多元智能理论评价观的一个显著特点是强调情境化评估。加德纳在《多元智能》一书中指出："评估应该成为自然的学习情境的一部分，而不是在一年学习时间的剩余部分中强制外加的内容。评估应该在个体参与学习的情境中轻松地进行。"当评估渐渐成为学校景观的一部分，就不需要再将它从其他的教室活动中分离出来，就像在良好的师徒制中一样，教师和学生无时无刻不在评估，因为评估是无所不在的，所以也不需要为评估而教。情境化评估是根据智能的情境化提出的，多元智能理论认为人类的生活与其所处的文化背景有密切的联系，单一智能和多种智能都是一定文化背景中学习机会和生理特征相互作用的产物，因此，要真实地反映幼儿发展的状况就要在真实的情境中进行评价。

（一）将评价贯穿于幼儿日常生活之中，实现评价过程的生活化

情境化评估意味着评价应该在实际生活或类似实际生活的情境中进行。加德纳在多元智能中把智能定义为"在特定的文化和社会环境中，解决问题和制造产品的能力"，评价要为培养这种能力服务，要真实准确地反映这种能力，就必须在实际生活或类似实际生活的情境中进行。借鉴加德纳多元智能的评估观将评价贯穿于幼儿日常生活之中，一方面，要在实际生活情境中对幼儿进行评价，另一方面，在幼儿自然而真实的生活中通过观察进行评价，当然这要求更多地发挥多个评价主体的作用，家长要观察记录幼儿在家庭和社区的活动情况，并及时和教师交流和沟通，教师则应该从传统的评价观中走出来，增强评价意识，在日常生活中随时随地地对幼儿进行观察、记录和评价。在幼儿园日常生活中，幼儿同伴之间的交往是幼儿互相了解的重要方式，因此幼儿同伴在幼儿评价中也应发挥作用；幼儿自身的反思和评价，对幼儿自身的发展和评价都能起到一定的作用。

（二）将评价贯穿于教学活动之中，实现教学与评价的一体化

关注过程，关注幼儿发展进步的评价，使评价与教学融为一体，充分体现了评价帮助幼儿发展的目的。多元智能理论的评价观认为教学和评价是"一体两面"的，评价要与实际的教学情境结合在一起。这样一种情境化的评价，使教师在教学过程中不会花太多的时间来进行测验，而只是把测验看作教学过程中的一个组成部分，学生也不再把考试看作可怕的"审判日"。评价贯穿于教学活动之中，实现教学和评价的一体化就意味着教学活动的过程就是评价的过程，教学和评价是处于统一体之中的，这就要求我们建立在学中评的评价机制。首先，要建立全过程评价机制，即在教学活动中要随时随地对幼儿进行评价，使评价在一种无意识的状态下进行，成为自然的学习环节中的一个再平常不过的组成部分，而不至于成为教师和幼儿的负担。其次，建立过程评价和结果评价相结合的制度，在评价幼儿发展时把评价过程和评价结果结合起来，而不能单凭某一结果去做判断。传统的对幼儿评价的严重弊端之一就是评价与教学分离，因而评价不能反映幼儿实际解决问题的能力，不能反映幼儿在教学活动中表现出来的情感态度和价值观等。在对幼儿的评价中，要更多地关注过程评价，关注幼儿在活动中的表现和成长进步。例如，在幼儿的制作活动中，应该在幼儿制作的全过程中随时随地对幼儿进行评价，把幼儿在制作过程中表现出来的兴趣、动机、努力程度都纳入评价之中，把幼儿制作的初级作品的评价与最终作品的评价结合起来。

　　尽管多元智能理论的价值与内容适用性的讨论还在继续，但多元智能理论的评价观对我国幼儿发展评价是具有重要的启示意义的。本文对传统评价观进行反思，不是对传统评价的简单否定，而是一种扬弃，是在此基础上努力进行创新。对幼儿发展进行科学的、有效的评价有待于广大幼教工作者的共同的、长期的努力。

参考文献

　　[1] 加德纳. 多元智能 [M]. 北京：新华出版社，1999：180.

　　[2] 张晓峰. 对传统教育评价的变革：基于多元智能理论的教育评价 [J]. 教育科学研究，2002（4）：28—30.

　　[3] 周卫勇. 走向发展性课程评价 [M]. 北京：北京大学出版社，2002.

　　[4] 励雯琪. 在素质教育观念下对幼儿发展评价的再定位 [J]. 学前教育研究，2001（5）：17—18.

　　[5] 欧阳艳，唐凯欣. 评价的新视野：自我接受评价 [J]. 教育探索，2003（2）：57—58.

　　[6] 龚孝华. 多元智能：对教育评估科学性研究的影响 [J]. 教育科学，2002（5）：20—22.

　　[7] 杨丽. 多元智能理论对学生评价的启示 [J]. 教育探索，2002（13）：48—49.

　　[原文《多元智能理论的评价观及其对我国幼儿发展评价的启示》与华道金合作发表于《外国教育研究》2004 年第 9 期]

幼儿探究性学习活动的发展性评价

转变幼儿的学习方式是当前幼儿园教育改革的重要内容。评价作为幼儿教育从理论到实践、从观念到行为转化的一座桥梁，在探究性学习活动中发挥着重要的导向作用。探究性学习活动的评价强调发展性评价，以评价促进教师和幼儿的共同发展。

一、以促进幼儿富有个性的全面发展为探究性学习活动的评价目标

现代教育评价的理念强调评价的目的不是为评价而评价，而是为发展而评价。幼儿探究性学习活动的评价顺应了社会对教育的要求，强调评价以促进幼儿的全面发展为目标，评价的意义在于引导和促进幼儿的学习与发展。

在"幼儿探究性学习活动理论与实践"的课题研究中，评价主要表现在幼儿发展性评价和教育活动质量评价两方面。我们研究形成的幼儿发展性评价指标体系主要包括三方面：幼儿情感态度的发展、探究性学习的技能与方法的发展和知识经验的累积。情感和态度方面的具体评价指标有：对探究活动是否有积极的情感体验，是否乐于通过探究主动去解决问题，是否产生新的探究兴趣和探索欲望等；在探究性学习的方法技能方面，评价的具体内容包括：是否学会多种感官参与探究，是否能用多种方法表达和交流探究结果，是否愿意与父母和同伴交流等；在知识经验的积累方面，更强调幼儿"在感兴趣的某一方面，积累了较多的知识和经验"。

对教育活动的评价是幼儿园教育工作中最为普遍的一种评价活动，是诊断教育活动中存在的问题、检查改进教育教学工作、提高教育质量的重要手段。对探究性学习活动质量的评价从教育目标、教育内容、教育方法和教育效果等几个方面来进行，以促进幼儿的全面发展为指向。

探究性学习追求每个幼儿富有个性的发展，重视幼儿的学习过程，重视探究技能与方法的运用，重视幼儿亲身参与探索性活动而获得的感悟和

体验，重视幼儿的交流与表达。

二、探究性学习活动评价主体的多元化

探究性学习活动的评价强调评价主体的多元化，幼儿园的管理人员、同行教师、幼儿、家长及教师本人共同参与评价。评价主体的多元化，一方面，可以从多个方面、多个角度出发对儿童发展及教育活动进行更全面、客观的评价；另一方面，教师由原来的评价对象成为评价的主体，处于一种主动的积极参与状态，这十分有利于教师反思自己的教育工作，自觉进行自我调控、自我修正、自我完善，进而提高教育的质量和效率。

在探究性学习活动中，教师主要通过自我反思不断进行自我评价。教师在每个探究性主题活动或教育活动结束后进行自我反思。教师反思的内容主要包括：教育目标的达成程度，幼儿发展的主要表现；活动中自己感到满意和不满意的部分及原因分析；活动中对个别幼儿的关注；活动中所发现的幼儿新的相关兴趣，以及如何满足幼儿兴趣的相关计划，等等。如一位教师开展了"拔萝卜"探究性学习活动后，进行了如下反思：

活动中幼儿较好地达到了预期教育目标。通过本次活动，幼儿体验到了合作的快乐。幼儿在表演拔萝卜时，开始是老公公一个人，接着人数一个一个增加，力量也在一点点地增强，最后，六个人一起拔萝卜，才把萝卜拔出来。幼儿的语言能力也得到了一定的提高，如表演过程中不同人物间的不同对话，复述故事时语言的组织与修饰等。

活动中我最满意的部分是幼儿根据录音带进行的故事表演。通过我的引导与鼓励，幼儿对故事中每一个人物都进行了大胆的模仿表演。我深深感到教师在指导的过程中，不要过多地去教导幼儿，而应当用恰当的语言去引导、鼓励幼儿大胆尝试。我最不满意的是，有三四名幼儿表演时有一些拘束，原因可能在于我的引导还不够到位，没有调动起幼儿的积极性，或者可能是这几个孩子的表演意识和技能需要加强，今后我要在这方面继续努力、加强。

在活动中，涵涵小朋友在语言能力方面有很大的提高，她在复述故事时，语调不时地变换，而且还加入了一些自己的想法，在故事的最后还创编了一些内容。涵涵的这些表现，我想原因在于教师的教育技巧，如果我一开始讲完故事就让幼儿进行复述，我觉得不会有这么好的效果，涵涵讲故事时更不会加入表情和创编。还有茵茵小朋友很投入的表演，她本是一个很内向的孩子，不太喜欢和小朋友一起玩，可今天截然不同，她大胆地

尝试了每一个角色，我很高兴。我想，今天她有这样的表现，可能与我运用了恰当的语言进行引导与鼓励有关系，因为从幼儿的心理角度来讲，教师的一个鼓励，一次肯定，会影响到幼儿在整个活动中的表现。

在探究性学习活动的评价中，教师自评过程成为教师运用专业知识审视教育行为，发现、分析、研究、解决教育活动中的问题的过程，也是教师自我成长的过程。教师通过评价自己的教育实践、教育行为及教育效果，能够不断更新教育观念，提高教育能力和水平。

在探究性学习活动的评价中，家长是评价的重要参与者。通过家长反馈信、家长座谈会、家长开放日、家长问卷调查等形式，引导家长参与到儿童发展的评价之中。家长参与评价，不仅使家长对幼儿的学习与发展有更多的了解，也使家长不断看到孩子的进步，形成以发展的眼光看待孩子的观念，更好地尽到父母的教育责任。

一个小朋友的妈妈在给幼儿园的反馈信中写道：

作为一个母亲，我有许多不称职的地方，由于工作的关系，在孩子一个多月时我就将孩子交给了保姆照顾，这造成孩子孤独内向、不善与人交流的性格。他与其他孩子的距离越来越远，总是一个人躲在角落里，为此我很着急，却无计可施。当老师发现了他的弱点后，主动与我联系，探讨如何共同努力使他融入集体之中。经过一段时间的努力，孩子有了很大的进步，尤其是通过关于食品的系列活动，孩子变得愿意说话了，喜欢问问题了。在家长观摩课上，我看到老师教小朋友做饼干糖果沙拉，他不但做得非常好，还主动送给小班的小朋友品尝。看到孩子开始活泼、开朗，我心里别提有多高兴了，感谢各位老师对我儿子的帮助和教育。

对教师而言，家长参与评价丰富了评价信息，有助于教师对每一个孩子的个性化了解，为制定课程方案、创设教育环境、进行个性化教育提供了依据，同时改善了家园共育的效果。

在探究性学习活动评价中，幼儿既是评价的对象又是评价的主体。在日常教育活动中，教师采用自然的谈话方式与幼儿面对面交谈，引导幼儿表达自己对活动的真实想法、感受和体验。如在主题探究活动结束后，教师与幼儿一起商量把哪个绘画作品放在他的档案袋里。在探究性学习活动的展示、交流的环节，教师鼓励幼儿与其他小朋友交流，鼓励他们讲述自己的作品，同时欣赏与评价同伴的作品，并说出自己喜欢某一作品的理由，表达自己的感受。通过互相介绍和展示自己的作品，幼儿可以体会到彼此的不同，这既是幼儿在进行自我评价，同时，幼儿评价中的表现也是教师评价信息的重要来源。

三、探究性学习活动评价方式的多样化

探究性学习活动强调评价方式多样化，尤其注重把质性评价与量性评价、形成性评价与终结性评价相结合。强调通过教师在集体活动、日常生活中对幼儿的发展情况和参与活动状况进行跟踪记录与评价，随时给幼儿提出建议，并调整自己的教育教学内容与方法，有针对性地进行教育。

幼儿探究性学习的成果是多元的，因此也需要用多样的方式去评价。在探究性学习活动的评价中，强调质性评价与量性评价相结合。单纯以量化的方式进行评价不足以反映幼儿多方面的发展和活动过程的丰富性。探究性学习活动的评价重视真实记录幼儿的学习与成长历程，关注幼儿的学习过程。档案袋评定作为一种典型的质性评价方法，被广泛运用在探究性学习的评价之中。

在以"彩色的世界"为主题的探究性学习活动中，一个小朋友的成长记录袋中收集了如下内容：小朋友的个人资料和照片；小朋友行为发展评价表；小朋友的妈妈给教师的一封反馈信；教师对小朋友在这个主题中表现的评价；小朋友的绘画作品、剪纸作品、染纸作品，并附有教师的观察与解读；小朋友进行橡皮泥制作时的照片，并附有教师的观察记录。

档案袋评价不仅生动展示了幼儿的学习过程，也提高了教师观察幼儿行为和评价幼儿发展的意识，有效促进了教师关注幼儿需要，设计适宜教育活动的能力。

在探究性学习活动的评价中，强调将形成性评价与总结性评价相结合。形成性评价使教师通过对教育活动和日常生活的评价不断获取的反馈信息，可以发现在目标确定、教学方法、教学组织、手段使用等各个方面的长处和不足，从而有针对性地改进教学工作。教师一般在一个主题活动结束后，或者一个月的领域活动结束后，进行阶段性的总结性评价，在一个学期结束时进行总结性评价，并及时把评价信息反馈给家长，或者给下一个学期的新教师，作为下一阶段教育教学活动安排的重要依据。

［原文《幼儿探究性学习活动的发展性评价》与张婷、谭梅合作发表于《学前教育研究》2006年第3期。收录于本书时有改编］

幼儿档案评价的有效性研究

一、问题缘起

"有效教学"伴随 20 世纪上半叶以来西方教学科学化运动的兴起，逐渐成为教学领域研究的热点问题。如今有效教学的理念已经遍及各学科各年龄段教育教学的方方面面。"有效教学"是师生遵循教学获得的客观规律，以最佳的效益和效率促进学生在知识与技能、过程与方法、情感态度与价值观"三维目标"上获得整合、协调、可持续的进步和发展，从而有效地实现预期的教学目标，满足社会和个人的教育价值需求而组织实施的教学活动。吴俊华认为所谓"有效"主要是通过在一段时间的教学之后，学生所获得的具体的进步发展[1]。崔允漷认为有效教学的核心问题是教学的效益问题，即什么样的教学是有效的，是高效、低效还是无效。有效性，是一种价值属性，是对作为客观活动的结果是否符合社会及个人需要，以及符合的程度做出的判断，就"有效性"的内涵而言，包括主体对客体的作用效果、作用效率及作用效益[2]。

如果说有效教学的核心在于教学效益，那么，幼儿档案评价的有效性的主要问题是档案的评价效益问题。档案评价以评价物件的主体性、评价内容的多元性、评价形式的生动性、评价过程的开放性等特点[3]，成为发展性评价理念的重要实践形式，幼儿档案评价已在国内的众多幼儿园实施并应用。幼儿园档案评价是教师根据教学目标与计划，选择、收集幼儿作品，展示幼儿在一段时间内发展进步的历程，以有效促进幼儿在知识、技能与态度、情感、价值观等诸方面协调发展的评价方式，其有效性即幼儿园和教师为档案评价付出的时间、精力与对幼儿发展产生的促进作用和影响效果的对比。但是，由于理论认识与实践应用中的某些误区，导致教师为幼儿成长档案付出了许多时间和精力，而档案的效用与效益却不尽人意。据 Wolfe 和 Niller 的调查研究发现，应用档案的最大障碍是时间问题。因为幼儿的自理能力有限，所以档案内容的收集、编排、保存等工作一般都是教师来完成，即使在班级较小的美国，也需要花教师大量的时间[4]。因此，如何发挥档案在幼儿园应有的作用，以及如何高效地制作和评价幼儿档案资料的有效性问题值得我们深思。为此，吉林省社会科学十一五《幼儿园教育品质评价研究》课题组在既有研究的基础上，重点探讨档案评价的运用策略。

二、研究方法

（一）问卷设计

在文献查询和个别访谈的基础上，自编《关于幼儿成长档案评价的调查问卷》，问卷分为幼儿教师档案制作和利用两部分，共计 14 题，调查内容涉及教师制作幼儿成长档案的目的、制作过程及对档案利用的基本情况等维度。

（二）样本

随机选取参与《幼儿园教育品质评价研究》课题研究的四所幼儿园的幼儿教师 40 人（问卷预测教师除外）作为被试人员，幼儿园包括政府机关开办的幼儿园 1 所和社区开办的幼儿园 3 所。共发放问卷 40 份，收回有效问卷 38 份，有效回收率为 95％。幼儿教师涉及主班教师、配班教师及助教等岗位，年龄跨度在 20 到 35 岁。

（三）调查方法和结果统计方法

主要采用问卷调查法，以观察、访谈为辅助检验。先从参与《幼儿园教育品质评价研究》课题研究的幼儿教师中随机选取 10 名进行预测，对问卷内容的贴切性、重要性与清晰性等进行评价，删去内容不确切、语意模糊、容易造成歧义的问题和选项，形成正式问卷；正式问卷调查过程中，随机抽取被试人员，并当场填写问卷进行施测；全部资料通过SPSS10.0统计软件进行统计分析，获得研究结果。

三、调查结果

（一）幼儿档案制作情况

1. 档案制作目的的基本情况

从调查资料来看，38 名幼儿教师中有 62.2% 的人认为幼儿园为幼儿制作档案是为了"给幼儿留下美好回忆"，将档案视为展示幼儿成长的画册；15.4% 的教师则认为是为了"向家长展示幼儿的表现，让家长满意"，主要从家长需求出发，将档案的制作和评价作为服务家长的内容和专案；近 13% 的教师从幼儿发展角度出发，认为档案的制作是为了"了解幼儿，更好地促进幼儿发展"；只有 9.4% 的教师选择"展示幼儿的表现和教师的工作成效"，即档案制作出于对自身教学成效的考虑，作为改进自己教育教学，激发自身专业发展，进而有效促进幼儿发展的目的。

2. 档案制作的时间情况

据调查显示，幼儿教师制作档案的时间主要集中在幼儿档案检查及使用幼儿档案前，占 36.4%，而随时搜集资料并制作档案的仅占 15%，有近 23.4% 的幼儿教师选择在月末或周末时间制作幼儿档案，近 25.2% 的教师选择在闲暇时间制作档案。为了检验问卷作答的有效性，我们还对被调查的教师制作档案过程进行实地观察，发现问卷的作答基本和实际情况相符，教师们制作档案的时间是受多种因素影响的，可能是教师自身的教育观念，也可能是客观的教学任务、教学工作等，约束和限制了教师制作幼儿档案的时间和精力等。

3. 档案制作的参与情况

图 2 分别展示了幼儿教师对档案制作过程中幼儿和家长参与的基本情况的回答，经常参与的幼儿明显比家长参与的程度要高，大约有 51.4% 的幼儿在档案制作过程中经常参与，24.5% 的幼儿偶尔参与，而近 51.4% 的家长在档案制作过程中偶尔参与，27% 的家长经常参与。

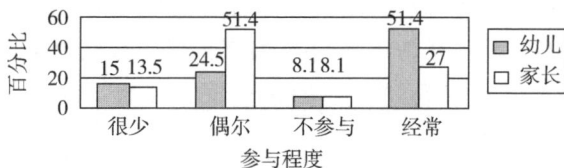

图 2　幼儿及家长参与制作幼儿档案过程的情况

4. 档案资料的内容和形式情况

在档案制作内容方面，幼儿教师以幼儿作品和幼儿活动照片为主，其中幼儿作品占 43.5%，幼儿活动照片占 40.1%。作品和活动照片等以其方便搜集、方便整理制作等特点，成为幼儿档案主要的组成部分。而对幼儿的观察、幼儿在园情况及和家长回馈的互动表等文本资料，由于参与成员及参与者的时间和精力制约，往往成为档案制作的辅助资料，其中观察记录占 11.4%，观察回馈表占 5%。

（二）教师对幼儿档案的使用情况

1. 幼儿教师对档案的利用情况

在被调查的 38 名参与档案制作的幼儿教师中，有近 38.2% 的教师偶尔对档案制作过程和档案资料进行反思，只有 20.4% 的教师经常反思，当然也有近 20.4% 的教师没有进行反思。与教育活动结合的程度方面而言，34.6% 的教师偶尔将档案评价与教育活动相结合，21.2% 的教师经常将档案制作等与教育活动结合，也有近 22.5% 的教师认为没有结合。对幼儿教师关于档案制作过程和资料的反思及与教育活动的结合度，在一定程度上反映了幼儿教师对档案的利用情况。

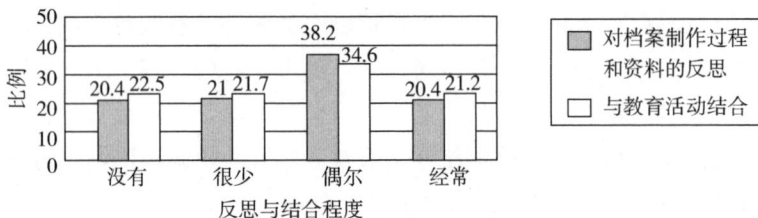

图 3　幼儿教师对档案的利用情况

2. 幼儿和家长对档案的翻阅等使用情况

幼儿和家长是幼儿档案利用的有机组成部分，翻阅的情况能基本代表幼儿和家长对档案的利用情况。据调查显示（如图 4），幼儿教师认为有 40.5% 的幼儿偶尔翻阅档案，有 24.3% 的幼儿经常翻阅，只有 8.1% 的幼儿没有翻阅档案。教师认为有 34.6% 的家长偶尔翻阅档案，有 21.2% 的家长经常翻阅，但也有近 22.5% 的家长没有翻阅，没有充分利用幼儿档案。

此外，通过课题研究，幼儿教师运用档案评价的观念与能力都有很大提高，但我们也发现档案评价的有效性还不太高，在"你在制作档案过程中，遇到的最大问题是什么"的问题上，64.9％的教师回答"占用时间太多"，13.5％的教师回答"档案利用率不高"；就"你认为教师花时间制作每个幼儿的成长档案是否值得"的问题，59.5％的教师认为"值得"，18.9％的教师认为"非常值得"，18.9％的教师认为"不太值得"，2.7％的教师认为"不值得"。让档案评价发挥应有的最大效益，达到更有效地促进幼儿发展的目的，这是当前幼儿园改革的实践追求与价值取向之一。

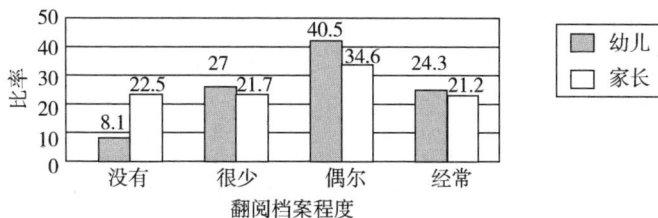

图 4　幼儿及家长对档案翻阅情况

四、讨论

通过对幼儿教师的观察和问卷调查，幼儿档案评价的有效性有如下问题。

（一）档案评价比较重视眼前效果而忽视长远效益

通过调查发现，在档案评价的运用过程中，大多数幼儿档案的展示功能远远大于评价功能。问卷中，关于"档案评价的主要目的"这一问题，62.2％的教师认为是"给幼儿留下美好的回忆"，将幼儿成长档案定位于幼儿生活和学习的展示册，15.4％的教师认为是"向家长展示幼儿的表现，让家长满意"，为了更方便家长了解幼儿在园学习、生活的成果。观察中发现，档案主要收集的资料是幼儿在一定时期内的绘画和手工作品，所获得的各种奖励，包括幼儿获得运动会、书法、绘画、舞蹈等的奖状、证书及"绿领巾队员"等各种荣誉称号等，档案中较少能看到展示幼儿发展进步过程的资料。博得幼儿家长及孩子的高兴和对档案所展示成果的满意成为幼儿档案评价的目的，有些幼儿园甚至将制作幼儿成长档案的目的定在吸引生源，提高幼儿园的经济效益上，这样的定位严重影响档案评价的有效性。

幼儿成长档案评价的根本目的在于通过质性评价的方式，检验档案评价实施是否遵循了有效的核心标准，是否立足于幼儿的发展，以适宜的方式，最大限度地促进幼儿全面、协调、可持续的和谐发展，即幼儿成长档案评价的根本目的是通过对幼儿成长发展过程的记录，促进幼儿长远的终身的持续发展。作为典型的质性评价方式的档案评价的效度，格莱德勒[5]曾将其定义为"学生的作品对其能力和思维的表现程度"，即档案所收集的咨询对幼儿发展情况的表现程度，其越能体现幼儿的发展水平和特点，档案评价效度就越高。幼儿作品样本的代表性、评价标准的说明和档案的运用范围等问题是保证和提高档案评价的效度的核心点。效度上的某些缺陷，很可能使家长等其他有关人员对幼儿的能力与成就形成歪曲的认识，从而影响他们对待幼儿的态度和行为。

幼儿成长档案评价的目的不是一味被动地迎合家长和孩子的需求，让他们看到有显著进步的"展示册"，更不是吸引生源，短期内提高幼儿园经济收益的"炫耀品"。档案的展示功能大于评价功能，档案仅仅成为幼儿成长成果的"展示册"，这是对幼儿成长档案内涵的误读，是对"成长"及"发展"特性的误解。首先，幼儿的发展是个有"发展起点—发展中的中点—发展后的终点（新的发展起点）"的过程，是连续不断无数的发展的"点"组成的发展轨迹。幼儿的发展是不断持续的渐进式的成长历程，不是永恒直线上升的发展，也不是短时间内速成的过程。幼儿的发展既有眼前已经获得的展现成功的发展，也具有潜在未来的长远的发展。幼儿成长档案评价需要进行科学定位，即展示幼儿全面的"开始发展""发展着"及"发展了"[6]的幼儿发展过程资料。幼儿教师需要关注幼儿成长的"隐性发展"，细心观察与反思，发现幼儿"隐性发展"表现的重要价值，是呈现幼儿发展的过程的衔接点、衔接段、衔接期，在等待幼儿某领域或某方面"缓慢地隐性地发展"后，必将是高速质变的发展。幼儿教师只有真正认识幼儿的发展，才能明确档案评价的真谛。其次，幼儿成长档案本身就是典型的形成性评价，是幼儿成长过程的展现。只有体现幼儿发展过程的有代表性的资料，才能有利于教师把握幼儿发展的个体规律与特点，进而有助于教师改进教育策略，提升自身专业素质；只有发现幼儿的成长轨迹，教师才能有效促进幼儿富有个性的发展。

（二）比较忽视幼儿和家长对档案评价的参与和利用

在幼儿档案评价实施的过程中，幼儿教师基本是承担起幼儿档案评价的所有重任，如档案评价结构的确定、内容的选择、资料的收集、整理与记录、档案评价的利用与管理等，幼儿及家长的主体作用并未充分发挥。

问卷中，关于"在制作幼儿成长档案的过程中，幼儿的参与程度"的问题，教师回答15%的幼儿很少参与，24.5%的幼儿偶尔参与，8.1%的幼儿不参与，51.4%的幼儿经常参与。通过观察，我们发现幼儿仅限于完成自己的作品，他们偶尔选择自己喜欢的封面或图案，对放在档案中自己的作品或照片基本没有选择权，对作品进行选择、注释、评价等工作基本上由教师全权包揽，对图片、作品的记录与注释，有的时候由教师想当然或凭记忆完成。关于"幼儿是否翻阅档案"的问题，教师回答8.1%的幼儿不翻阅，27%的幼儿很少翻阅，40.5%的幼儿偶尔翻阅，24.3%的幼儿经常翻阅，这影响着档案评价的有效性。

　　家长在档案评价中的作用没有充分体现出来。问卷中，关于"在制作档案的过程中，家长的参与程度"的问题，教师回答13.5%的家长很少参与，51.4%的家长偶尔参与，8.1%的家长不参与，27%的家长经常参与。关于"家长是否翻阅幼儿成长档案"的问题，教师回答22.5%的家长基本没有翻阅，21.7%的家长很少翻阅，34.6%的家长偶尔翻阅，21.2%的家长经常翻阅。通过观察，我们发现家长还没有机会参与档案和儿童成长进步相关资料的收集，家长的回馈咨询没有成为档案的重要资讯，家长还没有真正成为自觉收集资料、反思和评价孩子成长，充分利用档案所提供的咨询，与教师有效沟通，有针对性地促进儿童发展的主体。

　　评价主体处于低参与状态必然影响档案评价的有效性。评价主体的构成及其评价态度与参与程度，直接影响评价结果的可靠性和有效性等。作为档案评价主体之一的幼儿不仅是成长档案内容的主角，而且在资料的收集过程及评价中更要发挥主体作用。幼儿要参与档案评价，可以选择自己认可的作品放入档案。选择资料的呈现方式，Grace Cathy 曾提出"整个档案的建立过程都（应）有幼儿的参与，同时还（应）包含对幼儿自我反省的证据"[7]。教师需要树立现代儿童观，承认儿童的自主性，一方面要为幼儿提供自己收集整理资料、描述作品背景和通过口述或者绘画方式进行自我评价的机会；另一方面，引导幼儿相互传阅、翻看成长档案，并引导幼儿阅读他人的成长档案，并对他人的成长档案做出评价等，给幼儿反观自己和其他小朋友成长经历的机会。幼儿在档案评价中参与性的缺失，会使得档案评价中无"真实"的幼儿，导致档案形同虚设。

　　家长积极全面参与档案评价是提高档案评价有效性的重要保证。幼儿成长档案评价本身即是帮助家长了解幼儿发展、认识幼儿教育、建立经常性家园联系的有效活动。在幼儿成长档案中的材料连续不断地制作、添加及评价的过程中，不但促进了教师与幼儿的交往，也促进了教师与家长的合作与沟通。幼儿成长档案中有幼儿不同时期的作品、教师的观察记录、幼儿的成长足迹等，这些资料为教师和家长提供了有关幼儿成长与发展的丰富的咨询，教师与家长可共同制定对幼儿的评价标准，共同对幼儿的发展与进步进行分析，商定进一步的教育措施与策略。家长通过幼儿档案了解自己的孩子在幼儿园的表现和进步，可使家长重新审视自己的孩子，看到孩子积极的进步；家长还通过参与幼儿档案资料的收集与补充，进一步了解和关心幼儿园的教育教学工作，促进家长对幼儿园教育的了解与关注。家长与教师还可共同商讨档案的利用及管理方式等，最大限度地发挥幼儿成长档案评价的评价主体功能，才能最有效地实现档案评价的价值。

（三）档案评价的咨询收集与利用与教育教学联系不紧密

在档案评价的过程中，有的幼儿教师"为了资料收集而收集""为了评价而评价"，将幼儿成长档案资料的收集、评价与日常教育教学作为两项不相关联的工作，即档案是档案，教学是教学。主要表现为幼儿教师对档案的资料收集主要不是在教学开展的过程中进行，而是在月末或学期末，集中一段时间收集全班幼儿的资料。日常生活中，档案更多的是班级的装饰和摆设物，而且教师对所收集资料的选择、整理和分析、评价等，与日常的教学分离，档案中的资料不能有效应用到教学之中；所提供的儿童发展与兴趣的咨询与线索没有对教学策略的改进、课程的完善与生成、个别儿童需要的满足等发挥应有的作用。这导致幼儿成长档案评价的工作效益低下，其效益与教师付出的大量时间和精力严重不成比例，也使教师感到成长档案评价是一种"工作负担"。问卷中，有关"制作每个幼儿成长档案占用的时间"的问题，27％的教师认为"很多"，59.5％的教师认为"比较多"，13.5％的教师认为"一般"。

幼儿成长档案不仅是一种评价方式，也是一种教学工具，是改进教学的一种方式和途径，档案中资料的收集、档案评价过程就是教学过程。要发挥档案评价的有效性，首先，幼儿教师在观念上要更新教学评价观，明确幼儿成长档案是与日常教育教学相结合的，是服务于教学的，不是额外负担。幼儿档案资料的收集过程也是了解与分析幼儿发展的过程，是教师及时、准确获取幼儿学习与发展的咨询，分析和把握幼儿"最近发展区"的过程。据此，教师可形成对幼儿合理的教育预期，选定适宜的教育策略和措施，制定适合幼儿个体发展的教育规则等。其次，在日常教学中，幼儿成长档案的制作要与教育教学的目标相结合。一方面依据教学目标对幼儿成长的资料进行收集，并依据目标进行评价；另一方面，幼儿日常教育教学活动的目标制定，需要以幼儿成长档案所提供的资料为依据。对于教师而言，档案评价不仅是评价幼儿发展的工具，更是教师走进幼儿内心世界，发现"最近发展区"，激发教师自身教学潜能的"法宝"。

教师对档案评价及时有效的反思是发挥档案评价有效性的重要因素。教师对实施档案评价进行理性思考、质疑、评价的过程，也是教师通过不断研究、改进、深化评价行为的自我完善过程。档案评价不仅展现幼儿发展的过程，还展现教师的成长及付出努力的轨迹。教师对档案评价的反思，带给教师的不仅是教育教学的回顾，更使教师体会到自己努力付出的职业幸福感，体会到自己专业成长点滴的进步而获得积极的自我效能感等，反思所带来的一切，都在潜移默化地影响幼儿教师的工作和生活。幼儿成长记录档案应该成为幼儿园教育教学活动的重要资源和素材之一，成为丰富的幼儿园课程资源，成为教师自我激励、自我完善的方法与途径，只有这样，才能达到幼儿、教师和课程"三赢"的高效益的目的。

为了使档案发挥更大效用，应减轻教师的负担。通过访谈，我们了解到幼儿教师有很多好建议，包括对教师给予支持，对教师进行相关的培训，以及给予教师理论与实践的指导与研讨的机会；幼儿园应当把档案制作计入教师的工作量，给教师专门的时间去丰富档案内容；鼓励家长、幼儿、教师共同制作档案；考虑教师的时间、能力等因素，对某些教师可提供一些档案的范例或模式，不要求教师对幼儿作品进行过多的修饰与记录，等等。总之，只有认真反思档案评价中不断出现的新问题，倾听教师的感受与心声，才能切实使幼儿教师把档案评价的过程变成自我成长的过程，才能真正提高幼儿园成长档案评价的有效性。

注　释

[1] 吴俊华. "有效教学"的思考 [J]. 教育理论，2007（3）：10.

[2] 崔允漷. 有效教学：理念与策略（上）[J]. 人民教育，2001（6）：46.

[3] 钟启泉. 为了中华民族的复兴，为了每一位学生的发展 [M]. 上海：华东师范大学出版社，2002：303.

[4] WORTHEN，B R，WHITE，K R，FAN X T，& SUDWEEKS，R R (1999). Measurement and assessment in schools (2nd ed.). New York：Longman.

［5］钟启泉. 为了中华民族的复兴，为了每一位学生的发展［M］. 上海：华东师范大学出版社，2002：297.

［6］霍力岩，赵清梅. 幼儿园档案袋评价的几个误区［J］. 早期教育，2005（6）：36.

［7］GRACE，C（1997）. The portfolio and its use：Developmentally appropriate assessment of young children. ERIC Digest. ED 351150.

［原文《幼儿档案评价的有效性研究》与李永霞合作发表于香港中文大学《基础教育学报》2008 年第 17 卷第 1 期］

当前幼儿园档案袋评价存在的问题与解决对策

　　档案袋评价（portfolio assessment），又叫成长记录袋评价，是 20 世纪 80 年代中期在美国教育实践中涌现出来的一种评价方法，是一种发展性的评价方法。幼儿档案袋是幼儿作品的有意收集，以反映幼儿在特定领域的努力、进步与成就。档案袋评价是教师根据教学目标与计划，通过有目的有计划地选择、收集幼儿作品，展示幼儿在一段时间内发展进步的历程，以有效促进幼儿在知识、技能与态度、情感、价值观等诸方面协调发展的评价方式。它符合现代教育评价"强调评价的目的不是为评价而评价，而是为发展而评价"的理念[1]，能够充分体现评价作为"促进每一个幼儿发展，提高教育质量的必要手段"[2]的发展性功能。

　　我们在调查中发现，目前许多幼儿园在实际运用档案袋评价时存在着一些问题，应当对此引起注意并予以纠正。

问题一：重结果轻过程

　　作为一种发展性评价，档案袋评价的根本目的在于"促进儿童、教师和课程的发展"[3]。为此，评价者必须树立重过程轻结果的评价理念。与此要求相反，笔者在调查中发现，幼儿园教师在实施档案袋评价时仍然存在重结果轻过程的现象。如有些教师为制作档案袋而让幼儿去创作能放进档案袋的作品，以凸显档案袋的充实；许多幼儿园把档案袋仅仅当作是幼儿学习最终成果的展示，使档案袋评价变成了成果型评价，即档案袋里面收集的多是一个主题活动的成果作品，而且往往是幼儿最优秀的作品，因而教师在档案袋中不可能提出"下一步目标"，即不可能对所收集到的评价信息进行综合分析，及在分析之后提出下一步的教育教学建议和目标。档案袋由此只是一种摆设，无法为教师完善课程、适应儿童发展需要提供有益的信息与线索。"评价事实上成为了教育的终点而非起点"[4]，评价的发展功能自然不可能实现。

　　档案袋评价的本意是要聚焦于幼儿发展的过程，关注幼儿成长中的一切变化。了解幼儿获得答案的过程、了解幼儿解决问题的过程比判别幼儿的答案或行为结果是否正确更加重要。档案袋评价不是一时心血来潮的作秀，而是一种有计划的、长期连续使用的评价手段。正如瑞吉欧的教育工作者所说："所有的个人档案资料……是必不可少的资料源泉，每天利用它，能够独自或集体批判地'阅读'和反思教师和幼儿的生活经历和正在探索的方案。"[5]放入档案袋中的应该是有组织的系列作品，能够体现幼儿的一步步成长和进步，从而能够让教师根据幼儿的表现制定下一步适宜的教学目标，实现档案袋评价"引导和促进幼儿的学习与发展"的价值[6]。

在运用档案袋评价时，应避免将之变为单一的成果型评价，而应着重体现过程性。成果型档案袋可以集中体现幼儿在一次活动中获得的成就，作为一种阶段性的总结。过程型档案袋则应重点呈现与展示幼儿为达成目标而努力探索与反思的历程。通常过程型档案袋是按一个个主题来建立的，以多方面收集能够反映整个学习过程的材料，这些材料不仅包括幼儿的优秀作品，而且包括能真实反映幼儿渐进的学习与发展过程的一切材料，如幼儿在不同阶段的绘画作品、幼儿收集的图片、教师的记录、家长的反馈等等。过程型档案袋不仅使幼儿和家长可以清晰地看到幼儿发展的历程，教师也可以利用它反思自己的教学活动，明确下一步的教学计划与目标。总之，幼儿园在利用档案袋进行评价时应合理选择和运用档案袋评价的类型，做到评价效益的最大化与最优化。

问题二：对幼儿作品的选择存在盲目性

瑞吉欧的教师黛弗娜认为：放在档案袋里的应当是教师、幼儿、父母、同伴、学校管理者有目的、有计划选择的有意义的作品，能够反映幼儿学习的真实过程，展现一段时间以来幼儿付出的努力、取得的进步和成就[7]。目前我国一些幼儿园由于对档案袋评价缺乏理解，把档案袋当成放置作品的保管袋，只要是幼儿的作品就放进去，致使档案袋虽然装得满满的，却没有多少意义。

那么，选择什么样的作品才能真正体现幼儿获得的发展与进步呢？第一，可以选择幼儿为活动做准备的资料。比如可以把幼儿为了进行"元宵节"的主题活动而收集的关于元宵节由来的文字材料、图片等放进档案袋，虽然这不是幼儿的作品，但是可以从中看出幼儿为了这次主题活动所做的前期准备工作，是幼儿进行探索活动的一个证明。第二，可以选择体现幼儿阶段性探索成果的作品。比如在"彩色世界"主题活动中，幼儿尝试用蓝色和黄色调出的一张绿色纸即是阶段性探索作品，反映了幼儿在探索过程中完成任务的能力。需要注意的是档案袋不是所有作品的汇总，即便是阶段性的作品，在收集时也要进行合理的筛选，否则就会显得杂乱无章。第三，可以选择活动结束时幼儿的总结性作品，即最终成果。例如在"彩色世界"这一主题活动结束时，幼儿创作的绘画作品——"彩色的世界"即是总结性作品。一般来说，在为档案袋评价选择材料时，要考虑这三部分的作品，才能比较全面地呈现幼儿发展的完整过程。

问题三：对幼儿作品缺少必要的说明

我们在调查中还发现，放在档案袋中的幼儿作品大多数没有任何说明，有些则只有一句话，在作品上看不到教师记录的详细信息。这不利于与幼儿发展的其他阶段进行比较，不能看出幼儿的进步与成长。

对幼儿的有关照片进行必要的说明，可以把照片贴在一张纸上，然后在旁边写上幼儿的姓名、年龄、拍照日期、教师对该幼儿在此次活动过程中表现的描述。例如，×××小朋友档案袋中的一张照片是在"认识豆"的活动中拍的，教师对她的这张照片就做了如下说明："×××在进行此活动之前已对'豆'有了初步的认识，基本能说出各种豆的名称。在此次活动中，教师要求她选出自己喜爱的豆并贴在'豆'字内。从相片中可以看出她很认真、专注。她对作品的制作是一个不断探索、尝试、思考及改进的过程，开始，她只是随意地把各种'豆'贴上，后来就可以看出她是有规律地把它们一粒一粒地排成一列，其中显然包含了她的思考。"

对幼儿的绘画作品进行必要的说明，可以在绘画作品旁附加一页纸，在上面记录幼儿在绘画过程中的表现。例如，在"花儿开"主题活动中，一名小朋友创作了一幅诗配画的作品，教师在旁边附加的说明是："该作品的创作涉及幼儿的语言及书写、社会性发展、智力发展、美育发展、肢体动作发展能力等，它是该幼儿在集体教育活动中，在老师的启发下，和小朋友一起创作的。在活动进行前，老师让孩子们认读'花儿开'这首儿歌，之后请幼儿将'花'字写在儿歌中的空格上，再剪下贴在画纸上，并为画纸上的花儿绘上花瓣及背景。该幼儿能在空格上正确地写上'花'字，但写字落笔时略缺信心，需要老师从旁鼓励及帮助。另外该幼儿亦能为花儿画上花瓣，用彩色表达出春天是一个色彩缤纷、阳光灿烂的季节。"

对于幼儿的照片和作品，只有图文并茂地予以呈现，才能再现活动的情景，对评价来说才是有价值、有说服力的材料。瑞吉欧的教师认为儿童建立档案袋的过程实际就是一个"拟定问题，观察，记录，收集作品，整理观察资料和作品，分析观察记录和作品，再拟问题，再观察，记录，收集作品"的过程，教师的反思在其中起着关键作用[8]。

问题四：档案袋评价结果的构成不全面

档案袋的评价结果是指在整理档案袋中有关幼儿成长与发展的评价信息后，对幼儿发展所做的整体评定，通常以"模糊等级评估＋观察记录＋评语"的方式呈现[9]。在笔者调查的幼儿园档案袋中，很少有档案袋的评价结果具备这三个部分。这三个部分发挥着不同的功用，不能互相取代，应该在评价结果中都有所体现。

模糊等级评估是指对幼儿认知、情感、社会性等方面的一种指标评估，这种评估概括性较强，简单易行。如下面的评价表就属于模糊等级评估，它的优点在于能清楚地反映出幼儿是否达到教学目标的要求，但缺少活动细节，无法考察幼儿的变化和进步。

表4　幼儿探究性学习活动的模糊等级评估

评价指标	能	基本能	不能
表现出浓厚的探究兴趣			
积极参与活动			
有自己知识积累最多的领域（或方面）			
喜欢问问题，对外界事物感兴趣			
在成人引导下进行思考或操作，寻找问题的答案			
大胆运用新方法进行操作、探索、表达			
清楚表达自己的发现和感受			
表现出更高水平的操作或探索能力			
不怕失败，坚持探索，乐于思考			
与家长交流自己的探索			

观察记录多采用描述性语言，并通过对一些细节的举例来支持评价。如在"彩色世界"主题活动结束以后，老师给×××小朋友做的观察记录是这样的："在'彩色世界'这个主题刚开始时，×××对于教师提出的要求感到很为难，总是想模仿其他幼儿的作品，后来教师请他把颜色和生活中的物品相联系，他逐渐对自己的作品感到得心应手了。"这种观察记录具有很强的说服力和客观性，清晰地记录了幼儿所获得的进步。

评语也多采用描述性语言，一般包括教师的评语、家长的评语、幼儿的自评语三个部分。在笔者所调查的档案袋中，教师的评语通常在对一次活动的总结中体现，家长的评语在反馈信中体现，但幼儿的自我评价没有很好地体现。档案袋的主人是幼儿，教师应当注重幼儿的自我评价，"整个档案袋的建立过程都（应）有幼儿的参与，同时还（应）包含幼儿自我反省的证据"[10]。教师可以通过追问幼儿的方式获得幼儿的自我评价。比如，在作品完成之后，教师可以问幼儿："你为什么认为你的灯笼漂亮？""你画的这三幅画中哪一幅最漂亮？为什么？"也可以通过观察记录幼儿在活动和创作过程中的行为、表情和语言获得有关幼儿自我评价的信息。教师不应忽略幼儿的自言自语这一行为表现，对自己说话是幼儿维持思维活动的一种表现，其中通常包含着幼儿的自我评价。

目前，档案袋评价在幼儿园教育实践中运用得越来越广泛，如何充分发挥档案袋评价促进儿童发展的功能，如何在实践中形成档案袋评价的操作策略，需要理论与实践工作者进一步思考与探索。

注　释

[1] 姚伟，张婷，谭梅. 幼儿探究性学习活动的发展性评价 [J]. 学前教育研究，2006（3）：43.

[2] 教育部基础教育司.《幼儿园教育指导纲要（试行）》解读 [M]. 南京：江苏教育出版社，2002.

[3] 冯晓霞. 多元智能理论与幼儿园教育评价改革：发展性教育评价的理念 [J]. 学前教育研究，2003（9）：5.

[4] 冯晓霞. 多元智能理论与幼儿园教育评价改革：发展性教育评价的理念 [J]. 学前教育研究，2003（9）：7.

[5] 屠美如. 向瑞吉欧学什么：儿童的一百种语言解读 [M]. 北京：教育科学出版社，2002：102，104.

[6] 姚伟，张婷，谭梅. 幼儿探究性学习活动的发展性评价 [J]. 学前教育研究，2006（3）：45.

[7] 张莉萍. 运用档案法评价小班幼儿发展的行动研究 [D]. 兰州：西北师范大学硕士学位论文，2005.

[8] 屠美如. 向瑞吉欧学什么：儿童的一百种语言解读 [M]. 北京：教育科学出版社，2002：104.

[9] GRACE，CATHY：The Portfolio and Its use：Developmentally Appropriate Assessment of Young Children. ERIC Digest，1997（4）.

[10] GRACE，CATHY：The Portfolio and Its use：Developmentally Appropriate Assessment of Young Children. ERIC Digest，1997（4）.

［原文《当前幼儿园档案袋评价存在的问题与解决对策》与崔迪合作发表于《学前教育研究》2007 年第 2 期］

幼儿园幼儿发展评价的现状调查与分析

一、问题的提出

幼儿发展评价作为幼儿园教育质量评价的重要组成部分，《幼儿园教育指导纲要（试行）》明确指出，教育评价是"促进每一个幼儿发展，提高教育质量的必要手段"。幼儿发展评价与幼儿园日常工作密切相关，它既是一个评价过程，同时也是一个教育过程。科学、有效的幼儿发展评价是提高幼儿园教育质量的重要保障条件之一。在我国当前的幼儿园教育实践中，传统的教育观念与评价观念一直对幼儿发展评价产生着消极的影响，幼儿园幼儿发展评价存在诸多问题。本研究通过分析当前长春市某园幼儿发展评价的现实状况，找出存在的主要问题，并分析其原因，有针对性地提出改进策略，希望在幼儿园教育评价实践中有参考性借鉴作用，不断探索出有效的幼儿发展评价的方法策略，促进幼儿发展评价工作的开展。

二、研究方法

本研究主要运用问卷调查法和访谈法，笔者从评价观念、评价方法、评价内容与主体、评价结果及反馈等方面设计问卷，以长春市三所幼儿园共 45 位教师为调查对象进行了问卷调查，并对园长、管理人员及部分教师进行了访谈，访谈内容涉及教师评价观念及评价行为，作为问卷调查的补充。

三、研究结果与分析

整理并综合调查与访谈所获资料，长春市某园幼儿发展评价的现状如下。

（一）评价观念

1. 初步形成了科学的评价观念

通过调查显示，教师已经在观念上认识到了评价的重要性，初步形成了较科学的评价观念。64％的教师认为幼儿发展评价非常重要，20％的教师认为很重要，11％的教师认为一般重要，仅有5％的教师认为不重要。关于《幼儿园教育指导纲要（试行）》中提出的"发展性评价"，45％的教师非常了解，50％的教师一般了解，仅有5％的教师不了解。但仍有55％的教师在日常教学中，有"某某孩子比其他孩子都聪明"的看法，把评价还停留在儿童横向的比较上。

2. 评价目的较明确，能正确理解评价的意义

调查显示，大部分的教师认为对幼儿进行评价是为了了解幼儿发展水平，调整教学促进每个幼儿最优化发展。89％的教师认为主要是为了促进幼儿的发展，仅有11％的教师认为评价是以区分幼儿发展优劣为目的的。在与园长的访谈中，园长都主张幼儿富有个性的发展，认为："每学期的测查并不是为了分出孩子的高低，而是使幼儿在原有水平上提高得更快。"接受访谈的部分教师也认为："不同的孩子不可能每个方面都很好，只要有特长，在弱点上提高就很好了。""评价的目的不再是单纯地鉴别幼儿，给幼儿贴上标签或作为教师评价的一个参考，更倾向于诊断问题和改进教育，促进每一个幼儿在原有水平上的发展。""评价的意义在于一方面可以让教师更了解幼儿，另一方面还可以反思自己的教学，同时还可以让家长更了解孩子在幼儿园的发展情况，促进家园合作。"

（二）评价方法

1. 评价以口头表扬为主要方式

调查显示给予幼儿肯定的评价比较多，对于评价幼儿的表达方式以口头的表扬为主，有60％的教师表扬幼儿时采用口头夸奖的形式，如"宝贝你真棒""宝贝真聪明"等；25％的教师喜欢用抚摸、拥抱的身体语言对幼儿进行肯定；有10％的教师能做到肯定幼儿的具体表现，并观察幼儿的后续发展。

2. 观察法是教师最常用的评价方法

幼儿园教育评价中，幼儿发展评价工作的开展涉及的主要方法有观察法、谈话法、评价量表对照法、作品分析法、档案袋评价法等等。调查显示大多数教师认为通过观察记录、与家长交谈、对照量表等多种方法可获得幼儿发展的信息。73％的教师表示最常用的评价方法是观察法，9％的教师认为谈话法最常用，7％的教师认为最常用的方法是对照量表法。同时73％的教师也认为观察法是最易于使用的方法，作品分析法和谈话法都不易于使用。

调查显示，在使用观察法评价幼儿时，仅有13％的教师能有准备地做记录，其他教师都是很少或者偶尔有准备地进行观察记录。调查中60％的教师所在班级每个幼儿都有成长档案袋，绝大多数教师都能认识到档案袋的作用。在收集档案袋的内容时，教师认为都应收集幼儿的优秀作品，而优秀作品相对又少，加上收集得不及时，所以很难充实档案袋。在调查的45位教师中，仅有9％的教师能做到在幼儿的每个作品旁附写评语，42％的教师很少在作品旁附写评语，只是简单地收集整理。

（三）评价内容与评价主体

1. 评价内容以健康领域为主

对于评价内容，笔者通过访谈了解到，幼儿发展评价的内容主要还是围绕五大领域展开的，主要涉及健康、语言、社会、科学和艺术。每个领域内容又包括各种不同的层级目标。问卷调查的结果显示，健康领域的评价是开展最为广泛的，不仅教师在平时最关注，同样也认为健康领域的内容最容易评价。67％的教师最关注的是幼儿身体健康方面，其次22％的教师关注的是幼儿性格、社会性的发展，对于艺术表现力的关注程度最低，为4.4％。调查也发现，对照评价量表，33％的教师认为健康方面的评价最容易开展，45％的教师认为对于语言等知识的评价最容易开展。相对而言，69％的教师认为最不易于评价的是幼儿性格、社会性发展状况。

2. 评价主体以教师为主，家长参与较少

对于评价的主体的问卷调查结果表明：参与评价的人主要涉及教师、家长、幼儿自己、幼儿同伴。其中90％的教师认为教师与家长为主要评价主体，其中73％的教师认为园长等管理者也应成为幼儿评价的参与者。但是真正参与评价的家长却很少，有些家长甚至不配合评价。通过访谈，教师也认为评价幼儿不是教师一个人的事，需要家长的共同参与。对于活动中幼儿不同的作品，64％的教师能做到让幼儿自己评价自己的作品，33％的教师则是让幼儿同伴参与评价，教师不再按自己的标准做出评价。结果说明：评价主体已经走向多元化，但仍需家长的进一步参与。

（四）评价结果与反馈

1. 认为期末测查必要，评价结果主要以谈话的方式反馈给家长

在对幼儿发展评价的结果的调查中，80％的教师认为有必要进行期末测查，测查以考试的形式进行。57％的教师认为评价结果有必要与家长交流。71％的教师通过家长来园时与家长谈话的形式与家长交流评价结果；20％的教师通过家园联系手册与家长交流幼儿的发展情况；其他的教师则是通过把幼儿的作品、成果给家长看，让家长了解幼儿在园内的发展情况。25％的教师认为评价结果对自己下一学期的工作有影响，认为评价结果能让自己更好地了解幼儿，反思自己的教学，促使幼儿最优化发展；而70％的教师认为评价结果不会影响自己下学期的工作。

2. 教师与家长沟通存在困难

问卷调查结果显示：57％的教师认为可以把结果反馈给家长。但是在反馈过程中，46％的教师认为最大的困难在于，家长观念陈旧，只注重幼儿之间横向的比较，注重幼儿掌握知识的多少，学会多少拼音，计算多少算数题等，而不关注幼儿其他方面的发展；40％的教师认为部分家长很难接受教师对幼儿的评价结果，只接受好的评价，幼儿发展不足方面的评价家长不接受，认为教师评价不全面，致使教师没办法如实和家长交流，只能语言委婉、不完全真实地将评价结果汇报给家长；14％的教师认为，很多家长把评价当作是幼儿园的事，不参与评价，不能得到家长的配合也是当前教师评价幼儿发展的困难之一。

四、结论与建议

综上分析，问卷总结了当前该园幼儿发展评价的现状，喜忧参半，在评价观念、行为、内容、方法及结果上仍存在诸多问题，研究者试分析了原因并提出了相应的建议。

（一）儿童发展评价中存在的问题分析

1. 教师评价观念不深入，没有完全落实到评价行为上

当前教师已经初步形成了科学的评价观念，但是没有完全落实到评价的行为中。随着《幼儿园教育指导纲要（试行）》颁布以来，教师已经学习并了解了《纲要》中关于发展性评价的理念，在理论上已经认识到评价的意义，把促进幼儿最优化发展作为评价的最终目的。但是在日常教学活动中，教师还常常对幼儿进行横向比较，对家长往往是报喜不报忧。

2. 缺少科学可行的评价指标体系

幼儿发展评价指标体系是教师在评价幼儿时的一个重要依据。当前幼儿园在评价中存在的最大问题就是没有科学可行的评价指标体系，教师没有有效的儿童评价的工具。

3. 评价内容单一

评价的内容单一、片面，以知识、技能为主，不能全面地反映幼儿的发展水平。教师注重幼儿身体健康方面的评价，主要原因在于这一领域的评价易于实施，一方面幼儿身体健康情况是外显行为，教师便于观察到；另一方面身体健康方面的评价可以对照身体指标发展量表，有具体的量表可以操作，主要集中在身高、体重、视力及牙齿等方面。相对而言，幼儿性格、社会性等其他方面的测查标准不易把握，所以评价起来比较困难。

4. 评价结果流于形式

对于期末的测评，教师和家长在认识上还存在一定的误区。表现在教师们都非常关注测评的结果，组织幼儿反复复习训练、补课加课，以期取得更好的测评结果，并把它作为自己教育质量和教学水平的一个体现。但是，教师很少利用评价的结果去反思，反省自己教育教学上的得与失。同时，教师不愿意把评价的真实结果呈现给家长，因为家长只接受对自己孩子好的评价、肯定的评价。

（二）建议

1. 转变评价观念，提高教师的评价能力

幼儿教师要增强终身学习的意识，认真学习《纲要》提出的"发展性"评价原则，领会其中的涵义，把正确的观念落实到行为上。幼儿园要进行评价工作的培训与指导，幼儿发展评价既可以帮助教师深入、客观、全面地了解本班幼儿的发展现状及每一位幼儿的具体情况，以便于教师因材施教，它又可以帮助家长、幼儿园了解幼儿发展情况，以便及时改进教育过程，提高教育质量。

2. 形成科学有效的幼儿发展评价指标体系

当前幼儿园中教师面临的最大困难也在于没有科学可行的评价指标体系。教师一方面不了解幼儿发展评价指标体系，另一方面不会利用指标去评价。所以幼儿园应在科学的发展性评价理念的指导下，结合《幼儿园教育指导纲要（试行）》中关于幼儿评价的指标，建立适合本园特色的具体的指标体系。

3. 提倡评价的多元价值取向

发展性幼儿评价要求我们彻底改变传统的教师对幼儿单向评价的评价体系，使整个教育评价呈现出更为广阔和开放的新格局。在评价方法、评价内容及评价主体上，应倡导多元价值取向。要强调家长的参与，努力提升家长在评价中的地位。关于本次的调查及访谈，教师认为家长的评价观念不强，只关注幼儿知识的掌握程度，不配合幼儿园教师进行评价。所以要加强家园合作，争取家长的积极参与，指导家长正确看待评价目的，在生活中多关注幼儿的发展，综合利用各种方法，对幼儿的全面发展做出正确评价。家长的参与不仅可以了解自己孩子的发展情况，还可以帮助教师了解孩子在家各方面的发展，这样家长与教师互相配合，全面评价幼儿。

在评价方法上，也应该将各种方式方法结合起来使用，如运用谈话法、观察法、问卷法及测评法等多方面、多角度地对幼儿发展情况进行了解，又可以对幼儿成长记录档案袋、幼儿的作品进行分析，以对幼儿做出全面而准确的评价。教师所运用的方法，应符合幼儿园教育工作的特点，符合幼儿身心发展的特点，并易于教师学习、练习、掌握和运用。

4. 引导家长和教师正确对待和利用评价结果

评价的结果应发挥其应有的效用，充分发挥评价的激励、反馈功能。要加强家园合作，给家长一定的培训和指导，幼儿园可以通过家长开放日对家长进行简单的评价知识的介绍，指导家长如何利用一些量表测查孩子的发展状况，如何使用多种方法关注孩子的成长过程，逐步改变部分家长以评价结果甄别自己和他人的孩子优劣等方面的偏见，引导他们正确使用评价结果，选择合理的育儿方式方法，与幼儿园共同合作促进孩子的发展。

［原文《长春市幼儿园幼儿发展评价的现状调查与分析》与李雪合作发表于《幼教新视野》2009 年第 4 期。收录于本书时有改编］

充分发挥教师博客的评价功能，
促进幼儿教师的专业成长

　　随着信息化的发展，博客（blog），作为继 Email、BBS、ICQ 之后出现的第四代网络交互媒体，以其操作简便、个性化、开放化、实时化的特点，整合网络的通讯功能、资源功能及交流功能，日益影响社会各行各业。据中国互联网络信息中心（CNNIC）2008 年 7 月 24 日发布的《第 22 次中国互联网络发展状况报告》显示，截至 2008 年 6 月底，我国博客用户达 1.07 亿人[1]。博客的广泛利用催生出新的博客群体——教师博客。教师博客是教育博客（edublog）的一种，是教师在教育教学的职业生活中，利用互联网新兴的"零壁垒"技术所形成的体现教师职业特点的网络日记。教师博客不仅是教师知识建构、学习、反思及交流的重要途径，而且是一种简便、实用、有效的数字化教师成长档案袋，具有评价功能。对博客的利用不能仅"停留在交流层面"[2]，还要全面深入地发挥其评价效能。在吉林省社会科学十一五课题《吉林省幼儿园教育质量评价》研究中，课题组在实践中初步探索形成了发挥幼儿教师博客评价功能的策略。

一、组建幼儿教师博客群，实现幼儿教师专业自主发展的动态化评价

　　幼儿教师博客群主要是以幼儿教师的个人博客主页为基础，在博客站点以"群"的方式组建的教师博客组织。建立幼儿教师博客群不仅能拓展教学教研活动的时间和空间，丰富幼儿教师个人及教师群体的学习与教学资源，提升幼儿教师群体的反思能力，还能在博客群组的交互活动中增进教师之间的相互了解和交流，通过"相互抚慰加深专业情感"[3]，建立比较稳定的伙伴学习的关系。教师博客群在形成新型教师学习文化的过程中，发挥着幼儿教师学习与评价共同体的作用。参与教师博客群组学习与评价的交流讨论及互动反思的过程，是发挥教师数字化档案评价有效性的重要因素，教师在对博客日志进行理性思考、质疑、评价的过程，也是教师之间在学习与评价共同体的教师博客中不断"研究、改造、细化评价行

为的自我完善的过程"[4]。

有效发挥幼儿教师博客群的学习与评价共同体的功能，首先要创建有核心理念和特色的博客群。富有时代性、前瞻性，符合幼儿教师青春和童稚等特点的幼儿教师博客群，不仅使群内教师强烈地感受到共同的兴趣与志向，还能吸引其他幼儿教师阅读、参与及检索和查询。从分析本群组幼儿教师的特色出发，为幼儿教师博客群组起特色的域名，如"阳光Teacher博客群""携手成长，共同快乐""托起明天的希望"等，书写富有感染力的博客群组的个性签名，如"童年的梦想，少时的憧憬，伴随着碧水清波，一同快乐分享！""关注幼儿就是关注我们自己，就是关注未来！"此外，利用群组中网络超级链接、RSS、TAG、Trackback 等技术，可以方便快捷地检索、浏览其他教师的相关博客信息。

其次，提出幼儿教师普遍关注的、能引起广泛讨论的话题。迈他菲勒特网站（Metafilter.com）的创始人马特·豪伊（Mart Haughet）曾说："有一个特定的话题，意味着你可以更容易地解释你的博客思想，并且很快集结志趣相投的人为你的群组贡献他们的思想和内容。"[5]例如，一位刚走出校门的教师，总感觉自身理论与实践有距离，她在博客群组的讨论区提出了"怎样算是爱孩子？"的话题，她写道："爱的繁体字为'愛'，从解字的角度来看，'愛'，需要用'心'。幼儿教师发自肺腑对孩子用心的爱是什么？对孩子的爱是温柔的话语，真诚的关爱，不断地表扬还是给孩子现实生活的磨炼，让其经受很多挫折？如何才算是真正地'爱'孩子？欢迎大家讨论。"这一话题在博客群组中刚发布，便引起不同专业发展阶段的幼儿教师的热烈讨论，纷纷提出自己的想法："我认为孩子不能只对其表扬鼓励，作为幼儿教师要帮助孩子形成正确判断行为对错的能力，他欺负小朋友是不当行为也鼓励表扬吗？""我太赞楼上①的话了，我也是一名幼儿教师，在跟孩子们接触时，一定要了解每个孩子的性格，这样才能更好地与他们沟通，不能把别人教导孩子的方法强行用在自己面对的孩子身上。"……共同感兴趣的话题使每个参与的人都对自己"爱孩子"的行为进行反思，对自己和他人的行为做出衡量与评价。

再次，在博客群组中形成幼儿教师之间平等、自由的对话关系。群组的主要功能在于促进有相同志趣和爱好的博主之间相互交往，教师的博客世界不是单一的博客主人一个人"独霸"的世界，在张扬教师个性的同

---

① 网络术语，"楼上"是指前面留言的人。

时，还应该形成自由的话语空间，以及博主之间平等、自由的对话关系。保罗·弗莱雷（Freire, P.）曾说过："没有对话，就没有了交流；没有了交流，也就没有了真正的教育。"[6]对话关系是发挥博客群组学习和评价共同体功能的必要条件。教师博主之间的对话关系能使每位教师都成为讨论和交流的主体，每位教师都是信息的发布者、信息的分享者，正如博客研究者布拉德·丽贝卡（Rebacca Blood）所言："博客群最强大的两种力量来自他们过滤和散布信息的能力。"[7]通过平等的对话，增强各博客群组成员多方面的了解，"增强评价对象对评价的认同并最大程度地受益"[8]，为共同学习创建和谐的心理建构的氛围，同时"深度对话也能生成最具建设性的、最有价值的见解"[9]。在交流互动的博客回复中，每一位幼儿教师都受益匪浅。一位幼儿教师曾感慨地写道："每打开一个教师博客，字里行间都渗透着他的教学成长历程，也立体地呈现了一位教师鲜活的教育生活及日常生活的状态。博客群，增进了我对'战友们'的了解，为我们搭建了交流的平台，提供了自我展示的空间，开辟了大家相互促进、相互学习的捷径。教师博客的平台为我们分享教育、生活世界的感受提供了空间，在彼此倾听和交流过程中，也是对自我心灵的呵护和自我世界的重现。"幼儿教师在经营教师博客，参与教师博客群组学习与评价的交流讨论及互动反思过程中，重新审视自己，激发自主发展的意识和动力，在幼儿教师学习与评价共同体的教师博客群组中不断发展成长。

二、制定教师博客评价标准，充分发挥教师博客的激励作用

发展性幼儿教师评价是在承认和尊重幼儿教师个体差异的前提下，立足于使每位教师都能在原有水平上得到发展的教师评价。每位幼儿教师都有不同于他人的人格特征，具有不同的发展优势领域，在专业发展过程中有不同的发展特点。所以，制定教师博客评价标准要充分考虑幼儿教师的个体差异，体现层次性。

在幼儿教师博客制作两个月之后，为制定合理可行的教师博客评价标准，我们对 24 名幼儿教师的制作过程进行了观察分析及博客日志的文本分析。分析中发现，教师制作教师博客的水平存在很大的差异。有的幼儿教师对博客技术和操作非常熟悉，乐于制作教师博客，博客日志的更新率最高，平均每周更新两次及以上，博客日志呈现形式多样，平均每人能利用四种形式撰写发布日志；有的幼儿教师对博客技术和操作非常感兴趣，日志平均每周更新一次，博客日志的呈现形式平均每人利用三种；有的幼

儿教师初步掌握博客技术，博客日志更新率比较低，平均每两周更新一次；有的教师博客日志的内容与自身教育实践联系最紧密，家长和同行浏览量比较多。通过以上分析，我们初拟了《幼儿教师博客评价标准》，经过与幼儿教师的讨论以及问卷调查，最后确定了教师博客的评价标准，主要包括博客的内容和博客的利用两个一级指标。博客内容包括及时性、丰富性、个性化、原创性四个二级指标，博客的利用包括个人教学的利用、家长的利用和同行的利用三个二级指标。根据教师制作博客的实际情况的分析，每个指标包括四级分等评语标准。

表 5　幼儿教师博客评价标准

一级指标	二级指标	评价标准			
		A	B	C	D
博客的内容	及时性	事发当天发布博客日志	隔天发布博客日志	事发一周发布博客日志	事发两周以上发布博客日志
	丰富性	博客日志呈现四种以上形式，分类涉及学习、教学、科研、管理、个人生活五项及五项以上内容	博客日志呈现三种形式，分类涉及学习、教学、研究及个人生活四项内容	博客日志呈现两种形式，分类涉及学习、教学、个人生活三项内容	博客日志呈现单一文字形式，分类涉及教学和学习两项及两项以下内容
	个性化	充分适当地展现个人特点和个性化教育风格	较好展现个人特点和个性化教育策略	基本展现个人特点，有个性化的教育认识和思考	个人特点不突出，较少有个性化的教育思考
	原创性	博客日志原创性内容 80% 以上	博客日志原创性内容 50%—80%	博客日志原创性内容 30%—50%	博客日志原创性内容 30% 以下

续　表

一级指标	二级指标	评价标准			
		A	B	C	D
博客的利用	个人教学利用	充分利用博客资源充实教学教研	能较好利用博客资源充实教学教研	基本能利用博客资源充实教学教研	很少利用博客资源充实教学教研
	家长的利用	家长浏览、留言回帖平均每周三次以上	家长浏览、留言回帖平均每周一到三次	家长浏览、留言回帖平均每月一到三次	家长浏览、留言回帖平均每月一次
	同行的利用	同行浏览、留言回帖平均每周三次以上，或博客日志被分享、转载平均每周一篇以上	同行浏览、留言回帖平均每周一到三次，或博客日志被分享、转载平均每两周一篇	同行浏览、留言回帖平均每月一到四次，或博客日志被分享、转载平均每月一篇	同行浏览、留言回帖平均每月一次，或博客日志被分享、转载平均每两月一篇

（备注：A—D分别代表幼儿教师制作教师博客"很好""较好""居中""尚需努力"四个不同的等级）

在利用教师博客评价标准进行评价的过程中，我们发现，不同专业发展阶段的幼儿教师制作教师博客存在差异。刚入职一到两年的年轻教师，由于参加电脑网络技术教育培训多，接触网络和博客的时间长、机会多，接受新事物较快，对制作教师博客比较感兴趣，博客呈现形式多样，但博客内容与自身教学相关性比较小；工作10年及以上的有经验的老教师对博客技术及基本计算机操作技术掌握不十分熟练，虽然博客日志数量少，但博客内容的反思性和个性化特点都比较突出；将博客技术和自身专业发展结合得最好的是介于新教师与10年以上老教师之间的教师。为保障以教师博客为载体的发展性幼儿教师评价合理有效地开展，评价指标体系和评定标准需要不断修正，逐渐提高其评价信度和效度。幼儿园在保障基本网络电教设备的基础上，也应通过持续渐进的幼儿教师集体培训、结对互助等形式不断提高幼儿教师制作博客的积极性和教师电脑网络信息技术的素养与水平。

三、深入挖掘幼儿教师博客的微内容，为其专业发展提供翔实评价信息

微内容（Micro content）最早由雅各布·尼尔森（Jakob Nielsen）提出，相对于人们在传统媒介中所熟悉的大制作、重要内容[10]，微内容是用户所产生的任何数据，包括日志、评论、图片、收藏的书签、音乐列表等，是将信息分解为很小的单位，类似信息管理的数据元、信息元、知识元等。在教育博客中，微内容是指幼儿教师以文档、图片、声音或视频文件等形式存储和呈现出来的自己感兴趣的信息、自己的教学反思、活动设计、研究感悟、培训体会、学习体悟、对儿童的观察记录及自己的阶段性总结、职业发展规划等内容。幼儿教师博客的微内容展示了教师专业发展过程，教师个人的实践性知识和智慧，以及对教育教学认知的形成和提升渐进过程的轨迹，不仅为幼儿园管理者、家长等定期了解教师的专业发展的阶段性情况提供翔实的资料信息，而且还是教师自身了解、自我发展的有效平台。

从知识管理的角度看，教师博客提供的资源"按照知识框架可以分为四个不同的等级：数据、信息、知识与智慧"[11]。深入挖掘教师博客微内容可以从以下三方面深入开展。

首先，密切关注教师博客主页上的各项统计数据，获取博客的数据信息。如主页的今日访问量、总访问量、注册时间、最近更新时间、最后登录时间、日志类型及时间分类数、日志的阅读量、分享数、评论数、照片分类数量、博友数量、心情历程数、当前魅力值、当前同城排名等。有些博客网站如"网易博客"还具备专门的访问统计，博客主页在博客服务网站中的排名及某篇日志在推荐文章中的排名，其他博客的链接等。这些都是以数字为载体体现博客主页信息的"个人人气指数"，即受欢迎程度，是家长以及同行等他人对教师博客及文章的"无记名投票"[12]。

其次，仔细搜集整理教师博客上的文字性资料，获取幼儿教师发展的文字信息。网络域名和个性签名以及心路历程均是幼儿教师个体教育信念、教育观念的再现。博客日志的每一个字都富含不同幼儿教师与孩子、与家长、与自己的心灵对话。如，博客名：碧海蓝天；个性签名：糖果城堡——走进孩子的世界，走出教育的误区，用我们的双手，托起孩子，让他们展翅高飞！心路历程：生命的沉重，迫使我们生出努力的翅膀；自我介绍：只要笑一笑，没有什么事过不了！近期心愿：新年快乐！

再次，整理照片、音乐以及动画视频等多媒体资料，获取幼儿教师专业发展的多媒体信息。如博客模板、音乐、自我介绍照片、相册、FLASH动画、视频等。教师博客版面的选择以及背景音乐的设置从一个侧面体现了教师的教育风格、教育的审美情趣，教师博客的网络链接是教师学习和关注的教育信息的再现。每个教师博客的页面上都附有读者的即时评论功能，便于博客了解访客对文章的评价及建议。日志读者回复的文字性评论是"他人"对教师博客及博客日志等的真实想法、意见及建议。此外，还需要建立常规，以一个月、一学期等为单位，有专人专门负责搜集整理分析幼儿教师博客微内容，为发展性幼儿教师评价提供翔实可靠的评价信息。

透过文字以及非文字博客微内容的信息背后，蕴藏的是每位幼儿教师的专业情意、专业技能、专业知识的发展历程。作为数字化档案袋的教师博客为教师的专业成长提供了展示、交流和评价的平台。在制作与运用教育博客的过程中，还有很多问题值得我们深入研究，如幼儿教师时间和精力不足的问题，幼儿教师计算机网络技术能力的问题，对教师博客评价标准的信度和效度问题，等等。深入的研究过程也是与幼儿教师合作交流，在对话中共同成长的过程。

注　释

[1] 第22次中国互联网络发展状况报告 [DB/OL]. 中国互联网络信息中心，2008（8）：3 [2009-09-10]. http：//it. sohu. com/s2008/cnnic22/.

[2] 向小英，姜勇. 幼儿教师专业发展新路径："博客"与教师成长 [J]. 学前教育研究，2006（7－8）：94.

[3] 向小英，姜勇. 幼儿教师专业发展新路径："博客"与教师成长 [J]. 学前教育研究，2006（7－8）：94.

[4] 姚伟，李永霞. 幼儿档案评价的有效性研究 [J]. 基础教育学报，2017（1）：156.

[5] MATT HAUGHEY. Building an Online Community：Just Add Water，We've Got Blog：how weblog are changing our culture. Perseus Publishing，2002.

[6] 保罗·弗莱雷. 被压迫者教育学 [M]. 顾建新，等译. 上海：华东师范大学出版社，2001：41.

[7] ROBERTL BERKMAN，CHRISTOPHER A SHUMWAY. Digital Dilemmas. Lowa State Press，2003. 20.

［8］冯晓霞. 多元智能理论与幼儿园教育评价改革：发展性教育评价的理念 ［J］. 学前教育研究，2003（9）.

［9］张筱良. 新手幼儿教师的专业成长途径 ［J］. 学前教育研究，2008（8）：21.

［10］莫海雄. Blog 建站、美化：达人修炼秘籍 ［M］. 北京：中国铁道出版社，2008：4.

［11］王广新. 教师教育博客的评价原则 ［J］. 当代教育科学，2008（16）：49.

［12］刘津. 博客传播 ［M］. 北京：清华大学出版社，2008：136.

［原文《发挥博客的评价功能，促进幼儿教师自主发展》与李永霞合作发表于《学前教育研究》2009 年第 9 期］

英国托幼机构自我评估制度及其启示

自我评估是以教育机构为主体，以改进办学行为和提高教育质量为目标，依据相关标准并运用专业方法对教育机构的自身管理和教育活动所实施的监督、评价、改进的活动。英国学校自我评估制度经过长期的发展已相当完善，在教育标准办公室（Office for Standards in Education，简称Ofsted）的要求和指导下，托幼机构的自我评估制度已在实践中得到逐渐完善和发展，并对英国托幼机构教育质量的不断提升起到了重要的推动性作用。教育标准办公室发布的《2012－2013年度教育督导报告（学校部分）》［The Report of Her Majesty's Chief Inspector of Education, Children's Services and Skills（Schools）］指出，2012－2013年度英国学校的表现比上一年度有所提升，更多中小学及托幼机构被评为"良好"或"杰出"，其中获此殊荣的托幼机构比例甚至超过90％。究其原因，报告认为，托幼机构的领导团队对于自我评估、外部评估等问题的深入理解和实践，有效保证了教育督导在提升教育质量方面的重要作用[1]，为完善教育督导的自我评估制度和促进托幼机构教育质量的提升提供了必要保障。

一、英国托幼机构自我评估制度建立的主要背景

外部评估（External Evaluation）和自我评估（Self-Evaluation）是学校督导评估的两个重要方式。在开始教育评估的早期，许多国家更重视外部评估，将外部评估视作学校改进及学校管理的推动力量，学校自我评估只是为外部评估做准备。英国教育质量的外部评估主要由教育标准办公室负责。成立于1992年的英国教育标准办公室是独立于行政体系之外的全国督导体系，该机构负责每四年对英国所有公立学校进行检查和督导，并就教育质量和标准直接向教育大臣提出报告。教育标准办公室的评定分为四个等级，分别是杰出（Outstanding）、良好（Good）、基本合格（Satisfactory）、不合格（Inadequate）。

强调外部评估的教育督导体系有效促进了学校功能的完善，却也引发

了相应的问题。虽然公共问责（Accountability）与学校改进（School Improvement）都是英国教育督导的重要目标，但由于外部评估将学校等教育机构看作社会运行的重要组成，教育督导部门更加强调对学校的问责，关注教育机构社会功能的实现与达成，导致教育督导在学校改进方面的成效并不明显。同时，由于学校在教育督导中处于被动地位，学校为自身改进承担责任的空间和动机不足，致使学校改进的幅度十分有限[2]。因此，由政府主导的单一的、自上而下的、过度关注"公共问责"的教育督导模式逐渐受到了质疑，人们意识到必须把自我评估从外部评估的束缚中解放出来，强化自我评估的作用，把"学校改进"而不是"公共问责"作为督导评估的主要目的[3]。自 20 世纪 90 年代起，英国教育标准办公室开始关注自我评估在教育督导中的重要价值，并在新的督导体系中不断突出学校自我评估的地位。

2004 年，英国教育标准办公室发布了《未来之教育督导》（The Future of Inspection：A Consultation Paper）。该文件指出，为了使教育督导成为常态化工作，督导工作要与学校发展规划、自我评估有机结合，自我评估应发挥更加重要的功能。2005 年，教育标准办公室出台《与学校建立一种新型关系：下一步计划》（A New Relationship with Schools：Next Steps）和《与学校建立一种新型关系：通过学校自我评估改进效能》（A New Relationship with Schools：Improving Performance through School Self-Evaluation），对于为什么进行自我评估、自我评估的具体内容、注意事项、如何完成自评表格（SEF）等问题提出了建议。文件中的要求既保证了自我评估在教育实践中的可操作性，也保证了自我评估在学校改进方面的促进性，使自我评估正式成为教育领域中一种持续性的不断发展的制度。同年，英国教育标准办公室制定了新的督导框架，强调外部评估和自我评估的有效结合，这标志着关注自我评估已成为英国教育督导发展的新走向——英国发展性教育督导评估的重点已从国家宏观层面转向学校中观与微观层面，强调学校个体如何利用国家政策与法律法规发展自我评价机制来提高教育质量水准[4]。

在学前教育方面，从 2001 年 9 月起，英国教育标准办公室负责对所有托幼机构实施教育督导，并于 2007 年正式颁布了针对托幼机构的督导评价标准。在强调教育机构自我评估这一趋势的影响下，托幼机构在教育督导过程中的主观能动性也逐步得到发挥。2012 年，英国教育部印发《早期发展标准框架》（The Statutory Framework for the Early Years

Foundations Stage)，对0—5岁幼儿的学习发展、福利和托幼机构的评价三大方面提出了标准和要求，为托幼机构提供了审视自身教育现状和保障教育质量持续发展的重要依据。2013年10月，教育标准办公室更新了《托幼机构督导评价要求》（Evaluation schedule for inspections of registered early years provision），同时还发布了《托幼机构自我评估表》（Early years self-evaluation form：For provision on the Early Years Register）《托幼机构自我评估表格填写指南》（Early years self-evaluation form guidance）等针对托幼机构实施自我评估的指导性文件和说明，为托幼机构和督导部门分别提供了实施自我评估和有效运用自我评估的依据与方法，进一步完善了英国托幼机构自我评估制度。这一制度的确立和完善使得国家标准、地方改革和托幼机构主动性三者形成合力，对英国学前教育质量的不断提高发挥了重要作用。

二、英国托幼机构自我评估制度的运行

与传统接受检查的督导形式不同，自我评估更加强调托幼机构作为评估主体的主动性和能动性的发挥，因此，英国托幼机构自我评估制度的运行需要督导部门和托幼机构共同协作，即在英国教育标准办公室等相关部门的指导下，托幼机构按照一定的程序和方法对自身的教育质量进行评估。为了更好地保证自我评估的运行，英国教育标准办公室明确了四项自我评估的原则：第一，自我评估的目的是效能的改进，而非仅仅为外部督导做准备；第二，自我评估的安排需要与学校自身日常管理结合起来；第三，自我评估要听取来自不同相关利益群体的声音；第四，对自我评估的过程进行记录和总结，关注改变所产生的影响，而不是事件罗列，每年至少更新一次[5]。这些原则关注到自我评估的实施重点和制度运行中的关键性要素，并具体体现在托幼机构自我评估的具体运行过程中。

（一）自我评估的程序

自我评估是一个过程，应贯穿于托幼机构的日常保教和管理工作。英国托幼机构自我评估的运行围绕着三个核心的问题展开：我们现在做得怎么样？我们是如何知道的？接下来我们应该做什么[6]？依据这一思路，英国托幼机构的自我评估将按照以下程序进行实施：第一步，对托幼机构的现状进行描述和鉴定；第二步，运用合理的方法和适当的工具对收集到的相关信息进行分析；第三步，在前两个步骤的基础上，结合外部督导可能

提供的指导制定下一步改进计划。

第一步，对托幼机构保教现状的客观性描述。例如，收集托幼机构的相关文件和资料，测量托幼机构的户外场地的面积，展示托幼机构所选择的教育项目，访谈了解包括幼儿家长在内的多个利益相关群体对于保教服务的满意或不满之处等，这是收集事实性证据的过程。第二步，运用评价方法分析相关信息，通过对这一环节的把控，使得自评结论不但基于前一步骤的大量事实性证据而得出，而且得出这些事实性证据的方法也经得起推敲和检验，增强了自评的科学性和严谨性[7]。例如，在运用文本分析法分析托幼机构的文件和计划时，不仅需要得出相关结果，还要分析这一方法运用得是否得当，是否为自我评估提供了客观准确的评估依据。第三步，托幼机构自评目标的确定，依据现有的信息提出可行的改进办法并加以实施，其目的不仅在于应付外部督导，更在于有针对性、有重点地提高托幼机构服务质量。

在客观描述—分析信息—确定目标这一系列程序的循环往复过程中，托幼机构不断记录总结、设定计划、发现问题、改进提高，在实践的过程中不断改进自身教育质量并促进自我评估制度的进一步完善。

（二）自我评估的主要内容

依据英国《2006 年儿童保育法》（Child care Act 2006）和《托幼机构督导评价要求》对教育督导的内容的要求，并结合自我评估的相关特点，托幼机构的自我评估主要关注托幼机构对于每一名幼儿在身心发展、知识能力和情感方面等需求的满足程度，体现了托幼机构阶段教育关注个别差异、重视积极关系、强调发展性环境等主要特点。评估的内容包括两部分：第一部分是对托幼机构结构性质量的评估，包括托幼机构的环境、人员设置和利益相关群体对于托幼机构的意见两项内容；第二部分是对托幼机构过程性质量的评估，包括教育水平、保育水平、管理水平和整体质量四项内容。

对托幼机构的环境设施和人员设置的评估要求托幼机构描述和评价自身基础建设和基本情况，主要包括房舍条件及基础设施、社区文化氛围、教职工工作环境、机构特色、幼儿基本情况等[8]。评估目的在于使托幼机构和外部督导人员了解全面完整的背景信息，以结合现状进行有针对性的改进和提高。

对利益相关群体对于托幼机构的意见和观点的评估要求托幼机构收集

和了解幼儿、家长、教职工、相关专家等群体的意见和建议，目的在于从多个视角全面客观地了解自身现状和存在的问题，同时为外部督导人员提供一定的参考。

对教育水平的评估要求托幼机构对如何满足所有幼儿的学习和发展需求进行评估，尤其要关注托幼机构能否满足不同幼儿的不同学习需求，以帮助幼儿实现早期学习目标并获得全面有效的发展。主要内容包括：具有探索性环境的创设、教师组织活动与幼儿自发活动的协调和平衡、具有针对性的发展计划的制定、活动中幼儿能力的发挥、教育活动对不同文化背景下幼儿的需求满足程度、家长对活动的支持等[9]。

对保育水平的评估要求托幼机构描述和评估其为幼儿的安全健康成长所做出的努力，除了幼儿的人身安全和身体健康，良好的师幼关系和健康的情绪情感也应是托幼机构所关注的重点。主要内容包括：教师与幼儿安全关系和情感联结的建立、舒适的生活环境的创设、合理饮食和锻炼习惯的养成、为适应小学生活（或下一阶段学习）所做的准备等[10]。

对管理水平的评估要求托幼机构评估其领导和管理在多大程度上引导和带动了托幼机构的发展，这是自我评估内容中非常重要的部分。主要包括：相关法令条例的理解和执行、保教活动的安排、科学有效的管理和评价系统的制定、教职工培训、与其他机构的合作等[11]。

对整体质量的评估，是托幼机构在对以上几个方面进行评估的基础上，就教育水平、保育水平、管理和领导水平三个方面的综合表现进行描述和总结，以了解当前所取得的成绩和存在的不足，对自身的教育质量和总体效能进行整体评估。

（三）自我评估的方法

英国的自我评估和外部督导一样，非常重视评价方法的科学性，许多机构的自我评估活动是借助于外部督导的评价方法来进行的[12]。托幼机构可以根据教育标准办公室 2013 年发布的《托幼机构督导评价要求》所提供的评价方法进行自我评估。

具体评估方法包括直接观察、参与式观察、访谈、个案分析、文本分析等。检查的方法主要由托幼机构的管理者或管理团队从专业的角度考察托幼机构的基本硬件设施、环境布置、教育内容的选择等是否符合相关法律或政策要求。直接观察的方法用于了解班级环境布置、活动中师幼互动和材料准备、幼儿情绪状态和卫生习惯、教职工工作生活环境等直观的或直接作用于幼儿发展的内容，托幼机构管理者和普通教职员工可以依据需要进行随机或有计划的观察；参与式观察的方法用于了解教师及中层管理者工作和准备情况等较为隐形但影响到托幼机构教育质量的内容，主要通过与中层管理者一同工作或与教师共同准备教育活动等方式收集资料；个案分析的方法用于分析幼儿现有水平及能力提升状况，托幼机构的教职工或管理层人员对个别幼儿的身体发展、情感发展、相关知识技能的掌握方面进行了解和分析，从而了解托幼机构在幼儿成长和发展中发挥的影响和效用；文本分析的方法是从科学性和实用性的角度对现有的工作计划、管理条例、幼儿个体发展计划等政策文件进行梳理和分析；访谈和座谈的方法主要用于了解托幼机构的管理情况，包括人员安排、入职和在职培训、人际关系等。

（四）自我评估的工具

为了保证各托幼机构自我评估的科学性和有效性，英国教育标准办公室制定了《托幼机构自我评估表》作为托幼机构开展自我评估的主要评估和记录工具，建议托幼机构每年至少填写一份自我评估表格作为记录和总结，并将自评表格的运用贯穿于自我评估过程的始终。各托幼机构可以到教育标准办公室网站下载或在线填写表格，并依据自身需求随时上传或递交到相关部门。

《托幼机构自我评估表》由评估简介和评估项目两部分组成。评估简介中明确指出，托幼机构自我评估的内容至少包含幼儿、家长、教工人员的观点和意见，专业人员、健康顾问、其他机构人员的意见和观点，托幼机构的优势、劣势和改进的计划三个部分，强调了评估主体的多元化和自我评估的发展性。同时，简介部分还为托幼机构实施自我评估和填写自评表格提供了填写说明、相关评估依据和评估标准，包括《托幼机构自我评估表格填写指南》《托幼机构督导评价要求》《早期发展标准框架》和《早期儿童发展表现》（Early Years Outcomes）。

《托幼机构自我评估表》的评估项目部分是评估表的主体，需要托幼机构根据实际情况填写和记录相关评估内容。除了按照每项内容下提供的参考要求如实填写相关信息及收集信息的方法，托幼机构还需填写自身有待改进的部分，并为自身的表现评级打分（杰出/良好/基本合格/不合格），以便督学能在督导的过程中根据自评表中的描述实施有针对性的检查和指导。相较于以往的自评表格，2013 年最新更新的自评表不再由一系列复杂且重复的问题组成，而是将关注点放在了外部督导所要评估的几个关键性判断和总体性判断上，评估结果的呈现较以往也更加开放[13]，为托幼机构提供了更多自主发挥的空间

表6 自评表格中评估项目的第五项"托幼机构领导与管理"

自我评估的主要方面	（1）达到《早期发展标准框架》的相关要求；（2）开展自我评估并制定发展计划；（3）管理教职工日常行为和专业发展；（4）具有相关安全措施；（5）开展合作
自我评估的依据标准	（1）《托幼机构自我评估表格填写指南》第9页内容；（2）《托幼机构督导评价要求》第14—18页内容
评价	（填写相关表现、依据和收集信息的方法）
有待改进	（填写有待改进的部分）
评分	杰出：具有示范性的表现
	良好：总体表现不错
	基本合格：表现不够好，有待提高
	不合格：需要重大改进

自评表格为托幼机构提供了自我评估的框架，也为外部督导提供了重要的参考资料和依据，是英国新督导框架的核心。需要强调的是，虽然自评表格在托幼机构自我评估的过程中具有重要的价值，但是填写自评表格并不等同于实施自我评估，自我评估应该是持续且常态的，填写自评表格是对托幼机构的发展运行和表现进行回顾和整合[14]，只是自我评估中的一个辅助环节。

尽管自我评估制度在实际教育工作中获得了较好的反馈和一定的成效，但由于自我评估自身的主观性和复杂性，托幼机构在开展自我评估的过程中难免存在一定的问题和困惑。例如，有案例研究表明学校自我评估的结果往往好于督导部门的评价结果[15]，因此，英国托幼机构自我评估制度的不断完善仍需相关督导部门和托幼机构自身的不断努力和进一步合作。

三、英国托幼机构自我评估制度对我国的启示

在我国，随着学前教育事业的发展逐步深入，幼儿园教育质量越来越受到人们的关注和重视，在加强政府监管的同时，如何引导幼儿园自主发展以提高学前教育质量也是当前亟待解决的问题。英国教育标准办公室实

施的外部督导、内部自评的方式有效地保证了托幼机构的教育质量，也为我国完善学前教育督导和提升幼儿园教育质量提供了经验和启示。

第一，重视幼儿园自我评估。自我评估是一种自发的、持续的、自下而上的评估，弥补了单一的外部督导带来的问题，同时有效促进了教育机构作为评价主体的主观能动性，在英国教育督导中发挥着重要的作用。幼儿园实施自我评估能使幼儿园了解自身发展水平，自觉地发现和改进问题，保证幼儿园教育质量；同时，外部督导部门能依据自评结果实施有针对性的督导评估，保证教育督导的有效性。我国教育部 2012 年印发的《学前教育督导评估暂行办法》要求加强学前教育督导，但由于我国对于学前教育质量的监控刚刚起步，上级部门和幼儿园自身对于自我评估的关注还相对较少。因此，相关部门和幼儿园应积极重视自我评估的重要价值，并在专业的指导下尝试建立自我评估的制度，以保证促进幼儿园教育质量的提高。

第二，自我评估的目的是改进与提高。自我评估是一个持续性的过程，英国的托幼机构就是在不断提问和回答"我们现在做得怎么样""我们是如何知道的""接下来我们应该做什么"三个问题的过程中获得了发展。目前，我国尚未形成完整的幼儿园自我评估体系，各幼儿园对自评目的的把握也有所偏差。多数幼儿园对自身的评估仍是以总结性评价为主，并将评奖评优和年度总结作为自评的目的和结果，忽视了评价对于教育质量改进的意义。虽然评优或总结引发的奖励和惩罚能在一定程度上对幼儿园教育质量产生积极影响，但也导致了评价过程中完整性和连续性的缺乏，大大降低了自我评估在提升教育质量方面的有效性。因此，幼儿园在实施自我评估时应明确其改进教育质量的首要目的，并将其融入到日常的工作和管理中。

第三，运用科学的方法和手段进行自我评估。在自我评估中运用科学的方法收集、分析信息，不仅有助于客观描述和评价幼儿园现状，还有助于提升整体管理水平和教职工素质，进一步确保幼儿园教育质量。英国托幼机构的自我评价借鉴了外部督导的评估方法，信息范围广泛、手段方法多样。相比之下，我国幼儿园多采用视察、听课评课等自上而下的评估方法，存在着信息通道狭窄、评估方法单一、方法运用不得当等问题。因此，应选用更科学和多样化的评估方法，拓宽信息收集的范围，从多种渠道了解自身的优势与不足；同时，运用观察、访谈、问卷、座谈、常规检查、活动互评、个案研究、文本分析等具体的方法对教师、幼儿及幼儿园的各项工作质量进行评估，并经常对评估的结果进行检验，以确保结果的客观公正。

第四，将自我评估与外部评估相结合。自我评估与外部督导二者的有机结合才能最有效地保证学前教育质量的提高。外部督导为内部评估提供指导，内部评估为外部督导提供资料，有效提升了自我评估的效果并保证了托幼机构的发展。目前，我国已开始关注对学前教育质量的督导和监控，如果能在开展外部督导的同时积极推进幼儿园自我评估，相关部门为幼儿园提供科学的指导和工具，幼儿园为上级督导部门提供真实的评估反馈，二者的合力必然能有效促进学前教育质量的提升和幼儿园的发展。

注　释

［1］OFSTED. The Report of Her Majesty's Chief Inspector of Education, Children's Services and Skills（Schools）［Z］. London：Ofsted，2013：1.

［2］赵德成. 英国学校督导体系变革的特点及其启示［J］. 外国教育研究，2011（2）：66－71.

［3］褚宏启. 基于学校改进的学校自我评估［J］. 教育发展研究，2009（24）：41－47.

［4］贾慧，刘朋. 注重学校自我评估：英国教育督导评估的新走向［J］. 外国中小学教育，2006（1）：13－15.

［5］DfES，OFSTED. A new relationship with schools：improving performance through school self-evaluation［Z］. London：DfES，2004：1.

［6］RR DONNELLEY. The child centre：self-evaluation in the early years［M］. Livingston：HMIE，2007：9.

［7］王璐，车金恒. 强化学校自我评价，提高督导效能［J］. 比较教育研究，2011（10）：71－76.

［8］OFSTED. Early years self-evaluation form guidance［Z］. London：Ofsted，2013：1.

［9］OFSTED. Early years self-evaluation form guidance［Z］. London：Ofsted，2013：1.

［10］OFSTED. Early years self-evaluation form guidance［Z］. London：Ofsted，2013：1.

［11］OFSTED. Early years self-evaluation form guidance［Z］. London：Ofsted，2013：1.

［12］王璐，车金恒. 强化学校自我评价，提高督导效能［J］. 比较教育研究，2011（10）：71－76.

［13］MARTIN BRADLEY. Guide to completing your Self-Evaluation Form (SEF) ［EB/OL］. http：//www. montessori. org. uk/ _ data/assets/pdf _ file/0010/100243/Completing _ your _ SEF _ 09 _ 04 _ 2013.

［14］CHRISTOPHER CHAPMAN，PAMELA SAMMONS. School self-evaluation for school improvement：what works and why ［M］. Berkshire：CfBT Education Trust，2013：28.

［15］JAN VANHOOF，PETER VAN PETEGEM. Evaluating the quality of self-evaluations：The（mis）match between internal and external meta-evaluation ［J］. Studies in Education，2010（36）：20－26.

［原文《英国托幼机构自我评估制度及其启示》与黎诩合作发表于《学前教育研究》2015 年第 1 期］

第五专题

为了儿童发展的幼儿教师专业发展路径的创新

在提高教师地位的整体政策中，专业化是最有前途的中长期策略。

——联合国教科文组织第45届国际教育大会

教师真正的教养性表现为：学生能从他身上看到一个引导他们攀登道德高峰的引路人，从他的话里听出他在号召他们成为忠于信念、对邪念不妥协的人。

——苏霍姆林斯基

人文关怀——教师专业发展的基石

　　人文关怀是对人的生存状况的关怀，对人的尊严与符合人性的生活条件的肯定及对人类的解放与自由的追求等[1]。教师专业发展是教师内在的专业结构的不断更新、演进和丰富的过程。教师专业发展首先是人的发展，强调教师人格的完善、自我价值的实现及个体主体性，因此，人文关怀理应体现在专业发展的过程之中。然而，在教师职业专业化和创建现代教师发展模式的趋势下，人们对教师的期望，大多集中于如何使教师成为一名合格或优秀的教师，教师需要具备哪些素质，在知识经济时代教师的角色转换，等等，教师专业发展的实用功利取向越来越突出。教师专业发展需要人文关怀。教师专业发展中的人文关怀是通过尊重、关心、合作、审美等创造知识、情趣、心理环境氛围，体现以人为本、服务和人文精神的关怀活动。这种人文关怀，既可以说是一种教育观念，也可以理解为教师专业化发展的基本素质，是教师专业发展的基石。

一、教师专业发展中人文关怀的失落

　　教师专业发展主要包括专业知识、专业技能、专业情意三方面的发展。专业知识是指教师在进行教育教学过程中需要掌握的一般教学法知识、课程知识、学科教学知识、学习者及其特点的知识、教育背景知识、教育目标和价值观及其哲学和历史背景的知识等；专业技能则是指教师在传授学生知识的过程中采取的方法、策略；专业情意包括教育理念、职业道德、自我专业发展需要和意识。在教师专业发展的过程中人文关怀缺失具体表现如下。

（一）注重教师专业知识及其评定，忽视教师专业发展的个性化

　　当前的教师专业发展，更多的是重视专业知识的发展，重视其作为一名"专业人"是否达到某种水平。教师专业发展的一个重要理论前提是假定教学专业的"知识基础"已经确立。教育教学中，过多地强调专业知

识，强调专业知识发展的量化评定、等级制度，往往造成教师更多地去追求达到某种专业知识水平，许多无谓的考级、教学检查和评定牵扯了教师太多的精力，教师没有属于自己专业发展的时空。苏格拉底曾说过，缺乏审视的生活是没有意义的。教师不是承载知识的工具，教师的发展应该是全面的，更应该是自由的，教师需要在工作时间之内有静心思考、读书的时间。教师不应在追求专业知识的过程中失去个人的自由，变成一个匆匆的"行者"，变成一个被剥夺了专业知识发展自由的"教书匠"。

（二）重视技术理性至上的教师专业技能的培养，忽视教师主体性

知识社会中对教师大规模标准化的改革，其影响已经席卷整个世界。面对剧烈而毫无感情的强制性变革，教师的情感世界被完全颠倒了。在专业技能发展中过于强调技术理性，把教师专业技能异化为按照教学法规范和科层权力制定的管理规范，充分运用教学技能高效率地教知识以保证学生考试成功的工具。教师要按照统一的教学大纲、统一的教学计划来进行教学，教师的主体性不能得到有效的发挥。教师如果是没有主体性的人，也就是没有独立个性的人。缺乏人文关怀的教师专业技能的发展使得教师在教育教学中，只能遵从上级教育行政部门及学校的领导，拘泥于教材及教学大纲，在教学中只起着传声筒的作用，不能把自己的理念、学品融入到教学中，进而渗透进学生的生命个体中。在这种情况下，教师失去了专业技能使用的自主权，工作没有创造性，享受不到教育过程中的苦乐，自身主体性价值也得不到体现。

（三）教师专业情意的培养边缘化，忽视教师专业发展中的情感支撑

教师发展不仅是教育技能与知识的成长，更是专业伦理、道德品质、实践智慧、文化底蕴等方面的成长，一名只接受学科理论与教学知识培训的教师，如果缺乏专业伦理、实践智慧和人文底蕴，就失去了成为优秀教师的原动力。一名教师如果只是精熟于各种知识技能，缺少文化底蕴、伦理关怀和实践智慧，那么他至多也只是一个机械的教书匠，难以成为一名优秀的教育者。教师从事的是"情感劳动"，在实际工作中，教师往往努力去感觉和表达工作所要求的恰当的情感。但是，如果教师本身的情感没有得到应有的关注，工作疲惫又得不到有效的缓解，无疑会增加教师的负担，使之动力衰竭，士气耗尽。因此，必须改革当下的教师专业发展中对教师专业情意发展培养的漠视，超越狭隘的学科主义和片面的专业化教

育，突显教师专业情意的培养，帮助教师成为具有人文底蕴、伦理关怀和实践智慧的教育者。

二、教师专业发展中人文关怀缺失的溯源

无论东西方，自古就有优良的人文关怀传统。但是，随着社会及经济的发展，随着教育的平民化、世俗化和功利化，这种德育上的人文关怀精神逐渐失落。究其原因，笔者认为主要源自以下几个方面。

（一）专业发展制度的不完善

我国教师专业发展制度还不健全，专业发展目的不明确、灵活性较差。教师专业发展已经提出几十年，但是仍有相当一部分教师、甚至教育管理者都没有明确教师专业发展的目的是什么，导致教育资源与教师资源的巨大浪费。因此，很多时候，教师专业发展往往过于强调教师专业的某一个方面，而不是注重教师完整地发展。制度不完善的另外一个弊端，就是对教师专业发展考察力度及考察方式的偏颇，目前，对教师专业发展的考察方式都过于死板，操作流于形式，有名无实；激励机制上，重物质刺激，轻精神鼓励。当前许多学校信奉经济假设和金钱万能，分数不仅是学生的命根，更是教师的命根。一切与工资奖金挂钩，不关心教师精神上的需求，甚至有的学校推行企业化管理，对教师专业发展重"管"轻"疏"，把"管理"理解成"管制、约束"，利用行政手段进行强制管理，等等，存在着诸多不利于教师专业发展的管理因素，这种做法已成为制约教师专业化发展的紧箍咒。

（二）技术型专业化的流弊

当下教师专业发展的模式主要有两种，一是技能熟练模式，主张教师职业同其他专业职务一样，把专业属性置于专业领域的科学知识与技术的成熟度上。二是反思性实践模式，认为教学实践是一种囊括了政治、经济、伦理、文化、社会的实践活动。这种模式中的教师的专业程度是凭借"实践性知识"来加以保障的。长期以来，教育界一直倡导反思性实践模式，认为是教师专业发展的比较科学和持久的模式。但是，无论是技能熟练模式还是反思性实践模式，都是以教学技能的完善来实现教师专业发展。在这种教育技能的完善过程中，无论是在职教育还是职后培训，都过分依赖于僵化、固定的教材教条，与教师的日常教育生活相脱节，也与教

师们丰富的个体实践和个人需要相疏离。故此，教师专业发展被理解为是一个理性、逻辑性、线性化的过程，放弃了对教师发展中非理性、个人化、多元性的关注，在强化某种形式主义的专业化过程中，放弃了教师的教育灵魂和教育智慧。

（三）功利主义观念的侵蚀

中国人自古把知识当作改善自身社会地位和物质生活的敲门砖，"十年寒窗无人问，一举成名天下知"，这种思想千百年来已经成为中国人对待知识的工具性作用的某种共识。至于知识对人提升自身对世界、社会、人生的认识作用通常只是以某种副产品的形象出现。社会风气对教师的影响不容低估，直接导致了教师从教的功利性。有限的资源、激增的需求、优先的培训注定使自己的生活时间匮乏，个人主义盛行……[2]教师"只能孤独地工作，孤独地生活，孤独地应对变革"。一些教师并不能够安于清贫热爱工作，对于很多教师来说，其职业行为只是为了谋生，得到社会的认同，而不是完善自己的智慧与人格。一些教师失去了自己独立自主的个性，忽视了人的自我发展、自我创造、自我实现，专业情感偏离了正常的轨道。对他们来说，教师职业的尊严和欢乐，主要取决于社会公众的外在承认和给予，取决于过程的结果而不是过程本身；它是用工具价值换来的。教育是一种基于个人信念的行为，也就意味着教师的行为更多的应该是自发的、真诚的、内源性的，而不是出于外在利益的诱惑，不是纯粹基于个人私利的；教育应该是高度自觉的而不是盲目的；教育是基于生命的灵动与热情，而不是机械麻木和冷漠。

三、重建：人文关怀成为教师专业发展的基石

美国学者特朗托说过："如果道德哲学关心人们生活的幸福，我们就有理由期望关怀在道德理论中拥有重要的意义。"[3]《教育——财富蕴藏其中》也提出："人既是发展的主角，又是发展的终极目标。"[4]在教师专业发展中凸显人的价值，让人文关怀真正走入教师专业成长过程，并贯穿于发展的整个过程，应该从以下几个方面来落实。

（一）把人文关怀融入教师培训

教师的专业成长过程需要体现人文关怀，无论是职前教育，还是职后培训，都应该把人文关怀作为重要的教育内容纳入到整个教育过程中。遗

憾的是，在教师的培训过程中，即使是在教育比较发达的北京、上海、辽宁、广东等地区，目前也没有把人文关怀作为教师的培训内容。没有了这个人文关怀的基石，教师的专业化成长很可能成为空中楼阁，无论教师的教学能力多强，也很难切实提高教师的幸福指数，教师强大的教学能力最终会沦为压迫学生思想成长剥夺学生思考能力的工具，成为教师办补课班赚钱的工具。因此，必须把教师的专业化成长建立在人文关怀的基础之上，让人文关怀在教师培训中占据基础性地位。

（二）人文关怀以学校为主体

一个学校是否提倡人文关怀精神，取决于学校领导的重视。因此，学校主要负责人是否具有人文关怀精神，在很大程度上决定了一个学校教师是否重视在专业化成长中纳入人文关怀精神。所以，教育主管部门应该加强对各级各类校长的培训，使之充分认识到人文关怀在一个学校成长中的重要性。

教育主管部门应该加强对学校与人文关怀内容相关建设的考核，让人文关怀精神的建设成绩与学校领导的业绩挂钩。虽然，把人文关怀与各类业绩挂钩，与人文关怀的初衷不相符合，但在当前社会环境下，这是促进人文关怀精神能够得到有效贯彻的不得已而为之的办法。学校在培养教师人文关怀精神过程中，要努力构建人文关怀氛围，在学校管理和制度中，要以人为本，使教师在体会自身的被关怀、被尊重的过程中，逐步培养起人文精神，具备独立人格，使教师在被爱的过程中形成爱人的能力。这是教师最终成为具有人文关怀精神的个人的十分重要的途径。如果一所学校没有人文关怀精神，教师很容易沦为应试教育的工具。

（三）人文关怀的获得需要教师发挥主观能动性

教师首先是人。美国心理学会主席马斯洛在他的需要层次理论中指出，人是有被尊重的心理需要和自我实现的需要的，教师专业化成长，在提高教师能力的同时，能够使教师获得他人在能力上的尊重，但是不能使教师获得人格上的尊重。而自我实现如果仅仅建立在个人能力被他人尊重的前提下，把他人尊重作为自我实现的目的，是不能使教师获得内心深处的自我认同的，即使有人自我认同，也是一种浅层次的自我满足。教师如果能把对他人的人文关怀作为自己的追求，那么他可以获得他人真诚的尊重，以及自身更为真切的心理认同感。这样教师就可能在对他人的人文关怀中获得他人对自身的人文关怀。这也是教师这个特殊的职业所能提供给教育工作者的一份特殊的礼物。这样教师才能在教育工作中体会到教育是一种事业，在职业乐趣的体验中，有效地消除职业倦怠。

教师除了要有精深的专业知识外，还必须加强对其他人文学科的学习，如文学、历史、哲学、地理等。如果教师具有丰富的人文知识，并且能够融会贯通，不仅可以开阔眼界，提高修养，还可以充分发挥其他人文学科资源，在教学中旁征博引，综合运用，挖掘出教材更深层次的内涵，让教学更加丰富多彩，活泼有趣。教师在加强人文学科学习的同时，应将人文精神内化为一种品质，这就要求教师要有高尚的人格。"学高为师，身正为范"，教师要以自己的一言一行来教育和感化学生。教师应认识到在人格上师生没有高低之分，应平等相待，课堂上也应平等交流，尊重学生的创造性，抓住学生的闪光点。

教师专业发展中凸显人文关怀，不仅仅是教师教育的一个重要内容，也是教师个人生活幸福的前提；它不仅仅是社会对教师寄予的高度期望，也应该是教师内心世界的基本需要；教师个人专业素养的提高，不应仅仅局限于教育能力的小范围内，而应该把教师的人文关怀能力即教师的爱的能力作为教师专业成长的基石。

注　释

[1] 俞吾金. 人文关怀：马克思哲学的另一个维度 [J]. 新华文摘，2001 (11)：5.

[2] 安迪·哈格里夫斯. 知识社会中的教学网 [M]. 熊建辉，等译. 上海：华东师范大学出版社，2007：72.

[3] JOAN C TRONTO. Moral Boundaries [M]. New York and London：Routledge. Chapman and Hall，Inc. 1993：125.

[4] 国际21世纪教育委员会. 教育——财富蕴藏其中 [M]. 成都：四川人民出版社，1997：496.

[原文《人文关怀——教师专业发展的基石》与张妮妮合作发表于《当代教育科学》2011年第11期。收录于本书时有改编]

幼儿园教师专业成长需要人文关怀

人文关怀是对人的生存状况的关注，对符合人性的生活条件的肯定，对人类解放和人性自由的追求，体现了一种人文精神[1]。这种人文精神强调以人为价值核心和社会本位，把人的生存和发展作为最高价值目标，对人的合理需求给予满足，对人的价值实现、身心发展等愿望给予全面关怀。

在西方思想史中，从伊壁鸠鲁学派的"快乐主义"到斯多葛学派的"至善主义"，从中世纪神学的"神的意志"到文艺复兴时期的"人是宇宙的精华，万物的灵长"，从费尔巴哈的"爱是人生命存在的本质"到叔本华、尼采等非理性主义者的"在意志、情感、潜意识中体验人的本质"，都渗透着浓郁的人文关怀倾向[2]。我国古代的思想体系中也蕴涵深切的人文关怀理念。孔子的仁学在探讨人的本质、理想及生死与自由等问题的同时，展现了富有特色的关注现实人生的人文精神[3]。在当代，人文关怀的内涵更加丰富，表现为对人的自身存在和发展中遇到的各种问题的关注、探索和解答。人文关怀作为当今时代发展的主流趋向，凸显了个人的独立价值，反映了人对自身本质的深刻领悟，正日益渗透到社会发展的各个领域，成为社会健康、稳定发展的指导理念。将人文关怀理念引入幼儿园教师的专业成长过程，对促进幼儿园教师的专业成长具有重要意义。

幼儿园教师专业成长是一个过程，是幼儿园教师通过终身专业训练，习得教育专业知识和技能，实施专业自主，加强专业修养，逐步提高专业素质，"达到专业成熟"的过程[4]。幼儿园教师在"教育科学化"的技术理性环境中成长，承载着"塑造人类灵魂"的道义，背负着重大的社会责任。幼儿园教师的专业成长不仅需要幼儿园教师自身的努力，而且需要良好的外部支持。良好的外部支持是幼儿园教师专业成长必不可少的条件。然而，长期以来幼儿园教师专业成长的理想与现实之间存在很大的矛盾。在幼儿园教师专业成长过程中，科学精神超越了人文精神，严格的考核要求超越了对幼儿园教师劳动复杂性的体谅，幼儿园教师的主体性被严重忽视了。将人文关怀理念引入幼儿园教师的专业成长过程，建立充满人文关怀的幼儿园教师专业成长环境，能够激励幼儿园教师的主体自觉性、主动性和能动性，使幼儿园教师的专业成长过程充满生机与活力。

在幼儿园教师专业成长过程中，幼儿园管理者、幼儿家长及学前教育专家是重要的参与者。来自管理者、家长和专家的人文关怀能够促进幼儿园教师的专业成长。人文关怀应该体现在管理者、家长及专家与幼儿园教师交往的具体行动中。要尊重幼儿园教师的社会地位，承认幼儿园教师的劳动价值，为幼儿园教师提供一个充满人文关怀的专业成长空间。

一、幼儿园管理者对幼儿园教师专业成长的人文关怀

随着市场经济的发展，幼儿园的经营方式日益市场化、企业化。幼儿园有时会过度追求入园率及经济利益，在对教师的管理上偏重于行政控制和物质刺激，严重忽视了教师的主体性。为了促进幼儿园教师的专业成长，幼儿园管理者应该秉承人文关怀的理念，转变管理方式，为幼儿园教师的专业成长创造条件。

1. 切实关怀幼儿园教师的主体地位与权利

幼儿园管理者不能仅仅把幼儿园教师看作创造和追求经济利益的劳动者，还应该关注幼儿园教师实现自我价值的需求，为幼儿园教师提供参与幼儿园管理、协同管理者制定幼儿园规章制度的机会，充分体现幼儿园教师的主人翁地位。作为幼儿园的主体，幼儿园教师不仅拥有对幼儿园重大事务决策的知情权和建议权，还应该具有监督权和否决权。人文关怀应该充盈在幼儿园的每一个角落，体现在每一个细节中。

2. 为幼儿园教师创造自我实现的良好条件

科学的管理制度和激励制度可以促使幼儿园教师勤奋工作，并在工作中不断享受挑战自己的乐趣，加速专业成长，最终实现个人的生命价值。幼儿园管理者可以与幼儿园教师互相交流，了解他们的性格、能力及对自身专业成长的期望，协助他们设计制订符合自身条件的成长规划，使幼儿园教师的专业成长更具合理性。幼儿园管理者可以为幼儿园教师建立专业成长档案，帮助幼儿园教师通过成长档案了解自己每一阶段的成长历程，结合各个成长阶段的特点不断反思，提高成长效率。同时，幼儿园管理者还应该为幼儿园教师提供丰富的学习机会，例如职后培训、专家讲座等，让幼儿园教师通过各种学习、交流活动，了解学前教育专业的发展趋势，激发幼儿园教师的自主成长意愿。

3. 充分发挥幼儿园教师的创造才能

作为教育改革的主体之一，幼儿园教师是教育教学改革的基础、前提和动力。幼儿园管理者应该为幼儿园教师提供更大的工作空间，充分发挥幼儿园教师的创造才能。幼儿园管理者要努力为幼儿园教师营造一个温暖和谐的人文环境，尊重和关心幼儿园教师的情感变化，认真倾听幼儿园教师的心声，提倡发表不同见解，在宽松自由的环境中实现幼儿园教师的个性化发展。

二、幼儿家长对幼儿园教师专业成长的人文关怀

幼儿家长与幼儿园教师之间的经常性交往活动也能促进幼儿园教师的专业成长。"家庭是幼儿园重要的合作伙伴。"[5]家长选择适当的方式参与幼儿园管理等工作，能够促进幼儿园教师的成长[6]。幼儿家长能为幼儿园教师提供丰富的幼儿资料，通过和家长的交流，幼儿园教师可以了解幼儿在家的生活、学习情况，以及幼儿对幼儿园学习、生活的感受，以便从不同角度考虑问题，提高专业敏感性和教学艺术性。幼儿家长是幼儿园的重要教育资源，是幼儿园的教育合作伙伴。来自幼儿家长的人文关怀能够促使幼儿园教师真切体会到自己的劳动价值，获得职业幸福感，从而更积极地投入工作，加速专业成长。

1. 充分尊重幼儿园教师的职业

幼儿家长对幼儿园教师职业的充分尊重，对幼儿园教师劳动成果的充分肯定，有利于提高幼儿园教师的社会地位，提升幼儿园教师的自身价值。

2. 充分理解幼儿园教师的工作

幼儿家长的理解是幼儿园教师增强工作自信心、提高工作成就感的有力保障。有了幼儿家长的理解，幼儿园教师就可以放开手脚，在为了幼儿的前提下，全身心地投入工作，进一步提高工作质量。

3. 积极配合幼儿园教师的工作

通过与幼儿家长各种方式的交流，幼儿园教师的思路和视野会更开阔，专业成长的平台与渠道也会得到扩展。幼儿家长应该成为幼儿园教师的合作伙伴，积极配合幼儿园教师的工作，主动参与幼儿园的各项活动，经常和幼儿园教师交流探讨幼儿成长中的各种问题，共同寻找解决办法，推动幼儿园教师的专业成长。

三、学前教育专家对幼儿园教师专业成长的人文关怀

"教师要能工作好，不仅需要足够的资历，也要有足够的支持……例如，外部专家对学校教育或对校外教育实践提供的协助。"[7]学前教育专家受过教育理论的专业训练，既拥有丰富扎实的理论知识，又能充分理解教育领域的目标和方法，能从专家视角做出判断，预测教育结果。学前教育专家应该秉承人文关怀理念，与幼儿园教师真诚交流，辅助幼儿园教师专业成长。

1. 丰富幼儿园教师的专业知识

幼儿园教师的专业成长需要专家的支持。学前教育专家的支持首先表现为丰富幼儿园教师的专业知识，提高幼儿园教师的理论素养。在向幼儿园教师传授知识时，学前教育专家应该考虑到幼儿园教师的文化层次和个体差异，耐心对待每一位幼儿园教师，将教育理论与教育实践紧密结合，提高幼儿园教师解决实际问题的能力。

2. 尊重和理解幼儿园教师的实践活动

在审视幼儿园教师的实际工作时，专家应该尊重、理解和体谅幼儿园教师的实践活动，要在充分肯定幼儿园教师的努力与进步的基础上，通过和幼儿园教师的真诚探讨，帮助幼儿园教师分析问题，逐步提高幼儿园教师组织教育活动的能力。专家的理解和尊重能够开拓幼儿园教师的思路，激励他们更加主动地去探索、解决实践问题。

3. 帮助幼儿园教师开展教育教学研究

来自学前教育专家的人文关怀能够帮助幼儿园教师认识到自身价值，充分发挥个人潜能，促进幼儿园教师的整体、长远发展。

幼儿园教师参与教育教学研究，能够增强专业自信心，加速专业成长。学前教育专家应该关注幼儿园教师的研究需要，帮助幼儿园教师成长为"专家型""反思型"教师。学前教育专家可以协助幼儿园教师分析自己的教育教学情况，指导幼儿园教师确定研究课题，设计研究方案，收集研究资料，最终形成研究成果，逐渐提高幼儿园教师的科研能力，提高幼儿园教师从事教学研究的自我效能感，进而激发其专业发展的内在需求。

幼儿园教师的专业成长需要人文关怀。尊重幼儿园教师的人格，维护幼儿园教师的权利，关注幼儿园教师的生存状态，重视幼儿园教师的主体性地位，使幼儿园教师在充满人文关怀的氛围中不断实现专业成长，这不仅是幼儿园教师专业成长的要求，也是社会发展的必然。

注　释

[1] 段向云. 马克思主义的人文关怀及其在我国现阶段的体现 [J]. 理论导刊，2004（7）：46—47.

[2] 刘建娥. 论人文关怀 [J]. 玉溪师范学院学报，2003（1）：27—31.

[3] 冯友兰. 中国哲学简史 [M]. 北京：北京大学出版社，1996：39.

[4] 教育部师范教育司. 教师专业化的理论与实践 [M]. 北京：人民教育出版社，2003：46—50.

[5] 教育部基础教育司.《幼儿园教育指导纲要（试行）》解读 [M]. 南京：江苏教育出版社，2002.

[6] 联合国教科文组织国际教育发展委员会. 教育：财富蕴藏其中 [M]. 北京：教育科学出版社，2004：146—147.

[7] 联合国教科文组织国际教育发展委员会. 教育：财富蕴藏其中 [M]. 北京：教育科学出版社，2004：146—147.

［原文《幼儿园教师专业成长需要人文关怀》与刘艳滨合作发表于《幼儿教育》2007 年第 2 期］

教师专业自主权的三维解析

要完整地理解教师专业自主权的内涵，需要先界定"专业""自主""权利"的含义。"专业"即专门职业，在现代社会生活中，人们越来越依赖专业的存在，如医生、律师等。按照社会功能学派的观点，除市场和科层制之外，专业已成为组织社会的"第三种逻辑"。专业的主要特征是"以知识服务于权力"，教师将有利于国家权力统治与稳定的知识系统化并进行传承，从此意义上讲，教师职业应当是专业。"自主"的基本含义是自己做主，不受他人干涉。自主与身体健康是人的基本需要，自主从最低意义上意味着"对于应该做什么和如何去做，可以做出明智的选择"[1]。专业自主是指从业人员在开展相关工作时，以专业精神、专业知识、专业技能为基础，对做什么和如何去做，独立地做出判断、选择与决定，不受他人的干扰、控制和强制。对于"权利"，众说纷纭，有"利益说""资格说""能力说""自由说""可能说""规范说""选择说"等。笔者认为，权利是具备相应资格的主体享有和获取利益的自由，有一定的限度，是在社会规则体系承认范围内的自由。从权利多维度的视角出发，教师专业自主权可以从以下三方面进行解析。

一、价值之维：教师专业自主权是教师在专业领域内的行为自由

权利是自由的观点由来已久，荷兰哲学家斯宾诺莎、英国哲学家霍布斯、德国哲学家康德和黑格尔、美国法学家霍姆斯等人用自由界定和表征权利。斯宾诺莎首次提出"权利就是一切免于干扰的条件"，霍布斯认为"权利存在于做或不做什么的自由之中"[2]。如果说斯宾诺莎指出权利是免于干扰的自由，那么霍布斯则进一步阐释了权利是一种行为自由，即主体可以在做与不做之间进行选择。无论主体选择做或不做，都不受外在的干扰、控制和强制。康德、黑格尔也用自由来解说权利，但偏重于意志。康德认为，权利就是"意志的自由行使""任何人的有意识的行为，按照一

条普遍的自由法则，确实能够和其他人的有意识的行为相协调"[3]。康德不仅指出权利是主体意志支配下的行为自由，而且认为自由以不妨碍他人的自由为普遍法则。黑格尔认为："权利的基础是精神；它们的确定地位和出发点是意志。意志是自由的，所以意志既是权利的实质又是权利的目标，而权利体系则是已成现实的自由王国。"[4]通过自由说可知，权利是按照某种共同的法则，由主体意志支配的行为自由。教师专业自主权是在专业领域内，由教师意志支配的行为自由，教师可以根据自己的选择做或不做某事，或决定如何做某事，并免受非专业人员的干扰。具体到教育教学活动中，教师可以在不妨碍其他主体自由的前提下，依据自己的专业精神、专业知识和专业技能，选择适当的教学目标、教学方法、教学内容，选择组织和管理学生学习的方法，选择适合自己的专业发展路径，选择参与决策幼儿园事务的方式等。

教师的行为不是完全自由的，是受条件制约的。首先，作为社会人，教师在专业领域内的行为必须符合社会规则。社会是不同成员的集合体，个人只是其中的一员。生活在社会中的成员在不同的历史时期有各自不同的权利主张，即使在同一时期，社会成员的权利主张也是各种各样的。为了使复杂的社会能够得以运行，必须确定一套大家公认的规则体系，否则社会成员就如同生活在原始丛林中，靠着动物的本性过弱肉强食的生活。但不管规则如何构建，其核心内容是规定在某种社会中，何种行为是正当的，是可以自由行使的。尽管在不同历史时期和不同的国度中，社会规则是不同的，但存在着最低限度的规则。其次，作为专业人，教师在专业领域内的行为必须遵守教育教学规律，即按照人的身心发展规律实施教育教学活动。教育教学规律是教师在专业领域内的行为准则和规范，按规律办事能防止教师行为的随意性，将教师行为限定在合理的范围内。人的身心发展具有顺序性、阶段性、不均衡性和个体差异性。在教育教学活动中，教师必须遵守循序渐进的原则，无论是教授知识技能还是培养儿童的思想品德，都应由浅入深，由少到多，由简到繁，由易到难，由具体到抽象，对不同年龄阶段的儿童采取不同的内容和方法，把握儿童学习的最佳期和关键期，正视儿童的个体差异性，根据儿童的发展水平采取有针对性的教育。教师按照儿童的身心发展规律进行教育教学，能够满足儿童成长的需要，促进儿童的发展。如果教师违反儿童的身心发展规律，采用填鸭式教学、恐吓式教学、拔苗助长式教学等，会影响儿童学习的积极性和创造性，在实质上侵犯了儿童的受教育权。第三，社会人要想成为教师专业人，必须具备相应的资格。职业工作的高度专业化对从业人员有较高的要求，缺乏规定的训练与技能的人无法获得从事这类工作的资格。要想获得这种资格，就必须进行长时期的专业训练，培养出专业的精神、知识和技能。同时，在从事专业活动时，从业人员必须遵守伦理道德。总而言之，社会成员要想成为教师，必须接受长时间的专业训练，获得教师从业资格，在职后也要积极主动参加培训、进修，同时，必须遵守以人为本的理念，遵循启发诱导、循序渐进、因材施教等教育原则，践行热爱教育、有教无类、为人师表、终身学习的教育生活。

二、动力之维：教师专业自主权是建立在教师自主行为基础之上的

自主是主体有意识的行为活动，主要有三个基本特征：主体性、行为性和自律性。首先，自主有别于他主，是主体积极、主动、自觉的行为活动，而不是在外界的各种压力和要求下被动的行为活动，这充分体现了主体的主观能动性。其次，自主是一种行为能力，不仅仅存在于人的头脑中，即"我想"，更重要的是体现在实际行动上，即"我做"。为了能够做某事，主体需要具备相应的选择、判断、决定能力。第三，自主需要约束，没有约束的自主容易演变成胡作非为。对主体最有效的约束是自律，主体应该在实践上和道德上对自己的行为负责，在采取行为之前，主体应该考虑行为的结果。

教师专业自主权是建立在教师主体性基础之上的。按照权利主体的行为方式划分，权利主体本人以作为方式行使的权利为"积极权利"，权利主体以不作为方式行使的权利称为"消极权利"[5]。相比较而言，教师专业自主权的享有和获取更需要教师作为主体的行为。具体到教育教学过程中，教师应该能够按照自己的意志行事，而不是处于"被安排"的境地，成为践行他人意志的工具。教师应该意识到自己是教学过程中的主体，而不是他人行为的对象；教师的行为出于教师自己的理性，而不是外在的原因；教师应该能够有意识地设定自己的目标，并且去实现它们。

教师专业自主权是建立在教师行为性基础之上的。通常情况下，权利主体是根据自我利益通过做或不做的方式来行使权利。"个人在表达他们的自主意识时，参照了他们制定目标和策略的能力，以及在他们参与的活动中实施这些目标和策略的意图。他们相信这些目标和策略有利于自己的

利益。"[6]利益包括物质利益和精神利益，物质利益是有形的，是能够满足人的物质需求的物质实在，精神利益是无形的，其获得必须通过物质实在的中介。精神利益并不总是意味着人们对物质实在的占有，有时需要付出自己所拥有的物质实在。与医生、律师等专业相比，教师职业的物质待遇不高，是一个服务多于回报的职业。教师职业能够带给教师的更多的是精神层面的满足。教师职业可以使人超越纯粹物质欲望的追求，获得尊重与认可，感受到幸福和美的存在，实现自我，彰显生命的价值和意义。

教师职业能够带给教师的种种满足是建立在教师自主行为基础之上的，如果教师缺乏行为能力，是不能体验和享受到精神满足的。目前，教师职业倦怠的问题困扰着广大教师，影响了教师专业化的进程和教育事业的发展。消解职业倦怠的策略是让教师在工作中获得满足，而使教师在工作中获得满足，除了外在赋权，更重要的是内在增能。因为即使外在赋权，教师没有自主行为的能力，也体验不到精神的满足，教师专业自主权就会名存实亡。如果教师具备自主行为的能力，那么教师就能够支配自身的行为，按自己的意愿利用和改造外在环境，使教师专业自主权实至名归。

教师专业自主权是建立在教师自律性基础之上的。个体自主可分为两个方面：内在自主和外在自主。内在自主是指主体有能力支配自身的行为，自觉地实现自己的发展目标，外在自主是主体能够排除外在干扰，按自己的意愿利用和改造外部环境。不管是内在自主还是外在自主，除了受主体自我约束之外，还受到外部关系的总体制约和限制。作为社会人和专业人，教师自主是教师在符合社会规则体系和教育教学规律的前提下，依据自身能力判断、选择、决定在教育教学过程中应该做什么和如何做，并对行为的结果负责。

三、实践之维：教师专业自主权处于完整的、动态的发展过程中

按照从道德到法律再到事实的三种形态，权利可分为应有权利、法律权利和实有权利。应有权利指道德意义上的权利，其内容和范围最为广泛，是人应享有的一切权利的总和，一旦受到侵犯，只能通过社会舆论的谴责来维权，力量微弱。法律权利是法律制度认可与支持的权利，范围比应有权利小，因为立法时要受到社会经济制度、政治制度等各方面的限制，所以道德上要求的权利并不能全部转化为法律权利。法律权利以国家权力为依托，一旦受到侵犯，国家可以用强制力进行惩罚，并给予补偿救

济。实有权利是在现实生活中，被人意识到并享有和行使的权利，其范围更小。应有权利只有转化为实有权利，才能真正发挥作用，否则只是观念中的权利和纸上的权利。

教师专业自主权同样存在应有、法有和实有三种状态。作为应有权利，教师专业自主权已得到社会大众的认可。1996年联合国教科文组织第45届国际教育大会建议要给予教师更多的自主权和责任，提高教师的专业地位。作为现代社会生活中不可或缺的职业，从国家利益的角度出发，教师专业自主权应当得到法律的认可。同时，法律还应当制定教师专业自主权保障机制和权利救济机制，当教师专业自主权受到侵犯时，教师能够凭借一定的法律，对已被侵犯的权利进行恢复和补救。从应有权利转化为法律权利，只是进行了一种宣告。只有从法律权利再次转化为实有权利，才能成为实际享有到的权利。由于教师的自主性不同，所面临的外在自由度不同，在教师专业自主权从法律权利转化为实有权利的过程中，教师实际享有和行使权利的程度也不同。自主权是权利与自主的结合。权利是"可以"，代表了某种可能性，即主体拥有权利可以去做某事。法律权利是国家权力有效保障的"可以"。自主是"能够"，即主体有意识、有能力去做某事。有权利而无自主，权利会流于形式；有自主而无权利，自主没有施展的空间。在自主权中，权利是自主的外部条件，拥有权利主体就有做某事的机会；自主是权利的内在动力，有自主权利才能得到行使。教师专业自主权的享有和行使，需要具备个体自主和外在自由双重条件。教师个体自主通过外在自由获取行使权利的机会；外在自由通过教师个体自主实现权利的价值。

基于教师个体自主性的强弱和外部自由度的伸缩，教师专业自主权的享有和行使处于动态的发展中。在现实生活中，教师个体自主的发展有赖于教师自身意识和能力的提高。随着时间变化，教师应该在原有意识和能力的基础上，向着更加自主的层次发展。处于社会生活中的人，不是自己教自己如何采取行动，而是通过向别人学习进而学会该如何行动。借助班杜拉等社会学习理论家关于自主学习的理论，教师的学习应该包括三个具体的环节，"观察，判断，反应"[7]。观察是教师对自身所处的环境及自身在该环境中应该做些什么的观察和理解，在校学生的实习，在职教师的看课都属于观察；判断是将观察到的结果与教师自身的行为相比较而做出判断和评价：为什么某教师的课讲得那么精彩？为什么某教师可以从普通教师成长为名师？自己与其相比较，有何不足？反映是基于对学习的自我判断和评价而产生的内心体验和行为表现。观察和判断，能激发教师的自主意识，并体现到行动中。外在自由的扩展有赖于教育行政管理部门及社会大众对教师职业认识的提升。在教师职业发展的不同阶段，教育行政管理人员及其他社会群体等对教师的权利及权利行使的自主程度存在认识上的差异，并在客观上使得教师专业自主权的赋予程度、行使范围和行使的有效性有所不同。随着教师职业专业化发展水平及社会声望的不断提高，社会对教师专业自主权的认同感逐渐增强，政府的相关政策保障机制也在不断地完善，教师专业自主的空间在不断拓展。

综上所述，教师专业自主权是具备教师资格的社会主体在专业领域内，在符合社会规则体系和教育教学规律的前提下，依靠自身的专业精神、知识和技能进行选择、判断和决定，以满足以教师精神需要为目的的行为自由。教师专业自主权既应当免受外在不必要的干扰，又应当受国家权力的保障。教师专业自主权的实际享有和行使处于动态的发展过程中，需要教师个体自主性的提升和外在自由度的扩展。尽管目前教师专业自主权得到了社会大众的认可，但其从应有权利到现实权利的完全转化仍是一个漫长而又复杂的过程，并超越了教育自身的范畴，交织着一个国家的政治法律制度、社会经济形态和文化传统等因素的影响。

注　释

[1] 莱恩·多亚尔，伊恩·高夫. 人的需要理论 [M]. 汪淳波，张宝莹，译. 北京：商务印书馆，2008：68.

[2] 张文显. 法哲学范畴研究 [M]. 北京：中国政法大学出版社，2001：301.

[3] 康德. 法的形而上学原理：权利科学 [M]. 沈叔平，译. 北京：商务印书馆，1991：40.

[4] 夏勇. 人权概念起源：权利的历史哲学 [M]. 北京：中国社会科学出版社，2007：37.

[5] 董保华. 社会法原论 [M]. 北京：中国政法大学出版社，2001：176.

[6] 莱恩·多亚尔，伊恩·高夫. 人的需要理论 [M]. 汪淳波，张宝莹，译. 北京：商务印书馆，2008：78.

[7] 庞维国. 论学生的自主学习 [J]. 华东师范大学学报（教育科学版），2001（6）：78－83.

[原文《教师专业自主权的三维解析》与焦岩岩合作发表于《现代教育管理》2012 年第 2 期]

"权利本位"理念下的
教师专业自主权特征解析

自 1966 年联合国教科文组织与国际劳工组织提议应当把教师职业作为专门职业看待以来，教师是专业人员已获得普遍承认。作为专业人员，教师享有专业自主权。在我国相当长的历史时期内，强调人的社会责任的"义务本位"和强调自上而下权力统治的"权力本位"占主导地位，对于教师，推崇教师的道德性和义务性，而忽视教师的专业性和权利性。在以人为本的社会，为了促进教师专业自主权的享有和行使，必须遵循"权利本位"的理念。在"权利本位"理念下对教师专业自主权进行分析，有利于教师专业自主权从应有权利和法律权利走向实有权利。

一、"权利本位"理念下的教师专业自主权强调权利与义务的统合性

立足于人性的分析，在"权利本位"理念中，强调权利和义务紧密联系在一起。社会主体在享有权利的同时必须承担相应的义务，没有无义务的权利，也没有无权利的义务。"权利本位"的理念认为，人人生而享有自由、平等的权利，但人本身既不完美，也不神圣，"作为一个有理性的，属于理智世界的存在者，人只从自由的理念来思想他自己意志的因果性"[1]，完全可能被爱好和欲望引入歧途。为了避免人自由的意志和行为的泛滥，需要为权利设定范围。义务能够限定社会主体行使权利的范围，是保证社会主体合法、理性的行使权利的界标，"义务是对人的行为的抑制或约束，由此形成人们的一种社会责任"[2]。

在"权利本位"理念下，教师专业自主权的权利与义务的统合中，首先强调教师作为专业人员具有的权利。1995 年再版的《国际教学与教师教育百科全书》对专业提出了五个判断标准，其中之一就是在本领域的实践活动中个体具有高度的自主权。作为应有权利，教师专业自主权是教师顺利完成教学工作的保障。教师只有享有专业自主权，才能获得自由自在进行独立创造的空间，从而得到人格的舒展，迸发出教育激情，更好地完

成教书育人的艰巨任务，"能给人以尊严的只有这样的职业——在从事这种职业时，我们不是作为奴隶般的工具，而是在自己的领域内独立地进行创造"[3]。

在"权利本位"理念下，教师在享有和行使专业自主权的过程中也要履行相应的义务。教师义务是对教师行为的约束，是教师应当履行的社会责任。教师义务主要包括法律义务和道德义务。根据我国《教师法》的规定，我国教师有遵纪守法的义务、教育教学的义务、尊重学生的义务和维护学生权益的法律义务；道德义务是公民依靠社会舆论、传统习俗和内心信念履行的责任。教师的道德义务包括教师的社会责任感、善待学生、尊重学生和坚持公平正义等。教师的权利和义务是统合在一起的。例如，教师具有教育教学自主权，可以依据学生的需要与差异在一定程度上自主选择教材或教法，教师相应的义务是必须遵循国家的法律和法规进行教学，必须按照教育规律进行教学，不能宣扬封建迷信等思想，不能超越学生的年龄层次和心理承受能力；教师具有管理学生的自主权，可以采取适当的方法对学生的思想和行为进行引导，教师相应的义务是必须遵守法律法规和专业伦理规范对学生进行管理，无论是从生理上还是从心理上都不能对学生造成伤害，否则教师就会受到法律的制裁和道德的谴责。

在我国现实社会中，存在着教师专业自主权与义务不对等的现象。首先表现为，社会对教师道德性义务的要求多于对教师专业性权利的提倡。在我国，教师是一个备受尊崇的职业，古时即有"天地君亲师"的提法。社会对教师的职业要求主要是道德方面的，诸如热爱儿童，有奉献精神，以身作则等。在道德光辉环绕下的教师一直生存于"义务本位"的重压之下，而教师作为专业人的权利诉求被忽视，这是造成教师角色冲突，导致教师成为职业倦怠的高危人群的主要原因。有研究表明，当教师个体感到在教学中有更大的自由度与更多的自主权时，当教师确信他们能够参与学校决策时，教师的倦怠感会降低很多[4]。

教师专业自主权与义务不对等还表现为社会对教师职业性义务的强调侵占了教师作为个体人权利存在的空间。近现代广为传颂的"教师是蜡烛，点燃自己，照亮别人""教师像春蚕，春蚕到死丝方尽"的话语显示了教师是一个被要求用生命谱写乐章的职业。通常越是感人的教育事迹，越是强调伤老病残死，诸如女教师带病上课多年，累死在讲台上的报道见诸于报端[5]，为教师这一"太阳底下最光辉"的职业平添了几分悲情的色彩。教师以自己的生命为代价奉献教育事业令人感动，更令人心痛。教师应履行职业义务，同时社会也应注重保障教师自身的合法权利。教师义务必须是从教师权利中合理引申出来的，国家与社会不能随意增加或强调教师的义务，而忽视教师权利的享有。"权利与义务在逻辑上有一种因果关系和源流关系，义务在实质上不过是权利的引申和派生物，只有当义务从权利中合理地被引申出来时，它才能成为一种合理的存在。"[6]

二、"权利本位"理念下的教师专业自主权强调权利与权利的平等性

在"权利本位"理念中，权利与权利之间具有平等性，即权利主体之间具有平等性。一个人的公民资格一旦被确认，就在法律上享有与其他人同等的权利，任何人都不会因为性别、种族、语言、宗教信仰等特殊情况而被剥夺权利主体的资格或在基本权利的分配上受歧视。

"权利本位"理念下的教师专业自主权强调教师权利与其他社会主体之间权利的平等性，其中包括教师与教师之间权利的平等性和教师权利与学生权利的平等性。教师与教师之间的权利应当是平等的。作为社会人的教师，每个人平等地享有法律赋予的一切权利；作为职业人的教师，无论年龄、学历层次、学校类别、教学经验、教学风格如何，获得教师资格的教师都应享有教师的专业自主权。在现实生活中，教师与教师间的专业自主权因教师身份地位的不同存在差异。从学校层级上分，学历层次高、科研能力强的大学教师享有较高程度的教学自由和学术自由，大学中的教授委员会制度也提高和落实了教师参与决策的自主权。广大中小学教师受考试制度的限制，需严格按照教学计划和教学参考大纲进行教学，专业自主权的发挥受到一定的限制。从学校性质上分，公立学校的教师与私立学校的教师享有的专业自主权也存在差异。公立学校的教师处于稳定、系统的体制之中，享受事业单位公职人员的身份，专业自主权具有一定的保障；私立学校的教师流动性大，享受的社会保障体系不健全，更多地被认为是"打工人员"，专业自主权的行使容易受影响，教师的进修和培训也不如公立学校的教师那么制度化。

教师权利与学生权利之间具有平等性。在教学过程中，教师与学生的地位是平等的，儿童绝不仅仅是被保护、被教育的群体，儿童也是权利主体，"儿童与成人一样，彼此平等，具有相同的价值"[7]。"教师教学自主权的本质意义在于保障学生的受教育权利，这种独特性决定了教学自主权的行使过程并非权力的支配、运作过程，而是主体间以保障学生受教育权

为目的的'人'的活动过程。"[8]与学生相比，教师拥有由丰富的社会阅历和专业知识构成的文化资本，学生年龄越小，教师掌握的文化资本就相对越大。如果教师无视与学生之间权利的平等性，就可以凭借所掌握的文化资本形成"霸权"，滥用和误用专业自主权。我们需要教育者与受教育者彼此尊重，在年长一代对年青一代的教化与年青一代的自我选择之间找到契合之处，实现良性互动，在权威性与自主性之间建立起弹性空间，从而更好地实现社会遗传与社会变革[9]。另一方面，教师专业自主权也受到学生和家长权利意识的挑战。受网络高速发展的影响，学生获取信息的渠道多元化，教师的传授不再是学生学习的唯一路径，学生不再"迷信"教师的权威，甚至敢于质疑教师的教学；受"不让孩子输在起跑线上"的影响，很多家长对老师的任教水平和教学内容表现出强烈的关注，甚至教师留家庭作业的多少成为家长评判教师是否负责任的标准。诚然教师的教学要达到良好的效果需要家长的参与，但如果家长参与过度则会给教师带来有形或无形的压力，影响教师专业自主权的发挥。

三、"权利本位"理念下的教师专业自主权强调权利对权力的优先性

在"权利本位"理念中，"权利"优先于"权力"。"权利"是正当的事物，强调人类与生俱来的自由和平等。"权力"是为了权衡、协调、确认和保障实现权利而产生的，是一种强制性的力量，具有扩张性，"一切有权力的人都容易滥用权力，这是万古不易的经验"[10]。权力的扩张性和强制性曾经在人类历史上造成了灾难。为了避免权力对权利的侵犯，应当坚持权利优先于权力。当权利与权力发生冲突时，保障公民正当合理的权利是首要的价值目标；权力应保持服务性，接受权利主体的监督，避免权力越界。

教师专业自主权的权利对权力的优先性，首先表现为教师专业自主权不应受到教育行政管理权力的随意干涉。教育行政管理权力是基于协调教师与国家、教师与学校、教师与教师、教师与学生之间的关系而产生的，目的在于使所有权利主体能够在"理想的言谈情境"中进行交往互动，即教师、学生、学校、国家基于平等的立场进行交往。教育行政管理权力如果越位行使会造成教师专业自主权的缺位，使教师习惯性地听从指令，成为"技术操作工人"。其次，教师专业自主权应受到国家权力的保护。国家权力机关应通过立法，明确教师应享有的权利，使教师专业自主权从应

有权利上升为法律权利；国家权力机关应完善教师权利保障机制和权利救济机制，当教师专业自主权遭受到侵犯时，教师能够凭借一定的法律，对已被侵犯的权利进行恢复和补救。我国目前还缺乏行之有效的教师权利救济措施。有 30 年教龄的重庆市小学教师高丽娅为讨回教案被原学校解聘，打了四年"教案官司"，在五上法庭之后，才追讨了自己合法的权利[11]。

在我国教师专业自主权权利优先性不能充分体现的关键因素是教师的法律身份不明确，教师与政府及学校之间的法律关系不清晰。我国在 1993 年《教师法》颁布之前，教师是国家干部的身份，"政府和教师之间构成的是行政机关与公职人员之间的纵向型隶属关系，即行政法律关系"[12]。《教师法》颁布之后，教师身份有了新的转变，教师成为履行教育教学职责的专业人员。教师的职业身份得以确定，教师的法律身份并没有明确。根据《教师法》第十七条"教师的聘任应当遵循双方地位平等的原则，由学校和教师签订聘任合同，明确规定双方的权利、义务和责任"的规定，教师与学校之间构成的是横向型的民事法律关系。但同时《教师法》第四条规定"国务院教育行政部门主管全国的教师工作。国务院有关部门在各自职权范围内负责有关的教师工作"。这表明，目前我国"学校与教师既非典型的行政法律关系，也非典型的民事法律关系，而是一种介于行政法律关系和民事法律关系之间的特殊法律关系"。教师既不是国家公务员，也不属于雇员，当教师权益受到侵害时，就难以得到合理、有效的权利救济。目前国际上对教师法律身份的认定主要有两种做法：法、日、德三个国家将教师确定为国家公务员，使教师与学校形成行政法律关系，应用《公务员法》解决教师与学校或管理部门间的冲突；英、美两个国家把教师确定为国家公务雇员，实行公务雇员合同聘任模式，采用《合同法》解决教师与学校或管理部门间的问题。我国可以采取将教师确定为国家公务雇员的做法，一方面，教师以雇员的身份为主，应用《劳动法》和《劳动合同法》确立教师与学校之间平等的法律关系，争取和扩大教师的专业自主权；另一方面，教师以公务员的身份为辅，保证教师的福利待遇，提高教师的社会地位。根据教师公务雇员的身份，国家制定和完善相应的权利保障和权利救济机制，做到有法可依、有法必依、违法必究。

总之，教师专业自主权是衡量一个国家社会发展程度的指标，也是衡量教师专业化程度的重要指标，"权利永远也不能超出社会的经济结构，以及由经济结构所制约的社会的文化的发展"[13]。随着我国社会政治、经济、文化的发展，体现"权利本位"理念的以人为本、依法治国等思想在我国的确立，教师专业自主权的享有和实现会逐渐从应有权利走向法律权利，走向教师的实有权利。

注　释

[1] 李梅. 权利与正义——康德政治哲学研究 [M]. 北京：社会科学文献出版社，2006：129.

[2] 董和平. 宪法学 [M]. 北京：法律出版社，2000：423.

[3] 叶澜. 教师角色与教师发展新探 [M]. 北京：教育科学出版社，2001：15.

[4] 杨秀玉，杨秀梅. 教师职业倦怠解析 [J]. 外国教育研究，2002（2）：56－60.

[5] 张火旺. 她用微弱的声音上完最后一课——宿州年轻女教师张成春十几年带病坚持讲课病逝办公桌前 [N]. 安徽市场报，2010-03-12（5）.

[6] 郑成良. 权利本位论：兼与封日贤同志商榷 [J]. 中国法学研究年鉴，1991（1）：30－37.

[7] 姚伟. 儿童观及其时代性转换 [M]. 长春：东北师范大学出版社，2007：214.

[8] 尹力. 教师教育权与学生受教育权的冲突与协调 [J]. 高等师范研究，2002（3）：61－66.

[9] 王澍，柳海民. 论尊重与"尊重的教育"[J]. 东北师大学报（哲学社会科学版），2009（3）：1－7.

[10] 孟德斯鸠. 论法的精神 [M]. 申林，译. 北京：北京出版社，2007：154.

[11] 朱薇，方剑磊. 首例教案官司宣判：教师对教案享有著作权 [N]. 中国教育报，2005-12-15（7）.

[12] 劳凯声. 教师职业的专业性和教师的专业权力 [J]. 教育研究，2008（2）：7－14.

[13] 王莉君. 权力与权利的思辨 [M]. 北京：中国法制出版社，2005：42.

[原文《"权利本位"理念下的教师专业自主权特征解析》与焦岩岩合作发表于《东北师大学报（哲学社会科学版）》2011年第1期]

"理解"的失落与彰显：
哲学解释学视角下教师评价的反思

世界教育改革的重要经验表明，提高教师的专业化水平是教育改革的关键因素。在教师专业发展的过程中，科学有效的教师评价在提高教师自身专业发展的动力和持续有效性方面具有重要的影响。反思当前我国教师评价的现状，尽管不断提倡发展性教师评价，但在教师评价的目标定位、评价内容与评价标准等方面，存在着诸多问题，严重影响着教师专业发展的积极性、主动性和创造性。从哲学解释学的视角出发，以"理解"为切入点，分析我国教师评价的理论与实践问题，会为我们提供新的思想启迪和实践智慧。

一、"理解"的失落：当前我国教师评价中存在的问题

随着我国教师评价研究的不断深入，研究者发现当前教师评价中存在着诸多的问题和弊端，以哲学解释学来观照，可以概括为"理解"的失落。"理解"的失落，使教师评价中本应具有的"理解"意蕴被强行夺去，遮蔽了教师评价的本真追求。

（一）教师评价的管理和控制倾向严重

由于受到工业组织管理中"技术理性"及教育评价"调控"理念的影响，我国教师评价一直以"行政性"和"控制性"出现在学校的管理工作之中，教师评价主要是从学校行政管理的角度出发，其主要目的在于为教师队伍的管理，如选拔、聘用、降级、加薪等提供客观化、标准化的材料，评价成为对教师及其工作进行管理和控制的手段。"教师评价的发起者不是教师，而是学校；发起的初衷也不是为了教师发展，而是便于学校管理。"[1]评价目的强的控制和管理倾向必将导致"理解"主体的失落。很多教师在观念上认为评价什么和如何评价是校长和管理者的事，自己作为被评价者无权也不愿意过问评价的事情。有研究表明，教师认为自己是评价的客体的占73%，认为自己不能参与评价全过程的占80.4%[2]，教师

在针对自身的评价活动中成了沉默的客体。

在哲学解释学的语境中，"理解"最终不是由解释主体操纵的事件，而是具有主体间性的活动，是各主体之间的相互作用和交融。指向于对教师进行控制和管理的评价体现的是一种鲜明的等级关系和主客二元对立的思维模式，这种评价往往使教师或受制于强大的外部控制力量而被迫放弃了自身的主体地位，或受困于自身薄弱的专业意识和能力而丧失了主体地位，导致了评价中的"此在之沉沦"。"当教师习惯于以他人、外界的方式来证明自己职业的合理性和自身存在的价值时，也就在不知不觉间放弃了自身的话语权，必然成为失语者，沦为教师评价中的'他者'。"[3]

（二）教师评价标准忽视个体差异

教师评价作为一种价值判断，需要确立合适的评价标准，恰当、明确的评价标准是教师评价成功实施的有力保证。当前我国教师评价的标准多强调指标体系的统一性和数量化的测定，"犹如一把丈量对象的尺，具有通用性和客观性"[4]。具体表现为：学校一般按照上级有关部门制定的标准，从"德""勤""能""绩"四方面列出统一和综合的指标体系，对每一位教师的工作表现进行评价。无论是初任教师还是具有多年教龄的教师，不论其受教育程度、教学风格如何，都用一把"尺子"，从同一个角度，采用单一的模式来衡量和评价。评价标准往往是可以测量的、能够量化和分解的因素，如学生的升学率、教师承担课题的级别、论文获奖的数量和层次等有形成果和技能技巧等，而对不能量化的因素，如教师工作的态度、体验、需求、价值观等，往往不在评价范围之内。评价标准对于教师来说是高于一切的、指令性的、不容申辩的东西，教师只有默默服从和参照。

在哲学解释学看来，"理解"需要以尊重"理解"者的"前见"为基础。不断变化发展着的历史文化传统，决定了不同的"理解"者或同一"理解"者在不同时期有不同的"前见"，不同的"前见"规定了"理解"者不同的"视域"。当前我国教师评价的标准在充分考虑统一性、客观性的同时，忽视了教师个体的"视域"差异，表现为评价活动中"理解"内容的缺乏。这种评价将教师复杂的教育实践加以简化或只评价简单的教育实践，"荡平了每一种可能性，将所有存在的奇岭险峰都夷为平地"[5]，不仅无法从本质上保证对客观性的承诺，而且会丢失教师教育工作乃至个体生命中最有意义、最根本的内容，教师丰富的个性及其工作的复杂性和创造性泯灭于其中。而且，这种教师评价标准"往往是奖励强者、幸运者和顺从者，而责备和惩罚不幸者、迟钝者、不能适应环境者，以及那些与众不同的和感到与众不同的人们"[6]，势必使强者更强，弱者更弱。同时，由于教师评价标准追求统一性和客观化，评价标准与评价情境分离、与具体组织文化相分离，容易导致教师对评价标准和评价结果的不认同，最终难以实现通过评价促进教师发展的目的。

（三）教师评价过程中缺少真实的对话和交流

教师评价目的过于强调管理和控制、评价标准强调统一和量化必然导致评价过程中话语关系的控制性，评价者与被评价者之间缺少真实的对话和交流。从当前我国教师评价的过程看，评价过程处在一种严格受控制的话语世界中，行政权力控制着整个评价过程的展开，评价者既不征求教师个人的意见，也忽略教师本人的参与，更很少与被评价教师进行平等的对话和交流。教师往往碍于评价者的权威，通常不会把自己的真心话完全表达出来。在进行自评中，出于自我保护的心理，更多的是报喜不报忧。同行评议中，要么只是不痛不痒地走程序，要么就是人际关系相对较好的几个教师间的互相哄抬、彼此庇护。有研究表明，在现实的教师评价话语世界，行政管理者和教师之间由于控制性的话语关系，话语系统呈现表达的单向性、内容的单一性、形式的刻板性等特点[7]，评价过程中对话的真实状态难以出现。

在哲学解释学的视野中，"理解"是以历史间多元化主体的对话结构为基础，只有在对话基础上的"理解"才是真正的"理解"，才能在对话中达成理解与共识。教师评价中的理解与共识对达到评价目的尤其重要。当前教师评价过程中评价者与被评价者之间缺少真实的对话和交流，造成评价对象并不是真实存在的教师表现，而是某种假想性事实，是教师为了符合要求而进行的"表演"。当假想性事实代替了现实存在而成为评价对象时，其评价过程本身不可避免地成为一种"例行公事的形式"，甚至在某种程度上还有可能成为教师专业生活中的一种负担，引发教师厌倦、烦躁和不安情绪的产生。在这样的评价秩序中，"理解"只可能是一种悬置的假设，即使主体间出现"对话"的现象，那也是机械的、死板的。有研究表明，与教师没有交流的评价对评价结果及其作用是没有把握的，有时甚至可能产生事与愿违的结果。评价中没有交流不但意味着侵害了教师的知情权，也是造成教师在评价中感到不安的一个重要原因[8]。

（四）教师评价结果缺少全面的解释和反馈

当前我国教师评价所得出的结果多是判决式、总结式的等级标定，分数和名次成为教师评价结果的最主要形式，缺乏必要的解释与说明。评价结果注重的是教师完成了哪些任务，而教师在过程中尝试了哪些策略与方法和付出了多少努力则被排除在评价结果之外。在评价结果的反馈上，大多数学校只是简单地将评价结果张榜公布或者只告诉教师本人，很少组织依据评价结果的诊断和指导，更缺少对教师未来发展的建议。

在哲学解释学看来，"理解"总是与实践联系在一起的，"理解"的有效性只能从实际情况中来确定，并以不断变化的自我"理解"为基础。而当前教师评价的结果往往是外部导向的，主要是为了教师之外的主体如学校、上级主管部门等做决策服务，根据评价结果对教师分等排队，以进行奖惩。这样的评价结果不仅难以反映教师真实的工作表现和发展情况，更谈不上使教师根据评价结果有针对性地改进自己工作中的不足，进而规划自己下一阶段的发展计划，确定更高的发展目标。而且，由于大部分教师的工作表现既不符合奖励的要求也不够惩罚的条件，因此评价结果只能引起少数人的响应，而不能引起全体教师的重视，只能调动部分教师而不是全体教师的积极性，无法实现全体教师的共同进步。评价结果缺少全面的反馈和解释造成了"理解"效能的失落。有研究表明，88.4%的教师认为评价结果不能真实反映工作量，69.7%的教师认为教师评价对改进工作帮助不大，23.3%的教师认为评价不起作用[2]。也有研究表明，有32%的教师认为教师评价影响工作情绪，反而给教学带来不利的影响，有占46.1%的教师反映教师评价对其专业发展"较少关注"[9]。

综合以上分析，当前我国的教师评价由于"理解"的失落，导致评价活动形式化、控制化、低效化，不仅没能有效促进教师的专业发展，还忽视了人的复杂性，消解了评价情境中人与人之间的相互"理解"与交流，人在评价过程中收获的只能是"驯顺的肉体"（福柯语）。

二、"理解"的彰显：教师评价的新图景

哲学解释学关于"理解"的本体论阐释，以一种全新的观点和思维方式对人的生存意义和价值进行了积极探讨，这些观点和思维方式为我们反思教师评价提供了重要的视角。

（一）教师评价目标应定位于在"理解"中促进教师发展

哲学解释学认为，"理解"是此在（人）的存在方式。通过"理解"使此在知道自己的存在，知道自己如何存在[10]。"理解"的本体论含义意味着人对自己的生命可能性的筹划，强调人作为主体在实践中自由、主动地发展，这为教师评价的目标定位于促进人的发展奠定了基石。

"理解"视域下教师评价的目标定位于教师在"理解"中的发展，其发展表现为两个方面的含义：一是积极的自我筹划即发展，二是主体间达成理解共识即发展。积极的自我筹划是指教师在评价中能够运用"理解"的手段，积极对自己的感情、认知与行为等进行"理解"和把握，不断发掘其自身有利因素，摒弃消极因素，促进自身在认知、感情、道德和行为等方面的良性上进。从"理解"的视域看，人在"理解"中存在，在存在中"理解"。每一个人就是在理解自己的世界、理解历史与文化、理解他人中理解了自己，进而达到自我反思、自我超越和自我丰富。主体间达成理解共识是指参与评价的主体经过对话而消除分歧、形成一致看法的状态。"理解就是此在的存在方式，因为理解就是能存在和'可能性'。"[11]因此，"理解"视域下教师评价的目标所指向的促进教师的发展即是指：通过评价，教师能够进行积极的自我筹划和达成主体间的共识。这与美国学者古巴和林肯提出的"第四代教育评价"理论相吻合。古巴和林肯认为，从评价本质上看，评价描述的并不是事物真正的、客观的状态，而是参与评价的人或团体关于评价对象的一种主观性认识，是一种通过"协商"而形成的"心理建构"。因此，评价的最终结果应是参与评价及与评价有关的人和团体基于对对象的认识而整合成的一种共同的、公认的主观看法。

（二）教师评价标准应是评价双方达成的"理解"共识

从"理解"的历史性特征看，"理解"固然是一种意义的生成，但在意义的生成中，依然存在着同一性结构[12]。"理解"的同一性之成立取决于建立在历史—文化传统所塑造和表达的人的存在基础上的共识信赖。同时，历史"理解"的客观性也能够保证"理解"者"视域融合"的普遍有效和内在规约。

教师评价的标准应该是评价双方达成的"理解"共识。哲学解释学认为，每个人作为一个历史的存在者，都处于某种传统和文化之中。无论任何人，语言、历史与传统带给了他一种自我的经验结构与精神世界，这被伽达默尔称为理解者的"视域"。伽达默尔从哲学上赋予了"视域"以新的含义。首先，"视域"的基础是历史性的。人如果不能把他自身置于这种历史性的视域中，他就不能真正理解历史流传物即历史文本的意义。其次，"视域"不是封闭和孤立的，而是在时间中进行交流的"场所"。因此，"视域"不断地运动时，当这一"视域"与其他"视域"相遇、交融时，便达成了"视域融合"，形成了新的"理解"。"视域融合"是一个开放的，以历史间的多元化主体的对话结构为基础不断更新和变化的过程。以此为基础，教师评价标准应是评价双方"视域融合"的"理解"共识。评价者通过对被评价者的"理解"，使评价标准的价值倾向更加符合实际和更具针对性。被评价者通过对评价者的"理解"，可以提升自己的观念和行为，提出发展性的评价标准。由于教师在个性心理、职业素养、教学风格、交往类型和工作背景等方面存在较大差异，教师的发展是多方面的。因此，教师评价除了以共同制定的标准来评价教师外，还要照顾到不同教师甚至同一教师不同发展阶段的特点，制定着眼于教师的进步或取得"价值增值"的自我参照评价标准，容许教师在能力特长和发展方式等方面表现出个体特征。

（三）教师评价过程应是主体间的对话过程

从哲学解释学的角度看，教师评价应该是一种参与性的交往活动。在交往活动中，评价者与被评价者都是评价的主体，二者的关系是主体间性的，各主体间的"理解"也是双向的，即指向评价者，也指向被评价者。对话则集中体现、包含了主体间相互作用的交互主体性，同时也是主体间达成"理解"的基本前提和必要条件。因此，评价不能演变成评价者的一种"独白"，一种"自说自话"，更不能演变成一种"话语权"垄断，而必须以一种主体间的对话来展开。教师评价的过程应该是所有参与者从自身具体的历史情境出发放声陈说，相互"理解"，形成对评价对象意义的认同，达成共识。

教师评价中的对话关系，要求评价者要懂得宽容他人，慎重使用评价权力，充分尊重和关怀被评价者，要把评价对象作为一个生命个体，尊重他的生命价值，充分理解他的生命，让评价对象的生命获得足够的尊重。同时，作为被评价者的教师尤其要能够向权势和权威敞开个人化的自我，抒发自己真实的价值世界，从而以丰富鲜活的内容及共同对话的评价主体关系，展示教师工作价值的真实世界。随着对话的进行，最开始的"理解"不断被提炼和纠正，新的问题也不断地被提出和回答。对话不仅指交往双方的语言谈话，更重要的是双方的"敞开"和"接纳"，是双方精神的互相承领。"它使对话双方都超越自己的视域而进入一种探询的过程，这种探询过程具有自身的生命，并且经常充满了未曾预感未曾料想到的发展。"[13]在对话中，没有哪个个体拥有比其他人更多的权威，没有哪个人的真理诉求必然比其他人的更合法，他们可以相互质疑，相互回应。通过对话达成的共识不是消除差异，排除异己，而是为了更好地"理解"和珍视差异，在对话中产生"视域融合"，在对话中评价者与被评价者共同成长。

（四）教师评价结果应是一种"理解"性阐释

哲学解释学认为，"理解"具有实践性的特征，"理解"的过程也就是实践的过程。"理解"意味着人对自身的生命活动结果和生命表达的把握，也包括对与此相关联的他人生命表达乃至社会生活总体的把握。从"理解"的实践性特征看，教师评价结果应该是一种"理解"性阐释。所谓"理解"性阐释是指评价结果能够对教师的教学工作进行具体的说明和解释，同时能够结合教师的个人实际提出有针对性的发展建议。

伽达默尔指出，人的实践行为最根本的是一种理解行为，获得对他人、对一切文本意义的理解，理解是人类生活的最基本经验，理解与解释是人类生活的存在方式。人们在理解中获得和创造出指导行为的意义准则，理解本身就是实践的，其最根本目的就是要告诉人们，行为实践是一个意义理解、意义创造的过程，人的行为意义是自由的、开放的、相对的，是理解中的创造[14]。教师工作实践中的观念、知识、价值与信念是描述性的，充满历史文化意蕴与个人特殊经验的建构，评价这些信息只有依赖于人文化的"理解"性解释方式才能为教师所理解和接受。与数量化的方式相比，人文化的信息传递方式侧重于阐述和理解，关注的是人的需要、目标、情感、价值和旨趣，给人以关怀和"理解"，更符合当前教师评价提倡的价值多元、尊重差异的理念。当然，这并不是要彻底否定数量化，正确的做法是通过多渠道，用多种方式概括教师的全景信息，这些信息不只是对教师过去的情况做出判断，更重要的是针对其优势和不足给予激励或提供具体的、有针对性的改进建议，使教师在最大可能的范围接受和认同评价结果，发挥评价对教师的改进和发展功能。同时，教师评价还应鼓励教师根据评价结果进行自我反思。"而一切深思熟虑解释的产生都以'此在'的历史性为基础，亦即，以一种从具体情境出发的对存在的前反思理解为基础。"[13]自我反思的意义在于它能使教师立足于自我之外批判地考察自己的言行，进而不断改善和提高自身教学效能和专业素养。教师通过有效的自我反思，主动进行自我矫正，评价过程才能真正变为教师主动发展和成长的过程。

教师评价需要多视角、多维度地研究和探讨。"理解"的失落与彰显是哲学解释学给我们的核心启示。教师评价中"理解"的失落是社会、文化、经济等多方面因素影响的结果，而"理解"的彰显同样需要多种因素相互作用，并需要经历长期的过程。

注　释

[1] 赵丽敏. 教师评价在实践中存在的问题及分析 [J]. 现代教育科学，2007 (1)：60—62.

[2] 戚先锋. 教师对教师评价态度的调查分析及应对 [J]. 江苏教育学院学报（社会科学版），2004 (7)：41—43.

[3] 张晓峰. 对现行教师评价三个基本问题的批判：后现代主义视角 [J]. 教育理论与实践，2004 (10)：32—35.

[4] 叶澜，吴亚萍. 改革课堂教学与课堂教学评价改革："新基础教育"课堂教学改革的理论与实践探索之三 [J]. 教育研究，2003 (8)：42—49.

[5] 渠敬东. 缺席与断裂：有关失范的社会学研究 [M]. 上海：上海人民出版社，1999：178.

[6] 联合国教科文组织国际教育委员会·学会生存 [M]. 华东师范大学比较教育研究所译. 北京：教育科学出版社，1996：105.

[7] 胡福贞. 失语与喧哗：教师评价实践中的话语现象分析 [J]. 教育理论与实践，2002 (12)：30—34.

[8] 赵希斌. 国外发展性教师评价的发展趋势 [J]. 比较教育研究，2003 (1)：72—75.

[9] 田爱丽，张晓峰. 对现行中小学教师评价制度的调查与分析 [J]. 教育理论与实践，2004 (3)：26—30.

[10] 赵光武. 哲学解释学的解释理论与复杂性探索 [J]. 北京大学学报（哲学社会科学版），2004 (7)：5—11.

[11] 汉斯·伽达默尔. 真理与方法 [M]. 洪汉鼎译. 北京：商务印书馆，2007：333.

［12］何中华. 关于"理解"的理解［J］. 东岳论丛，2007（3）：22—29.

［13］汉斯-格奥尔格·加达默尔. 哲学解释学［M］. 夏镇平，宋建平，译. 上海：上海译文出版社，2004.

［14］张能为. 理解的实践：伽达默尔实践哲学研究［M］. 北京：人民出版社，2002：111.

［原文《"理解"的失落与彰显：哲学解释学视角下教师评价的反思》与吴琼合作发表于《教育科学》2010 年第 12 期］

美国幼儿园教师专业伦理规范的制定及其启示

　　幼儿园教师专业伦理规范是幼儿园教师专业发展的重要组成部分，在很大程度上决定着幼儿园教师的工作态度、专业行为，决定着幼儿园教师的教育教学质量，决定着幼儿的发展，从而决定着一个国家的学前教育水平。当前，中外学前教育界都在研究和制定幼儿园教师专业伦理规范，但在具体的制定过程中又有各自所考虑的独特问题。如美国的全美幼教协会（NAEYC）便认为，幼儿园教师在日常生活中每天都要做出各种决定，这些决定中很多需要伦理方面的考虑。他们相信教师专业伦理规范的制定可以为幼儿园教师的行为提供指导，使之更负责任，同时为幼儿园教师解决在工作中遇到的伦理两难问题打下一定的基础。1989 年 7 月，随着全美幼教协会管理委员会通过幼儿园教师专业伦理规范草案，全美幼教协会走上了制定幼儿园教师专业伦理规范的探索之路。

一、美国幼儿园教师专业伦理规范的制定及其特点

（一）不断修订与完善幼儿园教师专业伦理规范

　　1989 年 7 月，全美幼教协会制定了《伦理规范和承诺声明》的草案（Draft Code of Ethics and Statement of Commitment）并颁布实施，开辟了幼儿教育界制定教师专业伦理规范的先河。1992 年第一个修订版本被采用，1997 年 11 月进行了第二次修订，每隔五年全美幼教协会就会重新审视《伦理规范和承诺声明》，以决定是否需要再次修订。2005 年 4 月，全美幼教协会对《伦理规范和承诺声明》又进行了新一轮的修订，并于2011 年 5 月再一次对其进行了重申与更新。2004 年，全美幼教协会联合全国幼儿园教师教育工作者协会（NAECTE）及美国副学士学位幼儿园教师教育协会（ACCESS），制定并发表了《学前教育教师教育工作者伦理规范》。2006 年 7 月，全美幼教协会又制定了《学前教育项目行政管理人员伦理规范》并于 2011 年 5 月进行了修订。可以说，这两个规范都是

对《伦理规范和承诺声明》的补充和完善，针对除了幼儿园教师以外的和学前教育密切相关的师范教育工作者和项目行政管理人员提出了伦理上的要求。

可见，美国幼儿园教师的专业伦理规范随着时间的推移，处于不断地修订与完善之中，在横向上体现为规范对象的扩大，在纵向上体现为规范文本本身的完善。以《伦理规范和承诺声明》为例，该规范文本由两部分组成，第一部分是序言，介绍了幼儿园教师专业伦理规范制定的缘由及其核心价值和概念框架；第二部分是规范的具体内容，由对幼儿的伦理规范、对家庭的伦理规范、对同事的伦理规范和对社区、社会的伦理规范四部分组成。每一部分的伦理规范又都是由简要说明、理念和原则三部分构成。

与 2005 年的《伦理规范和承诺声明》[1]相比，2011 年的《伦理规范和承诺声明》[2]更加注重规范的细节、明了与一致性。如 2011 年的《伦理规范和承诺声明》中，对儿童的伦理规范部分的原则 1.3 "绝对不能出现损害儿童利益，给予儿童区别对待或任何对儿童的性别、种族、国别、宗教信仰、医疗状况、残疾、家庭状况、家庭成员的性取向、宗教信仰等表示不公平对待的歧视性行为"中增加了"移民背景""第一语言"两项内容，从而使得规范更加全面和周密；原则 1.4 "做出决定时，要考虑所有和儿童相关的知识（包括家庭和工作人员），适当地对涉及儿童的敏感信息保密"被完善为"做出决定时，采用双向联络的方式，考虑所有和儿童相关的知识（包括家庭和工作人员），适当地对涉及儿童的敏感信息保密"。

在对家庭的伦理规范部分，理念 2.3 "欢迎并鼓励所有的家庭成员参与到教育中来"被修订为"欢迎并鼓励所有的家庭成员参与到教育中来，包括参与到共享决策的制定"；理念 2.5 "尊重每个家庭成员和他们的喜好，并努力了解每个儿童的家庭结构、文化、语言、风俗和信仰"被修订为"尊重每个家庭成员和他们的喜好，并努力了解每个儿童的家庭结构、文化、语言、风俗和信仰，确保所有的儿童和家庭生活在文化一致性的环境中"；理念 2.8 "帮助父母提高对子女的理解能力，并支持他们在为人父母技能上的持续发展"被修订为"帮助父母提高对子女的理解能力，在此过程中增强教师对每个儿童的理解，并支持家庭成员在为人父母的技能上的持续发展"；理念 2.9 "通过提供家庭与项目工作人员、其他家庭、社区资源和专业服务机构的互动机会来鼓励家庭建设支持网络"被修订为

"鼓励家庭建设支持网络，在必要时，通过提供家庭与项目工作人员、其他家庭、社区资源和专业服务机构的互动机会来鼓励家庭建设支持网络"；原则 2.2 "应该告知家长教育项目的哲学、政策、课程、考核制度和人员资格，并解释安排教学的根据，这些都和对儿童的伦理责任一致"被修订为"应该告知家长教育项目的哲学、政策、课程、考核制度、文化习惯和人员资格，并解释安排教学的根据，这些都和对儿童的伦理责任一致"；原则 2.3 "应该让家长在适当的时候参与到政策决策中来"被修订为"应该确保让家长在适当的时候参与到政策决策中来"；原则 2.4 "应该让家庭参与影响儿童的重大决策"被修订为"应该确保让家庭参与影响儿童的重大决策"；原则 2.6 "家庭成员和我们分享的关于他们孩子和家庭的信息，应该在教育项目的计划和实施中得到考虑"被修订为"家庭成员和我们分享的关于他们孩子和家庭的信息，应该被确保在教育项目计划和实施中起到重要作用"。

在第三部分对同事的伦理责任中，2011 年的伦理规范在开头说明部分增加了注释，说明了这部分的内容包括对同事和雇主的伦理要求，其中对职员（2005 年修订的伦理规范称之为雇员）的伦理要求已经被删除，放到了《学前教育项目行政管理人员伦理规范》当中。

可见，2011 年修订的《伦理规范和承诺声明》随着时间的变化仍处于不断地修订和完善之中，保持了规范全文的一致性和时代感。其中，对家庭的伦理规范修改更多，这和美国学前教育家园合作日益增强的现实有关，同时也使文本中对家庭的伦理规范更加清晰，以确保家庭参与学前教育能够拥有最佳的伦理环境。

（二）幼儿园教师专业组织在制定规范的过程中发挥了主导作用

从成文的幼儿园教师专业伦理规范来看，制定的主体大体可分为三类：一是由国家教育行政部门承担规范制定任务，如马耳他、斐济群岛共和国；二是教师专业组织作为规范的制定主体，以全美幼教协会的伦理规范为代表，加拿大、我国台湾和香港等地也采用这种方式；三是由前两种主体合作共同制定伦理规范。美国是政治分权、意识形态多元化的国家，在教育上实行分权管理，其专业伦理规范不是以联邦教育主管部门统一颁布文件的形式加以要求，而是以全国性、各州及地方性的教师专业组织内部行业规范的形式出现，通过其组织公约的制定来不断完善教师专业伦理规范的内容。

　　美国幼儿园教师专业伦理有国家、各州及地方三个层面的规范，尽管在大致框架上比较相似，但具体内容不尽相同。全国性的幼儿园教师专业伦理一般影响较大，能得到美国大部分幼儿园教师的认同，对大部分公立幼儿园教师有约束作用。全美幼教协会成立于1926年，是美国最权威的幼儿教育服务组织和认证机构，该协会在全美有300多家分支机构，成员近9万人，在维护幼儿园教师的合法权益及推动幼儿园教师专业发展方面发挥了重大的作用。

　　更为重要的是，全美幼教协会在幼儿园教师专业伦理规范的制定过程中注重实证研究，通过大量的调查、访谈等研究方法来比较系统地分析幼儿园教师专业伦理，力求制定一种对幼儿园教师而言可行的伦理规范，并对幼儿园教师的专业伦理行为提出详细的要求和指导。在最初版本的《伦理规范和承诺声明》制定之前，全美幼教协会就进行了三次调查研究，第一次研究总共有600名全美幼教协会的会员参加了问卷调查，其中有311名会员附上了他们在工作中的伦理困境和伦理故事。在回答问卷的会员中，有93％的会员认同应该重视伦理问题，并且同意制定专业伦理规范是全美幼教协会的首要任务。接下来，全美幼教协会开始在各个地区举办伦理研讨会，并就问卷中的问题进行再一次的调查研究。1987年5月，一些最困难的伦理问题又被提出，征求广大幼教人员的意见和建议。最后在全美幼教协会伦理委员会咨询了其他伦理委员会和伦理专家后，才开始从众多资料中发展出《伦理规范和承诺声明》的草纲。该草纲在1988年11月的全美幼教协会的年会上呈现，然后再次依据年会的意见进行了修改，终于在1989年，全美幼教协会董事会核准并发表了完整的幼儿园教师专业伦理规范文本。此后几年间，全美幼教协会仍不断加强对教师专业伦理的研究，例如艾拉奥克塔伊（Ayla Oktay）等探讨了幼儿园教师专业行为观念和伦理判断水平及教学态度之间的关系[3]，玛丽·伊丽莎白（Mary Elizabeth）等人认为幼儿园教师在和幼儿的生活学习中要遵守教师专业伦理，可采用PRO active的方法来解决两难困境[4]。此外，丽莲·凯茨和费妮、弗里曼都对幼儿园教师专业伦理进行了系统的研究。[5][6][7][8][9]这就使得幼儿园教师专业伦理规范的修订与完善更具科学性与民主性，其内容既能反映社会全体成员对幼儿园教师的要求，又尽可能从幼儿园教师专业发展的需要出发，降低教师专业伦理规范的强制性色彩，为该规范的实施确立了一个相对可靠的理论保障。在规范的修订与完善中，全美幼教协会还联合了另外两大幼儿园教师专业组织（美国全国幼儿园教师教育工作者协会与美国副学士学位幼儿园教师教育协会），使得幼儿园教师专业组织的能力在合作互动的过程中发挥得更加充分。

（三）幼儿园教师专业伦理规范具有很强的操作性，惩罚力度强

首先，美国幼儿园教师专业伦理规范的制定结合幼儿园教师职业特点，运用宪法赋予公民的各种权利来调节幼儿园教师工作中涉及的各种人际关系，在具体内容上偏重教师的外显行为，能够针对不同的教师群体提出相应的伦理规范，在语言叙述上一般不是以陈述句的方式来论述，而采用祈使句（如"要""应""应当"的形式）或者是限制性语言（"不准""不得"之类）的形式，使教师伦理规范十分清晰、明确、具体，具有很强的操作性。

其次，美国幼儿园教师专业伦理规范的操作性还表现在，其规范是建立在实证研究的基础之上的，而不是闭门造车。这使得幼儿园教师专业伦理规范更加丰富、灵活，能够更好地为学前教育专业活动的规范提供保障，使得幼儿园教师专业伦理规范成为一种在学前教育实践中可以运用的规范，能够有效地促进幼儿园教师的专业成长。

再次，幼儿园教师专业伦理规范的实行得到了法律的保证和教师专业组织的维护，惩罚力度强。如果有成员违反了《伦理规范和承诺声明》，就会被强制开除会籍，而任何看到幼儿园教师违反规范的成员或个人都可以将对教师的指控以书面形式呈献给全美幼教协会委员会评判，这使得规范的执行能够接受公众的检视，从而具备了透明性。此外，遵守《伦理规范和承诺声明》是大多数州和地方许可幼儿园教师上岗的前提，这也为幼儿园教师专业伦理规范的实施提供了比较严格的制度保障，从而确保幼儿园教师专业的"伦理底线"能够得到贯彻与执行。

（四）幼儿园教师专业伦理规范的使用范围广，规范对象较全面

美国幼儿园教师的专业伦理规范使用范围广，在美国的各种学前教育机构（家庭日托中心、幼儿园、学前预备班、幼儿学校、学前教育中心和儿童保育中心等）和学前教育项目（婴幼儿学步计划、零点计划、开端计划等）中均得到了广泛的认可和采纳。同时，美国幼儿园教师专业伦理规范涉及的对象较为全面，也比较恰当，有利于对全体学前教育专业人员建立统一的规范，体现出学前教育专业人员的平等性。尽管学前教育专业人员的主体是幼儿园教师，但教育行政人员和师范教育工作者不应被排除在

专业伦理规范之外，否则容易造成幼儿园教师和行政人员以及师范教育工作者的对立，并使学前教育行政人员和师范教育工作者的专业行为缺乏必要的伦理指引和约束。

二、对我国幼儿园教师专业伦理规范制定的启示

（一）应建立和完善幼儿园教师专业组织

与美国的全美幼教协会相比，我国的幼儿园教师专业组织的建设显得薄弱，不仅缺乏有代表性的幼儿园教师专业组织，而且已有的幼儿园教师专业组织缺乏深厚的社会共识和社会演化基础，数量较少，种类单一。只有幼儿园教师专业组织具有深厚的社会基础，并且有自己的话语权，才能够促进教师专业伦理的发展，但是这些还需要幼儿园教师专业组织培养合作精神，改善教学方法，在促进教育改革之外，能够意识到自身在专业伦理建设方面的重要意义。

我国的幼儿园教师专业组织应该意识到建立和完善自身的重要性，同时政府应该对幼儿园教师专业组织放权。专业组织获得的授权包括相互关联的三种权力：第一，它们应有权确定一套具备合法性的基础知识，参与种种讨论过程，然后确定哪些应该被认定为专业知识以及如何对其进行评定；第二，它们应能掌握成员的专业实践活动，对其具备专业水准的活动进行评价，并且对从事专业水准以下或者缺乏专业伦理活动的成员进行惩戒，以此来实现对其成员专业实践活动的规范；第三，它们应能控制新成员的准入，规定并管理对新成员的教育，制定资格条件，发放许可证[10]。我国幼儿园教师专业组织应逐渐形成依靠内部自律和专业自觉来为学前教育服务的专业组织，也就才有可能在制定和推广幼儿园教师专业伦理规范的过程中真正发挥应有的作用。

（二）应加强对幼儿园教师专业伦理的研究

我国关于教师专业伦理的研究起步较晚，幼儿园教师专业伦理的研究更是尚待耕耘的处女地，可以说幼儿园教师专业伦理问题还未受到真正的关注。在有限的关于幼儿园教师专业伦理研究的著作和文章中，幼儿园教师行为规范或职业道德规范通常被用作分析的原始材料，关于幼儿园教师专业伦理的实践研究还没有真正形成。这也就意味着，当前的研究者还没有介入一线实践，关注幼儿园教师实践中真实的伦理问题，而只是转述某

些现象，因而对问题的把握往往流于表层，简单地推论幼儿园教师专业伦理存在着种种危机。这就使得一方面这种推论难以说服读者，另一方面研究者很难有切身体会，也就无从发现现象背后的深层问题。更为重要的是，没有来自实践的真切问题，也就做不出具有本土特色的研究。例如当前关于幼儿园教师专业伦理规范的研究，大部分还是倾向于探讨幼儿园教师专业伦理规范的"应然"问题，而很少跟幼儿园教师教育教学的"实然"状态联系起来，因此在具体内容方面只是泛泛而谈，对策探讨也流于一般化、空泛化，缺乏针对性。在研究方法上，多集中于采用文献综述、理论阐述等研究方法，缺乏实证研究。可见，我国幼儿园教师专业伦理研究应努力摆脱格式化、套路化，建构自己的研究体系和问题域，同时了解国外的同类研究，以获得更高的视野与前沿意识，同时彰显本土研究应有的鲜活感。此外，我国幼儿园教师专业伦理研究还应该克服"断言多于论证"的研究取向，采取"积极"的专业伦理规范建构方式。

其实我国一直就有重视教师专业伦理建设的传统。特别是当前，将学前教育职业提升为一项专业来看待与建设时，伦理建设的重要性更被突显出来。如何构建一套与学前教育专业整体建设相契合的伦理规范，为幼儿园教师提供实践指导，并借此取得公众信任，对于学前教育界来说是一个不可忽视的现实问题。全美幼教协会伦理规范制定的实践，为我们提供了一种改进的可能思路。总之，幼儿园教师专业伦理规范的制定、完善需要一个比较长期的过程，其理念的转变、制定过程的规范化不是一蹴而就的，我们对美国幼儿园教师专业伦理规范制定经验的借鉴也需要从我国的实际情况出发，而不是盲目推崇与照搬。

注 释

[1] NAEYC (2005). Code of ethical conduct & statement of commitment [EB/OL]. www. naeyc. org/positionstatements/ethical conduct.，2012-5-3.

[2] NAEYC (2011). Code of ethical conduct & statement of commitment [EB/OL]. www. naeyc. org/positionstatements/ethical conduct.，2012-5-10.

[3] AYLA OKTAY, OYA RAMAZAN, AHMET SAKIN. The relationship between preschool teachers' professional ethical behavior perceptions, moral judgment levels and attitudes to teaching [J]. Gifted Education International，2010 (26)：6—14.

[4] MARY ELIZABETH AMBERY, RUTH K STEINBRUNNER. Promises to Practice Learning a PRO active Approach to Ethical Dilemmas [J]. Young Children,

2007（7）：90—96.

　　[5] KATZ, LILIAN G, EVANGELINE H WARD. Ethical Behavior in Early Childhood Education [M]. Washington，DC：National Association for the Education for Young Children，1978.

　　[6] S FEENEY, FREEMAN N K. Early childhood education as an emerging profession：Ongoing conversations [J]. Exchange, 2002（143）：38—41.

　　[7] S FEENEY, FREEMAN N K. Ethics and the early childhood educator [R]. Washington DC：NAEYC，2005.

　　[8] S FEENEY, FREEMAN N K，E MORAVCIK. Teaching the NAEYC Code （2008）of Ethical Conduct [R]. Rev. Ed. Washington DC：NAEYC，2008.

　　[9] FREEMAN N K，S FEENEY. The NAEYC Code is a living document [J]. Young Children, 2004, 59（6）：12—16.

　　[10] KENNETH A STRIKE, JONAS F SOLTIS. The Ethics of Teaching [M]. New York：Teachers College Columbia University，1998：103—104.

　　[原文《美国幼儿园教师专业伦理规范的制定及其启示》与王小溪合作发表于《学前教育研究》2013 年第 4 期]

美国教师专业学习
共同体的历史演进及发展趋势

在美国教育发展史上，基础教育改革一直就没有停止过，甚至已经成为常态，有时一场改革尚未结束，另一场改革就已兴起。一次次的改革中不断涌出新的理论和实践，孕育和发展了教师专业学习共同体。美国的教师专业学习共同体是美国在应对国际与国内的教育形势做出的必要选择，力图促使教师在合作学习中有更大的改善，把合作化作为工作信念的一个重要组成部分，把学习作为提升教学质量的一个有力的推手。教师专业学习共同体成为了教师专业发展的一种新模式，成为了教育改革浪潮中的新兴力量。

一、美国教师专业学习共同体的历史演进

（一）美国教师专业学习共同体的孕育阶段

20世纪70-80年代是美国教师专业学习共同体的孕育阶段。进入20世纪50年代以后，世界教育改革周期在不断加快。20世纪60年代中后期，终身教育、终身学习和学习型社会的理念先后诞生，三者的发展紧密地交织在一起，互为激发、相互影响，共同构成了20世纪70年代以来以美国为首的世界教育改革与发展具有共识性的基本指导思想与原则。此时，人们开始意识到教师专业化的实现需要终身教育，教师应该向"学习者"角色转变。1972年出台的美国教育白皮书为教师进修权利的行使提供了法律上的保障，明确指出在职的正式教师每隔七年就需要轮流脱产进修一次，而新入职的教师需要有五分之一的时间在职进修。70年代中期，为了提高教师素质，美国开始呼吁教师的专业化，促使教师职业能够成为真正的专业。1976年美国教师教育大学联合会发表的一份报告激励教师们为将自己的教学行业变成为和医生、律师一样的专业做出努力。同年，美国总统福特签署了"全国教师中心计划"，要求在全国范围内发展教师的在职教育。在教育改革不断前进的步伐中，教师教育不断受到重视，并

获得发展，推动了教师专业化的进程。人们逐渐意识到，教师专业发展是教师素质的内在提高、教育质量改善的关键性因素。

1983年美国优质教育委员会发出了一份极具影响力的报告《国家处于危险之中：教育改革势在必行》率先掀起了美国又一轮改革的高潮——"高质量教育"运动。该报告认为教育摆脱"平庸"关键就是要建立一支经过良好教育的教师队伍。要赋予教师们新的责任，面对未来，重新设计学校。尽管在以往的教育改革中，改革美国教师教育的声音就没有间断过，但这个时期美国政府真正开始关注教师教育，并且施加了行政力的影响，改革力度超过了历史上的任何一个时期。美国教育改革转变了新的思路，即通过提高教师的质量来提高教育质量，教师教育的改革成为了教育改革的核心问题[1]。可以说美国20世纪70、80年代发布的许多重要报告，出台的许多教师教育改革措施，都是为了解决教师教育中长期存在的质与量的问题，对教师教育的关注点也从过去的从追求专业地位和权利转向追求专业性发展。在改革的过程中，为了寻找教师专业发展更有效的途径，教育者们展开了一系列的探索，比如开展导师制（mentoring）、同伴互助（peer coaching）等。这些教师专业发展活动为教师专业学习共同体的建立奠定了基础，教育者们不断意识到要想促进教师的专业发展，必须加强教师间的合作、学习与分享，增强教师的团队精神，教师专业学习共同体孕育在教师专业发展不断向前推进的进程中。

（二）美国教师专业学习共同体的兴起阶段

1990年学习型组织的创始人和倡导者彼得·圣吉《第五项修炼——学习型组织的艺术与实务》一书的问世，在商业领域影响巨大，逐渐全球范围的工商业社区都在学习如何共同学习，都在变成学习社区。受到圣吉（Senge）《第五项修炼》的启发，一些学者认为学校应该成为学习共同体[2]。同时，由于公众要求学校更加关注学生的学习，把提高学生的成绩放到教育的重点，所以整个美国的学校系统又开始寻找改革或创新之路，进行了一系列的教育改革。来自不同研究领域的研究者为学校改革提出了建立学习型组织的建议，他们都认为学校现有的模式是传统的工业化模式，阻碍了学校有效地运行，学习型组织是学校变革的一个新的选择，新型的学校应该是一个学习型的组织、学习型的学校。学习型组织理论的出现是终身教育、终身学习、学习化社会国际教育大背景下更新教育办学理念、提升办学品位、提高办学质量的需要，被引入到学校、幼儿园的管理。随着研究的推进，研究者们对组织学习有了新的理解，发现"学习型学校"是从"学习型组织"直接移植而来，并不能完全地体现"学校学习"的特点，用"专业学习共同体"这个概念称呼学校环境中的学习型组织更贴切。组织是一种强调效率、权宜和共同利益的群体关系，共同体也是一种群体关系，但更强调人际关系、共同愿景和合作文化的重要性，对于学校的发展是十分关键的因素。于是，在美国各地区的学校，"专业学习共同体"作为最新的教育改革之一加以讨论[3]。应该说关于教师专业学习共同体的观点并不是最新的。在 20 世纪初，杜威把教师的协同工作描述为教师为了检验他们的实践，进行经验创新和批判性对话而进行集体探究活动，这个定义和教师学习共同体很像[4]。为了给教师专业学习共同体进行更明确的界定，1997 年，美国西南教育发展研究中心（SEDL）首先描述了专业学习共同体的特点来解析其概念，他们认为专业学习共同体是以致力于促进学生的学习为目的的具有共同理念的管理者与教师构成的团队，进行合作性、持续性的学习。这种组织形式是促进教师专业发展的有力途径，能够成为学校变革和发展的有效策略[5]。从此，专业学习共同体一词也由此在学习型学校与合作学习的理论与实践中被频频使用。

（三）美国教师专业学习共同体的发展阶段

进入 21 世纪，美国教师专业学习共同体进入了快速发展阶段。国际教育改革权威、加拿大著名学者迈克尔·富兰（Michael Fullan）在 2000 年时指出教师专业发展过程中，针对外部技能和知识的教师培训不能够真正有效地促进教师的发展，缺少针对性和时效性，教育改革的成功应取决于教师有效的专业学习。2004 年美国学者芬韦克（Fenwick）通过研究指出，在过去的十年，教师专业发展的趋势出现了两个非常重要的变化：一是逐步以"教师终身学习"代替"教师专业发展"；二是从注重教师个体学习转向通过学习共同体来促进教师学习[6]。受新自由主义经济思想的影响，联邦政府在许多大政方针上采取"不干预"态度，致使基础教育改革政策主要由与联邦政府关系密切的教育专业组织或教育团体来制定。2004 年 7 月国际教育教学委员会（ICET）大会在香港大学举行会议，主题是"教师即学习者：构建专业发展的共同体"。会议就美国教师专业学习共同体的历史演进及发展趋势向教师提出了专业发展的新要求和描绘了共同的愿景。此后，美国教育领域对于教师专业学习共同体理论和实践的探索不断深入，研究范围更加广泛，拓展至对教师专业生活状态、领导力、身份认同等方面，教师专业学习共同体为学校教育改革与发展提供了巨大的能量。2007 年美国国家研究理事会（NRC，美国科学院、美国工程院和美国医学科学院执行机构）在发表报告《推进教师专业发展：信息技术的潜在用途》中提出，通过在线活动提升教师专业素养，有经验的教师、研究者、课程与信息技术开发者、专业发展专家、州教育决策者、基金代表一起参与其中，承担相应权利和责任，成为一个学习共同体的"创造差异"，以形成一系列富有弹性的、满足不同学科和类型教师的专业模式[7]。

从进入新世纪开始，专业学习共同体作为学校的一个改革框架，在帮助学校满足学生需求方面，和按照规定落实《不让一个孩子掉队法案》，慢慢地呈现出优异的表现。现在，由于专业学习共同体在教育改革方面取得了优异的成绩，满足了社会的期望和人们对教育需求的加大，所以美国的很多学校系统纷纷加以采用[8]。从美国几个州政府教育部门的网站获悉，怀俄明州建立的教师专业学习共同体，自 2015 年以来，已有 14 个地区举办了培训活动，受训的教育者达到了 2600 多个。新罕布什尔州南部的中小学在 2007 年建立了 K－8 年级科学学科的教师专业学习共同体，纽约州的韦伯斯特中央学区建立了教师学习共同体，加利福尼亚州 Mequon-Thiensville 学区建立了教师专业学习共同体，以及内华达州南部建立了写作项目专业学习共同体，等等。

二、美国教师专业学习共同体的发展趋势

（一）教师专业学习共同体的行政支持力度增强

教师专业学习共同体是教师自愿结合在一起的学习型组织，以往美国的政府和行政领导的支持较少，虽然为教师的合作提供了一些物质条件保障，却较少出台相关政策或制定相应的规则制度，致使教师开展专业发展合作活动受到一些阻碍。随着教师专业学习共同体在实践中的建立，其积极的作用也被行政部门和教育专业组织所认可，美国全国师资发展委员会（NSDC）在综合了关于教师发展研究和学校改革研究的基础上，于 2001 年出版了指导中小学的校本师资发展的三类标准，其中的第一类标准"情境标准"指出：教师最有力的专业发展形式就是组建一个持续的学习小组，该学习小组一周见面几次，组建的目的是学习、共同计划课程安排、解决实际问题等，这些小组也就是学习共同体。各州和学区可以根据以上提出的这些标准来给学校提供支援或评价学校的教师发展质量。加利福尼

亚州教育部门的网站上公布的 2014 年修订的公立学校 K-12 年级英语艺术/英语语言课程框架和评价标准指南中指出，发展教师专业学习共同体以促进教师持续专业成长和发展，并进行有效的教学实践。

近些年来各州的教育行政部门无论是在政策文件和规则制度，还是资源给予上都比过去有了较大的进步，确保了教师专业学习共同体促进教师专业化顺利地实施。加利福尼亚州在 2016 年 10 月 12 日公布的"使用联邦基金支持本州优先发展的方法说明"里指出，加利福尼亚州必须继续提高教师及领导者的教学能力来提高对学生的教育效果，同时为了遵循联邦法律秉持平等的特点，应该合理利用资源实施策略。策略中提出，要促进专业文化学习，包括建立有效的专业学习共同体模型。新泽西州已将对教师专业学习共同体的支援作为学校援助金的一个新种类列入 2017 年的财政预算，以支持教育者能够带着对学生的测评结果参与到教师专业学习共同体当中，州政府将按照对学生的评估数量提供奖金，每个区每个学生 10 美元的标准支持区内和跨区的学习共同体发展，以帮助教师和管理人员分析和使用他们收集的评估数据，提高课堂教学质量。南卡罗来纳州致力于在全州学区内开发、实施持续有效的入门指导计划确保初任教师成为专业学习共同体的一个组成部分。

专业学习共同体的领导是专业学习共同体发展的关键因素之一。马伦（Mullen）认为，对于共同体的理解有三种视角：一是组织的视角，二是文化的视角，三是领导力的视角。不同的理解视角遵循不同的理论脉络，共同体的建立和维持的影响因素具体可分为：结构性、学校文化性与领导力因素，而校长领导力被认为处于统筹学校结构、文化性等因素的关键地位[9]。以校长为主的学校管理者对组织文化的创建、教师合作能力的提升起着重要的作用。除了教育行政部门，美国学校的校长对教师专业学习共同体的重视和领导力同样也获得提升。以往教育组织中的领导对行政事务比较关心，而现在更加关注构建教育系统内的教师专业学习共同体，以提升学校效能。领导者将促进教师专业学习共同体的焦点集中在为所有教师提供及时、相关、人性化的信息，使个人、团队和学校能够最大化地辨识学生学习领域的优势和劣势。

（二）信息技术在教师专业学习共同体中发挥了助推作用

信息技术为教师学习共同体带来了新的生命力，扩大了其内涵，开始出现网络学习共同体。网络学习共同体也称为"虚拟学习共同体"

（virtual learning community）或"在线学习共同体"（E-leaming&online learning community），是学习者进行网络学习的全新形式。网络环境具有强大的资源传输和共享功能，以 Blog 等为代表的 Web2.0，以其社会参与性、资源共享性等特点，为学习者的交流、协作、学习提供了良好支撑，研究者们认为通过博客建立在线学习共同体是基于建构主义学习理论，强调学习和个人知识建构的社会化和情景过程，包括建模、训练、脚手架、衔接、反思和探索[10]。美国德州理工大学的朵拉·萨拉扎教授等也认为网上教师专业学习共同体能向教师提供更多学习机会和在灵活性的工作中再教育的可能性，学习的主动权掌握在教师自己手中，学习主体回归教师本身。因此，这种教师专业学习共同体特别适合偏远乡村教师用以丰富知识和与外界互动。他们以德克萨斯州的"PT on PLC"项目为例，总结出建构网上教师专业学习共同体的三个核心要素为：集体探究、批判性反思和电子资源。目前美国的社交软件主要是脸书（Facebook）、推特（Twitter）、LinkedIn（领英），这些也都应用于在线学习共同体中，研究者们认为以脸书（Facebook）、推特（Twitter）、LinkedIn（领英）为代表的社交网络为人们创造了与他人形成利益共享的在线空间，提供给学习者与同伴、专家连接的道路，为在线学习共同体提供了巨大的潜力[11]。在信息技术的发展中，美国教育界开始使用电子档案袋，这是把原有教学中使用的档案袋评价利用信息技术加以处理。电子档案袋（e-portfolio）一般是指教师运用信息技术手段记录和展示学生在学习过程中的活动、成绩、进步、反思等主要信息，描绘其成长轨迹的一种信息化学习载体，以此来评价学生的发展。研究者们认为电子档案袋能够促进教师专业学习共同体发展，表现在：能够使教师对自己的教学实践进行批判性反思；同伴间关于教学的合作与对话增强；关于教学的讨论更具知识性和学术性[12]。

利用信息技术构建教师学习共同体，这是美国教师专业学习共同体的一个重要的进步。信息技术将教师的专业学习与教学实践、个体学习与教师间的群体性合作学习融为一体，学习共同体突破时空的限制，拓展学习共同体成员之间的深入交流与合作，节约因时间、地域限制而增加的人员时间及经济成本，这充分发挥了现代信息通信技术在教师学习共同体通信、交流、文件传输方面的巨大作用。同时教师学习共同体中的所有成员，都能够在个人空间、资源空间和共享协作空间中根据自己的兴趣爱好和学习需求进行自由运作和选取。

（三）教师专业学习共同体实施效果的研究更加受到关注

随着专业学习共同体的广泛应用，人们不再局限于研究教师专业学习共同体的内涵、价值、特点、构成要素、如何构建，而是更加关注教师学习共同体的实施效果。不同机构和个人通过采用量化质化等不同的研究方法对包括教师专业学习共同体对学校、教师及学生学业成绩的影响，以及影响教师专业学习共同体有效性的因素等问题进行了调查研究，为教师专业学习共同体的改进提供依据。有的学者对美国一个农村小学四年期间的案例研究表明，在形成 PLC 之后，学校从超过标准的 50% 提高到超过标准的 80%[13]。这个研究结果表明，学校可以通过组建专业学习共同体来加速教师专业化进程，提高学生的学习成就和学校教育改革的效果。随后研究者们也开展了一系列的调查研究，如在专业学习共同体对教师发展影响方面，同一个主题，同一年级的教师专业学习共同体在教学效果改进方面已取得了显著的成绩，但这种成绩的取得取决于许多因素，影响因素包括领导和组织的做法、专业学习共同体活动会议的实质性的细节、专业学习共同体活动中会话的性质、专业学习共同体各组之间共同体的发展[14]。研究中，很多参与者提到了整个地区都参与到专业学习共同体中的重要性，尤其是在早期阶段的实施过程中。董事会成员、管理人员（包括中心办公室和领导）和教师们一致认为，专业学习共同体为教师提供了额外的手段来积极影响学生，使其获得成就[15]。一项定量研究观察了德克萨斯州 64 所建立了教师专业学习共同体的学校。研究人员发现，90.6% 的 PLC 学校实现了数学测试成绩的提高，42.3% 的学生成绩提高了 5 分以上。教师专业学习共同体对教师的专业生活也有巨大影响。经过一年的共同体学习，教师们的孤独感消退，取而代之的是共享的专业关系、愉悦的同侪学习和共同的领导力。大量的研究也已证明教师专业学习共同体在教师学习、改进课堂教学和提高学生成绩方面的贡献。因此，在过去的几十年里，教师专业学习共同体已经成为政策制定和研究方面的热门话题，也使它成为学校的一个规范[16]。

虽然目前教师专业共同体已经在美国逐渐显现出其不可忽视的力量，成为了一种新的教师专业发展模式，但研究者们发现在教师专业学习共同体的实施过程中也显现出一些问题，这些问题制约了其发展。如建立专业学习共同体需要大量的工作、时间和必要的文化变化，这些因素影响着课堂上的变化和学生的学业成就取得，这些都是具有挑战性的[17]。实践中存在着很多对教师专业共同体缺乏理解的表现。美国的专业学习共同体这个名称在实践中被频繁地使用，任何与教育有关的群体，例如同年级教学组、不同年级同学科的教师小组、学校、学区甚至州，都可能被冠以专业学习共同体，学校领导、教师喜欢使用这个名称，似乎只要叫这个名称了，就得到相应的结果[18]。学校组建教师专业学习共同体不是一件轻而易举的事情，教师们首先应该拥有共同的价值观和愿景，接下来的组织如何展开，如何持续稳定地运作，如何满足每个组织成员的需求等，都需要教师们的集体智慧，同时要想让专业学习共同体持续地发挥作用，学校的领导和教师需要不断地付出努力去维持，并且在行动中进行调整，让教师专业学习共同体随着时间、形势的变化而不断更新，具有更强大的生命力。建立一个可持续发展的专业学习共同体，外部支援也很重要，尤其有利于缩小现有知识内容和教学方面的差距[19]。美国未来的教师专业学习共同体将更加注重在保护教师专业自主权基础上的同侪间的合作，并在教师学习共同体的运行机制中研究出一套行之有效的评价制度，从而确保教师学习共同体的有效进行和可持续的稳定发展。

纵观美国教师专业学习共同体的发展历程可知，为了应对时代的变化对教育的需求，为了弥补并克服传统的教师教育的不足，教师专业学习共同体应运而生。教师专业学习共同体之所以能成为可能，是多学科交叉研究的成果，是时代的选择，也是教师们为了实现自我发展做出的选择。教师的专业学习是建立在个体学习与组织学习结合的基础上的，学习已经不再是个体与集体分割开来的活动。个体的学习需要通过组织学习来实现，没有个体学习就不会有组织学习，真正的教师专业发展正是追求这种个体与组织共同发展的状态。因此，教师专业学习共同体是我国教师专业发展的新方向，是教师专业发展的现实需求，也是提高教育质量的有效途径。

注 释

[1] 洪明. 美国教师质量保障体系历史演进研究 [M]. 北京：北京师范大学出版社，2010：44.

[2] Y BOUCHAMMA, L KALULE, D APRIL, M BASQUE. Implementation and Supervision of the Professional Learning Community：Animation, Leadership and Organization of the Work [J]. Creative Education, 2014, 5 (16)：1479−1491.

[3] K R ARCHER. The Historical Context and Development of Professional Learning Communities [D]. Kansas：University of Kansas, 2012：130.

[4] D R WOOD. Professional Learning Communities: Teachers, Knowledge, and Knowing [J]. Theory into Practice, 2007, 46 (4): 281—290.

[5] 段晓明. 学校变革视域下的专业学习共同体 [J]. 比较教育研究, 2007 (3): 74—77.

[6] 毛齐明. 国外"教师学习"研究领域的兴起与发展 [J]. 全球教育展望, 2010, 39 (1): 63—67.

[7] 魏会廷. 教师学习共同体: 促进教师专业发展的新途径 [M]. 武汉: 武汉大学出版社, 2014: 37.

[8] K R ARCHER. The Historical Context and Development of Professional Learning Communities [D]. Kansas: University of Kansas, 2012: 130.

[9] 王晓芳. 西方教师专业学习共同体中校长领导力类型与研究述译 [J]. 现代教育管理, 2015 (10): 103—104.

[10] C C LOVING, C SCHROEDER, R KANG, C SHIMEK, B HERBERT. Blogs: Enhancing Links in a Professional Learning Community of Science and Mathematics Teachers [J]. Contemporary Issues in Technology & Teacher Education, 2007, 7 (3): 178—198.

[11] J G WARRELL. Meaningfully Becoming and Learning to Be: Graduate Learners' Professional Identity Development in Online Learning Communities [D]. Calgary: University of Calgary 2016: 1.

[12] C P LIM, C K LEE. Teaching e-portfolios and the Development of Professional Learning Communit ies (PLCs) in Higher Education Institutions [J]. Internet & Higher Education, 2014, 20 (20): 57—59.

[13] B BERRY, D JOHNSON, D MONTGOMERY. The power of teacher leadership [J]. Educational Leadership, 2005, 62 (5): 56—60.

[14] P GRAHAM. Improving Teacher Effectiveness through Structured Collaboration: A Case Study of a Professional Learning Community [J]. Rmle Online Research in Middle Level Education, 2007, 31 (1): 1—17.

[15] J HORTON, B N MARTIN. The Role of the District Administration within Professional Learning Communities [J]. International Journal of Leadership in Education, 2013, 16 (1): 55—70.

[16] B VANBLAERE, G DEVOS. Relating School Leadership to Perceived Professional Learning Community Characteristics: A Multilevel Analysis [J]. Teaching & Teacher Education, 2016, 57 (5): 26—38.

[17] FULLAN, M. Leading professional learning [J]. The School Administrator, 2006, 63 (10): 5.

[18] G M TEAGUE, V A ANFARA. Professional Learning Communities Create

Sustainable Change through Collaboration [J]. Middle School Journal，2015，44（2）：58—64.

[19] R DUFOUR. Professional Learning Communities：A Bandwagon，an Idea Worth Considering，or Our Best Hope for High Levels of Learning? [J]. Middle School Journal，2007，39（9）：4—8.

［原文《美国教师专业学习共同体的历史演进及发展趋势》与崔迪合作发表于《现代教育管理》2017 年第 5 期］

国外教师文化研究进展

　　与国内近几年关于教师文化研究增加的趋势相比，在国外，关于教师文化的研究则有较久的历史。1932 年，美国学者沃勒（W. Waller）以社会学的角度检视教师的教学工作，他也开启了关于教师文化的研究。在《教学社会学》一书中，沃勒关注了学校生活的各个侧面，包括教师与学生、同事、社区之间的关系，学生与学生之间的关系。采用质性方法比较并记叙教师文化，其研究意图在于描述学校场域之中生成的教师文化的独特性[1]1-5。

　　1968 年，美国学者杰克逊（P. Jackson）经过多年观察班级教室生活后，出版了《教室生活》。书中特别提及教室生活中的"群众"（学生）是不可能被允许成为一群乌合之众（mob）的，因此，教师要控制一群学生，必须制定明确的规范，并运用其权威发挥影响力，使学生心无旁骛，能专注学习，学生在这样的环境下生活，自然而然学到了遵守规范和应付权威，教师则完全成为知识的输送者和学校规章制度的执行者。杰克逊与沃勒有关教师文化的研究，主要是以批判教师文化中的不合理现象为主，目的是通过批判手段，引起教育学界对教师文化的重视。

　　1975 年，美国社会学家劳蒂（D. C. Lortie）出版了《学校教师的社会学研究》。他综合运用了历史回顾、全国性与地域性调查、其他研究者的观察研究、问卷调查、访问内容分析等多种研究方法，真实地描述了在职业生活中教师所形成的特有的意识与情感[2]262。劳蒂认为美国教师的职业氛围样貌深受教师招聘制度、社会化历程与工作报酬系统影响，其中以保守主义、个人主义以及即时主义倾向最为显著。他采用微观社会学与现象学进一步探究了教师工作的性质与上述三种特质一致性的关系，以了解其对教师文化的影响。

　　在劳蒂以后，英美学者以学校文化研究为中心，基于社会学、文化人类学、符号互动理论、现象阐释学等视角发展了教师文化研究，并以参与观察为主要手段在学校与课堂中进行长期观察，产生了大量阐明在学校与课堂情境中教师苦心经营的研究，拓展了教师生活历程、同事关系、职业意识等多个研究领域。20世纪90年代初，以教师文化、教师工作为主题的研究开始兴盛。在这个时期的教师文化研究中，安迪·哈格里夫斯（Andy Hargreaves）可谓集大成者，其研究对后来的学者影响较大。

一、国外有关教师文化内涵的研究

目前，安迪·哈格里夫斯所提出的观点为最多学者所引用。安迪·哈格里夫斯以"内容"与"形式"诠释教师文化，"内容"指的是教师共有的价值、态度、信念、规范，而"形式"则是指教师之间关系的形态及成员间的结盟形式。英国学者桑德拉·阿克（Acker）从文化视角与符号互动理论的观点出发，认为教师文化是有意义的信念与实践系统，包括技能、技术、价值观、态度与信念等。日本学者佐藤学认为，教师文化是教师群体所特有的范式性的职业文化，包括教师的职业意识与自我意识、专业方面的知识与技能，以及感受"教师味"的规范意识与价值观、思考和行动的方式等[3]253。

教师文化的内涵抽象笼统，不同学者的界定与阐释也不尽相同，而一般提到教师文化往往会与教学文化、教师工作特性等相关概念产生联系。桑德拉·阿克在谈到教师文化时就将其分为职业文化（occupational culture）与职场文化（workplace culture）两部分说明。职业文化包含特殊的意识形态、信念、形式与其他组织内团体的规则；职场文化则强调教师的价值观、态度、信念并非固定不变，而是视其在职场中所经验到的情境而定，与职场本身的社会组织关系密切。戴维·哈格里夫斯（David Hargreaves）所构建的教师职业文化的模型包括教师的地位、教师的能力与教师的社会关系等三个维度[4]。此外，教师与教学之间的联系也成为教师文化所探讨的内容。欧斯特（Ost）认为从外显的行为表现而言，教学文化就是群体教师长期所展示的固定行为模式[5]。换句话说，教学文化指的是从事教学工作的教师所形成的价值、观念和规范，教师们共有的想法、心智运用的习惯及人际互动等都是教学文化的具体项目。哈默斯利（Hammersley）也指出教师在教室里的行为往往有规则可循，潜意识、自动将事件归类及选定适当的行动准则等都属于教学文化的范畴。而安迪·哈格里夫斯认为教学文化是在多元、殊异的学校文化（包含教师文化）下，构筑成特定的情境脉络，进而孕育出不同的信念、价值、习性以及和教师同侪的互动方式。安迪·哈格里夫斯对于"教师文化"与"教学文化"两个概念偶尔有交互替用,因此,需要审慎留意。

二、国外有关教师文化特征的研究

教师文化是流动的、多元的,它会随学校组织环境、工作性质、所任年级等因素的不同而有所不同。不过也有学者指出,不论学校环境如何、教师面对的教学对象有所不同,教师都会呈现出共同的特征[6]。关于教师文化的特征可以从学校组织、教师的工作特质、教师的人际关系等视角进行分析。

作为学校组织文化的一部分,教师文化可由学习而获得,但也会受到学校组织成员的影响。从功能性观点来看,学校领导者的功能主要是形塑与建立组织文化。学校校长的价值观、学校规模、教师年龄、社区和学生的组成、学校环境与资源等,都是影响教师文化的因素。组织文化与校长的价值观对教师文化的影响最常在文献中被提及[7]24。美国学者罗森霍洛兹(Rosenholtz. S. J.)曾明确指出,不同的学校影响形成不同的教师文化[8]。沃勒从社会学的视角出发,描述了教师受官僚性教育行政权力影响和支配下的文化特征。其研究的主流线索以批判教师的非人性(impersonality)为主,揭示了造成教师人格偏差的制度性与社会性方面的原因。汉森(Hanson)在分析学校组织时提出行政人员与教师团体之间形成一种"互动领域模式"。这一模式显示,就环境而言,教师团体是专业的弹性环境;以决定的范围而言,教师以教室内的决定为限;以自主性而言,教师拥有随手可得的教学自主权;就权威和权力来区分,教师则因教学自主性大,其教学的权力或影响力相对明显;就次级联盟而言,教师因利益或需求来结盟形成正式或非正式利益团体[9]。

除了学校组织文化的形塑,对教师文化产生非常重要影响的就是教师与他人的互动。教师与哪些人互动,互动的规范是什么,这两点都是影响教师文化的重要因素[10]。在这一过程中,教师文化也呈现出丰富且多样的特征。沃勒指出教师文化具有"孤立"的特征,他所观察到的"孤立"是教师与其同事,以及与教师角色相关的其他人员分隔,如教育行政人员、家长、社区人士[11]103—119。戴维·哈格里夫斯发现英国中小学教师之间普遍存在三种规范。一是教室自主:教师在教室内的行为完全自主,不受外人干扰,形同孤立;二是忠于同事:同事之间的言行以维护群体的利益与和谐关系为重;三是平凡的规范:同事之间彼此期望在学校工作上保持一致的步调,是一种"近乎中庸"的规范。以英国小学教师为例,尼亚斯（Nias）提出，英国小学教师具有孤立性、个人主义、自力更生及自主的传统，重视"自我投资"及和学生建立关系等[11]。安迪·哈格里夫斯与麦克米兰发现中学教师之间存在一种所谓的"巴尔干文化"（Balkanized culture），这是指教师在学校中并不是独立工作，但也不尽然与大部分同事共同工作，而是在学校中的诸如学科部门、特殊单位等次级团体里工作。这种所谓的"巴尔干文化"会以特别的联盟或行动方式达到某种意图的效果，概括来讲主要呈现出低渗透性、高持久性、个人认同、政治性等特征[12]。阿克对英国一所小学教师群体的研究发现，其职场文化呈现出弹性的角色（flexible roles）、参与与平等（participation and equality）、关怀与相互支持（caring and mutual support）、幽默（humour）、共同体（community）等特征[7]242。

　　教学情境的多样性、复杂性以及现实环境的限制都是教师平日所面对的状况，再加上教学工作平稳而少变化的特质，使教师文化呈现出保守、孤立、重视经验等特征。劳蒂指出，教师的观点和信念中存在明显的保守主义、个人主义和即时主义。就保守主义而言，教学中的不确定性会让教师放弃寻求更好的解决途径而固着于过去的经验。教师的个人主义是躲在赞扬合作与拒绝冲突背后，是防卫和谨慎小心的，是犹豫不决和不自在的。就即时主义而言，教师对未来持一种怀疑态度，即认为"为了将来的可能性而牺牲现在的机会是不明智的"[2]200−204。韦布和艾什顿（Webb & Ashton）的研究指出，由于受到过度要求、不相称的工资薪酬、低落的地位、缺乏认同与支持、不确定与缺乏实权等因素的影响，产生出教师缄默的顺从文化、不假思索地接受现状的特征[13]。拉姆等人（Lam et al）也认为，以教学来说，最普遍的特质就是教师的孤立性。在这种孤立的特征下，往往导致教师的能力无法提升；因害怕能力不佳而不征询其他教师的意见；不学习其他教师以取长补短；自己尝试错误发现问题；很少从同事那里获得知识与经验；很少有机会学习好的教学技巧；缺乏分享成功的经验；过分依赖从学生身上获得满足感[14]。工作的复杂性也使教师很少花时间仔细思考其工作实践，更使其依赖经验的复制[15]。

三、国外有关教师文化类型的研究

　　教师文化的类型主要是对教师群体间不同价值观念、行为模式等加以分类的标准而言。由于不同学者对教师文化观察的重点不同，因而产生教师文化的不同分类方式和类型。

美国社会学家默顿（R. K. Merton）与伍兹（P. Woods）提出"个人适应学校文化的类型"，依照"目标"和"手段"两个面向，将适应的方式分成七类：一是适合或顺应型，即这一类成员同时接受学校的目标与达成目标的手段，其对团体是绝对信赖，对未来也深具信心的。二是革新或发明型，即这类成员对学校的目标是赞同的，对达成目标的手段则是持反对的态度。三是移植型，指成员对于学校的目标或是达成目标的手段都表现出毫不在意的态度，其多会采取走捷径、避免遭受惩罚、挑拨教师和其他人发生冲突等方法来适应学校生活。四是仪式型，即这一类的教师虽然对学校团体的目标不赞同，但为了使自己在团体中能够生存，只好在表面上配合团体的要求。五是退缩型，即这一类成员认为学校的目标是无意义的，而且对它的达成手段更是不能接受的。六是非妥协型，即这一类的成员对团体的目标表现出不关心或不在乎，对于达成目标的手段，则是未加思考就因偏见或嫌恶而予以排斥。这一类成员是经常改变立场的，其价值态度与行为模式是短暂的。七是不服从型，即这一类成员不论对学校的目标或是手段等层面，都持拒绝的态度，然而他们很清楚其认为最好的理想形式是怎样的，所以会扬弃团体中现存的规范，颇有"取而代之"的壮志[16]。

古尔德纳（Gouldner）以学校成员的个人需求与学校组织目标之间的符合程度，将教师分为大都会型（Cosmopolitan）与地方型（Local），大都会型教师对于自己所处学校的向心力较低，教师的离职率较高，他们会以自己所属的学术团体为认同对象，而不是所在的学校，对于自己的同事也比较疏远。地方型的教师对所在学校认同度较高，但对于自己所属的专门学术团体则较少投入精力，同事间感情深厚，离职率较低。大都会型教师又可分为两种：一是局外人（the outsiders），这类教师极少参与学校正式与非正式的各种活动，其最大的特征是他们不愿常处于一个环境之中；二是帝国建设者（the empire builders），这类教师虽然常参加学校活动，但多半考虑的是自身发展。地方型教师又分为四种：一是献身型（the dedicated），这类教师对自己所处的学校与教育目标有极大的认同，因此全力投入学校的各项工作；二是官僚型（the true bureaucrats），这类教师反对学校之外势力的介入，很少考虑对团体理想付出热忱，常从个人利益出发考虑学校问题；三是乡土警卫型（the homeguard），这类教师大部分是女性，而且是位居二线的行政者；四是年长型（the elders），这类教师年龄大多在50—60岁，他们常用自身以往经验评定他人，自己则以第三者心态等待退休[17]。

普雷斯图斯（R. Presthus）根据教师个人对自己目标达成的期盼程度即"抱负"，将教师分成三种类型：认同型、疏离型和鸡肋型。认同型教师大体上接受团体的价值标准与要求，希望透过学校中的各种管道，获得自我实现的机会；疏离型教师完全忽视学校组织的存在，试图在外界寻求满足感，留在学校的目的在于混一口饭吃，对工作不认同；鸡肋型教师对学校提供的社会地位和待遇有所依恋，然而却又无法对学校及自己的工作产生认同。

安迪·哈格里夫斯认为，教师文化的内容都是通过关系的若干形态表现出来的，基于这一认识，他对教师文化的内容与形式进行了系统的研究，并从"形式"的视角将教师文化划分为以下五种：孤立封闭主义、派别主义、集体主义文化、人为合作、流动的马赛克。

考尔多什等人（Kardos，Johnson，Peske，Kauffman，Liu）则以教师专业发展来看教师文化，并将其划分为以资深教师为主的专业文化（veteran-oriented professional cultures）、以新手教师为主的专业文化（novice-oriented professional cultures）、综合性的专业文化（integrated professional cultures）。其中，鉴于资深教师与新手教师之间能够形成良好互动，并有利于彼此的专业发展，因此，综合性的专业文化被认为是最好的[18]。佐藤学通过"专业化"对"非专业化"、"官僚化"对"民主化"两个轴交叉形成的区间对教师进行了划分，并将其划分为"作为公仆的教师""作为劳动者的教师""作为技术熟练者的教师"和"作为反思性实践家的教师"[3]262-264。

四、国外有关教师文化影响层面的研究

教师文化的形成与发展受到多方面的影响，包括社会文化、国家教育政策法规、学校组织文化、教师文化传统、教育专业团体的功能发挥等[19]；反过来，教师文化也会对社会、学校组织及个人层面产生影响。

富兰等人指出，教师孤立的文化容易让教师变得保守，倾向于采用安全的教学法，当他们面对教育改革时，容易采取抗拒的态度。因此，对于教育改革而言，依靠行政体制的力量只能获得片刻的改进，诉诸教师文化的内在改变才能实现长治久安。同样，先专注于结构调整，然后再进行思想文化的改变无异于"车在马前"[20]。戴维·哈格里夫斯也指出，当教师在同一个公立教育机构中时，教师文化是一股对抗学校一致性政策与校外

专业联盟发展的强大力量[4]。阿克采用民俗志考察政策实施对小学教师的影响时发现：小学教师为了回应教育政策而形成独特的文化，为了成就专业，教师必须接受命令与努力工作，对小学教师而言，教育是以学生为中心而非只重视成效，因此，经验可使教师变得消极与丧失技能，由所选取的个案学校，其教师文化相当积极合作，且常能以团队形式进行讨论，因此，面临新改革时，他们能并肩面对，一起寻思应对的方法或决策，而不会对改革感到不知所措，导致产生不必要的恐慌[21]。岛原（Shimahara. N. K.）以日本三所小学为例，探讨日本的教师实习制度与教学文化时也发现，一方面，教学文化影响教师第一年的"行政实习"，另一方面，教育改革要有效推动，身处教学现场第一线的教师是政策能否成功的关键[22]。

教师文化既对国家教育政策与学校组织文化产生影响，也会对学生、教学文化以及教师自身产生密切的关系。而教师文化对上述层面的消极影响也为变革教师文化指明了方向。沃勒认为，学校教学基本上是教师文化与学生文化交互作用的过程，没有良好的教师文化，很难产生合宜的教学，也就难造就良好的学生文化。格拉齐（Gratch）采用个案研究，发现初任教师受教学文化的影响颇深，教师面临不同的文化"形式"对于教育实践做出的回应，更影响其自我概念的发展[23]。而针对教师文化中存在的孤立文化及其消极影响，很多学者都将变革的方向指向教师合作文化。威廉姆斯等人（Williams，Prestage，Bedward）通过对教师与行政人员的深入访谈发现，孤立隔绝的教学环境使教师封闭于自己的教学中，形成整体性的孤立文化，进而妨碍专业成长；合作的教师文化，由于教师间的互动频繁，有助于新进教师的专业发展；强制与行政介入的合作仍可对新进教师提供支持的力量[24]。谢泼德（Shepard）采用个案研究发现，使用策略与分享学生学习成果对教师效能有正向的影响；学生学习成果策略对于个人主义的教师团队造成影响；借由同事的观摩与学习，可增加互动与教师效能进而影响其教师文化[25]。

五、国外有关教师文化研究取向的研究

归纳目前关于教师文化的研究，其研究取向主要有两种，即分类型的研究取向和主题型的研究取向。

（1）分类型的研究取向是依照教师群体所持有的价值观与行为方式，通过某些指标对教师文化的样态与类型进行划分。例如，安迪·哈格里夫

斯以"形式"对教师文化的分类。此外，利特尔（Little）依据教师的合作状态，将教师文化分为四种类型：说长道短（scanning and story telling）、一般的协助（general help and assistance）、分享、共同工作[26]。

（2）主题型的研究取向是透过某个特定的主题来分析教师在学校中的行为表现。主张这一研究取向的学者主要以戴维·哈格里夫斯和伍兹为代表。戴维·哈格里夫斯指出，教师文化研究应注意社会结构对其的影响，他倾向把教师文化当成结构与个人之间的中介变量，而以主题作为研究教师文化的切入点，透过教师在环境中所关切的身份地位、能力、关系等三个相互影响的主题，进而思考教师在教育现场的行为与更大结构之间的关系[4]。伍兹（Woods）认为研究教师文化应以三个主题来探讨，包括意识形态、权力和角色管理。这三个主题弥漫在教师文化之中，展现着自我和系统之间的互动。意识形态是"一群人所持有的信念和价值系统"，这种意识形态可以在很多层次上被发现，包括教师所展现的职业态度，教师对抗家长和学生的方式。权力的运作则可以看出关注的利益，两者都对个体在群体中的角色管理有着重要影响[27]。教师的角色是其他人期望教师表现出的行为模式，个体必须学习如何在个人的渴望及社会结构的角色之间表现出教师应有的行为，因此，角色管理可以看成是教师在面对其生涯时一项重要的工作。

六、国外教师文化研究的不足与展望

（1）就教师文化的内涵而言，它多与学校组织文化、教学文化、职业文化等概念紧密联系。当谈论教师文化时，我们都承认教师作为社会中重要的职业群体，有着不同于其他群体的特征，成为一种相对独特的文化形式。但是关于教师文化的内涵，国外学者所持观点各异。这样，当人们运用它来解释某一群体时，常常会带来一些语义或概念上的含混不清。通过教师文化理论研究发现，对教师文化本质的认识一直没有一个共同的结论。但是从各种不同的定义中，我们可以发现有一点是可以达成共识的：教师文化以精神和观念为核心，它以信念、价值观等不同的"内隐概念"方式得以存在，以教师的行为方式、习俗等"内隐规矩"得以表现。同时注重教师文化的两个层面才有助于我们整体地理解教师文化。

在教师文化的特征与影响层面的分析上，直接以教师文化为主题的实证研究不多，大多以社会学的视角，以观察、访谈等质化研究方法为主。质化研究对"深描"与"解码"文化这种铺陈细致复杂的现象，揭露并解释一些现象背后"交流体系"的"深层结构"颇为得心应手，它为我们理解"人们对他们生活的意义建构，他们经历了什么，他们如何诠释这些经历，他们如何建构其社会世界"提供了一条重要途径。但是，以质化研究为主的研究取向，导致对教师文化相关特征与影响层面的探讨大多集中在文献资料的搜集以及通过文献进行理论的建构，通过问卷调查等实证研究对教师文化相关理论的可行性加以验证的研究则相对缺乏，更加欠缺混合运用质化研究与量化研究的相关成果。

（2）就教师文化的类型而言，以往学者主要从教师个人认同教师角色的价值观、与同事间的合作关系的认知、对学校未来发展的态度，以及专业发展等方面作为分类的标准。其中，从整个概念及架构上，默顿和伍兹对教师文化类型的划分可以算得上是一种较为完整的模式。这一分类模式既具有理论基础，也有较大的涵盖力，将多数学者提到的教师文化类型都包含在内。但是这一划分也存在不足，即这七个类型的教师文化之间概念重叠部分太多，具体归类时会有一些困难。因此，对教师文化的分类，还应根据研究需要与所探讨问题的侧重而加以实际考察和划分。

探讨国外有关教师文化相关研究可以发现，教师文化与教育改革、教师专业发展等研究问题之间的关系探讨逐渐兴盛。

教师文化研究与教育改革产生关联的背后所隐藏的假设是，教师文化是否正向与积极是教育改革成功的关键。因为教师作为国家教育政策和方针的执行者、教育的最终实施者，教育改革的成败取决于教师这一主体对教育进行怎样的理解、诠释与表达。在教学实践中，虽然有可能引进好的教学策略，但由于教师常常不能理解设计背后的理念，结果"环境一变，或是新计划一完结，教师又再面临困境而不知所措，或是故态复萌"[28]。而奉行自上而下、由内而外的改革原则，将教师排除在外的教育改革形态，是将教育改革视为一件产品，忽视了它具有人性的一面，自然也忽视了教师是可以自我发展的要素。豪斯和麦奎兰（House & McQuillan）提出教育改革的技术面、政治面与文化面[29]，可以为我们提供一个理解教育改革的全观视角，特别是对当前很多探讨教育改革问题时只注重技术面与政治面，而忽略教育改革中的文化面来讲，不乏启发和借鉴意义。

注 释

［1］WALLER. The Sociology of teaching ［M］. Hoboken, NJ, US：John Willey&Sons Inc，1932.

［2］丹·克莱门特·劳蒂. 学校教师的社会学研究 ［M］. 饶从满，等译. 北京：人民教育出版社，2011.

［3］佐藤学. 课程与教师 ［M］. 钟启泉，译. 北京：教育科学出版社，2003.

［4］HARGREAVES, D. The Occupational culture of teachers ［C］//P. Woods. Teacher Strategies. London：Croom Helm，1980：125－148.

［5］OST，D H. The culture of teaching：Stability and Change ［J］. The Education Forum，1989（2）：163－181.

［6］BOLSTER，A. Toward a more effective model of research on teaching ［J］. Harvard Educational Review，1983（53）.

［7］ACKE，S. The realities of teachers' work：Never a dull moment ［M］. London：Cassell，1999.

［8］ROSENHOLTZ S J. Teachers' Workplace：The Social Organization of Schools ［M］. New York：Longman，1989：30.

［9］HANSON，E M. Educational administration and organizational behavior （5th）［M］. Need Heights，MA：Allyn& Bacon，2003：81.

［10］FEIMAN NAMSER S，FLODEN F. The culture of teaching ［C］//M. C. Wittrick. Handbook of research on teaching（3rd ed.）. New York：Macmillan，1986：505－526.

［11］NIAS，J. Primary teachers talking：A study of teaching as work ［M］. London：Routledge，989.

［12］HARGREAVES，A，MACMILLAN R. The Balkanization of secondary school teaching ［C］//L. S. Siskin，J. W. Little. The subjects in question. New York：Teachers College Press，1995：141－171.

［13］WEBB，R B，ASHTON，P. Teacher motivation and the conditions of teaching ［C］//S. Walker，L. Barton. Changing policie，changing teachers：new directions for schooling? UK，Milton Keynes：Open University Press，1987：22－40.

［14］LAM，S YIM，P，LAM，T W. Transforming school culture：Can true collaboration be initiated? ［J］. Educational Research，2002（2）：181－195.

［15］BAJUNID，I. Rethinking the work of teachers and school leaders in an age of change ［C］//C. Day，A. Fermandez，T. E. Hauge，J. Mollerb. The life and work of teachers：International perspectives in changing times. London，England：Falmer，2000：1375－1394.

[16] WOODS, P. The Pupil's Experience [M]. Milton Keynes：Open University Press，1977.

[17] Gouldner, A W. The Coming of Western Sociology [M]. London：Heinemann，1970.

[18] KARDOS, S M, JOHNSON, S M, PESKE, H G, KAUFFMAN, D, LIU, E. Counting on colleagues：New teachers encounter the professional cultures of their schools [J]. Educational Administration Quarterly, 2001（2）：250—290.

[19] 林志成. 建构国小教师专业文化图像的策略 [J]. 国教世纪，2004（211）：5—12.

[20] 迈克·富兰. 变革的力量：透视教育改革 [M]. 北京：教育科学出版社，2000：84.

[21] ACKER, S. Teacher's Culture In an English Primary School：Continuity and Change [J]. British Journal of Sociology of Education，1990（3）：257—273.

[22] SHIMAHARA N K, AKIRA SAKAI. Teacher Internship and the Culture of Teaching in Japan [J]. British Journal of Sociology of Education，1992（2）：147—162.

[23] GRATCH, A. The culture of teaching and beginning teacher development [J]. Teacher Education Quarterly, 2001（4）：121—136.

[24] WILLIAMS, A, PRESTAGE, S, BEDWARD, J. Individualism to collaboration：The significance of teacher culture to the induction of newly qualified teachers [J]. Journal of Education for Teaching, 2001（3）：253—267.

[25] SHEPARD, M. From a culture of isolation to collegiality：Professional development using evidence of student learning to increase teacher efficacy and student achievement [EB/OL]. http：//search. proquest. com/doc view/304379813 /preview —PDF？ Accounted＝12840♯，2008.

[26] STOLL, L. School culture：Black hole or fertile garden for school improvement [C] // J. Prosser. School culture. London：Paul Chapman Publishing, 1999：37.

[27] WOODS, P. Sociology and the school：An interactionist viewpoint [M]. London：Routledge&Kegan Paul，1983：163.

[28] 操太圣，卢乃桂. 伙伴协作与教师赋权：教师专业发展新视角 [M]. 北京：教育科学出版社，2007：6—7.

[29] HOUSE, E R, MCQUILLAN, P J. Three perspectives on school reform [C] //Hargreaves, A., Lieberman, A., Fullan, M., Hopkins, D. W. International Handbook of Educational Change. Boston：Kluwer, 1998：199.

［原文《国外教师文化研究进展》与索长清合作发表于《黑龙江高教研究》2014年第12期］

全美幼教协会幼教机构
管理者专业能力标准研究

一、NAEYC 幼教机构管理者专业能力标准出台的背景

幼儿园园长专业标准的确立是推进园长专业化进程中的核心。研究和建立幼儿园园长专业标准对于明确园长所应扮演的角色、应履行的职责和应具备的素养，厘清园长专业发展所需要的专业知识、专业能力和专业精神等结构，促进园长专业发展实践，完善园长选拔、培训、评价和管理制度，开展园长的教育培训，推进园长专业化进程，提高幼儿园管理水平，有效促进幼儿教育的改革和发展等，都具有重要意义[1]。而且，幼教机构的品质优良与否，幼儿园园长具有极大的影响力，是办学品质的关键。幼儿园园长必须统合人事、整合资源、具备领导能力，才能有效促进园所发展。幼儿园园长的计划、组织、沟通、执行、评价等专业能力是提升幼儿园保教品质的一个重要指标。但是，专业角色需要专业人士担任，专业职位也需要体制的规范。这就要求政府及相关专业权威机构对幼儿园园长的专业角色和专业能力提出相应的标准。

全美幼教协会（NAEYC）是美国规模最大、最有影响力的民间幼儿教育组织，它在制定幼儿教育质量评价标准，保证各类型幼教机构教育质量方面发挥着重要作用。其目标是改进早期教育的专业实践和工作条件；支持儿童早期项目，努力建立高质量的早期儿童教育体系；构建一个高性能的、包容的组织团体，并鼓励个人致力于为所有儿童提供优质的儿童早期教育[2]。为此，NAEYC 自 1926 年成立以来，一直致力于通过创设和提供幼教工作者的发展机会和资源，以及通过设置促进幼教工作者实践活动的标准，不断改进幼教工作者的教育实践活动及其工作条件。2005 年 4月，NAEYC 理事会批准颁布了修改后的最新《幼儿教育方案标准和认定指标》（NAEYC Eearly Childhood Program Standards and Accreditation Performance Criteria），把创造高质量幼儿教育的世界潮流推到了一个新的顶峰。新的幼儿教育标准和认证体系从关系、课程、教学、儿童发展评

价、健康、教师、家庭、社区关系、物质环境、领导与管理等 10 个方面制定了详细的评价标准[3]。

二、NAEYC 幼教机构管理者专业能力标准的内容

NAEYC《幼儿教育方案标准和认定指标》在第十条中规定了"领导与管理"的标准[4]。该标准认为优质的方案需要有效的管理结构、能力和知识的领导，也需要全面的和运转良好的行政政策、程序和制度。其中，在"领导"部分，对管理者的教育资格与管理资格作了详细要求，包括学分数、学位与课程论文、教育实践等，并在"领导"部分的支持性文件中突出强调了管理者要有可持续发展的专业能力。

（一）管理者的角色与职责

NAEYC 在"幼教机构管理者的角色与职能"（Program Administrator Definition and Competences）中明确规定[5]，管理者负责计划、实施和评估幼儿保育、教育机构或幼儿园方案，其角色涵盖领导和管理的双重职能。领导职能涉及帮助组织明晰和确定价值观，设定目标，明确表达愿景，以及制定行动方针以实现愿景等广泛的计划。管理职能涉及任务的实际流程和建立制度来执行组织任务。根据方案的类型或方案赞助方式的不同，管理者会有不同的角色头衔，常见的包括主任（Director）、站点主管（Site Manager）、管理者（Administrator）、方案主管（Program Manager）、幼教协调员（Early Childhood Coordinator）及园长（Principal）等。

管理者的职责包括以下五个方面：一是教育教学（Pedagogy）——建立促进最佳儿童发展和健康的家庭的儿童和成人学习型社区。二是机构发展与制度（Organizational Development and Systems）——建立方案运行顺畅和管理人员执行方案的制度，规划和预算方案的财政资源，管理组织变革和建立监测和评价组织绩效的制度。三是人力资源（Human Resources）——招聘、筛选和人员定位，建立监督制度，旨在监督、保留，并帮助专业人员确认方案价值和推动共同愿景。四是合作（Collaboration）——与家庭成员、董事会成员、社区代表、市政领导，以及其他利益相关者建立伙伴关系，以设计和改进为儿童及其家庭提供的服务。五是宣传（Advocacy）——采取行动并鼓励他人为满足儿童及其家庭需求进行高质量的服务工作。

（二）管理者的核心能力

NAEYC 明确指出，有效的幼教方案管理所需的核心能力可以分为两大类：即管理知识与技能（Management Knowledge and Skills）、幼教知识与技能（Early Childhood Knowledge and Skills）。这两类核心能力并非是不相关的分类，它们在概念和实践上都有所重叠。

1. 管理知识和技能

管理者需要在组织管理原则的基础上建立坚实的基础，包括如何建立方案顺畅发挥功能的系统，以及如何管理员工执行方案任务。

一是个人自我意识和专业自我意识（Personal and Professional Self Awareness）。具体包括：（1）成人和职业发展、人格类型、性格和学习风格方面的知识与应用。（2）自我信念、价值及哲学立场方面的知识。（3）基于专业伦理守则对伦理和道德困境进行评价的能力。（4）成为反思实践者的能力。

二是法律和财政管理（Legal and Fiscal Management）。具体包括：（1）不同法律的知识与应用。（2）涉及幼教方案服务交付的不同法规与条例的知识。（3）儿童监护权、虐待儿童、特殊教育、保密、反歧视、保险责任，以及与方案管理相关的合同与劳动法方面的知识。（4）不同联邦、州，以及地方财政收入来源的知识。（5）记账方法和会计术语方面的知识。（6）预算、现金流管理、授予写作和筹款的能力。

三是员工管理和人际关系（Staff Management and Human Relations）。具体包括：（1）群体动态、沟通方式和冲突解决技巧方面的知识与应用。（2）不同监管和团队引导风格方面的知识。（3）了解员工和董事会成员的不同种族、文化和民族背景的能力。（4）雇佣、监督和激励员工达到高水平表现的能力。（5）建立共识、团队发展，以及员工绩效考核的能力。

四是教育规划（Educational programming）。具体包括：（1）不同课程模式、高质量方案标准，以及儿童评估实践方面的知识与应用。（2）制定并实施方案以满足不同年龄和发展水平（婴幼儿、学龄前儿童、幼儿园儿童）需要的能力。（3）促进特殊需要儿童融合的管理实践知识。

五是方案运用与设施管理（Program Operations and Facilities Management）。具体包括：（1）符合国家和地方法规以及与幼儿健康和安全相关专业标准的政策和程序方面的知识与应用。（2）饮食服务方面有关营养和健康要求的知识。（3）基于环境心理学和儿童发展的原理，设计和规划有效利用空间的能力。（4）游乐场安全设计与实践的知识。

六是家庭支持（Family Support）。具体包括：（1）家庭系统和不同养育方式的知识与应用。（2）支持全美幼教协会幼教机构管理者专业能力标准研究家庭健康的社区资源方面的知识。（3）支持不同文化、种族、语言和社会经济背景的家庭实现方案的能力。（4）支持家庭在教育过程中作为重要合作伙伴的能力。

七是市场与公共关系（Marketing and Public Relations）。具体包括：（1）有效的市场营销、公共关系和社区外展的基本原理方面的知识。（2）对不同市场推广及宣传策略的成本效益进行评估的能力。（3）向家庭、商界领袖、政府官员和潜在的资金提供者传达方案理念，推销积极公众形象的能力。（4）促进与当地学校联系的能力。（5）制定商业计划和制作宣传资料、手册、简报和新闻稿的能力。

八是领导和宣传（Leadership and Advocacy）。具体包括：（1）与幼教工作环境相关的组织理论和领导风格方面的知识。（2）影响年幼儿童及其家庭的立法进程、社会问题和公共政策方面的知识。（3）阐明愿景，明晰和确定价值观，并创造文化的能力。（4）评价方案有效性的能力。（5）在解决方案中有效利用分析技巧的能力。（6）为年幼儿童及其家庭，以及自身职业进行宣传的能力。

九是口头和书面沟通（Oral and Written Communication）。具体包括：（1）写作技巧方面的知识，包括组织想法、语法、标点和拼写。（2）运用书面沟通形式有效表达个人想法的能力。（3）口头交流技巧方面的知识，包括融洽关系的建立、环境的准备、积极倾听和语音控制。（4）在正式场合进行有效沟通交流的能力。

十是技术（Technology）。具体包括：（1）计算机硬件和软件应用的基本知识。（2）使用计算机进行管理的能力。

2. 幼儿教育知识和技能

管理者需要在儿童发展和儿童早期教育方面奠定坚实的基础，以引导幼儿教师和辅助人员开展教学实践。

一是历史和哲学基础（Historical and Philosophical Foundations）。具体包括：（1）幼儿保育和教育的历史渊源和哲学基础。（2）不同类型的幼教方案、角色、资金和监管结构的知识。（3）影响方案质量的重要因素和当前趋势方面的知识。（4）研究方法方面的知识。

二是儿童生长与发育（Child Growth and Development）。具体包括：（1）有关儿童发展的不同理论立场。（2）影响产前到青春期早期儿童发育和生长的生物、环境、文化和社会因素方面的知识。（3）儿童身体、认知、语言、审美、社会和情感的发展里程碑（Developmental Milestones）方面的知识。（4）相关研究在幼儿教育领域中应用的知识。

三是儿童观察和评估（Child Observation and Assessment）。具体包括：（1）与儿童发展相适宜的观察和评价方法方面的知识与应用。（2）不同评价工具和技术的目的、特点，及局限性方面的知识。（3）能够使用不同观察方法的能力，包括正式和非正式观察、行为取样观察和发育检查表观察。（4）涉及使用评价信息的道德实践方面的知识。（5）应用儿童观察和评价数据来规划和建构发展适宜性教学策略的能力。

四是课程与教学方法（Curriculum and Instructional Methods）。具体包括：（1）不同课程模式、适宜的课程目标，以及对婴儿、学步儿、学龄前儿童和幼儿园儿童施以不同教学策略的知识。（2）规划和实施课程的能力。（3）设计整合的和有意义的课程经验的能力。（4）对不同学科方法的结果进行评价的能力。

五是有特殊需要的儿童（Children With Special Needs）。具体包括：（1）有关非典型发展的知识。（2）涉及有特殊需要儿童的服务和住宿方面的许可标准，以及州和联邦法律〔如《美国残疾人法案》（ADA）《障碍者教育法》（IDEA）〕方面的知识。（3）天才的特点以及如何通过改善教育环境支持有特殊能力儿童发展的知识。（4）家庭-专业团队（Family-professional Team）的协同工作能力。（5）有关特殊教育资源和服务的知识。

六是家庭和社区关系（Family and Community Relationships）。具体包括：（1）家庭系统多样性的知识。（2）影响当代家庭的社会文化因素方面的知识，包括语言、宗教、贫困、种族、技术以及媒体的影响。（3）提供给儿童和家庭的不同社区资源、帮助和支持方面的知识。（4）促进家庭和中心之间相互合作关系的不同策略方面的知识。（5）通过书面和口头交流的方式与幼儿家长进行有效沟通的能力。（6）认识和欣赏不同文化和家族性的惯例和习俗的能力。（7）其他国家幼儿养育方式方面的知识。

七是健康、安全和营养（Health，Safety，and Nutrition）。具体包括：（1）促进良好的营养、牙齿健康、身体健康、心理健康和婴幼儿、学龄前儿童和幼儿园儿童安全方面的实践知识与应用。（2）防止、防备和应对室内和室外突发事件的实践能力。（3）塑造健康生活方式的能力。

八是个人和群体引导（Individual and Group Guidance）。具体包括：（1）支持不同模式的儿童指导和课堂管理的知识。（2）应用不同技巧促进自身与儿童以及儿童与儿童建立积极与支持性关系的能力。（3）反思教学行为和调整引导技巧的能力。

九是学习环境（Learning Environments）。具体包括：（1）物理环境对儿童学习和发展产生影响的知识。（2）利用空间、色彩、声音、纹理、光线和其他设计元素，创造美观舒适，具有智力刺激、心理上安全，并富有教育意义（nurturing）的室内外学习环境的能力。（3）选择与年龄相适应的设备和材料以实现课程目标的能力。

十是专业精神（Professionalism）。具体包括：（1）影响儿童和家庭的专业行为方面的法律、法规和政策知识。（2）影响幼教从业人员福利的知识。（3）有关中心认证标准的知识。（4）基于全美幼教协会《伦理规范和承诺声明》（Code of Ethical Conduct and Statement of Commitment）做出专业判断的能力。（5）反思个人专业成长和发展，并提出个人改进目标的能力。（6）成为专业团队成员并监督相关人员的工作能力。

三、NAEYC 幼教机构管理者专业能力标准的特点及启示

（一）明确了管理者的角色与主要职能

NAEYC 对管理者的角色与职能进行了清晰的定位，明确了机构管理者不同于教师或投资人的角色。管理者的角色和职责是多种多样的，他们的立场类似于一所学校的校长（School Principal）或幼儿保育主任（Child Care Director），也可以容纳像协调员或业务主管的头衔。他们的角色包括管理学校与课程，提供教学和课程领导等。在其他方面，他们也会负责预算、幼儿的安全，遵守联邦和州法律，人员配备、父母和家庭的参与合作，以及参与社区合作[6]。职责范围包括从全面负责方案执行到分担具体方案的执行。主要职责则涉及教育教学、机构发展与制度、人力资源、合作、宣传等多个方面。而且，在管理者所应具备的两大核心能力的分类中，NAEYC 还将"管理知识和技能"置于"幼儿教育知识和技能"之前，突出并强调了管理者角色的首要性。集领导者、管理者和教育者三种角色于一身。

长期以来，我国对幼儿园园长的定位一直比较模糊，或许是因为绝大多数园长都是出身于幼儿园教师，所以常常被看作是教师中的一个职位，

仍然属于教师群体中的一员[7]。在教育行政管理人员专业化和幼儿园教师专业化运动的推动下，幼儿园园长专业化成为日渐突出的问题。幼儿园园长专业化的实质，就是要完成幼儿园园长从教育专业向管理专业的转化，园长专业化的过程就是要完成从一个教师的角色向管理者的角色转化的过程[8]。因此，幼儿园园长专业标准的制定应该在强调幼儿园园长多种角色的同时，强化其管理者的角色意识，提升幼儿园园长的管理素养、管理艺术和领导能力。

（二）详细指明了管理者的专业知识、专业能力及专业精神

NAEYC 对管理者的两大核心能力进行了详细分解，只有同时具备管理的知识与技能和幼教知识与技能才能胜任管理者的职位。其中管理的知识与技能分解为 10 个方面 43 个具体专业知识和能力，内容涉及个人自我意识和专业自我意识、法律和财政管理、员工管理和人际关系、教育规划、方案运用与设施管理、家庭支持、市场与公共关系、领导和宣传、口头和书面沟通、技术等有关机构管理的多个方面。幼儿教育的知识与技能分解为 10 个方面 45 个具体专业知识和能力，涉及历史和哲学基础、儿童生长与发育、儿童观察和评估、课程与教学方法、有特殊需要的儿童、家庭和社区关系、健康、安全和营养、个人和群体引导、学习环境、专业精神等有关幼儿教育比较全面的内容。值得注意的是，在"幼儿教育的知识与技能"的最后一点谈及了专业精神，特别提到基于 NAEYC 关于幼儿教师专业伦理的规范——《伦理规范和承诺声明》[9]做出专业判断的能力问题。《伦理规范和承诺声明》，明确了管理者作为幼教工作者对儿童的伦理道德责任，对家庭的道德义务，对同事的道德责任，对社区和社会的道德义务等专业伦理规范。因此，虽然 NAEYC 将管理者的核心能力分为两种，但是，其中却暗含着对管理者专业精神的规定和要求。NAEYC 对管理者专业核心能力的详细分解，明确了管理者日常工作的内容和任职能力要求，确认了管理者的专业知识、专业能力和专业精神，为促进管理者专业化发展奠定了基础。

我国《全国幼儿园园长任职资格、职责和岗位要求（试行）》从基本思想品德要求、岗位专业要求、岗位能力要求三方面规定了幼儿园园长的岗位要求，指出幼儿园园长在知识方面要"有一定的幼儿卫生、心理和教育的基本理论""有正确的教育观念""正确掌握国家幼儿园课程的主要内容和基本精神，并能组织实施""有幼儿园科学管理的基本知识"。在岗位能力方面，要具备制订本园发展规划和工作计划并组织实施的能力；管理

和指导保教工作的能力；组织协调能力；以及书面表达和口语表达能力等。然而，随着幼儿园制度改革的推进和幼儿园管理发生着巨大的改变，社会发展需求和幼儿园管理实践都对幼儿园园长的专业知识和能力提出了更高的要求与期待，幼儿园园长的岗位要求亟待进一步地明确和规范。在幼儿教育持续发展和幼教工作者不断专业化的新形势下，幼儿园园长不仅需要增加与幼儿教育相关的专业基本理论、特殊儿童教育、教育研究方法、教师专业发展方面的知识，以及现代管理理论知识，同时也需要对幼儿园园长的专业精神提出具有约束力的制度规范，这样才有可能在专业知识、专业能力和专业精神三个方面共同推动幼儿园园长的专业化发展。

注　释

［1］易凌云. 如何实现园长专业化［J］. 教育导刊（下半月），2010（11）：53—55.

［2］National Association for the Education of Young Children. NAEYC Mission Statement［EB/OL］. https：//www. naeyc. org/about/mission，2013-12-12.

［3］National Association for the Education of Young Children. Introduction to the NAEYC Accreditation Standards and Criteria［EB/OL］. https：//www. naeyc. org/academy/primary/Standardsintro，2013-12-12.

［4］National Association for the Education of Young Children. Standard 10：NAEYC Accreditation Criteria for Leadership and Management Standard［EB/OL］. http：//www. grandmashouse. org/Docs/Standard％20 Leadership. pdf，2013-12-12.

［5］National Association for the Education of Young Children. Program Administrator Definition and Competences［EB/OL］. https：//oldweb. naeyc. org/academy/criteria/core _ competencies. html.

［6］Administration of Early Childhood Programs［EB/OL］. http：//ecadmin. wikidot. com/，2013-12-5.

［7］易凌云. 园长职业需要专业化吗［J］. 教育导刊（下半月），2010（10）：61—62.

［8］冯国芳，施俊. 园长专业化发展及其管理对策的思考［J］. 上海教育科研，2007（5）：91—92.

［9］National Association for the Education of Young Children. NAEYC Code of Ethical Conduct and Statement of Commitment［EB/OL］. http：//www. naeyc. org/files/naeyc/file/positions/PSETH05. pdf.

［原文《全美幼教协会幼教机构管理者专业能力标准研究》与索长清合作发表于《现代教育管理》2015 年第 4 期］

幼儿园园长保育教育领导力现状调查研究

一、问题提出

《幼儿园工作规程》中明确规定，我国幼儿园园长作为幼儿园主要负责人，全面负责幼儿园的各项工作。教育部《幼儿园园长专业标准》的出台，明确园长以整个幼儿园为工作对象和活动范围，集领导者、管理者和教育者三种职业角色于一身[1]，具有领导幼儿园保育教育等六方面的职责。其中，园长保育教育领导力是决定幼儿园教育质量的关键因素之一，是幼儿园园长准入和考核的重要维度，也标志着园长保育教育领导力开始进入我国教育政策层面。

国外对校长领导力的研究兴起于 20 世纪 80 年代的"有效学校"运动。"有效学校"运动让越来越多的学者认识到学校教育质量的高低、学校的发展与校长的有效领导相关，因此校长领导力的研究进入蓬勃发展的时期。有研究指出有效的校长领导力与教学质量的提高之间存在正相关的关系，并指出一所学校如果缺乏"有才华的领导"，学生的学业成绩就很难向令人满意的方向发展[2]。

国外关于校长教学领导力的研究当中，美国学者首先提出了"三维度、十职能"的教学领导力模型，认为校长教学领导力由"明确使命和目标""管理教学流程"和"提高学校学习氛围"三个维度构成[3]。也有学者认为，校长发挥教学领导作用有三项任务：一是学校价值观和目的的确立；二是管理学校的教学与课程；三是把学校建设成为一个专业的共同体[4]。到 20 世纪 90 年代末期，美国乔治亚大学的学者们运用质性研究方法，基于对中小学教师开放性问卷调查结果的统计，用三维度模型阐述教学领导力，涉及"与教师们接触""促进教师专业成长"和"促进教师反思"三个维度[5]。21 世纪以后，美国出台《不让一个孩子掉队法案》，主要目的是提高学生的学业质量。继而，美国教学领导力的研究中心转向学生学习，以美国范德堡大学的研究成果为代表，从领导行为的"关键环节"和"核心任务"两个维度解读教学领导力，提出教学领导力包括"学生学习与发展的高标准""严谨的课程内容设置""有效教学""学习文化与学习共同体""与家长社区的联系""系统的绩效问责"六个方面[6]。时至今日，教学领导力的研究更加深入，已经与变革型领导力、分享型领导力的特征整合起来并提出"学习型领导力"这一术语，囊括了"领导力的价值观""领导力的聚焦点""领导力的境脉"和"领导力的共享"四个维度[7]。

我国对校长教学领导力的研究在近十年内的时间达到高峰。有学者提出作为教学领导者校长教学领导力应包含七方面的内容：教学目标明确，教学内容合理，教学方法恰当，促进优质教师发展，健全学校和家庭、社区的联系，教学条件有足够的支持，科学的教学评价、发展和反馈[8]。

幼儿园教育教学质量与园长的专业发展密切相关。理论研究表明早期教育领域领导者的能力和素质与早期教育项目质量之间存在着显著的相关关系[9]。有学者基于萨乔万尼的学校领导"五项度模型"，从教育、结构、人际、文化、象征五个方面来研究分析园长领导力。通过问卷调查，发现园长教育领导力尤其是课程和教学指导能力、科研指导能力相对薄弱等问题[10]。还有学者基于《幼儿园园长专业标准》，从教育、价值、人际、组织四个维度研究园长领导力，基于对 20 名园长的访谈研究，发现园长领导力发展的特点：价值领导力受园所发展经历影响；人际领导力主要以情感关怀去营造和谐氛围；教育领导力方面集中于关注课程开发和教师成长；组织领导力更偏重对园内资源的管理[11]。

有学者关注园长课程领导力的现状，分别从园长对幼儿园课程的解读力、对幼儿园课程现状的判断力、课程资源的开发力、课程实施的规划力和课程文化的建构力五个维度进行研究。研究发现当前幼儿园园长课程领导力的现状不容乐观，对课程领导力的意蕴充满困惑，且不能将课程领导力的理念融入幼儿园的实际工作[12]。还有学者将研究的关注点落在园长信息化领导力上，他们运用自编问卷和访谈法对 531 位园长和幼儿园教师进行调查，结果显示园长的信息化领导力整体水平欠佳，尤其在领导权力构成维度上有很大提升空间[13]。

通过文献梳理，目前我国关于幼儿园园长领导力的研究还处于起步阶段，关于园长领导力的研究很少聚焦到园长的保育教育领导力上。本研究采用量化与质性相结合的研究设计，从价值领导力、教育领导力和组织领导力三个维度对幼儿园园长保育教育领导力的现状进行研究，以期发现存在的问题，为帮助园长提升保育教育领导力提供建议和支持。

二、研究方法

（一）研究对象

本研究根据随机抽样的原则，选取在 2016－2017 年参加教育部幼儿园园长培训中心培训的来自我国 31 个省、市、自治区的 420 位幼儿园骨干正职园长，进行相关调查。共发放问卷 420 份，回收有效问卷 403 份，回收有效率为 95.9%，园长基本情况如下表。

表 7　接受调查园长的基本情况（N＝403）

项目	变量	人数（人）	百分比（%）
性别	男	23	5.7
	女	380	94.3
年龄	29 岁及以下	26	6.5
	30－39 岁	122	30.3
	40－49 岁	206	51.1
	50 岁及以上	49	12.2
学历	高中	10	2.5
	大专	102	25.3
	本科	272	67.5
	硕士及以上	19	4.7
任园长前教龄	5 年及以下	65	16.1
	6－10 年	101	25.1
	11－15 年	101	25.1
	16 年及以上	136	33.7
任园长的年限	0－3 年	107	26.6
	4－10 年	112	27.8
	11－19 年	104	25.8
	20 年及以上	80	29.9

（二）研究方法

本研究主要采用问卷调查法，自编《幼儿园园长保育教育领导力现状的调查问卷》，将园长保育教育领导力分为价值领导力、教育领导力和组织领导力三个维度。问卷主要涉及两部分信息：第一部分为园长的个人情况，包括园长的性别、年龄、学历、园长从教年限、园长任职年限、参加培训与沟通交流现状等；第二部分为幼儿园园长保育教育领导力的题目。其中价值领导力包含 13 个题项，教育领导力包含 12 个题项，组织领导力包含 13 个题项，共计 38 个题项。该问卷采用李克特五分法，从"完全不符合"到"完全符合"记为 1—5 分。

为了更为客观、真实地调查现状，本研究还采用访谈法，选取参与问卷调查的 6 位不同省份的正职园长进行深入访谈。研究者制定了具体的访谈提纲，选择结构式与非结构式相结合的访谈方式，每次访谈时间约为 30—40 分钟。访谈提纲主要包括园长和幼儿园基本情况，园长对领导保育教育的认识与态度；园长保育教育领导力的现状，主要从价值领导力、教育领导力和组织领导力三个维度了解园长领导保育教育的行为与意识；以及影响园长保育教育领导力的因素等方面。访谈结束后，结合问卷的调研结果，对园长保育教育领导力的现状进行概括，并对存在的问题进行分析，提出相应的建议与支持。

（3）信效度分析与数据处理

信度方面，本研究问卷（共 38 题）的克隆巴赫系数为 0.95，价值领导力、教育领导力和组织领导力各因子的克隆巴赫系数介于 0.849—0.914 之间，表明问卷具有良好的信度；问卷 KMO 系数为 0.874，显著性水平为 0.000，因子贡献率为 70.764%，说明问卷结构效度良好。为了良好的内容效度，本研究所编制的维度和题项均依据我国《幼儿园园长专业标准》等政府文件内容编制而成。在形成正式问卷之前，本研究对全国 100 名幼儿园正园长进行小范围预测，通过项目分析、因素分析等一系列科学统计过程，形成最终的正式问卷。最后，本研究采用 SPSS21.0 统计软件对所获得的数据进行统计分析。

三、研究结果与分析

（一）园长保育教育领导力的总体水平

从调查结果看，园长保育教育领导力总得分为（4.39±0.42），高于理论中值 3，表明园长保育教育领导力处于中等偏高水平。

各维度得分分别为价值领导力（4.63±0.37）、教育领导力（4.36±0.49）、组织领导力（4.18±0.56），高于理论中值 3，表明园长保育教育领导力的各个维度也处于中等偏高水平。

三个维度中得分最高的为价值领导力，其次为教育领导力，第三为组织领导力。进行配对样本 T 检验，结果为价值领导力显著高于教育领导力和组织领导力；教育领导力显著高于组织领导力，详见表 8。从各维度的得分可知，园长保育教育领导力三个维度之间存在显著差异，仅园长保育教育领导力的价值领导力维度较好，教育领导力维度和组织领导力维度尚待提升。

表 8　园长保育教育领导力三维度的差异检验

维度	平均数	标准差	T 值
价值领导力	4.63	0.37	16.834＊＊＊
教育领导力	4.36	0.49	
教育领导力	4.36	0.49	9.452＊＊＊
组织领导力	4.18	0.56	
组织领导力	4.18	0.56	−20.459＊＊＊
价值领导力	4.63	0.37	

注：＊＊＊p＜0.001

（二）园长保育教育领导力各维度水平

1. 价值领导力维度

园长保育教育领导力的价值领导力维度是指幼儿园园长扮演"前瞻者"的角色，主要表现在提出保教领导理念和体现园所保教文化两方面。调查发现，园长保育教育的价值领导力得分为（4.63±0.37），位列保育教育领导力三个维度中的第一位，意味着园长保育教育价值领导力发展良好。

由各题项得分的结果显示，园长对安全为先理念的引领得分最高，表明园长最为重视幼儿的安全与健康问题，能够将其放在幼儿园工作的首位。访谈过程中，有园长提到"幼儿园的安全问题还是最重要的，必须要将安全工作放在首位"。园长对保教并重理念的引领得分次之，表明园长们能够将保教结合的原则作为幼儿园的基本工作，做到保中有教，教中有保。园长在重视环境和幼儿学习品质方面得分排在后面，表明园长发挥环境育人的理念与关注幼儿学习品质培养的意识亟待加强。

2. 教育领导力维度

园长保育教育领导力的教育领导力维度是指园长扮演"首席教师"的角色，为教师的教育教学提供指导，并带领教师开展教育科学研究，促进教师专业化发展来促进幼儿更好地发展，提升园所保育教育质量的能力[14]。调查发现，园长保育教育的教育领导力得分为（4.36±0.49），略低于园长保育教育领导力总得分，位列保育教育领导力三个维度中的第二位。

由各题项得分的结果显示，园长对教师教育教学和保育方面的指导与鼓励得分最高，但对教师展开有针对性的指导与专业评价的得分较低，表明园长重视教师保育教育经验的提升；在课程及教学领导方面，园长将游戏作为幼儿的基本活动的得分较高，排在第三位，说明园长能自觉抵制幼儿教育"小学化"的倾向和做法，但园长经常查看课程实施的情况，并给予专业指导的得分较低；园长的教育科研能力在自身发展与领导教师发展方面得分都较低，排在后面，说明园长的教科研能力较为薄弱。在访谈中有园长曾谈到："我还是主要负责行政方面的工作，因为一个幼儿园的开展不仅仅是课程的开发，还有很多其他方面的事要处理，比如园长工作会议需要参加，幼儿园的环境建设需要规划，专家的讲座需要邀请，家长的问题需要处理，几乎大部分的时间都放在日常工作的管理上，回家休息的时间非常少，更别说是设计课程。"

3. 组织领导力维度

园长保育教育领导力的组织领导力维度是指园长通过扮演"管理者"的角色，沟通协调幼儿园保育教育工作中的问题，完善规章制度，发挥娴熟的管理能力。从调查结果看，组织领导力得分为（4.18±0.56），低于园长保育教育领导力的总得分，在三个维度中排在第三位。

由各题项得分可知，园长保育教育领导力的组织领导力维度得分较高的项目主要聚焦于园所日常规范管理，但缺乏保教质量与课程质量的管理。有园长在访谈中提到："我的幼儿园岗位职责的管理是非常明确的，我们出台了一系列相关的规定和制度，例如教研制度、财务管理制度、绩效制度等。"园长在领导保育教育的团队建设方面主要集中于同领导班子的配合，对教师团队及非行政性组织的建设较为忽视。

（三）园长保育教育领导力的差异性分析

1. 不同工作年限的园长保育教育领导力的差异性分析

研究结果显示，园长保育教育领导力及各维度的 Sig 值均大于 0.05，表明从教年限不同、任职园长年限不同的园长保育教育领导力之间没有显著差异。

2. 不同年龄的园长保育教育领导力的差异性分析

研究结果如表 9 所示：四个年龄段幼儿园园长在保育教育领导力、园长保育教育领导力的教育领导力维度和组织领导力维度上没有显著差异；40 岁及以上的园长与 29 岁及以下的园长在保育教育领导力的价值领导力维度上存在显著差异。

表 9　不同年龄的园长保育教育领导力的差异检验

	组别	园长保育教育领导力 M（SD）	保育教育的价值领导力 M（SD）	保育教育的教育领导力 M（SD）	保育教育的组织领导力 M（SD）
(1)	29 岁及以下	3.93 (0.27)	3.95 (0.24)	4.08 (0.46)	3.77 (0.23)
(2)	30—39 岁	4.47 (0.39)	4.67 (0.39)	4.40 (0.49)	4.32 (0.43)
(3)	40—49 岁	4.45 (0.37)	4.70 (0.32)	4.40 (0.43)	4.25 (0.50)
(4)	50 岁及以上	4.59 (0.25)	4.80 (0.20)	4.55 (0.33)	4.43 (0.39)
	F	3.520	4.531 * *	1.558	2.401
	LSD		(4) ＞ (1) (3) ＞ (1)		

注：* 表示 $p < 0.05$，* * 表示 $p < 0.01$，* * * 表示 $p < 0.001$，下同

3. 不同学历的园长保育教育领导力的差异性分析

研究结果如表 10 显示：不同学历水平的园长在保育教育领导力、保育教育领导力的价值领导力维度上两两之间存在显著差异，并且呈现明显的正相关关系；在保育教育领导力的组织领导力维度上，硕士及以上学历的园长得分显著高于大专及以下学历的园长得分；不同学历水平的园长在保育教育领导力的教育领导力维度上不存在显著差异。

表 10　不同学历的园长保育教育领导力的差异检验

	组别	园长保育教育领导力 M（SD）	保育教育的价值领导力 M（SD）	保育教育的教育领导力 M（SD）	保育教育的组织领导力 M（SD）
(1)	高中（中专）	4.05 (0.28)	4.02 (0.44)	4.00 (0.35)	4.12 (0.24)

	组别	园长保育教育领导力 M（SD）	保育教育的价值领导力 M（SD）	保育教育的教育领导力 M（SD）	保育教育的组织领导力 M（SD）
（2）	大专	4.34（0.40）	4.56（0.37）	4.31（0.47）	4.14（0.49）
（3）	本科	4.50（0.35）	4.73（0.30）	4.44（0.43）	4.31（0.48）
（4）	硕士及以上	4.63（0.23）	4.83（0.20）	4.58（0.28）	4.46（0.40）
	F	3.924＊＊	5.850＊＊＊	2.138	2.852＊
	LSD	（4）＞（3）＞（2）＞（1）	（4）＞（3）＞（2）＞（1）		（4）＞（1）（4）＞（2）

4. 不同培训情况的园长保育教育领导力的差异性分析

研究结果如表 11 显示：在园长保育教育领导力、保育教育领导力的价值领导力维度和教育领导力维度上，从不参加培训的园长、偶尔参加培训的园长与经常参加培训的园长之间分别存在显著差异，但是从不参加培训的园长和偶尔参加培训的园长之间不存在显著差异；在保育教育领导力的组织领导力维度上，从不参加培训的园长、偶尔参加培训的园长与经常参加培训的园长两两之间存在显著差异，并呈现明显的正相关关系。

表 11　不同培训情况的园长保育教育领导力的差异检验

	组别	园长保育教育领导力 M（SD）	保育教育的价值领导力 M（SD）	保育教育的教育领导力 M（SD）	保育教育的组织领导力 M（SD）
（1）	从不	4.10（0.49）	4.55（0.45）	4.01（0.52）	3.74（0.60）
（2）	偶尔	4.26（0.34）	4.52（0.37）	4.20（0.39）	4.07（0.44）
（3）	经常	4.67（0.25）	4.85（0.18）	4.64（0.33）	4.51（0.38）
	F	108.435＊＊＊	76.905＊＊＊	75.979＊＊＊	87.058＊＊＊
	LSD	（3）＞（1）（3）＞（2）	（3）＞（1）（3）＞（2）	（3）＞（1）（3）＞（2）	（3）＞（2）＞（1）

5. 不同沟通交流情况的园长保育教育领导力的差异性分析

研究结果如表 12 显示：在园长保育教育领导力及其各个维度上，从不沟通交流的园长、偶尔沟通交流的园长与经常沟通交流的园长两两之间存在显著差异，并呈现明显的正相关关系。

表 12　不同沟通交流情况的园长保育教育领导力的差异检验

	组别	园长保育教育领导力 M（SD）	保育教育的价值领导力 M（SD）	保育教育的教育领导力 M（SD）	保育教育的组织领导力 M（SD）
（1）	从不	3.84（0.42）	4.31（0.42）	3.91（0.48）	3.31（0.56）
（2）	偶尔	4.06（0.39）	4.35（0.39）	4.05（0.51）	3.77（0.47）
（3）	经常	4.54（0.31）	4.74（0.29）	4.49（0.41）	4.40（0.39）
	F	111.429＊＊＊	59.777＊＊＊	51.315＊＊＊	150.148＊＊＊
	LSD	（3）＞（2）＞（1）	（3）＞（2）＞（1）	（3）＞（2）＞（1）	（3）＞（2）＞（1）

四、讨论

（一）园长保育教育领导力总体水平良好

调查研究表明，园长保育教育领导力总体水平良好。这个研究结论与我国园长任职资格政策的制定与执行有关。我国《幼儿园园长任职资格、职责和岗位要求（试行）》中对幼儿园园长的学历、工作经历和职称提出了明确要求。在达到国家要求的基础上，大多数园长们还具有丰富的一线工作经历与行政工作经历，为保育教育领导力的发展奠定基础。在访谈中，很多园长都有着丰富的工作经历，"幼儿师范学院毕业后我在幼儿园做了七年的幼儿教师，期间评上了骨干教师。后来机管局选拔优秀团干部，我有幸在机管局做了六年的文职工作。六年后，我再次回到我工作的幼儿园任职业务园长，一干又是六年，直至我们的老园长退休后，我才正式走上园长的工作岗位"。

本次调查园长的信息更能清晰地说明园长保育教育领导力处于较高水平的原因。参与本次调研的园长中 94.3％为女性，58.8％的园长拥有十年以上任职资格，72.2％的园长获得本科及以上学历，63.3％的园长年龄在 40 岁以上。这说明目前大多数园长都是从优秀的教师蜕变而来，经过岁月的磨炼和工作的考验，对于幼儿园保育教育的核心工作都有着深刻的理解与感受。国外也有研究表明，女性校长比男性校长能更积极地参与到教学领导角色中[15]。

（二）园长保育教育领导力不同维度间存在差异

调研结果显示，园长保育教育领导力三个维度中，园长保育教育的价值领导力得分最高，高于园长保育教育领导力的均值，表明价值领导力水平良好，说明园长清楚地了解幼儿园保育教育的相关政策与要求，具备现代保教知识。但是，园长保育教育的教育领导力和组织领导力得分均低于园长保育教育领导力的均值，表明园长的教育领导力和组织领导力有待提升，将理论知识落实到领导保育教育的实践中还有差距。有园长表示"我知道好的幼儿园是什么样子的，但我不知道怎样做，我更想知道具体的做法"。

（三）园长保育教育领导力的影响因素分析

调研发现，园长目前工作中面临的困境影响园长领导保育教育。由于园长特殊的工作性质，肩上担负着幼儿园的生计与发展等一系列责任，有园长曾说："在私立幼儿园人员较少，园长总是一把抓，没有很多精力投入到教研教学工作中。"由于受到各种事务性工作的困扰，园长常常抱怨自己分身乏术，这些事务性工作占用了园长本该引领保育教育发展的时间与精力，因此很多园长只能将实际教育和组织指导工作交托给其他领导班子成员。

园长保育教育领导力受自身的年龄和学历水平的影响。研究表明，在保育教育领导力的价值领导力维度上，40岁及以上的园长显著高于29岁及以下的园长。40岁以上年龄阶段的园长处于专业发展的成熟期，该年龄阶段的园长有着丰富的领导与管理经验。正如有园长提到："41−50岁年龄段的园长不仅具有丰富的办园经验，而且摒弃跟风、追风的想法，能立足于本园的实际，关注幼教本身，促进幼儿健康全面地成长。"园长的学历水平同样也影响园长保育教育领导力水平，具有本科及以上学历的园长的保育教育领导力更好。因为，知识是能力的基础，广博的知识储量和扎实的专业理论，是园长开展保教工作的智囊，也是园长开展领导活动的重要保障。访谈中一位具有研究生学历的园长提到："我是中师幼师专业毕业的，后来在中央电大取得了本科学历，在随后的工作中有幸参加了短期研究生课程班的学习，我感到学习在助我成长。"园长保育教育领导力需要源源不断的知识的滋养，才能在持续的学习过程中得到质的提升。

园长保育教育领导力还受培训、与教育专家沟通交流的影响。研究表明，园长参加培训的次数越多，其保育教育领导力的水平越高。国外研究显示，早期教育人员必须通过专门的培训和专业发展，才能成功地担任起早期教育领导者这一复杂的角色[16]。大多数园长表示能够参加培训的机会有限，他们更渴望能够得到培训的机会。有园长谈到："说实话，我非常想参加培训，但是没钱，也向上面申请过，但他们说'教育局有文件的培训，去参加了给报销，教育局没有文件的，去参加了就不给报销'。"苦于缺乏相应的培训保障体系，很多幼儿园园长失去了参加培训提升的机会。除了培训，园长们还缺少与专家沟通的机会，只有一半的园长表示自己有机会与教育专家进行交流沟通。有园长表示："我们能跟高校交流的机会更少了，像我们地区有一个师范大学，我做园长四年来一次也没有跟这所大学里的教师沟通交流过。"园长们普遍认为，领导力的提升需要得到外部的支持，其中就包括提供园长与专家、与同行对话交流的机会。

五、建议

（一）园长应认识到自身的薄弱环节，在反思中不断提升保育教育领导力

园长领导力的形成和发展，离不开领导者自身的力量。园长提升保育教育领导力，需要充分认识自身保育教育领导力亟待提升的方面，补齐保育教育领导力的"短板"。当前园长保育教育领导力的教育领导力和组织领导力维度有待提升，因此，应从保育教育的教育领导力和组织领导力维度入手，将自身的理论与认识融会贯通到幼儿园的管理与领导中，深入领导保育教育工作的一线，努力提升领导保育教育的教育领导力和组织领导力。园长应在日常的工作实践中，不断反思自身保育教育领导力的薄弱之处，有针对性地自我完善。

（二）园长应建立领导共同体，为提升保育教育领导力提供内部支持

面对园长生存压力过大、管理压力过重，无暇领导保育教育等问题，应建立良好的工作团队、协调配合的领导班子，分解园长繁重的工作任务。萨乔万尼就曾指出："如果领导职能和角色被分享，领导密度的概念成为校长领导概念的替代，那么领导的负担就将减轻。"[17] 这与国外提倡的一种分布式领导的思想不谋而合，分布式领导力并不意味着组织内的每一个都要拥有领导地位，而是强调组织内成员的合作与互动[18]。基于这种思想，园长应加强与领导班子成员的协调配合，尽量避免多任务并行，从根本上做到为园长松绑，为园长领导保育教育提供更多实践的时间与空间。

（三）建立与专家和同行的对话沟通机制，为提升保育教育领导力扩大外部空间

专家引领、园际交流是园长保育教育领导力得以提升的重要外部支持。格里菲思和坦恩曾提出："个人知识如果没有外显化，就会因为缺乏严格的检视而沦为愚昧的理论。"[19] 因此，鼓励幼儿园与高校建立合作机制。处于学前教育理论前沿的高校教师可以深入幼儿园，将幼儿教育先进的理论带给幼儿园及园长，园长们也可以在互动中得到专业的指导与针对性的发展建议。幼儿园之间也应建立沟通交流的平台。每个幼儿园都有自己的办园特色，每个园长也都有自己独到的见解和经验，经常开展合作交流，能够促进园长们的反思，在扬长避短中提升园长保育教育领导力水平。

（四）改进园长培训内容和形式，为提升保育教育领导力提供制度保障

培训是提升园长保育教育领导力的另一重要途径。面对当前培训机会难求等问题，应增加培训机会，满足不同园长的需求。可以改进园长培训的内容和形式，将园长培训的层次分为"任职资格培训、在职提高培训、骨干园长培训和专家型园长培训"[20]，还可依据园长的所处区域、办园性质、年龄、学历等要素将园长培训分成多种培训层次，依据不同层次的园长领导力水平，构建不同层级、类别的园长领导力培训体系。贴合具体实践情况，剖析园长领导力存在的问题，切实提高园长的保育教育领导力。

注　释

[1] 吕晓，杨晓萍. 园长专业化知识基础的构成与发展途径 [J]. 学前教育研究，2011（12）：24－27.

[2] 李敏，代蕊华. 国外中学校长领导力提升策略及其启示 [J]. 教师教育研究，2012（5）：67－70.

[3] 赵德成. 教学领导力：内涵、测评及未来研究方向 [J]. 外国教育研究，2013（4）：96－103.

[4] HARRIS A. Distributed School Leaders [M]. New York：Education Schools Project，2005：18.

[5] 赵德成. 教学领导力：内涵、测评及未来研究方向 [J]. 外国教育研究，2013（4）：96－103.

[6] 赵德成. 教学领导力：内涵、测评及未来研究方向 [J]. 外国教育研究，2013

（4）：96－103.

［7］HALLINGER，P. Leadership for learning：Models and Key Dimensions ［J］. Journal of Educational Administration，2011（2）：125－141.

［8］褚宏启，刘景. 校长教学领导力的提升：从"大校长"该不该进"小课堂"谈开去 ［J］. 中小学管理，2010（3）：4－6.

［9］CAROL AUBREY，RAY GODFREY，ALMA HARRIS. How Do They Manage? An Investigation of Early Childhood Leadership. Educational Management Administration Leadership January，2013，41（1）：5－29.

［10］罗丽，洪秀敏. 园长领导力的现状调查与分析 ［J］. 幼儿教育（教育科学）. 2012（7－8）：25－28.

［11］刘霖芳，柳海民. 教育变革背景下幼儿园园长领导力的现状及提升策略 ［J］. 现代教育管理. 2015（2）：81－86.

［12］王怡. 对幼儿园园长课程领导力的理性思考 ［J］. 陕西教育学院学报，2012（1）：117－120.

［13］颜荆京，汪基德，蔡建东. 幼儿园园长信息化领导力现状与提高策略 ［J］. 学前教育研究，2015（10）：41－49.

［14］罗丽，洪秀敏. 园长领导力的现状调查与分析 ［J］. 幼儿教育（教育科学）. 2012（7－8）：25－28.

［15］HALLINGER，P. A review of three decades of doctoral studies using the Principal Instructional Management Rating Scale：A lens on methodological progress in educational leadership ［J］. Educational Administration Quarterly，2011，（47）：271－306.

［16］王小英，朱慧慧. 美国幼儿园园长培训的策略及其启示：以新泽西州PreK-3领导力系列培训为例 ［J］. 比较教育研究，2015（10）：79－84.

［17］王帅. 当代西方主流教育领导理论新进展 ［J］. 外国教育研究，2013（5）：43－54.

［18］王小英，朱慧慧. 美国幼儿园园长培训的策略及其启示：以新泽西州 PreK-3领导力系列培训为例 ［J］. 比较教育研究，2015（10）. 79－84.

［19］HENDRICKS P. Why share knowledge? The influence of ICT on motivation for knowledge sharing. Knowledge and Process for Management，1999，6（2）：91－100.

［20］王小英，缴润凯. 基于《幼儿园园长专业标准》的园长培训课程构建 ［J］. 学前教育研究，2015（4）：35－39.

［原文《幼儿园园长保育教育领导力现状调查研究》与吴秋融合作发表于《现代教育管理》2019 年第 6 期］

第六专题

儿童发展为本的幼儿园教育改革的求索

教育是一项基本人权，是一项可行使的权利。为了实现这一权利，国家必须确保普及全纳、公平的优质教育和学习，不让一个人掉队。教育应以人类个性的全面发展，促进相互理解、宽容、友谊与和平为目标。

教育是一种公共产品，国家是这一职责的承担者。教育需要全社会的共同努力，民间团体、教师和教育者、私营部门、社区、家庭、青年和儿童在实现优质教育权利方面都有重要的作用。国家在设置和管理标准及规范方面的作用至关重要。

——联合国教科文组织《教育 2030 行动框架》

"尊重的教育"理念下
我国学前教育改革与发展的问题与对策

以尊重教育规律、尊重人才成长规律、尊重受教育者、尊重教育者的劳动成果为内涵的"尊重的教育"理念，其核心是对人的生命的尊重，把人的发展作为教育的终极追求。这一理念不仅仅是一种对教育的理解，不仅仅是一个停留在口头上的口号，而且应深入人心，成为一种自觉甚至一种信仰，从而促使教育活动、教育事业发生切实的改变甚至革命[1]。

随着社会的发展和人民生活水平的不断提高，学前教育作为基础教育的奠基阶段越来越受到社会和家庭的重视。但是，受市场经济体制改革的冲击和传统文化观念与教育观念的影响，当前我国的学前教育改革与发展中还存在诸多问题，需要以"尊重的教育"理念为指导，进行深入的分析与反思，进而提出改进的策略，以促进学前教育事业的健康发展。

一、我国当前学前教育改革与发展中存在的主要问题

当前我国社会正处于转型时期，社会转型期所表现出的不仅是社会经济结构的转换，而且表现为整个社会结构和社会生活的整体性变革。在这种变革中，学前教育的发展面临着诸多挑战。有些问题是发展过程中的问题，有些问题是由认识与行动不到位导致的问题，迫切需要及时改正，否则将严重影响学前教育的质量，影响下一代的健康成长。

（一）政府责任缺位，忽视学前教育的公益性

学前教育发展的规律之一是学前教育发展与社会发展彼此影响、相互促进，只有尊重这一规律，学前教育事业才能获得可持续发展。"学前教育是以公益性为根本属性的准公共产品"[2]，作为一项重要的社会公益事业，政府、社会和公众是学前教育的利益主体，政府应在学前教育发展中发挥作用，承担学前教育发展的主要责任，保障学前教育的公益性和公平性。然而，当前我国学前教育改革与发展中存在政府责任缺位，忽视学前教育公益性的现象，很大程度上影响了学前教育的发展。

1. 学前教育投入严重不足

学前教育公益性的最重要表现是学前教育投入主体具有公共性，投入性质具有公平性。然而，我国学前教育长期存在政府投入严重不足的问题。1997 至 2006 年十年间我国学前教育经费总投入占 GDP 的比例平均为 0.06%[3]94。这个投入比例与其他国家相比差距非常明显，国际经合组织（OECD）2003 年对各国学前教育投入占 GDP 的比例进行了调查，欧洲 19 国平均为 0.5%，美国为 0.4%，日本和韩国为 0.2%，墨西哥为 0.8%，我国 0.06% 的比例仅占这些国家平均水平的 1/10[3]96。我国学前教育投入还具有明显的省际差异，一些省份的学前教育投入远远低于 0.06% 这个水平。以 2005 年为例，吉林、黑龙江、陕西等省的学前教育投入仅为 0.03%，辽宁省、湖南省的比例更小，仅为 0.02% 和 0.01%[4]。

我国学前教育投入占我国教育总投入的比例也很小。据统计，1997 至 2006 年学前教育投入占教育总投入的比例分别为 1.35%、1.44%、1.44%、1.42%、1.38%、1.31%、1.27%、1.28%、1.33% 和 1.40%，[3]94学前教育投入占教育总投入的比例几乎是连年下降，而与此同时，学前教育阶段幼儿教师与幼儿数量却明显增多。2006 年，全国在幼儿园的幼儿数量占学生总数的 8.9%，幼儿教师数量占教师总数的 7.5%[5]10。

学前教育投入的严重不足使我国学前教育事业近十年来出现了很大的滑坡，据统计，我国自 1997 至 2006 年幼儿园数由 18.25 万减少到 13.05 万，在园幼儿数由 2518.96 万减少到 2263.85 万，幼儿入园率徘徊在 41.00% 左右[5]10。学前教育投入的严重不足是造成"天价幼儿园"的根源之一，家长承担着几乎全部的学前教育费用。学前教育投入的严重不足还加剧了学前教育的不公平，广大的农村幼儿、留守幼儿及发展障碍幼儿基本的学前教育需求没有得到满足。

2. 学前教育行政管理不力

学前教育公益性的另一重要表现是强化政府对学前教育的管理职能，然而我国学前教育政府行政管理不力的问题却越来越严重。首先表现在全国学前教育各级行政管理力量严重削弱。据国家教育部资料显示，1998 年以后，教育部幼教处仅 1 名专职干部，除北京和天津外，各省市级幼儿教育管理机构全部被撤消；全国各级教育行政部门只有 11 名幼教专职人员和 31 名幼教兼职人员。对西北 52 县的调研发现，只有 4 个县设置了独立的幼教处（科），20 个县没有专职甚至也没有兼职的幼教管理人员，36

个县教研室内没有幼教教研人员[6]。其次是学前教育管理部门的职责不明确。对于幼儿园的注册与管理，教育、民政、卫生和工商等部门管理职责混乱不清，一些民办幼儿园实行批管分离，出现了工商部门按照企业给幼儿园注册，民政部门收取幼儿园高额年检费，教育部门不把民办幼儿园纳入管理之列的现象。再次是学前教育质量监管不力，很多民办幼儿园基本上处于放任自流的状态。

学前教育的行政管理不力在很大程度上阻碍了学前教育的快速、高效发展，也影响了学前教育的质量，甚至影响了幼儿的生命安全保障。近年来许多非法民办幼儿园相继出现，这些幼儿园没有登记、注册，在办园条件、师资水平等方面都达不到合格要求，为了追求利益最大化，往往违背教育规律和安全管理规定，近几年，这类幼儿园的安全和管理事故频繁发生。

3. 学前教育"市场化"倾向严重

1997年国家教委发布了《全国幼儿教育事业"九五"发展目标实施意见》，明确提出"探索适应社会主义经济的办园模式和内部管理体制，逐步推进幼儿教育社会化"。这是新形式下我国对幼儿园发展模式的引导，然而不少人误解为，幼儿教育社会化就是将幼儿教育私有化，以市场为导向就再也不需要政府的投入和管理。有的地方政府借此来推脱和转嫁应负的财政和管理责任，开始对幼儿教育撤资和减资，甚至变卖政府办的幼儿园来减负，将幼儿园全面推向市场，导致了学前教育严重的市场化倾向。

学前教育在发展上以非营利性和非产业性为主要特征是学前教育公益性的重要表现。政府应在探索多种办园模式，实现学前教育社会化的同时，提供适时的政策供给，规范引导学前教育的发展方向，否则，学前教育事业的发展就会受到阻碍。当前一些地方政府视幼儿园为负担，在单位转制改革过程中，将幼儿园拍卖或转卖，导致国有资产严重流失。学前教育的市场化为幼儿园的高收费提供了生存的土壤，一些幼儿园以实验班的名义高收费，一些幼儿园举办各种外语班、艺术班等增加收费，一些幼儿园通过豪华装修来收取高额赞助费，等等。据报道，郑州出现了一所向家长承诺孩子入园后两岁能识字，三岁能阅读的天价幼儿园，每个孩子年收费高达10万元。学前教育的市场化也对学前教育质量产生了不利影响，商业化的运作必然会给幼儿园带来很大的生存压力，使得一些幼儿园不以教育为重心，而是以赚钱为出发点，为获取最大利益不惜违背学前教育的宗旨，一味以新教育模式、新名词吸引家长的眼球。家长成为高昂教育经费的主要承担者，儿童成为市场供给与家长需求的博弈中最大的牺牲者。

（二）违背学前儿童的成长规律，过度开发儿童潜能

学前儿童的身心发展具有一定的阶段性与规律性，教育只有尊重儿童的成长规律，才能促进儿童的健康发展。但在今天的学前教育实践中，很多教师与家长对学前儿童成长的规律缺乏了解，重视学前教育却又使学前教育在他们的高期望下演变成了"神童教育"和"超前教育"，严重违背了学前儿童成长的规律。

"神童教育"顾名思义就是把学前儿童培养成为神童、天才的教育。当前，我国社会中弥漫着一种传染性极强的"神童综合症"。这种倾向是有传统根源的，早在1949年，梁实秋先生就曾撰文写道："孩子才能骑木马，父母便幻想他将来指挥十万貔貅时之马上雄姿；孩子才把一曲抗战小曲哼得上口，父母便幻想他将来喉声一啭彩声雷动时之光景；孩子偶然拨动算盘，父母便暗中揣想他将来或能掌握财政大权，同时兼营投机买卖……"[7]如今，为了培养一个天才儿童，很多家长千方百计，煞费苦心，把孩子送到各种形式的"制造机构"进行"神童制造"。近几年来，很多城市的大街小巷出现了诸多"制造神童"的广告："常用汉字一年通，孺子皆可成神童""0岁识字，3岁扫盲""让神童进入千家万户""让你的孩子比别的孩子更聪明……4岁掌握小学一年级的课程，6岁能成'英语通'"，等等。一所培养"神童"的贵族级幼儿园设置了包括语文、数学、英语、音乐、手工制作等多门课程，每名儿童在学习了三个月之后要经过测试，再按照智商、领悟能力、"文化课"成绩重新分成若干小组，由教师一对一地上课。类似这样的状况在全国普遍存在着，而且从那些极具煽动性的口号和家长对"制造神童"趋之若鹜的情况看，"神童教育"有着愈演愈烈的趋势。

"神童教育"必然伴随"超前教育"。超前教育是指超越儿童常规发展，把儿童以后需要学习的内容提前进行学习的教育。当前，我国学前教育中的"超前教育"日益突出，某些省市的"家庭教育大纲"甚至把"超前性"作为家庭教育的一个教育原则。很多幼儿园也将小学的学习内容和学习方式提前到学前教育中进行。某所幼儿园在招生海报上写道："为了不让您的孩子输在起跑线上，我们开设训练思维班，课程有：经典哲学、创意文学、奇异技能、多彩思维、棋类竞技……"有调查认为，某市的部分幼儿园里藏着"小学校"，中班教室的黑板写有大量的数学运算题，大

班的课程设置有剑桥少儿英语、小学一年级的语文和数学。一位从事20年幼教工作的园长发现，自2000年以来，学前教育小学化愈演愈烈，公办幼儿园的孩子一到大班就纷纷往私立园转学，最多时四个班的孩子能走一个班（约30人）[8]。从以上情况看，虽然我国学前教育界明确提出不能对学前儿童进行超前教育，明令禁止学前教育"小学化"，但由于优质资源稀缺，家长盲目从众，以及功利性的不科学宣传等原因[9]，"超前教育"依然大行其道，我行我素。

"神童教育"和"超前教育"的实质违背了学前儿童身心发展的规律，把儿童当作成人满足成人高期望的工具。"神童教育"和"超前教育"的弊端已经得到多方面研究的证实，脑科学研究表明，在儿童的不同发展阶段，不同脑区发展的可塑性是不同的，不同的环境刺激和经验会使儿童形成不同的神经环路，某些方面的过度刺激可能会影响儿童其他方面的发展[10]。心理学研究也表明，如果给学前儿童施加过度的压力[11]，很可能会造成儿童的内向型性格，身体方面也会产生萎缩现象。法国教育家卢梭早就指出："大自然希望儿童在成人以前就要像儿童的样子，如果我们打乱了这个次序，我们就会造成一些早熟的果实，它们长得既不丰满也不甜美，而且很快就会腐烂：我们将造成一些年纪轻轻的博士和老态龙钟的儿童。"[12]

（三）"小皇帝"和"小奴隶"式教育并存，严重影响了学前儿童的身心健康发展

在我国传统观念中，儿童是家族的未来，望子成龙、盼女成凤是每一位做家长的最大心愿，如今，学前教育演变成了"小皇帝"和"小奴隶"式并存的教育。"小皇帝"和"小奴隶"式教育并存是指教育者（尤其是家长）在教育过程中一方面把学前儿童当成"小皇帝"，不惜一切代价，无条件地满足孩子的一切要求，让他们受到特殊照顾，地位高人一等；另一方面，又把学前儿童看作是人身与人格附属于家长的"小奴隶"，家长逼着他们学习家长认为有用的各种技能，并进行严格的控制，剥夺了孩子童年快乐的权利。

"小皇帝"式教育突出表现为家长对孩子的溺爱。溺爱在我国的家庭中普遍存在，家长溺爱的表现主要体现在：特殊待遇，如吃"独食"，过"独生"；过分注意，一家人时刻关照他、陪伴他；轻易满足孩子的要求，孩子要什么就给什么；生活懒散，允许孩子饮食起居、玩耍学习没有规律；对孩子祈求央告；包办代替孩子的一切事情，等等。隔代溺爱更是助

长了学前儿童成为"小皇帝"的风气。一项关于"隔代教育"的全国范围调查结果显示，中国近一半孩子是跟着爷爷奶奶、外公外婆长大的。隔代教育的一个明显弊端，便是老人对孩子无条件的溺爱，溺爱的直接后果是孩子养成了不良习惯和骄横跋扈的性格。中国60%以上的失足少年与隔代老人育孙不当有关[13]134−137。美国《华尔街日报》这样写道："一个以中国被宠坏了的一代为对象的庞大市场正在兴起。"[14]

学前儿童在接受"小皇帝"式教育的同时，还接受着"小奴隶"式的教育。许多父母把孩子看作自己的私有财产，是"未来的投资"，为孩子苦心设计将来，对孩子寄予过高的期望；为了未来的"出人头地"，不惜牺牲儿童今天的快乐；为了分数，不惜放弃儿童的一切个人爱好和兴趣；如果孩子没能达到家长的要求，就会受到打骂、讽刺。"小奴隶"式的教育使儿童游戏时间减少，儿童体会不到童年的快乐。有调查表明，家长在学前儿童身上的投资绝大部分在吃、穿等方面，用于孩子娱乐方面的支出不到1/10[13]137。游戏的缺失是产生"幸福的时代，不幸的童年"现象的主要原因。

"小皇帝"和"小奴隶"式教育并存严重影响儿童健康人格的形成。儿童有时是飞扬跋扈的"暴君"，有时又是没有自由的"奴隶"，他们不知道自己到底该是什么样的人。家长把孩子当作自己身上掉下来的"一块肉"，是自己的"掌上明珠""心肝宝贝""小棉袄"。其实，这些比喻都隐含着"孩子不过是孩子"，孩子还不是具有独立人格的人[15]。在成人冠冕堂皇的"呵护"下，学前儿童过着比成人还要繁忙和有压力的生活，他们慢慢学会了依附于成人、从属于成人，失去了作为孩子所应当具有的天真、好奇和主动探索，童年的绿洲逐渐沙漠化。"儿童的人格不能分裂成为两个互不接触的世界——在一个世界里，儿童像一个脱离现实的傀儡一样从事学习；而在另一个世界里，他通过某种违背教育的活动来获得自我满足。"[16]

二、我国当前学前教育改革与发展的主要对策

随着我国社会的发展，政府对学前教育重视程度在不断提高。1990年我国签署了《儿童权利公约》，承诺维护儿童应有的权利；1995年在《教育法》中立法保障了学前教育作为学校教育制度基础阶段的地位；1996年在《幼儿园工作规程》中进一步明确了学前教育的地位和宗旨；2001年在《中国儿童发展纲要》中明确了未来十年我国儿童发展的目标；

2007年胡锦涛在十七大报告中提出"重视学前教育"。为了学前教育事业的健康发展，从"尊重的教育"理念出发，针对当前我国学前教育中存在的问题，笔者提出以下改进策略。

（一）加快学前教育立法，以法律保障学前教育事业的发展

学前教育立法是当前我国学前教育事业健康发展的迫切需要。在社会转型时期，我国学前教育事业发展存在诸多问题，除了对教育规律、学前教育性质与作用缺乏科学、深刻的认识这一原因之外，更是由于缺乏全国性的学前教育法律规范。当前我国学前教育事业发展亟需立法保障，以法律规范学前教育事业发展中的各方面关系与行为，保障并促进学前教育事业的持续、健康发展。

纵观世界各国学前教育发展史，通过立法保证学前教育发展是一个国际化趋势。20世纪80年代以来，美国联邦政府专门针对或涉及学前教育的法律及其修订案接连出台，如80年代的《提前开始法》，90年代的《全美儿童保护法》以及近几年制定的《早期学习机会法》《不让一个孩子掉队法》等。美国联邦政府通过立法向全社会传递这样的信念：政府非常重视学前教育，全社会都要尊重儿童，保障儿童的合法权益。英国于1989年颁布了《儿童法案》，澳大利亚在1972年颁布了《儿童保育法案》，葡萄牙于1997年制定了《学前教育法》，等等。

随着我国政府、社会对学前教育事业发展日益重视和国家教育法律体系建设工作的逐渐展开，当前我国学前教育立法的条件已基本成熟。为此，国家应该并且尽快为学前教育立法，明确学前教育的法律地位，明确各级政府和有关部门对学前教育应负的责任，明确办园者的资格，明确学前教育从业者的资格、权利和义务等，保证学前教育能够按照它自身的规律和特点健康地发展。

（二）加强政府投入和管理，实现学前教育的公益性

我国《教育法》规定"教育活动必须符合国家和社会公共利益"，胡锦涛在党的十七大报告中指出"坚持教育公益性质"。美国国家研究院在其报告《渴望学习》中提出"19世纪中叶以前学前教育一直是私人行为，但在20世纪却成了公众的责任"[17]。

学前教育作为一项重要的社会公益事业，是社会回报率很高的一种财政投入，其投入所产生的社会收益远大于成本。大卫·韦伯特等人自20

世纪 60 年代起对 123 名来自低收入家庭，接受 1—2 年的佩里早期教育方案的幼儿进行了近 40 年的追踪研究，该研究从学业成就、经济状况、犯罪率、家庭关系和健康五个方面考察了优质学前教育的效果。佩里方案研究表明，幼儿教育投资是一种最省钱、回报率最大的公共投资，在儿童到 27 岁时，投资回报率为 1∶7.16。通过该研究最近的成本收益分析发现，这些儿童到 40 岁时，投资的总体回报率已高达 1∶17.07。其中，对幼儿个人的回报率为 1∶4.17，而对社会的回报率则为 1∶12.9。细致分析表明，社会回报中 88％源于犯罪率的减少，4％源于教育开支（特殊教育与辅导等）的减少，7％源于收入税的增加，1％来自于社会福利开支的减少[18]。国际经合组织的教育政策分析也显示：“幼儿教育是向终身学习的第一笔投资，是为满足每个家庭更加广泛的经济及社会需要的一项意义远大的政策援助。”[3]1

政府应加大对学前教育的投入，增加政府预算内学前教育财政拨款，并考虑将早期教育的部分学段纳入义务教育体制。美国、英国、韩国等国家已为 5 岁儿童提供了免费教育，将其纳入免费公共教育体制，同时加大对处境不利儿童的专项投资，为其提供免费公共教育服务，如美国的“提前开端”（Head Start）项目和英国的“确保开端”（Sure Start）项目。政府还应规范学前教育经费的管理，用法律保障教育经费的合法化，避免挪用学前教育经费的现象；调整学前教育投入的比例，其中包括提高学前教育投入在整体教育投入中的比例，提高对非公办幼儿园投入的比例，提高对农村地区幼儿教育投入的比例。政府还要加强对学前教育质量的监管，完善幼儿教师的资格制度和培训制度。

（三）提高教育者的科学育儿水平

学前教育是一项长期而又艰巨的系统工程，是历史的、现实的、内部的、外部的多方面因素交互作用的结果，教育者（主要指家庭养育者和学前教育机构的教师）的科学育儿水平是其中的主导因素。

通过保育和教育服务提高家长的科学育儿水平已经成为学前教育改革和发展的重要内容。2003 年，国务院办公厅发布了教育部等十个部门《关于幼儿教育改革和发展指导意见的通知》，在幼儿教育改革的总目标中提出了“逐步建立以社区为基础的以示范性幼儿园为中心，灵活多样的幼儿教育形式相结合的幼儿教育服务网络，为 0—6 岁儿童及其家长提供早期保育和教育服务”。对家长进行科学育儿指导，需要有精心的组织和合理的安排，需要有一个高效的、有力的机构负责协调、组织和指导工作。吉林省为了顺利开展科学育儿指导工作，在省妇联及相关单位的指导下，设立了省科学育儿指导中心。在科学育儿指导中心的引领和指导下，全省0—6岁婴幼儿家长和养育者的科学育儿整体水平在不断提高。

建立以社区为基础的早期教育指导机构是保证科学育儿指导工作有序开展的有效途径。英国在1997年推出了世界上最早的以社区为基础的早期儿童整合性服务机构（网络），至今已经建立起100余个以社区为基础的早期儿童服务中心，这些服务中心为儿童及其家庭提供多种教育、保育和健康服务。我国建立"以社区为基础的早期儿童整合性服务机构"尚处于起步阶段，上海已经尝试建立多个社区早期教育指导机构，该机构设置的功能定位是"面向家长"，中心工作就是"对家长进行科学育儿指导"[19]。虽然服务机构还存在各种问题，例如社区建设还有待加强，家长的参与意识需要提高，人力、资金等比较有限等，但建立以社区为基础的早期儿童服务网络，为学前儿童及其家庭提供服务已成为我国今后学前教育改革与发展的方向之一。

提高学前教育机构教师的专业化水平也是优质学前教育的重要保障。世界上学前教育比较发达的国家都非常注重提高学前教师的专业化水平。当前，我国幼儿教师的专业化水平不高，社会认同度也较低。要提高幼儿教师的专业化水平，需要各方面的共同努力。首先，教师自身应加强自主专业成长的意识，通过学习和实践，构建自身的教育理念，提升教育实践智慧。其次，幼儿教育机构应通过完善幼儿园内部制度，推行积极的激励和评价机制，创设和谐、愉快的幼儿园文化，为教师专业发展提供支持性环境和条件。第三，政府和教育行政部门要充分重视和明确幼儿教师在未来人才奠基中的重要作用，承担起推进幼儿教师专业化进程的责任，制定有利于幼儿教师专业成长的政策、法规和相关制度，保障幼儿教师专业化水平的不断提升。

总之，教育改革是涉及社会和教育各方面各环节的一场广泛而深刻的变革。学前教育要实现大发展，适应社会全面进步的客观要求，必须通过社会各方不懈的、长期的努力，逐步建立适合中国国情的、尊重学前教育规律、尊重学前儿童身心发展规律的教育体系。

注　释

[1] 盛连喜. 尊重的教育 [M]. 长春：东北师范大学出版社，2005：27.

[2] 本刊记者. 中国学前教育立法：思考与进程：对全国人大常委、北京师范大学庞立娟教授的深度访谈 [J]. 幼儿教育，2008（10）：1－6.

[3] 蔡迎旗. 幼儿教育财政投入与政策 [M]. 北京：教育科学出版社，2007：1－96.

[4] 国家统计局. 中国教育经费统计年鉴（2006）[M]. 北京：中国统计出版社，2007：296.

[5] 教育部发展规划司. 中国教育统计年鉴（2006）[M]. 北京：人民教育出版社，2007：10.

[6] 郑名. 西北地区幼儿教育政策执行的障碍分析与政策建议 [J]. 教育导刊，2006（2）：11－14.

[7] 梁实秋. 雅舍小品 [M]. 呼伦贝尔：内蒙古文化出版社，2002：18.

[8] 曹红涛. "揠苗"真能"助长" [N]. 人民日报，2007-12-12（11）.

[9] 姜英杰. 非理性的超前教育：关于早期教育科学性的思考 [J]. 东北师大学报（哲学社会科学版），2008（6）：9－14.

[10] 乔文达，董奇. 神经神话与早期教育 [J]. 中国教育学刊，2006（5）：9－12.

[11] 路海东. 聚焦中国儿童学习压力：困境与出路 [J]. 东北师大学报（哲学社会科学版），2008（6）：24.

[12] 卢梭. 爱弥儿 [M]. 李平沤，译. 北京：商务印书馆，2006：91.

[13] 王燕，张雷. 当代中国都市父母教养现状与反思 [M]. 上海：复旦大学出版社，2008：134－137.

[14] 曾彬，卢清. 关于城市幼儿家庭教育投资问题的思考 [J]. 学前教育研究，2004（6）：8－9.

[15] 姚伟. 儿童观及其时代性转换 [M]. 长春：东北师范大学出版社，2007：231.

[16] 联合国教科文组织国际教育发展委员会. 学会生存：教育世界的今天和明天 [M]. 北京：教育科学出版社，1996：12.

[17] 美国国家研究院早期儿童教育委员会. 渴望学习 [M]. 南京：南京师范大学出版社，2005：17.

[18] 冯晓霞，蔡迎旗，严冷. 世界幼教事业发展趋势：国家财政支持幼儿教育 [J]. 学前教育研究，2007（5）：3－6.

[19] 王峥. 上海以社区为基础的0－3岁儿童服务机构的运行走向研究 [D]. 上海：华东师范大学学前教育与特殊教育学院. 2005：25－26.

[原文《"尊重的教育"理念下我国学前教育改革与发展的问题与对策》与吴琼、张宪冰合作发表于《东北师大学报（哲学社会科学版）》2009年第5期]

新知识观对幼儿园课程改革的启示

所谓知识观，是人们对于知识的内涵、外延、类型、作用、地位、存在和获得方式的根本看法。不同时代、不同社会和文化背景下，知识观也会有很大的不同。纵观人类发展的历史，每一次知识观的转变大致有两个原因，一是知识分子内部对知识性质或标准问题的不懈质疑与反思，一是社会政治、经济或文化结构发生大的变动。在今天的研究领域所提出的新知识观就是在科技尤其是信息技术突飞猛进、知识经济初露端倪的社会大背景下，人们在对传统知识观质疑和解构的基础上建立起来的。课程与知识具有必然的联系，新知识观的出现必然要引发人们对课程理论和实践的相应思考。从幼儿园课程来看，新知识观对于我们深刻认识以往课程中存在的问题和弊端，树立新的课程理念，推动和深化幼儿园课程改革不乏启发和借鉴意义。

一、新知识观对传统知识观的质疑和解构

知识观的转变不是一个自然的和自发的过程，而是一个历史的和社会的过程。孔德、福科和利奥塔等对现当代知识转型问题的阐述为我们理解和认识知识观转变提供了宝贵的思想启发。在他们看来，传统知识观是指近代以来，随着西方科学技术的发展，人们对知识的总的观点和看法。这种知识观的形成与自然科学的迅猛发展有关，因此，从本质上说它是自然科学的知识观。利奥塔认为，17 世纪以来，一种陈述之所以被接纳为知识，其标准是符合精神辩证法（证实或证明的程序）或能够促使人的理性和社会生活从专制状态中"解放"出来[1]。所以，无论是一般的百姓还是社会的统治者，都认为只有科学知识才是真正的知识，只有科学知识才能告诉他们真理，才能给他们带来福音。在社会的日常生活中，形成了一种尊重科学、探索科学和应用科学的风气。20 世纪末，这种传统知识观已经统治了全人类的精神生活。它的特点是极其鲜明的：（1）知识是客观的。知识或真正的知识应该能正确反映事物的本质属性或事物与事物之间

的本质联系，那些没有达到这种"符合性"标准的认识结果就不能被称为知识。（2）知识是普遍的。"真理放之四海而皆准"，知识是能够超越各种社会和个体条件限制并得到普遍证实和接纳的，只有得到普遍证实和接纳的事物和认识结果才是知识。（3）知识是中立的。知识是纯粹经验和理智的产物，只与知识对象的客观属性和认识主体的认识能力有关，而与认识主体的性别、种族及所持的意识形态等无关。

20世纪以来，由于科学理性的负面社会效应日益显露，物质主义和工具理性的弊端导致了西方社会的精神危机，人们对科学理性的力量和知识的绝对客观性提出了批判和质疑，同时以往一直遭到忽视和贬抑的个体兴趣、信仰、意志乃至本能欲望等开始受到人们的高度重视。这种趋向在科学哲学的后逻辑实证主义等一些非理性主义流派之中有突出的表现。波普尔指出："那些宣称科学知识是客观的、确定的和终级解释的人制造了认识论中的权威主义。所有的知识，不仅是科学知识，在实质上都是'猜测性的知识'，都是我们对于某些问题所提出的暂时回答，都需要在以后的认识活动中不断地加以修正和反驳。"[2]费耶阿本德的观点更为激进，他说："受着固定的和普遍性支配的科学观念既非真实的也非有益的。说它是非真实的是因为它对于人类的才能及鼓励发展这种才能的环境持一种过于简单的观点。说它是非有益的是因为它对这种游戏规则的强调只增长我们的专业资格却以我们的人性为代价。"[3]这种对传统知识观的质疑和批判在从工业化社会进入知识社会后达到了高潮。相应地，人们在对传统知识观质疑并揭示其内在缺陷的同时，也指出了新的对知识的认识，这也构成了新知识观的特征

第一，知识的建构性。新知识观认为，知识不应是对物体自身属性或外部环境的反映，而是由外部客观刺激和主体认知结构相互作用而不断建构的结果。所谓建构，一方面是对新知识的认识和理解，同时又包含对原有经验的改造和重组。波兰尼把建构的知识看成是"个人知识"。他认为，"识知（知识的获得）是对被知事物能动的反映，即正在识知的人的无所不在的个人参与"[4]。有的建构主义，尤其是其中的激进建构主义宣称，知识是由认知主体积极建构的，建构是通过新旧经验的互动实现的。知识不应看作是对绝对现实的认识，而主要是个人对知识的建构，即个人创造有关世界的意义而不是发现源于现实的意义。

第二，知识的个体性与情境性。新知识观认为，知识是由个体基于自

己的经验背景而建构生成的，它取决于一个人的文化背景、社会背景、传统观念、风俗习惯，他所处时代的物质条件和精神风貌、知识水平，他所在民族的心理结构（海德格尔称之为"前理解"或"前结构"，伽达默尔则称之为"成见"或"前见"），等等。知识总是某个人从某一角度（或视角）对事物的看法，带有明显的个体性。尼采说："有各式各样的'眼睛'，因而有各式各样的'真理'。"也就是说，不同的个体有不同的视角，也就有很多不同的认识事物的方式，"每一方式都导致不同的观点"[5]。

第三，知识的价值性。所有的知识生产都是受着社会的价值需要指引的。正如利奥塔所指出，20世纪60年代以后，支持科学家和研究人员行为的已经不再是18世纪的启蒙思想，而是国家和企业的知识与技术需求。"知识不再是自身的目的"[6]。哈贝马斯、吉鲁等人也说，知识不是价值中立的，它应包含着人类的知识、兴趣的一般现行的假定，它总是代表着某些集团或阶级的利益。"知识，无论是在学校中还是在其他地方获得的知识，从来都不是中立的或客观的，而是依照一定的方式整理和建构的，知识是一种深深植根于权力关系联结之中的社会建构。"[7]

尽管对新知识观的认识还有争议，但不可否认新知识观对传统知识观的质疑和解构有着重要的意义。首先，它有助于解决知识问题上的狂热和迷信，使人们以一种更加"理智的""清醒的"和"谦逊的"态度来看待任何知识。其次，它有助于清除知识问题上的"科学主义"，使许多"被压抑的知识"和"被剥夺权力的知识"重新合法化，重新在社会生活中发挥它们应有的作用。再次，它使普通人不仅被视为单纯的知识消费者，同时也被视为知识的传播者、解释者和生产者。

课程与知识的不可分离性，决定了课程与知识观之间的必然联系。课程改革的历史已证明课程改革的历史沿革，无不是知识观发生变化的历史，是不同知识观相互碰撞、相互争论的历史。新知识观的出现必将为各级各类课程改革带来新的机遇和挑战。

二、新知识观对幼儿园课程改革的启示

传统知识观认为知识是客观的、普遍的和中立的。所以在幼儿课程中，课程就是教学内容，课程的实施就是教师"准确"地把这些客观知识传授给幼儿，而幼儿也只是被动地接受来自课程知识的刺激。幼儿学习知识的过程主要是记忆知识的过程，从而使学习带有明显的社会强制性。新

知识观针对传统知识观的特性提出了知识的建构性、个体性与情境性、价值性等特点。在新知识观的影响下，幼儿园课程不仅是预先设定的目标或计划，还应是幼儿运用知识对事物或现象进行解释和理解的过程，是幼儿探索问题、发现问题、解决问题的过程。幼儿园课程应该考虑知识的建构性、情境性等特点，鼓励个体化的、富于创造性的学习，而不是把知识及其学习仅仅作为满足预定目标的尝试。在新知识观指导下，我们审视和思考幼儿园课程的具体操作层面，应该更为关注以下两个方面的内容。

（一）幼儿园课程应该强调幼儿对知识的主动建构

新知识观中知识的建构性观点说明：幼儿不是被动地接受知识，而是建构和发现知识，不是知识的旁观者，而是知识意义的主动建构者和创造者。而且，幼儿的这种角色不是教师仁慈地赋予的，而是他们作为学习者天然具有的。从这个意义上说，幼儿园课程组织与实施的过程实际上就是让幼儿自主建构知识的过程，是幼儿与伙伴、教师相互交流，共同讨论，建构自己精神世界的过程。在这个过程中，幼儿的建构离不开教师的指导和帮助。但教师不应是知识的给予者，也不是"掌握知识和仲裁知识正确性的唯一权威"，而应是"平等中的首席"。即一方面教师与幼儿是平等的，他们在课程中相互影响、共同学习，教师要在活动情境中关注幼儿的关注，惊奇幼儿的惊奇，体验幼儿的体验，成为幼儿活动中的真正一员；另一方面教师也要发挥引导者的作用，在具体的教学活动中，应针对所要学习的内容设计出具有思考价值的、有意义的问题先让幼儿去思考，去尝试解决，在不妨碍幼儿独立思考的前提下，配合并促进他们解决问题。教师还要给幼儿提供充分的时间和空间，让他们自己去发现问题、提出问题，并通过自我尝试、小组讨论、集体分享等多种方法验证假设，解决问题。在发现问题、解决问题的过程中，幼儿会对知识有进一步的认识和理解，同时也会对自我原有的知识和经验加以批判和检验，并会有自己的发现。这些发现对幼儿来说尤其重要，因为这真正是他"自己的"东西，是对幼儿有意义的知识。在这个过程中，幼儿学习和体会用自己的头脑亲自获得知识的一切方法，这些方法是实现幼儿终身可持续发展的核心动力。

（二）幼儿园课程应关注幼儿以往的经验，贴近幼儿的实际生活

新知识观认为知识具有个体性和情境性，这为我们重新审视幼儿园的

课程内容提供了一个新视角。幼儿园课程不应看作仅仅由外部环境因素所决定（例如由学科结构、社会价值等因素决定），还需要考虑到幼儿带进学习情境的先前知识——他们的经验和观点。为此，正确处理个体直接经验与间接经验、文本知识与生活世界之间的关系，回归幼儿的现实生活世界，应是当前幼儿园课程改革的一个重要内容。从幼儿的身心发展特点看，如果幼儿园课程脱离了现实的社会生活和幼儿的生活世界，幼儿不仅难以掌握系统、全面的知识，难以充分发展自身的才智，也不可能体验、领悟到个体生命的价值和意义。幼儿园课程只有面向幼儿，面向生活，贴近幼儿的生活经验和现实生活，才能使幼儿真正成为学习的主人，才能真正培养出学习活动的主体、个人生活的主体和社会生活的主体。

从新知识观出发，我们审视每一个孩子，就会发现，当幼儿来到课堂的时候，他们已经具有了相当的经验和认识，诸如"儿童的数学""儿童的物理学""儿童的哲学"等。运用这些经验他们已经能够解决一些简单的问题，能够对生活中某些行为做出相应的判断，形成对问题的某种解释。应当说，这些已有的经验和认识是幼儿知识建构的基础。幼儿园课程应把幼儿现有的知识经验作为新知识的生长点，引导幼儿从原有的知识经验中建构出新的知识。同时，幼儿园课程应该更加关注幼儿的生活，课程内容应源于生活，在幼儿熟悉的生活中促进幼儿发展。对于幼儿来说，与其现实生活有关的内容，与其生活经验相贴近的内容，是他们十分乐意接受的内容，也是他们易于吸收的内容。杜威曾指出："儿童的社会生活是他的一切训练或生长的集中或相互联系的基础。社会生活给予他一切努力和一切成就的不自觉的统一性和背景。"幼儿园课程内容要以具体的生活经验形式呈现给幼儿，或把知识通过游戏、日常活动等形式使之实际化，只有实际化、感性化的经验，才能真正具有促进幼儿发展的意义。对于幼儿来说，最有价值的知识就是他们可以感知的、源自生活经验的，与他们的生活息息相关的知识。

新知识观对课程改革的影响是多方面的，值得我们做进一步的探索。

注　释

　　[1] 石中英. 知识转型与教育改革 [M]. 北京：教育科学出版社，2001.

　　[2] 石中英. 知识转型与教育改革 [M]. 北京：教育科学出版社，2001.

[3] 石中英. 知识转型与教育改革 [M]. 北京：教育科学出版社，2001.

[4] 杨跃. 困惑与超越：知识观的嬗变与教育观的转换 [J]. 江苏大学学报，2012（3）：6.

[5] J. M·布洛克. 结构主义 [M]. 北京：商务印书馆. 1980.

[6] 石中英. 知识转型与教育改革 [M]. 北京：教育科学出版社，2001.

[7] 黄忠敬. 我们应当确立什么样的课程知识观 [J]. 南京师范大学学报（社会科学版），2002（11）：79.

[原文《新知识观对幼儿园课程改革的启示》与吴琼合作发表于《学前教育研究》2004 年第 1 期]

民族地区幼儿园课程文化
适宜性的价值取向及其实践策略

一、民族地区幼儿园课程的反思与批判

幼儿园课程文化适宜性是指为儿童提供适宜其文化背景的课程。教育是文化的生命机制，民族文化是幼儿园课程的重要组成部分，由于少数民族地区特殊的历史文化背景，其幼儿园课程在传承主流文化，弘扬民族文化，养成儿童多元文化视野，形成跨文化的价值观等方面，应彰显幼儿园课程文化适宜性的理念与特质。

然而，我国现行的少数民族地区幼儿园课程以汉文化为中心，课程内容极少反映少数民族文化特色，因而不能适应民族地区儿童的社会文化背景。按照文化被分享的范围的不同，文化可以被分为民族独享的文化、国家共享的文化和人类共享的文化[1]。长期以来，少数民族地区幼儿园课程重视对人类共享的文化、国家共享的文化等普适性程度较高的文化的传承，脱离了自身民族文化与少数民族的现实生活，这在提升受教育者对主流文化适应能力的同时，也会导致他们与自己民族的文化渐行渐远，如今有很多少数民族儿童都不会用母语来诉说。文化多元与文化交融是当今世界文化的发展趋势，丢失本民族文化的受教育者会逐渐地减少自己与其他文化进行交流的资本，从而使本民族文化被世界文化所疏远。"从活动室的布置、教师与幼儿的服饰、活动的内容与方式乃至所用的教学语言，几乎都没有民族特色，只有盲目追赶先进文明的忙乱脚步。教师讲授的完全是书本上的内容，即使是与本地文化特色有关的内容也是用主流文化的眼光与话语体系来呈现，本地丰富的课程资源，如风俗礼仪、传统节日、服饰特色等，没有得到充分的开发与利用。"[2]有学者对我国西南地区苗、水、彝、纳西、藏、拉祜族等六个少数民族儿童进行民族文化认同的比较研究，结果表明少数民族儿童对本民族文化认同不高，少数民族儿童对本民族文化认同正处于一个转型期，而且存在一定程度的认同性危机[3]。造

成这样的结果，与这些少数民族地区的幼儿园课程有很大关系。其实，世界上很多国家课程都存在将非主流文化边缘化的问题，有学者认为，现行各国的教科书对待非主流文化通常存在四种形式的不合理性：第一是忽略，即教学内容中有意无意地省略某些非主流文化的历史、传统和观念，暗示这类族群在社会中的低劣作用和微薄价值。第二是肢解，即教科书中仅包括非主流文化的部分内容，而且这部分内容还被彼此分割在各个章节中论述。同时，教科书仅从主流文化视角去分析和理解非主流文化，而忽略其他文化族群的态度和看法，从而形成学生对非主流文化的似是而非或一知半解的认识。第三是歪曲，即教科书站在优势文化的立场，美饰主流文化，歪曲非主流文化，对历史和当代生活经验进行某种不真实的表述，而且常把民族矛盾、种族歧视、性别偏见等社会问题排除在教学内容之外。第四是刻板化理解，即教科书用统一、僵化的眼光审视非主流文化族群，拒绝承认其生活方式、行为习惯、宗教信仰和价值观念，否认文化的多样性[4]。

目前我国民族地区幼儿园课程基本以主流文化为主，尽管其历史悠久且影响深远，但在多元文化逐渐成为社会发展主流的今天，一元文化课程的消极影响日益凸显，制约着各种文化的交流，直接关系到少数民族儿童对于本民族的认同与归属，最终制约少数民族儿童的可持续发展。还有，现行的以主流文化为主的课程文化不仅影响少数民族儿童的发展，其实对于主流文化群体的儿童也失去了理解和认识多元文化的机会。"要客观地认识与理解自身文化是困难的，而突破这个难点的最好办法就是同多元文化的接触和交往，在更高的深度上去理解它，这样才能从自身文化及支撑这一文化的价值中获得自由。"[5]也就是说，一元文化的课程容易使主流文化族群造成盲目的优越感，不利于自身文化观念的反省和反思，失去从其他文化族群的文化中获益的机会。

课程是社会文化的适应物，针对目前我国少数民族地区幼儿园课程文化存在的误区，在主张传承民族文化和倡导教育公平的大背景下，在全球化和文化多元的背景下，民族地区幼儿园课程应以文化的适宜性为前提。本文将从"何为"与"何以为"两个角度剖析民族地区幼儿园课程的文化适宜性问题。"何为"关乎价值取向，分析民族地区幼儿园课程的文化适宜性"为什么"的问题，"何以为"关乎过程与手段，分析民族地区幼儿园课程的文化适宜性"怎么做"的问题。

二、民族地区幼儿园课程文化适宜性的价值取向

（一）彰显民族地区幼儿园课程文化的和而不同

"和而不同"出于《国语·郑语》，"夫和实生物，同则不继。以他平他谓之和，故能丰长而物归之；若以同裨同，尽乃弃矣""声一无听，物一无文，味一无果，物一不讲"[6]。就是说，只有包容不同的事物存在，才能多姿多彩、欣欣向荣，否则便陷入枯燥、单调乃至灭亡。"和而不同"对于民族地区幼儿园课程文化的适宜性有积极的启示。"和而不同"是抽象和具体、内在和外在的统一，容"不同"才能达到"和"的境界。"和而不同"就是在坚持原则的基础上，不追求整齐划一，承认和尊重差异，以达共存共荣。彰显民族地区幼儿园课程文化的"和而不同"是民族地区幼儿园课程文化适宜性的重要价值取向。

从人类文化发展历程来看，文化多样性是人类文化世界的永恒属性。《联合国教科文组织文化多样性宣言》中曾指出，对于人类来说，文化多样性就如同生物多样性可以保持生态平衡一样，对于人类不可或缺，应当站在保护全人类共同财富的高度上，给予其保护和肯定。文化多样性是一种客观存在，是人类文明进步的力量源泉。怀特海强调："划一的福音也几乎是同样危险的。国家与民族彼此之间的差异，对于保持高度发展的条件是必要的。人类精神上的奥德赛必须由社会的多样化来供给材料和驱动力。习俗不同的其他国家并不是敌人，它们是天赐之福。人类需要邻人们具有足够的相似处以便互相理解，具有足够的相异处以便引起注意，具有足够的伟大处以便引起羡慕。我们不能希望人们具有一切的美德。甚至当人们有奇特到令人纳罕的地方，我们也应当感到满意。"[7] 每一种民族文化都有其独特的背景和魅力，人口多少和实力强弱不是判定某个民族文化的先进与落后、好与坏、高与低、文明与野蛮的标准，每一种文化的存在都有其特定的价值。

民族地区幼儿园课程文化适宜性旨在彰显民族地区幼儿园课程文化"和而不同"。在少数民族地区，多民族共同聚居、多样性文化并存的现实，使得少数民族儿童在幼儿园教育中必须面对国家课程与地方知识、园本文化与社区文化的差异问题，这种差异对少数民族儿童，也包括在民族地区生活已经习得当地民族文化的汉族儿童，在学习上造成的困难是显而

易见的。教育的责任不是消除差异，相反应该是尊重和肯定差异。在此基础上，应该把不同文化视为教育的宝贵资源，尊重差异，强调文化的和谐共生，让不同民族的儿童相互学习，促进各民族儿童互相理解和尊重。因此，"和而不同"是民族地区幼儿园课程文化适宜性的重要价值取向。

（二）促进教育公平

促进教育公平是民族地区幼儿园课程文化适宜性的价值取向，因为学前教育公平的实质性实现，需要课程文化的差别对待。如果说教育资源分配均衡是外在的教育公平，那么内在的教育公平则是正视儿童的个体差异并实施有差别的教育。联合国教科文组织曾公开强调："给每个人平等的机会，并不是指名义上的平等，即对每一个人一视同仁，如目前许多人所认为的那样。机会平等是要肯定每一个人都能受到适当的教育，而且这种教育的进度和方法是适合个人的特点的。"[8]也就是说，民族地区幼儿园课程的文化适宜性不仅要保证儿童拥有最起码的受教育机会，还要做到因材施教，即根据不同儿童具有不同文化背景的实际，施以适合不同儿童的有区别的课程，努力实现真正意义上的教育公平。

民族地区幼儿园课程文化适宜性对于促进教育公平具有重要意义。著名的美国教育家布鲁纳曾说："离开了社会背景，课程争论的意义也就黯然失色了。"因为"不顾教育过程的政治、经济和社会环境来论述教育理论的心理学家和教育家，是自甘浅薄的，势必在社会上和教室里受到蔑视"。全美早期教育协会在新版的指南中，对于充分考虑儿童生活和学习所处的社会文化背景作了强调，并将这一点与修改以前的"发展适宜性课程"的另两个方面适合年龄和适合个体差异并列，作为该组织对发展适宜性课程概念的基本陈述。朱家雄在《中国幼教课程改革反思》中认为，世界上并不存在放之四海而皆准的最好的幼教文化，各种不同社会文化中应该会有与其相适宜的幼教课程，中国人应该也必然会发展出有自己特色的幼教课程。如果说学前教育资源的占有和配置是一个关乎教育外部公平的问题，那么，教育的内容和课程的问题则体现了教育的内部公平，而这恰恰是我们追求的目标。我们反对无视民族文化之间的差异，在幼儿园实施大一统的课程模式，而是提倡发展适宜不同地域和民族的儿童有差异的课程，从而实现更高水平上的学前教育公平。

三、民族地区幼儿园课程文化适宜性的实践策略

（一）文化自觉——民族地区幼儿园课程文化适宜性的内力

关于"文化自觉"的理论，是费孝通先生首先提出的。费孝通先生指出："所谓文化自觉是指生活在一定文化中的人对其文化有自知之明，明白它的来历、形成过程、所具有的特色和它发展的趋向，文化自觉不带有任何文化回归的意思，它不是复旧，也不是全盘西化或全盘他化，自知之明是为了加强对文化转型的自主能力，取得决定适应新环境、新时代文化选择的自主地位。"[9]同时，费孝通先生还进一步将文化自觉的价值追求概括为"各美其美，美人之美，美美与共，天下大同"。文化自觉的理论对于民族地区幼儿园课程文化适宜性的理论和实践有重要的启示，是民族地区幼儿园课程文化适宜性的内力。

几千年来，中华民族形成了多元一体的民族关系格局，不同文化之间相依相存，要在多元化的世界里确立自己的位置，只有首先认识自身的文化，理解多元文化，才有条件与其他文化一起相知相融、相互促进、共同发展。一方面，我国各少数民族都有自己独具特色的民族文化，在现代化的进程中，各少数民族如果只是单纯地接受外来文化而忽视本民族文化的发展，民族的文化根脉就会丢失，进而导致对本民族的民族虚无主义。另一方面，如果不能认识到现代化趋势的不可回避性，只是固执地抱残守缺，拒绝对新环境的适应和学习，这种极端的做法会导致封闭与落后，阻碍和制约本民族文化的发展。"文化上的唯我独尊和故步自封，对其他文化视而不见，都不是文明的生存之道。只有交流、理解、共享与融合，才是文明共存共荣的根本出路。不论是强势文明还是弱势文明，这是唯一的出路。"[10]

实现民族地区幼儿园课程的文化自觉应从以下三方面入手。

第一，课程的内容应该尊重文化差异，让儿童了解自己的文化和其他民族的文化，在增进儿童的民族自豪感的同时增强对其他文化的理解和欣赏能力。首先，课程内容要从不同民族的儿童认识了解和熟悉本民族文化开始，增强他们的民族自尊和自信。要始终承认民族文化存在的价值，民族的才是世界的，失去了自己的民族和本土文化特色，就等于失去了自我。在此基础上，进一步引导儿童接纳、理解和欣赏其他文化，超越本土

的限制，以宽广的胸襟来接受外来文化的冲击和碰撞，重视多样文化的理解和诠释，将视野延伸至世界，从跨文化的反思和批判中，博采众长，以培养包容的胸怀及多元的问题解决能力，促进儿童对不同民族和文化的了解，引导儿童从不同的文化视野看待世界，从尊重自己出发推己及人，以更开放的态度面对不同的民族文化。

第二，课程的教育目标应该是面向全体儿童，促进不同民族儿童互相尊重、和谐发展。一个多民族国家不仅要传递本国主体民族优秀传统文化，也要有传递本国各少数民族优秀传统文化的责任。民族地区幼儿园教育的对象不仅仅有少数民族儿童，也有主体民族儿童。对于少数民族儿童，民族地区幼儿园课程在培养少数民族儿童对本民族文化认知和认同的同时，也要提高他们对现代主流文化学习和接纳的态度。对于少数民族地区的汉族儿童，通过多元文化课程的学习，培养文化多样性的理念，不仅有利于儿童了解不同文化的差异性和丰富性，开阔视野，消除文化的偏见，理解、尊重不同民族文化，而且有利于加强他们对中华民族的整体认同。

第三，课程的实施过程强调向生活世界回归。以汉文化为背景的课程内容由于远离儿童的实际生活经验，常常导致幼儿园文化与儿童已经在家庭、社区所接纳的文化两者之间差别太大，造成文化的断裂，影响儿童理解和接受新的文化，而这也是一种"文化中断"，使得儿童的生活空间狭窄且零碎。强调向生活世界回归，是民族地区幼儿园课程文化适宜性的基本理念，是对民族地区幼儿园课程教育与生活世界的疏离、主体失落的一种反思与重建。回归生活的课程观强调课程要关注儿童的生活世界，关注儿童生活于其中的文化背景，面向儿童真正的生活。学者派纳曾指出，要获得个体的自由和解放，学校课程绝对不能局限于系统化的书本知识，而要关照个体作为具体的活生生的存在的生活经验，因为"人的生活的深刻性只有在独立个体的生活领域中去寻找"，而不能从个体以外去探求[11]。因此，民族地区幼儿园课程应回归儿童本真的生活，反映儿童的生活世界，使儿童在已有的对于世界的认知中进一步建构和理解新的知识。

（二）在文化一元与多元的矛盾中保持适宜的张力——民族地区幼儿园课程文化适宜性的通衢

民族地区幼儿园课程文化适宜性必须要克服"文化中心主义"和"二元对立"的思维方式。首先，单一以主流文化为课程文化的唯一价值取向，不利于儿童形成多元文化的视野。对于少数民族儿童，如果幼儿园课程不能反映他们的文化，会容易使其产生疏远和自卑感，造成"文化中断"，产生人格内部的心理冲突。另外，只接受本族文化教育的儿童不能适应社会的需要。只接受本族文化教育是否在长大后能够顺利进入主流社会并能被社会所接纳，是现在大多数少数民族父母最为关心的问题。美国教育人类学家沃尔特曾说："没有接受本族文化教育的学生固然可能产生疏远感和无根感，但缺少主流文化教育的学生将会失去许多经济、政治和社会性的机会。"[12] 所以，维护民族地区幼儿园课程文化适宜性就需要我们用"二元对立"的文化视角，力图在文化多元中达到"视域融合"。

"在对立的两极保持必要的张力"是科学哲学家库恩的思想，可以为我们追求民族地区幼儿园课程文化适宜性提供很有力的方法论指导。"张力"是一个物理学常用名词，表示在物体受到拉力作用时，存在于其内部而垂直于两邻部分接触面上的相互牵引力，这个牵引力可以保持物体的完整与稳定。那么，"张力保持"就是把对立的两极联系起来，而不应把二者割裂开来，是使对立的两极互补，而不应使二者相互排斥，是在对立的两极之间保持微妙的平衡，掌握恰到好处的分寸[13]。因此，民族地区的幼儿园课程文化适宜性的方法论基础，就是在文化的一元和多元之间保持必要的张力，促进主流文化和少数民族文化的统一，这样，我们就不会钟摆式地左右摇摆，在本来相互联系的两极中陷入两难的境地，硬性地择一而排一，失去了课程本真的追求。此外，民族地区幼儿园课程文化适宜性不是各种文化的简单叠加，而是不同文化之间的不断融合、沟通及相互促进。

在文化一元与多元的矛盾中保持适宜的张力，可以采取以下策略。

第一，建构多元文化的教育环境。对待不同的文化包括民族文化要有充分的包容和理解，形成多元文化视野，海纳百川，理解不同文化其存在的合理性和必要性，让民族地区的儿童从小学会一视同仁地对待不同文化，理解不同文化的内涵，给予每个儿童足够的机会去了解和学习主流文化和本民族文化，并给他们提供文化选择的机会，让民族地区儿童从小学会尊重不同的文化包括非主流文化，学会面对文化的多样性。因此，民族地区的幼儿园课程应充分考虑具有民族文化背景的少数民族儿童的情感、态度和价值观，在表述各族群独特文化时，避免使用带有偏见的语言、文字或插图，使所有儿童都能感受到平等的地位，促进教育内部的公平。

第二，课程设置通过整合和多样化的途径，将相互作用的各种文化进行统整，增加课程设置的灵活性。课程设置既要具有现代性，又要体现浓郁的民族性和地区性，使民族地区幼儿园课程既体现社会发展一体化，又蕴含民族文化的多元化和个性化，多元文化的观点渗透到幼儿园的显性与隐性课程之中。面对来自民族地区多元文化背景的儿童，通过设置综合性课程和开放性课程，引导儿童进行跨文化交流与对话，使儿童全面理解不同文化族群的文化特征，展开批判性学习，认识自我，认识世界，培养儿童跨文化适应力和生存力。

第三，课程内容要容纳文化与文化间的理解与和谐。所有与文化群体相关的特别是那些被主流文化疏漏和误解的事件、问题、价值观，都应纳入课程内容。国外相关学者的研究表明，儿童在 5 岁的时候就有可能产生较高程度的种族偏见，因此通过使用具有文化真实性的课程，教师可以在儿童的早期阶段培养其平等和宽容对待他人的意识，教师要客观地评价民族问题及有争议的事件，"拥有综合性多元文化认同的个体对每种文化都有高度认同，他们会在不同语境中以适应于文化的方式使用这些认同"[14]。因此，教学内容应体现多元文化的理解，通过不同文化间的理解消除他们之间的误解，增强沟通，促进儿童对文化差异和文化多元的认同。

总之，民族地区幼儿园课程是民族地区幼儿生命的健康成长和民族文化传承的重要链条，在我国多民族文化的教育背景下民族地区幼儿园课程的文化适宜性对幼儿、对社会都具有重要意义，是对我国多民族国家现实状况的顺应，是对长久以来教育现实中主流文化过于强大的一种纠正，是教育发展的理想状态。

注　释

[1] 巴登尼玛. 建设共享文化是民族团结的根本 [J]. 民族研究，1996 (4).

[2] 徐莉，陈时见. 论民族幼儿教育中传统与现代的断裂与对接：以广西融水苗族自治县民族幼儿教育为例 [J]. 学前教育研究，2005 (4)：16.

[3] 陈世联，刘云艳. 西南六个少数民族儿童民族文化认同的比较研究. [J]. 学前教育研究，2006 (6).

[4] 陈时见. 多元文化视域下的课程发展 [J]. 西南师范大学学报（人文社会科学版），2003 (6).

[5] 筑波大学教育学研究会编. 现代教育学基础 [M]. 上海：上海教育出版社，

1986：100.

[6] 来可泓. 国语直解 [M]. 上海：复旦大学出版社，2000：298—299.

[7] 怀特海. 科学与近代世界 [M]. 何钦，译. 北京：商务印书馆，1959：193.

[8] 联合国教科文组织国际教育发展委员会. 学会生存：教育世界的今天和明天 [Z]. 上海：上海译文出版社，1979：116.

[9] 费孝通. 反思·对话·文化自觉 [J]. 北京大学学报（哲学社会科学版），1997（3）：22.

[10] 费孝通. "美美与共"和人类文明（下）[J]. 群言，2005（2）：14.

[11] PINAR，W F. The Abstract and the Concrete in Curriculum The orizing. In Gioux，H. A.；Penna，A. N. ﹠Pinar，W. F（eds.），Curriculum﹠Instruction，1981：434

[12] Walter Feinberg. Liberlism and the Aims of Multicultural Education Journal of Philosophy of Education，Vol. 29，No. 2，1995：209—210，205.

[13] 李醒民. 两极张力论：不应当抱住昨天的理论不放 [M]. 西安：陕西科技出版社，1988：63—68.

[14] 赵志裕，康萤仪. 文化社会心理学 [M]. 刘爽，译. 北京：中国人民大学出版社，2010：321.

[原文《民族地区幼儿园课程文化适宜性的价值取向及其实践策略》与周智慧合作发表于《青海民族教育》2013 年第 1 期]

幼儿园组织创新气氛的现状研究

一、问题提出

无论是在管理学领域还是教育学领域，组织创新气氛越来越受到学者们的重视。组织创新是组织所进行的一项有计划、有组织的系统变革过程，它把对人的成长和发展的希望与组织目标结合起来，通过调整和变革组织结构及管理方式，使个体能够适应外部环境及组织内部条件的变化，从而提高组织活动效益。组织创新气氛是组织成员对于组织环境的知觉，是组织内部环境的持久特征。幼儿园组织创新气氛是指园内教师对其所处幼儿园的工作环境是否具有创新特性的知觉与描述。艾玛比利的研究发现，组织生产力与组织鼓励等五个激励因素存在显著正相关关系[1]。国内研究也发现，组织内部开放、积极向上、自由的气氛会影响组织的创新绩效[2]。学校组织创新气氛有助于教师形成良好的工作态度、信念、动机和行为，进而影响学校组织创新的发展[3]。还有研究指出，教师知觉到的学校组织中的同事给予支持越多，提供各项资源越充足，教师的内部动机就越高[4]。专业化的幼儿园教师应该具备科学的儿童观和教育观、合理的知识结构和能力结构，以及良好的心理素质[5]。为实现此种专业发展，幼儿园教师不仅需要宏观上法律法规的保障，也需要微观上幼儿园环境的支持。已有研究显示，幼儿园教师的职业倦怠与他们的职业幸福感高度相关，职业倦怠心理强，职业幸福感就低[6]。而幼儿园组织氛围对教师的工作满意度有着重要影响[7][8]，这也就意味着幼儿园是否拥有良好的组织氛围、积极向上的园风、团结进取的教师群体，是影响专家型幼儿园教师成长的重要外因。影响组织创新气氛的因素有很多，因此有必要参考国内外的研究成果，结合我国具体情况和实践经验，考察我国幼儿园组织创新气氛的现状，并探讨其影响因素。这对推动幼儿园教师专业化进程、提高幼儿园教育质量具有重大意义。

二、研究方法

本研究主要采用问卷调查法和访谈法，在长春市随机抽取 5 所公办幼儿园，以其教师为调查对象，共发放问卷 150 份，回收 148 份，其中有效问卷 148 份。而后，从中随机选取 10 名教师进行个别深度访谈。本研究所使用的《幼儿园组织创新气氛问卷》是根据国外学者艾克（Ekvall）编制的创造性环境测量工具修订而成。该问卷共分 3 个部分：第一部分是调查对象的基本信息。第二部分是客观选择题，分别从挑战意识、自由空间、想法被支持、彼此信任、幽默感、讨论交流、冲突、冒险精神和思考时间等 9 个维度展开，每一个维度包含 5—7 道题，每道题目的选项都采用李克特四分法，从 0 到 3，分别表示完全不符合、大部分不符合、大部分符合和完全符合。根据已有研究，这 9 个维度实质上可分为三个层面的因素，即个人层面（挑战意识和冒险精神）、组织层面（自由空间、思考时间和想法被支持）和群体层面（彼此信任、讨论交流、幽默感和冲突）。其中"冲突"维度是消极阻碍因素，得分越高表示组织创新氛围水平越低；其余 8 项属于积极支持因素，得分越高表示组织创新氛围水平越高。第三部分是主观开放题。访谈提纲主要根据幼儿园组织创新气氛的影响因素展开，共 6 道题目。经检验，该问卷的整体信度为 0.947，各维度的信度也都在 0.7 以上，达到显著水平，各维度拟合度接近 1，符合心理测量学的要求。对所收集的问卷数据，采用 EXCEL 和 SPSS16.0 统计软件进行录入与处理。

三、研究结果与分析

（一）幼儿园组织创新气氛的总体水平分析

对调查结果进行编码整理，而后对所得数据进行描述性统计分析，表 13 显示在评价的 9 个维度上，挑战意识维度的平均值为 2.61，处于最高水平；冲突维度的平均值为 0.92，处于最低水平。按照评价标准，平均值在 1.5 左右为中等水平，8 个积极因素的平均值都大于 2，即都处于较高水平。冲突维度为消极因素，平均值小于中上水平 1，因此也处于较好水平。

通过整理调查资料，研究者也发现，这 5 所幼儿园的教师对其所在园的组织创新气氛的感受基本一致，满意度都较高。例如有的教师指出：

"我对自己的工作比较满意。园长很有亲和力，总为我们着想；同事之间互相帮助支持，亲如姐妹。"还有教师提到："每当有困难需要帮助的时候，我们都能得到同事的全力支持，我们感到很温暖，增强了自信心，也会更加努力地去工作。"访谈中，10位教师也都表示自己敢于迎接各种挑战，勇于大胆尝试。

表13　幼儿园组织创新气氛水平的描述统计

维度	题数	最小值	最大值	平均值	标准差
挑战意识	7	1.43	3.00	2.61	0.35
自由空间	6	1.00	3.00	2.47	0.43
彼此信任	5	0.60	3.00	2.41	0.46
思考时间	5	0.80	3.00	2.33	0.51
幽默感	6	1.17	3.00	2.44	0.42
冲突	7	0	2.71	0.92	0.63
想法被支持	5	1.20	3.00	2.42	0.43
讨论交流	6	1.17	3.00	2.37	0.44
冒险精神	5	1.20	3.00	2.51	0.43

（二）幼儿园组织创新气氛的各维度分析

从表13可知，幼儿园组织创新气氛各维度的平均值由高到低排列，依次为：挑战意识＞冒险精神＞自由空间＞幽默感＞想法被支持＞彼此信任＞讨论交流＞思考时间＞冲突。将这9个维度进行整合，可以发现个人层面得分的平均值最高，为2.56；其次是组织层面，平均值为2.41；群体层面最低，平均值为2.06。

1. 个人层面

个人层面包含挑战意识和冒险精神两个维度。如表14所示，挑战意识维度得分均值最大的为第10题"大多数人都会努力做好自己的工作"，平均值为2.75；得分均值最小的为第28题"每个人都有自己的独特定位"，平均值为2.46。冒险精神维度的第18题"教师能够果断地做出决定，并为自己的决定负责"的平均值为2.36，处于这一维度得分的最低水平；第36题"当面临新的挑战时，教师能够乐观对待"的平均值为2.59，在该维度中得分最高。

表 14

题号	最小值	最大值	平均值	标准差
1	1	3	2.73	0.49
10	1	3	2.75	0.45
19	1	3	2.58	0.56
28	0	3	2.46	0.61
37	1	3	2.63	0.52
46	1	3	2.61	0.53
51	1	3	2.51	0.60
9	1	3	2.47	0.58
18	0	3	2.36	0.70
27	1	3	2.54	0.55
36	1	3	2.59	0.54
45	1	3	2.60	0.57

在工作努力方面，112 名教师选择了"完全符合"，占总数的 75.7%。（见表 15）第 18 题上有 7.4% 的教师认为自己不能果断地做出决定；96.62% 的教师认为自己具有独特的角色定位；75% 的教师认为自己的工作环境充满活力；96% 的教师认为在幼儿园里如果有需要，教师们就能够发散思维探索新的途径。

表 15　教师"大多数人都会努力做好自己的工作"一题的选择结果

题目	大多数人会努力做好自己的工作				合计
选项	0	1	2	3	
人数	0	1	35	112	148
百分比	0%	0.68%	23.62%	75.7%	100.00%

2. 组织层面

组织层面包括思考时间、想法被支持和自由空间三个维度，平均值为 2.41。想法被支持维度上，"园里鼓励教师之间进行交流去创造教学活动的新途径"一题的得分均值最高；自由空间维度上，"教师可以自由获取、分享信息及自由更新"一题的平均值为 2.64，仅次于最高值 2.69；思考时间维度上，"教师有时间去探究和改善新方案"一题的平均值为 2.04，

处于最低水平。（见图 5）

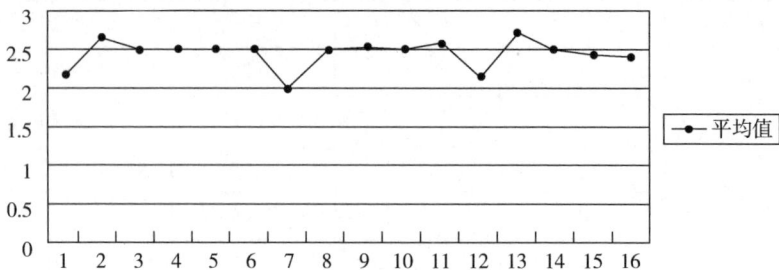

图 5 幼儿园组织层面各题目得分情况

对第 2 题"园里的教师对自己的岗位有选择的机会"的结果进行频数统计，表 16 显示，有 10.78％的教师认为自己没有选择岗位的机会，自由空间不足。而对第 11 题"教师之间可以自由获取、分享、更新经验"的结果进行频数统计，结果发现近 98％的教师认为自己有分享经验的充分自由。对第 20 题"园里的教师有足够的自由去主动地发挥自己的特长"的结果进行频数统计，结果表明 90％以上的教师认为自己有此自由，能主动发挥自己的特长。

表 16

题目	园里的教师对自己的岗位有选择的机会				合计
选项	0	1	2	3	
人数	1	15	68	60	148
百分比	0.68％	10.10％	45.95％	43.27％	100.00％

访谈结果也显示，5 所幼儿园中无论是教师与教师之间还是教师与领导之间，都会互相鼓励支持提出新的想法，并给予奖励。如有的教师谈到："领导的鼓励支持是我们工作的重要动力，园长的认可让我们感到自己的付出是有价值的，会激励我们更加主动地参与到幼儿园的各项活动中去。"不过也有个别教师指出："自己的工作负担过重，来自领导的压力、家长的压力，压得自己喘不过气来。"

3. 群体层面

群体层面主要指教师与幼儿园领导者、同事之间的互动关系。幼儿园是否拥有轻松和谐的人际关系，教师之间是否坦诚相待，等等，都会影响教师对幼儿园组织创新气氛的感知，进而影响教师的专业化进程。问卷及访谈调查结果显示，约有 60％的教师认为人际关系是幼儿园组织创新气氛的重要表现和影响因素之一。他们在问卷中写道："和谐的人际关系、自由的舆论氛围，会促进个人潜能的发挥。"幼儿园人际关系层面包含 4 个维度，即彼此信任、幽默感、讨论交流和冲突。这 4 个维度的得分均值为 2.05，其中幽默感维度为 2.44，彼此信任维度为 2.41，讨论交流维度为 2.37，冲突维度为 0.92。（见图 6）

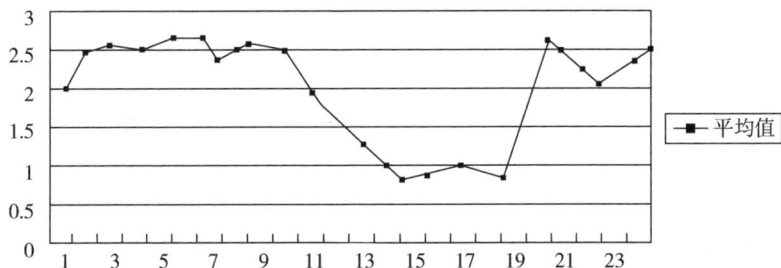

图 6　幼儿园人际关系层面各题目平均得分情况

在图 6 中，从左向右依次为彼此信任维度 5 个题目、幽默感维度 6 个题目、冲突维度 7 个题目和讨论交流维度 6 个题目的平均值情况。其中，得分最高的为第 32 题"教师们在幼儿园庆祝特殊的事件和节日"，平均值为 2.61；最低为第 33 题"园里经常能听见有人说闲话或诽谤他人"，平均值为 0.70。

彼此信任维度上的"园里的教师会通过行动增强自信心和表达对他人的信任"一题，得分均值为 2.55，水平最高；幽默感维度的最高值是第 32 题"教师们在幼儿园庆祝特殊的事件和节日"，结果显示 95％的教师同意在幼儿园庆祝特殊的事件和节日；讨论交流维度第 8 题"园里经常举办分享交流经验的讨论会"的得分均值最高，93.2％的教师选择该题符合本园的情况；冲突维度上"您工作的氛围中存在大量消极因素让您感到有压力"一题的得分最高，均值为 1.22，对其结果进行频数统计，如表 17 所示，37.2％的教师感到工作中有压力。访谈中，也有个别教师表示有一些工作压力，但他们会及时地进行减压。

表 17　教师对"您工作的氛围中存在大量消极因素让您感到有压力"一题的选择结果统计

题目	您工作的氛围中存在大量消极因素让您感到有压力				合计
选项	0	1	2	3	
人数	44	49	33	22	148
百分比	29.7％	33.1％	22.3％	14.9％	100.00％

此外，被访谈的教师表示，他们所在的幼儿园里同事之间都能够做到

平等相处、互相理解和支持，人际关系宽松和谐。如有的教师说："良好的人际关系会激发你不断地去学习，去争取进步。他人的赞许与分享交流也可以促进我们的专业发展。"可见，群体互动是幼儿园组织创新气氛的重要影响因素，群体互动作用的优劣会影响幼儿园教师工作的积极性。

（三）影响幼儿园组织创新气氛的因素分析

1. 个人层面

个人层面的影响因素包括：教师自身的理论基础是否扎实，是否对工作有激情和上进心，是否愿意参与幼儿园的各项活动，以及教师的性格特点等。教师个体差异是组织创新气氛的重要影响因素[9]。在幼儿园中，教师的创造动机、参与意识、工作热情、理论知识水平等都是影响组织创新气氛水平的重要方面，教师个人的知识水平、上进心、个人的情绪情感等也会影响他们对幼儿园组织创新气氛的感知。访谈中，有一半的教师认为自身的学习（包括教师间的互相学习、园本培训、学习参观、专家讲座等）对于教师的工作热情和参与意识有着至关重要的作用，进而会影响幼儿园的组织创新气氛。教师们一致表示："如果教师自己主观不努力、不进取，那么必然引发消极的教育行为，影响幼儿园的工作氛围。"这就说明了教师的自身因素会影响幼儿园的组织创新气氛。因此，幼儿园教师应不断提高自身素质，积极调整心态，缓解各种压力。

2. 组织层面

组织层面的影响因素包括领导是否给予教师充分的发挥空间，是否提供学习培训的机会，是否给予教师充足的教育资源支持，评价体系和奖励制度是否合理，教师是否拥有一定的自主权，等等。组织方面的因素对于组织创新气氛的形成起着重要作用[10]。访谈发现，70％的教师认为领导的鼓励支持是他们勇于创新、积极挑战的最大动力。有什么样的园长就有什么样的幼儿园。有两位教师提到："如果幼儿园工作量安排得太大，他们就没有足够的时间去完成任务；传统固定的管理模式也会禁锢他们的思维。"如果领导冷漠，教师就更会感到紧张，有压力，不能全身心地投入工作。访谈中，大部分教师表示自由空间小，没有足够的时间去按自己的意愿做事。所以，教师们都建议设置灵活的时间表，给予教师充分的自由时间和发言的权利。只有获得了专业自主权，才能有独立创造的空间，从而更好地获得专业发展[11]。在回答"您认为什么最能激发您的创新意识"一题时，大部分教师提到幼儿园园长的鼓励和支持会增强他们进行创新的积极性，而且多数教师对幼儿园园长的满意度较高。此外，部分教师也提到多参加一些培训、外出学习活动会激发他们的创造力，如他们说："我们幼儿园经常会有一些外出学习、培训的机会，不管是生活上还是工作上，园长都会给予我们很大的帮助。寒暑假时，还会组织各种娱乐活动，在幼儿园工作大家都觉得很开心，很满足，我们也愿意主动地去发挥自己的才能。"

3. 群体层面

群体层面的影响因素主要指幼儿园的组织氛围是否轻松和谐，同事之间的关系是否融洽，教师之间是否有权力之争，是否彼此信任等。创新气氛是组织成员在人际互动及与组织互动的过程中形成的对组织创新特性的一致性认知[12]。内部冲突、保守和刚性的人际关系会阻碍组织创新行为，轻松、平等的人际关系能够促进教师的共同进步。因此，群体层面的因素对于教师感知幼儿园创新气氛水平的高低具有重要作用。访谈中，当问到"幼儿园中存在哪些不利的影响因素"时，部分教师指出："同事之间互相支持肯定很重要。如果大家之间没有合作交流，各干各的，冲突矛盾多，压力重重，教师的工作热情也就不高。"

从访谈中我们还了解到，这5所幼儿园无论是教师与领导之间，还是同事之间，都会互相鼓励提出新的想法，并在物质和精神上给予最充分的支持。教师们一致认为幼儿园开展的集体讨论会很有价值，讨论交流多，各种观点在一起碰撞，有利于激发教师的创造性。教师的工作压力在很大程度上是由于人际关系紧张造成的。幼儿园教师普遍反映他们有上进心和高度的工作热情，他们需要的是领导和同事的支持与肯定。良好的人际关系可以激发教师的工作主动性，提高其专业意识，促使其不断加深专业知识的学习和专业技能的训练。

四、讨论与建议

(一) 幼儿园组织创新气氛的总体水平较高

通过调查我们发现，教师具有积极的价值观念，发展意识较强；幼儿园管理模式民主开放，管理层能够给予教师积极的肯定支持；幼儿园拥有互相尊重、和谐融洽的人际关系，信息交流自由开放等。因此，总体而言，幼儿园组织创新气氛水平较高，能够为教师创设一个支持创新的氛围。教师之间良性竞争，互相鼓励支持，积极乐观地对待工作，并享受其中的乐趣，有较强的归属感和认同感。这可能与调查对象都是公立幼儿园的教师有直接关系。

（二）幼儿园组织创新气氛的个人层面得分均值最高

根据研究者对问卷 9 个维度的分析，结果显示个人层面（挑战意识和冒险精神）的平均值最高，即教师个人具有积极的价值观念，教师自身对工作有热情和信心，其中挑战意识维度的水平最高，说明教师内部创新动机较高，他们拥有较高的工作满意度和集体归属感。访谈中，大部分教师都表示他们工作的环境很有活力，园里的每一位教师都会努力做好自己的工作，并以饱满的热情参与到各种挑战当中去。

（三）组织层面的因素是影响幼儿园组织创新气氛的关键

在对教师的访谈中我们发现，70％的教师认为领导的支持与鼓励是他们勇于创新、积极挑战的最大动力，这种支持与鼓励包括人力、财力、物力等各种资源的支持保证，以及工资奖励等评价方式的激励。这表明幼儿园组织层面的因素是教师感知幼儿园组织创新气氛的关键，领导的鼓励肯定多，教师感知到的发展支持就多。幼儿园组织创新气氛会影响教师的工作热情，进而影响他们的专业发展。

虽然调查中的 5 所幼儿园组织创新氛围水平较高，但由于都是公办幼儿园，也许并不能代表所有幼儿园的总体状况。为了幼儿教师更好地实现专业成长，幼儿园园长应该重视组织创新气氛的营造，及时发现问题并采取合理的解决措施。幼儿园管理应体现对教师的公平、尊重和信任，建立起平等对话的管理机制，创设一个信任、支持的工作环境，使教师感知到自己在幼儿园中的主体地位。

注　释

[1] AMABILE TM，CONTI R，COON H，LAZENBY J，HERRON M. Assessing the work environment for creativity [J]. Academy of Management Journal，1996，（39）：1154－1184.

[2] 李信萤. 个人创造力、组织创新气候与创新绩效相关之研究 [D]. 南京：国立中央大学企业管理研究所，2002.

[3] 权月彤. 学校组织创新气氛、教师创造动机与教师创造力的关系 [D]. 济南：山东师范大学硕士学位论文，2008：5.

[4] 古永司. 学校组织创新气氛、教师教学效能感和教师教学创新的关系研究 [D]. 西安：陕西师范大学硕士学位论文，2010：29—31.

[5] 姚伟. 学前教育学 [M]. 长春：东北师范大学出版社，2012：233—244.

[6] 谢蓉，曾向阳. 幼儿教师职业倦怠的缓解与职业幸福感的提升 [J]. 学前教育研究，2011（6）：67—69.

[7] 钱琴珍，姜勇，阮婷. 幼儿园组织氛围与教师专业发展结构模型研究 [J]. 心理科学，2007，30（3）：723—726.

[8] 王艳. 幼儿园组织气氛与教师工作满意度的关系研究 [D]. 开封：河南大学硕士学位论文，2010.

[9] 高晓敏，刘岗. 山西运城地区幼儿教师职业认同现状及影响因素 [J]. 学前教育研究，2011（12）：29—33.

[10] 罗明，宣国良，孙锐. 组织创新气氛的形成、测量及作用机理研究 [J]. 现代管理科学，2008（12）：102—104.

[11] 姚伟，焦岩岩. "权利本位"理念下的教师专业自主权特征解析 [J]. 东北师大学报（哲学社会科学版），2011（1）：166—169.

[12] 王雁飞，朱瑜. 国外组织创新气氛研究概述 [J]. 外国经济与管理，2005（8）：26—32.

[原文《幼儿园组织创新气氛的现状研究》与冷雪姣合作发表于《学前教育研究》2012 年第 12 期]

论儿童科学素质的培养

一、培养儿童科学素质是时代发展的要求

面向新世纪，为实现我国社会发展的总体目标，提高综合国力和国际竞争力，我国提出了"科教兴国"和可持续发展的伟大战略。江泽民总书记在北戴河会见获得诺贝尔奖的世界知名科学家时指出："科学技术作为第一生产力，已经成为经济发展和社会进步的最具革命性的推动力量。""科学技术在 21 世纪必将更深入、更快速地向前发展，必将对人类社会和人自身的发展产生更加深刻的影响。"提高全民族的科学素质，培养跨世纪人才，是我国各级各类教育要完成的重要任务。幼儿教育作为基础教育的有机组成部分，是培养人才的奠基工程，理应把形成幼儿基本的、最初的科学素质作为教育的重要目标之一。从小让年幼儿童接触科学、热爱科学，形成最初的对科学的兴趣，是时代发展对幼儿教育提出的必然要求，也是儿童身心全面发展的需要。

一提到科学，人们很容易想到浩如烟海的科学知识，想到孜孜以求的科学家，想到试管、烧杯等科学仪器，年幼儿童能够学习科学吗？答案是肯定的。科学发展到今天，它不仅仅是指一种科学知识体系，它也是指一种积极的探索，一种创造性的思考，也是一种社会建制。对年幼儿童来说，好奇心是他们学习科学的土壤，当他们抓住一只蜻蜓，放在罐子里观察；当他们跟着地上的蚂蚁，看它们怎样运食物和通风报信；当他们看着天上的云朵，把它们想象成老虎、狐狸；当他们努力思考汽车的轮子为什么是圆的的时候，他们就是在学习科学。曾经有人调查世界上 75 位诺贝尔奖金获得者，其中一个问题是："您认为是在哪所大学、实验室学到了您认为一生中最重要的本领？"答案几乎是一致的：在幼儿园。在幼儿园学习观察大自然，学习自己动手去探索，养成良好的卫生习惯和认真的态度。教育的理论和实践都证明，幼儿早期的学习和发展对人的一生有重要影响。幼儿在幼儿园科学教育中获得的各种经验，唤起发展的好奇心和对

科学的兴趣，是他们一生追求真理的动力。以现代儿童观和教育观为指导，探索幼儿园科学教育的方法和途径，形成幼儿园科学教育的理论和实践模式，是社会发展向幼儿教育提出的新要求、新挑战。

《幼儿科学素质培养的实验研究》是吉林省九五社会科学重点科研项目。本研究是以现代儿童观和教育观为指导，从分析幼儿科学素质的构成和幼儿科学教育的目标入手，在幼儿园科学教育的实践中，探索培养幼儿科学素质的教育策略和教育模式。课题组在东北师范大学实验幼儿园、吉林省政府第一幼儿园、吉林省军区幼儿园、吉林大学幼儿园和长春市实验幼儿园进行了为期三年的教育实验研究，取得了很好的研究成果。

二、幼儿身心发展特点及幼儿园科学教育目标

提高全民族的素质是我国基础教育的根本任务，幼儿园科学教育必须以培养幼儿的基本科学素质为出发点和归宿。所谓素质是指一个人从小养成，并不断发展的、最基本的、能持久发挥作用的心理品质。在现代社会，世界上许多国家都把培养国民的科学素质作为国家发展策略的重要组成部分。其中最引人关注的是美国的"2061 计划"，这是一个内容广泛和全面的科学教育改革计划。之所以称为"2061 计划"，是因为提出计划的1985 年是哈雷彗星飞过地球的时间，而下一次哈雷彗星飞过地球的时间是 2061 年，从计划提出到 2061 年为期 76 年，这正是目前美国人期望的寿命。其中隐含这样的意思，现在正准备上学的儿童有可能看到 2061 年的彗星，要用一代人的时间改革美国的教育，使今天所有美国儿童能成为具有较高科学素质的新一代美国人[1]。

关于科学素质的结构，人们的认识基本相同，只是从不同角度阐述而已。有人从科学的三个层次出发，把科学素质的结构概括为科学知识、科学方法和科学观念；有人提出，科学素质结构是一个包括智力因素和非智力因素的一个系统结构，由知识结构、智力结构和非智力结构三个层次构成。国际上比较流行的考察国民科学素质的方法包含三方面内容：对科学知识的理解、对科学过程和方法的理解、对科学的社会作用的理解。

由于幼儿身心发展水平有其特殊性，他们对周围环境的认识有自身的特点。

（1）幼儿有强烈的好奇心，对新奇的事物和现象感兴趣。他们好动、好问，喜欢探索，见到自己感兴趣的东西总要伸手去拿、去摸，甚至放在嘴里尝一尝。幼儿园科学教育要把幼儿带到一个神奇的世界，幼儿天生的

好奇心就是他们认识这世界的动力。

（2）他们对周围环境的认识从具体形象性向抽象逻辑性发展。幼儿具体形象思维占优势，他们主要依靠具体的活动和具体形象进行思考。幼儿需要在科学活动中参与各种活动，积累大量的知识经验，扩大认识范围，逐渐发展对科学的认识和理解。

（3）幼儿由对个别事物和现象的理解发展到对事物和现象关系的理解。随着幼儿思维的发展，知识经验的增多，幼儿逐渐能够认识事物与现象之间的关系，能够理解科学活动中包含的简单科学道理，能够初步形成人与环境关系的正确认识，也能学习简单的科学方法。但由于概括水平有限，幼儿掌握的往往是初级的、简单的日常概念，内涵常常是不准确的。因此在科学教育中不能要求幼儿掌握科学概念。

根据幼儿身心发展的特点，幼儿科学素质应包括科学知识和经验、科学方法和能力、科学情感和态度三方面。这也是幼儿园科学教育目标所包含的三方面。在可持续发展战略成为世界各国迈向 21 世纪的行动纲领，终身教育成为"迈向 21 世纪的一把钥匙"的现代社会，幼儿园科学教育目标也应从传统的三级层次"知识—技能—态度"转变为"态度—技能—知识"。"未来教育不应仅局限于给学习者坚实的知识和培养他们继续学习的兴趣，它还应该培养人的行为和能力，并深入精神生活之中。"[2] 据此，我们提出了以培养幼儿科学素质为目的的幼儿园科学教育目标。

（一）培养幼儿关心爱护环境的积极情感和对自然、科学的正确态度

人类对人与自然关系的认识是动态的、不断发展的，大致经历了三个阶段。第一阶段是依附顺从阶段。在原始社会，由于生产力水平极其低下，人类对自然的认识和了解非常少，抵御自然灾害的能力有限，所以人类崇拜自然事物和现象，人类基本上是自然的奴隶。第二阶段是利用和改造阶段。进入农业社会之后，人类对自然的认识不断发展，利用和改造自然的活动逐渐展开。工业社会的到来，标志着人类利用、改造自然的能力达到新的境界。第三阶段是协调发展阶段。人类认识到不能向大自然无限度地索取，为了人类的生存，要保持人类和环境的生态平衡，追求人与自然协调的可持续发展。

在人与自然协调发展的现代社会，环境意识是现代人必备的观念，是衡量一个社会文明程度的重要标志，也是国民科学素质的重要组成部分。从小培养幼儿具有环境意识，会使他们长大后，在从事利用和改造自然的活动中，采取科学的、有助于保护环境的、考虑长期效益的行动。因此，在幼儿科学素质的培养中，我们把环境保护方面的教育作为重要内容，增加了介绍空气污染、水污染及其危害，认识动物、植物和人类的关系，如何从我做起保护环境等内容，使幼儿从小开始关心爱护环境，养成文明的生活习惯。科学始于好奇，年幼儿童天生就是科学家。他们对世界充满了好奇，不断地探索周围世界。幼儿园科学教育正是从幼儿的好奇心入手，通过不断地满足儿童的好奇心和不断激发儿童新的好奇，使幼儿天生的好奇心逐渐发展成对科学和科学探索的兴趣，使"每个儿童不论他到哪里，都使他们能够以恰当的方式学习科学，而且终身成为科学之友"[3]。

（二）引导幼儿学习科学探索的方法，发展幼儿的智力技能

科学方法是人们在达到正确认识世界和有效改造世界的目的的过程中所采用的方式、程序、途径和手段的总和。科学发展史表明，科学方法的进步对科学发展起重要的作用。亚里士多德的逻辑方法、欧几里德的"抽象"方法、伽利略的实验方法等，都对科学发展有过重要影响。科学方法是科学探索的工具，是达到科学认识彼岸的桥梁，是通向科学峰峦的蹊径。科学的统一正在于它的方法。

具体的科学方法多种多样，基本上可分为三大类：经验的方法（观察、实验、分类、测量等）、理性的方法（逻辑、数学、统计）和臻美的方法（形式化、对称）。根据幼儿的发展水平，我们认为幼儿园科学教育主要引导幼儿学习科学的经验方法，培养幼儿科学探索的能力。具体包括：引导幼儿学会运用感官认识事物，发展幼儿的观察力；帮助幼儿学习初步的分类、测量、实验等探索方法，发展幼儿的动手操作能力；引导幼儿学习运用语言、绘画、泥塑等多种方式与同伴交流自己的发现和感受，发展幼儿的思维和交流能力。幼儿掌握了科学方法，就等于获得了打开科学宝库的钥匙。

（三）帮助幼儿获得有关周围环境的丰富知识和经验

具有一定的科学知识与经验是形成科学素质的基础。知识作为人类认识的成果一般包括三个层次：常识、经验和科学知识。常识是一般人所熟知的知识，它往往不是对事物的本质及规律的认识。经验也不能算作科学知识，但经验性知识有其深刻的实用根源，与日常活动密切相关，是人们进行科学概括的材料，是人们学习科学知识、形成科学概念的基础。科学

知识是在感性经验基础上抽象、概括出的关于自然和人的规律性认识，对人类的行为和实践具有指导意义。对于身体和心理处于迅速发展时期的幼儿来说，获得一定的科学经验，并学习一些基本的科学知识是可能的，也是必要的。

有人曾做过儿童概念的掌握与经验的相关研究，结果发现，儿童概念的掌握与经验的相关程度高于概念的掌握与智力的相关程度，这说明智商高的儿童，如果缺乏相应的知识经验，仍不太容易理解和掌握概念。因此，在科学教育中我们强调让幼儿多接触、多感知外部世界，把使幼儿获得丰富的科学经验作为重要任务。科学教育专家威林格说："儿童通过各种渠道获得的有关科学的经验，以及他们在各种好奇有趣的经历中所形成的日常概念，是他们形成科学概念的基础。"

在现代社会，科学技术已经渗透到社会生活的各个领域，深刻地影响着每一个国家、每一个民族和每一个个人。科学技术是社会生产力发展的重要动力，是人类社会进步的重要标志。同时现代科学技术也成为当代文化的重要组成部分，它在广泛地影响人的生产和生活方式的同时，也深刻地改变着社会的精神面貌，改变着人们的价值观念。科学有其本然的精神价值，科学的批判怀疑精神、实证实验精神、冒险献身精神等，是人类在对真、善、美的追求中体现的最高精神价值。幼儿从小接触科学，学习科学，就是在不断感受科学精神的熏陶，接受科学价值观念的潜移默化的影响。从小培养的科学素质必定会为幼儿形成人与自然和谐发展的世界观，为幼儿一生的可持续发展奠定良好的基础。

三、幼儿园科学教育目标的实施策略

(一) 教育实践目标

本实验研究是在幼儿园小、中、大班同时进行的。根据幼儿园科学教育的总目标，考虑各年龄段儿童的发展水平，确定了具体的各年龄段目标。

小班教育目标：(1) 乐于参加科学活动，喜欢动物和植物，对周围的变化表现出好奇；(2) 学习初步运用感官认识世界，学习简单的分类方法，能初步表达自己的感受；(3) 获得有关周围环境的粗浅的科学经验，初步了解周围事物和现象与人的关系。

中班教育目标：(1) 主动参加科学探索活动，喜欢探索，乐于发现，对周围环境有关心爱护之情；（2）在科学活动中学习观察、分类、测量、交流等科学方法；（3）获得广泛的科学经验，认识自然事物和现象、科技产品与人的关系。

大班教育目标：（1）主动探索周围环境，并能发现问题、提出问题，自己动手动脑努力解决问题；（2）主动运用感官感知事物，学会对事物进行分类、测量，能用多种方式与同伴交流自己的探索发现和情绪体验；（3）通过探索获得广泛的科学经验，认识人与环境中的生物的密切关系，关心环境，乐于为环境保护做出努力。

（二）实验的实施策略

1. 更新教师观念，强化目标意识

强调使幼儿成为学习的主人教育改革的关键因素之一是教师的素质，培养幼儿科学素质对教师来说是一种新的挑战。它要求教师具有强烈的未来意识和科技意识，能主动自觉地利用一切条件和机会对幼儿进行科学启蒙教育。

我国幼儿园传统的常识教育始于 20 世纪 50 年代，学习苏联的幼儿园教育体系而设立的幼儿园课程，其主要目的是丰富幼儿常识性知识，教师常常是把现成的教材内容拿过来，再通过一定的方式传达给幼儿就可以了。尽管教师在幼儿面前是权威，处于主导地位，但是在整个教育过程中教师是被动的。为了达到培养幼儿科学素质的目的，必须改变教师的角色作用，调动教师的积极性、主动性和创造性。在教育实验中，我们首先通过多次培训和开交流会等形式，更新教师的观念，使教师认识到幼儿是学习的主体，教师要尊重幼儿的身心发展特点，尊重幼儿独特的学习方式和兴趣，教师的主要任务之一就是使幼儿成为学习和发展的主人。在教师深刻认识和充分理解幼儿园科学教育目标的基础上，教师可以根据本园、本班幼儿的实际，自主选择适宜的科学教育内容。

我们认为教师在幼儿科学教育中的作用主要表现在：

（1）教师是幼儿科学探索活动的设计者。幼儿园科学教育活动离不开教师的精心设计，良好的活动设计可保证探索活动的顺利进行，保证科学教育目标的实现。教师要对教育目标有清楚深刻的认识，对本班幼儿的发展水平和兴趣、爱好有充分的了解，对科学教育内容有全面的把握。在此基础上，运用教师的教育智慧，设计幼儿感兴趣的、幼儿积极参与其中的、能有效促进幼儿发展的科学教育活动。

（2）教师是幼儿科学探索活动的支持者和指导者。幼儿是科学探索的主体，教师是支持者和指导者，而不是科学知识的灌输者，更不是科学探索活动的替代者。在幼儿进行活动时，教师要注意观察幼儿的探索行为，及时了解幼儿的需要，及时给予必要的帮助。教师要鼓励幼儿的大胆探索，允许幼儿在探索活动和回答教师的提问中出现错误，表扬幼儿与众不同的想法和做法。"促进每个幼儿在不同水平上的发展"是幼儿教育的重要原则，教师的指导和帮助要针对不同幼儿的特点来进行，以保证每一个幼儿都有充分操作和表现的机会。

（3）教师是幼儿科学探索环境的提供者。幼儿园科学教育绝不是仅仅在教室里进行的活动，幼儿像海绵一样不断地在环境中吸收知识和经验，科学就在生活之中。教师在日常生活中要尽可能多地带领幼儿到真实的自然环境中去，让幼儿在感知自然事物与现象的过程中，学习科学，亲近大自然。另外，教师要有教育机智，随时随地利用环境中的偶然事件对幼儿进行科学教育。

2. 进行多种多样的科学教育活动，探索幼儿科学教育的新模式

过去的幼儿园自然常识教学重点在于幼儿掌握了多少知识，整个活动设计都围绕幼儿学习知识、复习巩固知识而展开。幼儿园科学教育是幼儿园自然常识教学的变革与发展，它更强调给幼儿操作和探索的机会，更强调幼儿在活动中获得全面的发展。幼儿园科学教育是幼儿在教师的指导下主动进行科学探索的过程；是幼儿通过自身的活动作用于物体、观察物体的反应，并用语言描述自己的活动和感受的过程；是幼儿在操作和探索中不断发现问题、解决问题、获得科学经验的过程。

幼儿的学习离不开活动。在科学教育中，教师组织多种多样的活动，有正规的教育活动，也有非正规的教育活动；有在教室里进行的科学实验，更有在大自然中的探索。在多样的活动中，教师鼓励幼儿运用视觉、听觉、触觉等多种感官去感知事物，在自主的探索中获得科学经验。由于幼儿发展水平和认识能力有限，幼儿也许不能完全理解其中所包含的科学道理，但幼儿可以在自己的水平上像科学家一样经历科学发现的过程，获得科学探索活动的经验，这些经验对幼儿以后的学习和发展是十分宝贵的。

我们认为教师设计幼儿科学教育活动要考虑的主要原则有：（1）内容的选择和活动的组织要有利于幼儿动手操作、动脑思考。使幼儿在科学活动中处于积极的活动状态，真正成为主动的探索者和思考者是组织幼儿科学活动的首要原则。（2）在活动中要给幼儿表达自己的发现和感受的机会。幼儿与材料的相互作用是十分必要的，同时，幼儿以绘画、讲述、泥塑等多种方式表达自己的经验和感受，与其他小朋友交流也是重要的学习过程。幼儿的表达加深了幼儿的理解和认识，促进了幼儿认识、情感和社会性各方面的协调发展。（3）教师通过提问使幼儿把科学知识和经验与自己的生活经验联系起来。这不仅可以加深和巩固幼儿的认识，而且有利于发展幼儿的思维能力，激发幼儿进一步探索的欲望。

通过多年的摸索，我们把幼儿科学教育活动模式初步概括为：教师用简短的语言使幼儿进入主题，明确学习的目的——幼儿在教师准备好的环境中进行操作和探索；发现科学的秘密——教师提问，启发幼儿描述自己的发现和感受；与同伴分享——教师以问题启发幼儿进行更进一步的思考，与实际生活联系起来。

3. 创设幼儿科学活动室

使幼儿在充分的科学探索活动中经历科学发现的过程，体会探索的乐趣。由于我国经济发展水平有限，幼儿园里普遍存在着幼儿数量多，可供幼儿操作和探索的材料少的矛盾，再加上过去的幼儿教育，过分重视教师有计划、有目的的正规指导和教学对幼儿发展的作用，而忽视幼儿在环境中的学习和教师的间接指导作用，造成幼儿活动时间减少，限制了幼儿通过操作获得直接科学经验。幼儿科学活动室是幼儿园为幼儿创设的有丰富的物质材料和设备，幼儿通过自由的操作和探索学习科学的环境。幼儿园把有限的可供幼儿操作和探索的玩具材料集中起来，供全园幼儿轮流使用，并有专人负责不断更新幼儿科学活动室的材料和设备。在幼儿科学活动室，幼儿自由选择材料，按照自己的意愿，以自己的方式进行操作和游戏。在活动中幼儿不断发现物体的特性，发现物体的运动及其相互作用，仿佛这个世界就是他们自己发现的。探索的快乐、成功的体验使幼儿产生对科学探索的持久兴趣，同时发展了幼儿的独立性和自信心。

通过实验探索，我们认为幼儿科学活动室有以下特点。

（1）幼儿科学活动室重视幼儿科学探索的过程。在幼儿科学活动室，幼儿可以自己选择自己喜欢的玩具材料进行自由探索，教师一般不进行直接指导，对幼儿也没有特定的知识方面的要求，强调的是幼儿积极参与的过程，而不是结果。

（2）幼儿科学活动室重视物质环境和心理环境在幼儿学习科学中的作用。在科学活动室，教师为幼儿准备了丰富多样的活动材料，有放大镜、三棱镜、地球仪等科学仪器，更多的是幼儿可以自由探索的材料，如沙子、水、土、布、纸、木板、各种电池、镜子、锤子等。丰富的材料是幼儿学习科学的物质支柱。同时，幼儿科学活动室的气氛是宽松和愉快的，幼儿在安全的心理环境中充分调动潜能去发现，去创造。

（3）幼儿科学活动室强调幼儿通过自身的活动主动学习科学。幼儿学习科学知识、获得科学经验是在与材料的相互作用中主动建构的过程。幼儿科学活动室给幼儿提供了充分的活动时间和活动空间，幼儿通过亲身的体验领略科学的神奇。

4. 转变评价观念， 实施以促进幼儿发展为目标的教育评价活动

长期以来，在许多幼儿园，对教师的评价主要看教师上课，尤其是上观摩课的能力和水平，忽视教师在日常生活中进行教育的能力的评价；对幼儿发展的评价仅局限于测量幼儿的智商，有时把评价的重点仅集中在几个发展比较好的孩子身上；评价教师组织的教育活动过分重视结果，而忽视活动的过程。在幼儿科学素质培养的教育实验中，我们充分发挥评价的导向作用，探索幼儿园科学教育评价的途径与方法。

（1）以促进幼儿发展为科学教育活动评价的根本标准。幼儿教育的根本目的是促进幼儿发展，不论是评价教师组织教育活动的能力，还是评价教师准备教育环境的水平，都要以是否促进幼儿发展为根本衡量标准。幼儿园科学教育的主要目标是幼儿科学素质的形成和发展，因此，幼儿园科学教育活动的评价应包括幼儿科学探索兴趣的评价、幼儿学习和运用科学方法进行科学探索能力的评价和幼儿获得科学知识和经验的评价等多方面。为了更有效地体现教育目标，我们要求教师在准备每一次活动时，都要把教育目标写成儿童的行为目标，使教育活动目标直观、可测，使教育评价活动有证可依。

（2）重视对活动过程的评价，以此促进幼儿积极参与各种活动。幼儿园科学教育过程的一个重要特点是幼儿在科学教育活动中像科学家一样在观察、在比较、在探索、在寻找答案。幼儿的积极参与是教育活动能否达到目的的重要因素。因此，对幼儿科学教育活动的评价，决不能仅仅把注意力放在幼儿活动结束的时候能否说出科学知识的结论，而要注重幼儿参与活动、获得发展的整体活动过程。我们主要从三方面进行评价：幼儿在活动中的参与程度与状态；教师和幼儿利用材料的情况；活动的气氛和师生之间的关系。

（3）充分发挥评价的导向和交流功能，把评价作为教师教研活动的重要内容。教育评价的最终目的是为了改进和提高，因此，对教师组织教育活动进行评价的过程就是教师不断转变观念，深入领会科学教育的规律与特点，不断提高科学教育水平的过程。评价中的自评和互评相结合，使评价真正成为教师自我发展和自我完善的活动过程。

注　释

　　［1］李大光. 外国"公众理解科学技术"理论及实践发展趋势［N］. 中国青年报，1996-11-08（3）.

　　［2］S·拉塞克. 从现在到 2000 年教育内容发展的全球展望［M］. 北京：教育科学出版杜，1996.

　　［3］联合国教科文组织. 教育：财富蕴藏其中［M］. 北京：教育科学出版社，1997.

［原文《论儿童科学素质的培养》发表于《东北师大学报》2001 年第 3 期］

论幼儿园园本教研的基本理念

园本，就是以幼儿园为本；教研，一般指教学研究，园本教研是指以园为本的教研活动。具体而言，它是一种以幼儿园为研究基地，以一线教师为研究主体，以幼儿教师在教育教学实践中遇到的真实问题为研究对象，以提高教师专业化水平和促进幼儿和谐发展为目的的教育行动研究。随着新《幼儿园教育指导纲要》的颁布实施，园本教研在各个幼儿园相继开展起来。通过对部分地区幼儿园园本教研现状的走访调查，有关园本教研的理念需要进一步厘清。

一、园本教研强调以幼儿园为本位

在笔者走访的幼儿园里，园长大都提及自己幼儿园已经开展园本教研。除了明确园本教研是在幼儿园中进行的以外，还需明确园本教研是在立足本园实际的基础上，针对日常教学实践活动进行的研究。

（一）立足本园实际，促进幼儿园发展

大多数幼儿园都有开展教研活动的传统，比如有的幼儿园每周利用一次午休的时间来开展业务学习，有的幼儿园承担了幼教专家的实验课题，等等。而园本教研的内在诉求是幼儿园自身的发展，每所幼儿园都有自己的发展历史、地理环境、办园模式及师资水平，因此不同幼儿园的园本文化及发展需求是不一样的，园本教研的内容和形式也应存在着差异。

在园本教研的过程中要因地制宜，充分利用现有的资源和条件，不可盲目攀比和生硬照搬。幼儿园存在哪些优势，有哪些原有的研究基础，已形成哪方面特色，有哪些可挖掘的资源，哪方面是薄弱之处，等等，都是开展园本教研的重要依据。有的幼儿园今天引进蒙台梭利，明天又搞多元智能，结果反而丢掉了长期积累的富有特色的教学经验，导致教研工作呈现重复、低效的状态。

开展园本教研更不能追名逐利，把所承担的市级、省级或国家级课题

当作自己幼儿园的招牌与摆设。园本教研不只是完成幼教专家或上级教育部门布置的课题，更重要的是要在明确的办园思想和发展理念的指导下，着眼于幼儿园的整体改革和发展规划，从幼儿园亟待解决的现实问题出发来开展的研究。

（二）幼儿园日常教学是园本教研的本体

将研究的视角转向具体的教学情境，研究幼儿园需要解决的问题是园本教研的重心。园本教研是一种创造性活动，它需要借助教育科学理论及研究方法，以教育现象为对象来探索教育规律和解决教育问题。幼儿园开展研究工作，主要是解决本园教育实践中遇到的问题，特别是与教学有关的问题。教学不仅仅是教师采取行动与组织活动，也包括反思、猜测、提出问题与形成理论等一系列的研究过程。主题探究式活动课程是某幼儿园近两年结合实际开展的园本课程。经过理论学习、专家指导，教师对探究式课程的内涵、总目标、实施方案比较清楚，但在实际教学中却遇到了许多问题。如发现探究式课程在目标设置上不够细化，各平行年组就对此进行研讨，把目标细化，制定了各年龄段目标。又如，小班教师对新入园幼儿的适应问题展开研讨，大家认为可以尝试在创设舒适的环境、多与家长沟通、从习惯培养入手等方面来解决这个问题。以幼儿园日常教学为基础开展园本教研，其目标性更强、参与面更广、教研质量也更高。

教育理论及普遍的经验无法在所有幼儿园得到诠释和验证，结合实际的教研经验能更有针对性地为幼儿园教育教学提供个性化发展空间。通过开展教学研究，教师能更好地理解幼儿及自身的教育行为对幼儿发展的影响，从而有利于教师教育行为朝着有利于儿童发展的方向提高和改善。

二、园本教研以幼儿教师为主体

幼儿教师是幼儿园教育工作的主体，也是园本教研的主体。提倡教师以研究的态度和方式来对待自己的教育教学实践，能引领教师自觉致力于探究和解决自身教育教学实际问题，最终使教师提升实践智慧，获得专业成长。

（一）教师自我反思是基础

教师的自我反思是开展园本教研的基础和前提。作为一种推进认知实现和对学习产生深远影响的思维品质，反思能力对教师的工作提出了新的要求。反思不是一般对已开展教学活动的简单回顾，而是反省、思考、探索和解决教学实践问题的过程。在教学的过程中，教师面对的是每个幼儿都具有不同的能力、特点、兴趣爱好及需求。当前，如何在尊重幼儿个体差异的基础上，为全班幼儿的普遍发展提供适宜空间，成为教师必须要思考的问题。

教师的自我反思具有研究的性质，是教师专业发展和自我成长的核心因素。教师不仅需要在教学后反思，而且也需要在教学活动开展前及教学过程中进行反思。活动开展前，教师需要对活动生成、目标预设、材料准备进行反思；活动过程中教师需要依据幼儿的回应及时调整教学思路；活动后的反思主要是对活动目标完成、教育过程及效果进行回顾，反思存在的问题，总结其中的经验。

在教研活动中，需要教师的这种反思能力。比如在观摩式教研活动中，首先需要执教教师对本次活动进行教学思路设计、目标制定、教学过程、效果评价等各个方面进行反思；其次，观摩本次活动的教师需要对该活动进行反思，有哪些值得学习的地方，哪些环节可能还存在问题，如何改进，假设自己来开展这次活动还有哪些更好的想法，等等，都值得进一步思考。教师反思能更好地促进教师去思考教学，思考自身的教育行为及教育观念，促进其真正将教师的专业化发展与教学实践的有效性联系起来，以达到二者共同发展的目标。

（二）教师共同体互助是关键

建立研究共同体是园本教研的关键。促进幼儿教师专业化成长是教研工作的目标之一。可是在日常的教学活动中，教师往往依靠自己的力量解决所遇到的问题，使得专业成长陷入一种孤立、封闭的状态之中。受认识水平与价值观念的局限，单个教师对教育实践的理解水平存在着差异，不同教师的教育观念、教学水平也有层次上的区别。因此，只停留在教师反思阶段的教研可能会造成教师自身教育视野的狭隘，使得教师故步自封，既束缚了教师自身的成长进程，也使得幼儿园整体教育教学水平提升缓慢。

因此就教师的专业发展而言，其专业知识与能力的提高不仅依赖于教师自身专业水平的提高，还需要其他人的帮助。因此，园本教研既要在研究内容和研究方式上区别对待不同层次、不同水平的教师，又要建立教师研究共同体，开展合作研究。研究共同体是一个教师实践共同体，其群体成员由有着强烈学习意愿和共同研究兴趣的教师（包括专业研究者）自愿组成，其共有的目标是在共同参与的各种教育实践和研究实践过程中，形成良好的学习、研究氛围，在对话的过程中共同建构、共同研究、共同成长。在合作教研的过程中，群体里的每一位成员都会就某个教学问题进行思考、解释甚至质疑，在相互争议、学习、借鉴的过程中解决教学中遇到的实际问题。在这一点上，瑞吉欧的方案教学之所以能风靡世界，与那里的教师们每周平均六小时用于一起共同讨论观察与记录的内容，展开合作性的讨论，共同制定教学目标与计划的努力是分不开的。总之，教师研究共同体这种群体合作的研究方式，它强调在一种开放、民主的氛围中共同研究，平等对话，它为教师之间取长补短搭建了平台。

（三）专家引领是保障

专家引领是园本教研有效开展的保障。园本教研是一线教师的实践研究，但教育理论、研究规范、研究技能等方面的缺乏导致幼儿教师在开展教研时难以深入分析问题本质，难以准确表达观点，从而妨碍了研究的深入进行及研究结果的交流。相对于一线的幼儿教师，专业研究人员具有更系统的教育理论知识和更丰富的专业素养，专家参与到园本教研的过程中有助于帮助教师在复杂的教育情境中获得专业知识及能力，提高其专业发展水平。专家引领是园本教研得以深化发展的重要支撑，如果没有专业研究人员的参与和引领，教研活动往往难以有新的突破。

专业引领就其实质而言，是理论与实践关系的重塑。专家引领不是让幼儿园教师依照专家预设的方案去行事，也不是为帮助其找到一种普遍的策略与方法，而是针对教师教学过程中出现的某一具体问题，在交流和沟通的过程中发现"闪光点"，启发教师逐渐获取属于自己的"实践性知识"。定期请专家来幼儿园参与园本教研，使专家了解该园的实际情况，了解教师真实的教学思路及活动计划，能使交流双方共同获得发展。

三、园本教研以促进幼儿发展为最终目的

开展园本教研的根本目的在于使幼儿园获得自我创新和不断发展的内在动力，有效改进教师教学，促进幼儿发展。园本教研在关注教师"教"的同时更要关注幼儿的"学"。园本教研必须把幼儿放在首位，以尊重和促进幼儿发展为根本原则。首先，幼儿园的一切工作都必须以幼儿为中心来展开，离开了幼儿的发展，幼儿园将失去存在的意义。其次，园本教研

如果没有关涉幼儿的切身利益，那么教研工作的有效性将大大折扣。最后，当教研活动未遵循甚至违反幼儿成长规律时，园本教研就无效甚至负效。

因此，园本教研不是为教研而教研，更不是幼儿园提高园所声誉、争取生源的工具。无论是强调以幼儿园为本位，还是要求充分调动教师参与教研的主体性，都必须始终把幼儿的发展放在第一位。

当前，"教师成为研究者"，提升教师的实践智慧，实现教师的专业化发展，已成为人们的共识。在借鉴校本教研和国外相关研究的基础上发展起来的园本教研，逐渐成为我国幼儿园教研活动的一种新理念与新范式。它对于提高在职教师的教育教学水平是一种有益的尝试。遵循上述理念的园本教研，既有利于贯彻新《纲要》，促进幼儿教师专业化发展，又有利于提升幼儿园教育教学水平，促进幼儿身心发展。因此幼儿园要把园本教研作为提升本园教育质量和促进教师成长的重要手段，切实开展起来。

参考文献

[1] 余文森. 论以校为本的教学研究 [J]. 教育研究，2003 (4).

[2] 朱家雄，王峥. 提倡以幼儿园为本位的教学研究 [J]. 学前教育研究，2005 (3).

[3] 程英. 从生命的视角关注教师的和谐成长：园本管理的理念与实践探索 [J]. 学前教育研究，2005 (11).

[4] 陈伙平. 论园本教育研究的基本原则 [J]. 学前教育研究，2005 (7—8).

[5] 王小英. 幼儿园教科研活动应以幼儿发展为本 [J]. 幼儿教育，2004 (10).

[原文《论幼儿园园本教研的基本理念》与赖映红合作发表于《幼教新视野》2007 年第 2 期]

幼儿探究性学习活动的价值

随着社会的发展和教育改革的不断深入，改变儿童的学习方式成为教育与课程改革的关键。教育部《基础教育课程改革纲要（试行）》确定了基础教育改革的目标，转变儿童的学习方式是课程改革的显著特征。"改变过于强调接受学习、死记硬背、机械训练的现状，倡导学生主动参与、乐于研究、勤于动手""逐步实现教学内容和呈现方式、学生的学习方式，以及教学过程中师生互动方式的变革"。幼儿园教育作为基础教育的有机组成部分，改变幼儿的学习方式是当前幼儿教育改革的关键点之一。

一、转变幼儿的学习方式是幼儿教育为人生奠基的必然选择

（一）知识经济时代对教育提出新挑战

我们所处的时代是一个高速变化的时代。在经过机械大工业发展阶段之后，人类社会正在向知识经济时代迈进。一个不断变化的世界中，没有哪种知识和技能能为人服务一辈子。人们必须学会从众多现代信息与知识的宝库中选择自己所需，不断地为生存和发展补充和增加新的信息，不断地学习和掌握新的技能。正如国际经济合作与发展组织（OECD）所认为的那样："在知识经济中，学习是极为重要的，可以决定个人、企业乃至国家的命运。"终身学习成为人的自我完善、自我发展的必然要求。作为为人生奠定基础的幼儿教育要为幼儿长大后成为一个终身学习者打好基础，使幼儿从小就对学习和探索充满兴趣。

在知识经济时代，发现和创造新知识的能力是引导现代社会发展的关键，以创新为内在动力是知识经济的重要特征，知识经济时代最需要和渴求的是创新型人才。在知识经济时代，知识量激增，知识更新速度加快；对知识和信息的生产、占有、分配、传播和使用逐渐强化，对劳动力、资本、原料的依赖性不断趋于弱化；知识的重要性更多地表现为创造性和生产力，表现为对经济发展和社会进步的直接的驱动作用。在此情况下，只

有创造性的劳动才能激活知识的应用价值，促进知识的变革和新知识的产生，并在变革现实的实践过程中产生价值；只有创新才能适应变化，并在变化中取胜。创新精神和创造能力必然地成为知识经济社会的脊梁与灵魂。

（二）当代教育的使命

当"终身学习是 21 世纪的生存概念"，当学习成为一种生活方式，"如何学习"成为关键的问题。知识经济时代的到来，使教育、人才成为令人瞩目的话题。国际 21 世纪教育质量委员会向联合国教科文组织提交了《教育——财富蕴藏其中》的重要报告，其中指出："教育应围绕四种基本学习加以安排，可以说，这四种学习将是每个人一生中的知识支柱：学会认知，即获取理解的手段；学会做事，以便能够对自己所处的环境产生影响；学会共同生活，以便与他人一道参加人的所有活动并在这些活动中进行合作；最后是学会生存，这是前三种学习成果的主要表现形式。"[1]75 为了应对知识经济的挑战，教育必须确定目标，树立顺应时代的教育理想："实施以创新精神和实践能力为核心的素质教育。""教育的基本作用，似乎比任何时候都更在于保证人人享有他们为充分发挥自己的才能和尽可能牢牢掌握自己的命运而需要的思想、判断、感情和想象方面的自由。""教育应当促进每个人的全面发展，即身心、智力、敏感性、审美意识、个人责任感、精神价值等方面的发展。应该使每个人尤其借助于其青年时代所受的教育，能够形成一种独立自主的、富有批判精神的思想意识，以及培养自己的判断能力，以便由他自己确定在人生的各种不同的情况下他认为应该做的事情。"[1]6

我国《幼儿园教育指导纲要》在总则中指出："幼儿园教育是基础教育的重要组成部分，是我国学校教育和终身教育的奠基阶段。"幼儿园教育的这一重要性质决定了幼儿园教育必须以幼儿全面素质的形成和发展为宗旨，以培养创新精神和实践能力为核心，为实现幼儿终身的可持续发展奠基。幼儿园教育为适应时代发展，为人才培养奠基，必须树立新的人才标准和培养模式，其中，转变幼儿的学习方式是改革的关键之一。以儿童早期的好奇、好动为基础，通过使探究性学习成为幼儿主要的学习方式，从小培养幼儿对学习的浓厚兴趣，以及探究学习的能力，发展幼儿和谐发展的个性品质，这是幼儿园教育顺应时代发展的必然选择。

二、对当前幼儿学习方式的反思

反思当前的幼儿教育，幼儿的学习多是机械、被动的接受式学习；多重视教师教的过程，忽视幼儿主动学习的过程。在这种机械、被动的学习中，幼儿难以形成积极主动的学习态度与和谐发展的个性品质，这不仅直接影响儿童在义务教育阶段的学习，而且影响儿童一生的可持续发展。

在现实的幼儿教育中，受传统的儿童观和早期教育观的影响，幼儿的童年时光并不那么快乐，幼儿的学习和成长并非是天性的表现。许多教师和家长在观念和行为上，把传授知识作为幼儿教育的最重要目的，家长把幼儿在幼儿园学到的知识的多少作为衡量幼儿园教育好坏的重要标准，幼儿园把考察幼儿掌握知识的程度作为评价教师的重要指标。不少家长和教师没有认识到幼儿阶段的个性和谐发展对幼儿一生发展的影响，更没有意识到，在幼儿阶段过分强制的训练，牺牲的是儿童对学习的兴趣，付出的是儿童的自尊心和自信心。这是一种得不偿失的"高代价的教育"。

受传统观念的影响，很多家长把孩子看作是自己的私有财产，把自己没有实现的童年梦想寄托在孩子身上，望子成龙心切。许多家长要求幼儿园教幼儿各种小学的知识，逼着孩子尽早学习各种技能，美其名曰为孩子的未来做准备。在幼儿园中，幼儿是知识的被动接受者，他们对学习内容没有选择，不论他是否喜欢，不论他是否理解，都必须跟着教师的安排去学。教师按照每学期开始前就拟好的教育计划，把知识教给幼儿；教材是教师的法宝，填鸭一样把教材内容灌输给幼儿就算教师完成任务。"我教你，你在学习"，这是为数不少的教师对幼儿学习的认识。幼儿园的"上课"被教师和家长认为是幼儿最重要的学习时间，是幼儿园教育全部价值的体现。受此影响，很多年幼的儿童认为"上课才是学习，游戏是玩"。

在幼儿教育中，幼儿的学习很多是机械的、记忆性的。成人一味灌输，幼儿成为知识的容器。按照幼儿的身心发展特点，他们的机械记忆能力是很强的，对于他们并不理解的知识，他们也能背诵下来。可是很少有家长或教师想过这些知识是否是幼儿理解的，是否对幼儿成长有意义，能否同化到幼儿已有的认知结构中。例如，在关于"好玩的水"的教育活动中，幼儿是否感受到水的好玩并不重要，重要的是在教师的讲解、演示和反复强调下，幼儿能在教学结束时，重复教师教的知识"水是无色、无味、透明的液体"。可是，我们是否想过，在幼儿的头脑中，水是什么颜色的？如果我们在生活中问幼儿："水是什么颜色的？"相信很多幼儿的回答是："水是白色的。"因为，在具体形象性思维的幼儿世界中，不存在"没有颜色（无色）"的东西，他们无法理解"无色"的真正含义。我们不能仅仅满足幼儿能说出什么知识，而要追求学习过程对幼儿发展的真正意义。

在一所幼儿园的计算活动中曾发生这样的情景：教师在教 8 的分解和组合之前，提问幼儿："7 能分成几和几？"有几名幼儿举起了手，教师叫起其中一个小朋友发言，并说："××小朋友真勇敢，今天终于举手发言了，大家为他鼓掌。"在小朋友的掌声中，这个小朋友怯生生地回答："7 能分成 4 和 3。"这时，教师说："7 能分成 4 和 3，对吗？"所有的幼儿都从教师十分怀疑的口气中知道了答案，笑着说："不对！""为什么不对呢？"教师说，"哪个小朋友能正确说出 7 能分成几和几？"一名幼儿自信地站起来回答道："7 能分成 1 和 6，7 能分成 2 和 5，7 能分成 3 和 4，7 能分成 4 和 3，7 能分成 5 和 2，7 能分成 6 和 1。"原来教师的要求是让幼儿按顺序说出所有可能的 7 的分解和组合，××幼儿仅仅说出了其中一种答案。我们可以想象这样机械的学习和教育对幼儿的成长有多么消极的影响。××幼儿举手发言的勇气被机械的标准答案所扼杀，幼儿从中学到的是，只有按照教师的标准答案去思考去回答才是正确的，标准答案永远在教师的头脑中，不需要动脑思考，只需要记忆力好，记住教师教的知识就是好孩子。而心理学基础表明，记忆力的发展不代表儿童思维水平的发展，记忆力在人的认识能力中处于较低层次，没有生产性。

在这样的机械、记忆性的学习过程中，幼儿没有任何主动性可言，一切围着教师的教学转。他们很少有机会体会童年的无忧无虑，很少有机会尽情玩耍，很少有机会按自己的兴趣去游戏，去探索。也因此，现在的孩子不愿意自己是儿童。有一项调查，对象是北京地区的中小学生，其中一个题目是你认为什么是"儿童"。调查结果是：11—12 岁的小学生普遍回答，不够 1.2 米，要大人管，爱看动画片，单纯，无自主能力的人是儿童；13—14 岁的初中生普遍认为，很自由，天真活泼，淘气的人，生活经验少，分辨是非能力差，接受东西快的人是儿童；17—18 岁的高中生认为，基本不具备独立思考的能力，生活基本不能自理，对他人有依赖性，年龄小，认知能力低，知识面窄的人是儿童。调查中，调查者发现一个有趣的现象是，三个年龄段的孩子绝大多数都不承认自己是儿童，高中生没有一个人认为不满 18 岁的是儿童，初中生大多将儿童年龄定在 14 岁左右，小学生把儿童年龄限定在 10 岁，甚至是 4 岁之前[2]。为什么儿童不愿意承认自己是儿童？这个问题值得我们思考。

儿童不愿意承认自己是儿童的原因很多，其中有心理发展的原因，儿童期处于成长发育阶段，不仅生理不断发展，而且心理发展迅速，儿童渴望成为像成人那样独立的人、自主的人，渴望参与社会生活，渴望自己成为社会中有地位、有权利的一员。儿童不愿意承认自己是儿童也和儿童在社会中和教育中的现状有联系。儿童成为被动、幼稚的代名词。身为儿童，体会不到探索学习的快乐，体会不到成长的快乐，儿童当然不愿意成为儿童。在一去不复返的宝贵的童年时代，幼儿本应表现好奇，探究周围世界，发展独立性、自主性和创造性，可是，在幼儿好奇心和求知欲发展最旺盛时期，机械的被动的学习占据了他们大部分的成长时间；好奇的探究不见了，然后等他们长大后，再培养他们的创新精神和创新能力。殊不知，创新精神和能力形成的基础就是人天生具有的好奇心！这也是教育的一种浪费。我们用成人所谓的好心，剥夺了儿童享受童年乐趣的权利，培养出了对周围世界漠不关心的发育不良的孩子。让年幼儿童被动地、机械地学习就是浪费儿童的童年！

三、成为主动的探究者是幼儿终身可持续发展的需要

我国从 20 世纪 70 年代末 80 年代初开始重视早期教育，并兴起了"早期教育热"，学前教育经历了从重视知识教育到重视早期智力开发，直到人们认识到不能以牺牲儿童的情感发展为代价而发展儿童的智力，提出幼儿教育要以促进幼儿全面发展为目标。《面向 21 世纪中国教育振兴行动计划》中提出"实施素质教育，要从幼儿阶段抓起"。这是以现代的、发展的观点看待人的发展和教育的全过程的必然结果，幼儿教育为幼儿的终身发展奠定良好的素质基础是幼儿教育对社会发展做出的应答。

探究是人类文明得以不断发展的动力，探究根源于人类思想中与生俱来的认知热情。探究是幼儿的天性，探究的兴趣与生俱来。"儿童具有科学家的本性。也许，他们行为的出发点与科学家不同，缺少点自觉意识，但除此之外，他们与科学家没有什么不同。他们像成人一样急切地想了解周围的世界。"[3]早期的学习方式主要是探究。探究性学习强调幼儿经历探究过程，学习探究方法，形成主动探究精神，在探究中学习，在探究中

成长。

（一）探究性学习为幼儿一生的发展奠定基础

人生幼儿阶段的发展是惊人的，在人生发展的第一阶段，幼儿实现了从"生物人"向"社会人"的转变，从刚出生时弱小的只具有生物学意义上的人的特征的有机体，到学前末期，儿童初步掌握了人类的语言，手的操作能力发展到相当水平，初步掌握人类社会的行为规范。在人生中最迅速的发展时期，好奇、探究是儿童成长的基础和动力，也是儿童的天性。儿童童年生命的成长过程就是天性的舒展过程，童年的快乐来自于天性的舒展，当孩子在玩的时候，他们不知疲倦，尽情挥洒生命的能量；当孩子在大自然新奇的事物面前，他们瞪大双眼，不禁伸手触摸，去探索，甚至放在嘴里尝一尝。孩子有孩子的乐趣！我们给孩子最好的教育是顺应天性，引导发展。

幼儿探究性学习活动为幼儿终身的可持续发展奠定基础，就是强调让幼儿主动的探究性学习成为幼儿主要的学习方式，不仅为幼儿提供更多动手动脑学习的机会，使幼儿获得大量的直接经验，使他们形成对周围世界的真实感受和理解，更重要的是，通过符合幼儿身心发展特点的探究性学习活动，发展幼儿对学习的兴趣和积极态度，形成对世界的好奇心和求知欲，发展动手操作能力，初步养成动脑思考的习惯，使每个幼儿都在自己的水平上获得发展。探究的学习态度和学习能力会成为幼儿终身可持续发展的动力。联合国教科文组织的《教育——财富蕴藏其中》一书中指出："如果最初的教育提供了有助于终身继续在工作中和工作以外学习的动力和基础，那么就可以认为这种教育是成功的。"[1]78 我们今天的教育就要以为幼儿终身的可持续发展奠定基础为出发点和归宿。

（二）探究性学习有利于实现幼儿童年生活的独特价值

童年时代是美好的。在诗化的人生中，在如歌的生命里，第一乐章是充满玫瑰色彩的童年。每一个人都有对童年美好的回忆，童年的天真活泼，童年的纯真无邪，童年的无忧无虑，童年的生机勃勃，让每个人难以忘怀。飞翔的童心是追求上进风貌的铺垫，自由的想象是创造的萌芽。童年是人生的童话，是幸福人生的起跑线。

卢梭强调儿童是一个独立的个体，儿童有自己的尊严和权利，应享受儿童应有的幸福。教育不应为了成人的利益而牺牲儿童的利益，应把属于儿童的东西还给儿童。教育不应为了儿童的未来而牺牲儿童的现在。儿童的现在和将来是前后连贯的发展过程，轻视儿童期的生活不仅对儿童今后的发展不利，而且也剥夺了应该属于儿童的权利。"他长大为成熟的儿童，他过完了童年的生活，然而他不是牺牲了快乐的时光才达到他这种完满成熟的境地的，恰恰相反，它们是齐头并进的。在获得他那样年纪的理智的同时，也获得了他的体质许可他享有的快乐和自由。如果致命的错误毁掉我们在他身上所种的希望和花朵，我们也不至于为他的生命和为他的死而哭泣，我们哀伤的心情也不至于因为想到我们曾经使他遭受过痛苦而更加悲切；我们可以对自己说：'至低限度，他是享受了他的童年的；我们没有使他丧失大自然赋予他的任何东西'。"[4]杜威批评传统教育的错误时指出，传统教育"或多或少地为遥远的未来做准备"，似乎儿童时代是成人生活或他自己人生的准备阶段。在这种观点的指导下，学校被作为传授某些知识、技能或养成某些习惯的场所，而且这些知识、技能和习惯的价值大多体现在遥远的未来，儿童学习这些是为他将来做某些事情做准备，结果，不仅今天儿童所学的东西并不是儿童生活经验的一部分，不具有真正的教育作用，而且成人往往采用灌输的方法把适合成人的种种标准强加给儿童，这势必扼杀儿童的个性。在杜威看来，教育应该充实儿童今天的生活，以儿童今天实际生活经验为基础，满足儿童今天生活的需要，使儿童今天的生活不断更新。"尊重儿童时期，就是尊重生长的需要和时机。""为了成人生活的造诣，而不管儿童的能力和需要，是一种自杀的政策。"[5]134"因为生活就是生长，所以一个人在一个阶段的生活，和在另一个阶段的生活，是同样真实、同样积极的，这两个阶段的生活，内容同样丰富，地位同样重要。"[5]156

　　儿童世界是多彩的、斑斓的，充满冒险、成功、失败的神奇的世界。儿童以独特的认识方式构成儿童的认识世界。儿童天生就是哲学家。儿童对世界充满好奇，儿童的问题是一连串的、无穷无尽的，我们回答了"我是从哪里来的？"儿童紧接着的问题就是"妈妈从哪里来的？""姥姥是从哪里来的？""姥姥的妈妈是从哪里来？……"哲学起源于好奇，哲学就是"爱智慧""哲学的本质并不在于对真理的掌握，而在于对真理的探究……哲学就意味着追求。对于哲学来说，问题比答案更为重要，并且每个答案本身又成为一个新的问题。"[6]儿童具有儿童的智慧，具有自己独特的"思想"。哲学家雅斯贝尔斯曾举过一个例子，他说，有一个孩子在听别人讲世界是如何创造出来的故事，当听到"开始的时候，上帝创造了天和地……"孩子马上追问："在开始之前又是什么呢？"雅斯贝尔斯认为，显然，这个孩子意识到问题是永无止境的，结论性的答案也是永不可能的。儿童是有智慧的，儿童具有在长大之后可能失去的天赋，儿童如镜的心灵和特有的单纯与率真能反映出值得我们思考的道理。

儿童天生是科学家。儿童的探索精神与生俱来，儿童探索的对象是周围的一切，包括他自身。在整个儿童期，儿童对自己的认识一直在进行，并不断加深。儿童自我意识的发展水平制约着对他人的认识，也成为儿童个性形成的重要基础。在来到世上的第一年，儿童还没有把自己作为主体从周围世界中区分出来，他甚至不知道自己的身体的各部分是属于自己的。到第二年，儿童开始认识到自己的身体，并意识到自己的身体感觉，儿童也开始把自己当作主体来认识；在与他人的交往中，儿童逐渐懂得什么是属于自己的，什么是属于别人的。在不断与周围的人与事物相互作用的过程中，儿童不断发展着身体、认知、情感和社会性。

儿童对世界的探索一刻也没停止过，探究性学习就是以儿童天生的好奇心为基础，不断满足他们探究的欲望，又不断激发他们新的探究兴趣，让他们在主动探究中度过快乐的、有意义的童年时光。儿童有儿童看世界的角度，有时儿童会深深地向前弯下腰，用手指尖撑着地，从自己的双腿间看世界，用新奇的眼神看眼前既陌生又熟悉的风景；他们会倒退着走路，仿佛自己的脊背上长出了无数只眼睛。给儿童以用自己的方式探索世界的时间和空间，就是对童年天性的尊重，就是儿童童心、童趣的解放，就是为幼儿的一生发展奠定基础。

幼儿学习方式的改变需要成人观念的更新，幼儿学习方式的改变必然带来教师教的方式的改变。在现代社会，如何让探究成为幼儿的主要学习方式，如何让幼儿快乐成长，是值得我们不断探索的问题。

注 释

[1] 联合国教科文组织国际 21 世纪教育委员会. 教育：财富蕴藏其中 [M]. 北京：教育科学出版社，1996：6—78.

[2] 郝卫江. 尊重儿童的权利 [M]. 天津：天津教育出版社，1999：10.

〔3〕美国国家科学基金会教育与人力资源中小学及校外教育处.探究：小学科学教学的思想、观点与策略〔M〕.北京：人民教育出版社，2003：6.

〔4〕卢梭.爱弥儿〔M〕.李平沤，译.北京：商务印书馆，1983：209.

〔5〕赵祥麟.杜威教育论著选〔M〕.上海：华东师范大学出版社，1981：134—156.

〔6〕卡尔·雅斯贝尔斯.智慧之路〔M〕.北京：中国国际广播出版社，1981：5.

〔原文《论幼儿探究性学习活动的价值》与焦岩岩合作发表于《大庆师范学院学报》2011年第7期〕

在幼儿园科学教育中引导幼儿探究性学习

幼儿学习方式的转变是幼儿园教育改革的关键因素之一。而探究，是幼儿获得知识和认识世界的一种主要的学习方式，幼儿园在科学教育中引导幼儿探究学习，不仅能充分发挥幼儿的主动性、创造性，激发学习兴趣，发展学习能力，同时有利于幼儿探索精神和科学素质的培养，不仅有利于幼儿终生发展的长远目标，而且有利于体现幼儿园教育目标的深层价值。《幼儿园教育指导纲要（试行）》指出："幼儿的科学教育是科学启蒙教育，重在激发幼儿的认识兴趣和探究欲望，密切地联系幼儿的生活，创造条件让幼儿参与探究，使他们感受到科学探究的过程、方法，体验到发现的乐趣。"这些都凸显了在幼儿园科学教育中幼儿探究性学习的重要地位。

一、在幼儿园科学教育中引导幼儿探究性学习，重在培养幼儿的科学素质

幼儿科学素质包括科学知识和经验、科学方法和能力、科学情感和态度三方面，这也是幼儿园科学教育目标所包含的三个方面[1]。幼儿探究性学习不仅体现了幼儿园科学教育的目标，同时也体现出对幼儿科学素质的关注。"就其天性来说，幼儿是富有探索精神的探索者，是世界的发现者。"[2]蒙台梭利、布鲁纳等世界著名的教育家也多次提及幼儿是小科学家和研究者。在科学教育中引导幼儿探究性学习，正是从幼儿的天性出发，通过不断满足幼儿的好奇心和激发更多的好奇，使幼儿逐渐形成对科学和科学探索的兴趣，培养幼儿的探索精神和科学素质。

在目前激烈变化的社会中，传统的教师"告诉式"的教，幼儿"接受式"的学，仅仅教幼儿"学什么"而不注重幼儿"如何学"，已不能满足学前教育改革的要求。幼儿探究性学习要求教师由仅注重教的方式转变为注重幼儿学的方式，注重对幼儿探究能力学习能力的发现、重视和培养。在幼儿园科学教育实践中，传统的教育目标定位于知识—技能—态度，远

离幼儿的生活，过分强调知识点的掌握，在原有的教育上虽然形式上多了一些幼儿的操作和探索，但教师在科学教育中的主导地位仍然牢不可破。而在现代社会可持续发展战略下，教育目标的三个层次转变为态度—技能—知识，"未来教育不应仅局限于给学习者坚实的知识和培养他们学习的兴趣，它还应该培养人的行为和能力，并深入精神生活之中"[3]。幼儿园科学教育的独特性使其更注意在教育过程中，引导幼儿的探究性学习，从幼儿对世界充满好奇的心灵出发，培养幼儿对科学的兴趣，发展幼儿学习科学的能力。

二、幼儿探究性学习与幼儿身心发展水平密切相关，是幼儿学习科学的重要学习方式

科学始于好奇，幼儿强烈的好奇心，对新奇事物、周围现象感兴趣是幼儿进行科学学习的动力。幼儿在婴幼儿时期，以自己为中心进行探索性学习，因为其强烈的好奇心和好动的天性使然，他们总是想通过触摸等手段来达到探索周围环境的目的，正是这种"摸摸"的过程会产生意想不到的结果，会产生发现事物的真正意识，在这种充满"乐趣"的探索中，幼儿同时也会产生一种与周围的人进行交流的愿望，特别是当同伴进行与他（她）同样的探究时，一种与自己同伴分享发现的愿望会更加强烈[4]。幼儿在对科学世界的认识活动中，其发展特征使学习活动成为一个富有生气、充满乐趣的科学探究活动。

根据皮亚杰的心理发展理论，幼儿处于两个阶段之中，在感知运动阶段，幼儿主要通过对物体的触摸、摆弄及身体的运动来认识客观世界和自己；在前运算阶段，幼儿已开始使用象征符号，能进行象征性思维与直觉行动思维，幼儿的心理发展水平决定科学教育中探究性学习是否符合幼儿自身发展的学习方式。教师引导幼儿动手实践、调查、操作、探究，使幼儿原有的认知结构得到发展变化，新的发现解释了幼儿的科学实践经验和看到的科学现象，通过探究性学习，满足幼儿好奇心，诱发其思考，集中其注意力，使其愿意动手参与，乐于表达自己的见解，真正使幼儿体验到学习科学的兴趣。

三、在幼儿园科学教育中引导幼儿探究性学习的指导策略

在幼儿园科学教育活动中，探究性学习从幼儿的学习方式、活动方式出发，发挥幼儿的主体性、创造性，在具体实践中关注幼儿科学探究的质

量和过程。这不仅要求教师树立正确的儿童观、教育观和评价观，同时要求教师提供有效的指导和协助。

（一）教师转变观念，相信幼儿的科学探究能力，保护幼儿的求知欲和探索精神

幼儿教育的使命是"替一个未来的世界培养未来的儿童"[5]，在新世纪的幼儿教育中，教师需要转变观念，建立正确的儿童观、教育观和评价观，不仅要看到儿童的今天，更要看到儿童的明天，不仅看到儿童的现实，更要看到儿童的可能。在当前教育实践中，许多教师认为探究尤其是科学探究是大人的事，对幼儿的活动以成人的优越感"告诉式"地给予指导，幼儿总是在教师的指挥下，听教师的解释，看教师的演示，回答教师认为幼儿应该知道的问题。在新世纪的幼儿园科学教育中，教师首先要相信幼儿的科学探究能力，相信探究是幼儿主要的学习方式之一；其次要保护幼儿的好奇心，支持幼儿的探索欲望和探究行为，把培养科学探究精神作为幼儿科学教育的首要目标；再次在幼儿园科学教育中让幼儿感受到探究的乐趣与满足感，获得科学探究的经验，这是培养科学精神的基础。

（二）提供丰富的、操作性强的材料，创设适合幼儿探究的环境与氛围

幼儿的好奇是由环境的刺激引起的，随之而来的探索欲望、探索意识的产生和发展更需要以环境和材料为依托。帮助幼儿置身于能够产生科学探索行为的环境当中，及时提供丰富的、操作性强的、符合幼儿探索活动需要的材料，会进一步激活幼儿的科学探究兴趣，使他们的探究活动更为丰富和深入。要提供可操作、可选择、可变化、有吸引力、有创新性、适合幼儿发挥想象、激发思考的材料，根据科学教育内容精心布置探究环境，以促进幼儿思维能力、动手操作能力、解决问题能力的提高。

教师是幼儿探究性学习活动的组织者、支持者和欣赏者，不仅要提供幼儿科学探究的物质环境，而且要营造民主、宽松、鼓励探究的氛围，注重探究学习活动中的心理环境，引导幼儿乐于探索、乐于发现。教师尊重每一个幼儿的兴趣和见解，倾听和支持幼儿的看法，使幼儿获得安全感，努力理解幼儿的想法与感受，支持鼓励他们大胆地探索，并以伙伴的身份参与到幼儿感兴趣的活动中。教师要顾及幼儿的心理需要，不要一切按成人的规则、成人的标准来要求幼儿，要给予幼儿自由发展的空间，过多的"不许"会阻止幼儿的探索脚步。关注幼儿科学探究的全过程，及时发现幼儿的探究行为，鼓励幼儿参与讨论、发表意见，鼓励幼儿按照自己的想法大胆尝试，捕捉有价值的教育机会，使他们的科学活动更有意义。

（三）提供多种机会鼓励幼儿以多种方式交流探究的感受与发现

在科学教育中幼儿有意义的探究性学习，不仅包括对物体的直接操作，而且包括对操作和探究过程的反思。教师不仅要鼓励幼儿在科学活动中动手操作、动脑思考，更要鼓励幼儿动口，以及用多种形式表达自己的科学探究过程，这不仅使过程中的发现和感受在幼儿语言、绘画、泥塑、粘贴等多种方式的表达过程中逐渐清晰明朗起来，获得对科学更深的认识与理解，而且使幼儿在表达过程中发展分享、合作等品质，体会探究的乐趣，同时教师在幼儿的探索和表达过程中，也能及时地掌握幼儿的发展情况。

在幼儿阶段，儿童情感、社会性及自我意识的发展急需自我探索、主动参与和表达意见的机会。教师不能仅仅以幼儿探究的结果去评价幼儿的活动，在提供机会让幼儿进行科学探索之后，要鼓励幼儿以多种方式表达和描述探究过程和自己的感受。正如瑞吉欧提出的丰富的"一百种语言"，在活动中给幼儿表达感受与发现的机会，鼓励幼儿以每个人独特的方式，用图画、动作、口头评议、雕塑、拼贴、音乐、游戏等多种形式来表达自己独特的感受与发现。教师在指导中要注意引导幼儿对所探究的事物进行比较，发现事物的变化和简单的联系，描述幼儿自己的发现，并期望幼儿提出新的问题，开始新的探究。

（四）从每个儿童出发，发现、了解、培养每个幼儿的优势能力

每一个孩子都是一个世界，特殊的、独一无二的世界，每个孩子都用自己独特的眼光去认识这个世界。教师应尊重幼儿的个体差异和独特的科学探究过程，将每个幼儿的需要、动机、兴趣和个别发展置于指导的核心地位，适时、适当提供适合不同幼儿的教育指导，使每一个幼小的科学探究萌芽得以健康生长。教师要注意观察幼儿科学探究的过程，允许幼儿以多种方式操作材料，允许幼儿以多种方式表达自己探索的发现与感觉，从而发现和发展幼儿的优势智能，并创造条件使优势智能得以迁移。加德纳的多元智能理论给了我们评价的新视野，我们应该摒弃以往单一的，以知识为中心的评价观，通过多种渠道，采取多种形式，在不同的实际生活和探究活动中进行评价，从多方面观察、评价和分析幼儿的优势和弱势领域，尊重每一个幼儿的学习、探究和不同的表现形式，并以此为出发点，

选择和设计适宜的科学教育内容和指导方法，促进每一个幼儿的发展。

注　释

　　[1] 姚伟. 论儿童科学素质的培养 [J]. 东北师大学报（哲学社会科学版），2001.

　　[2] 苏霍姆林斯基. 给教师的建议 [M]. 北京：教育科学出版社，1984.

　　[3] S·拉塞尔，G·维迪努. 从现在到 2000 年：教育内容发展的全球展望 [M]. 北京：教育科学出版社，1996.

　　[4] 吴立岗. 教学的原理、模式和活动 [M]. 南宁：广西教育出版社，2001.

　　[5] 联合国教科文组织. 学会生存 [M]. 北京：教育科学出版社，1998.

　　[原文《在幼儿园科学教育中引导幼儿探究性学习》与关永春合作发表于《现代教育科学》2002 年第 8 期]

在科学探究中促进儿童解释能力的发展

科学开端（Science Start）课程是美国以科学探究为核心的综合性的儿童教育课程，是美国教育研究者和一线教师通力合作，以实践研究为基础的儿童科学课程。此课程在美国的幼儿园和儿童早期教育中心及家庭科学教育中都收到了很好的效果，目前，科学开端课程已经在全美 50 多间幼儿教室广泛使用。2004 年开始，在美国教育部旨在通过恰当的教学策略和教学方式促进学前儿童语言和前阅读能力的发展的"早期阅读优先计划"（Early Reading First）项目捐款的资助下，科学开端课程开始作为学龄前儿童教育中心的基础课程。通过科学探究活动发展儿童的解释能力是此课程的一个重要特点。有研究表明，使用科学开端课程的儿童比不使用此课程的对照组的儿童在接受和表达词汇方面具有显著的提高[1]。

一、科学开端课程的特点

当代对科学的新解释是：科学即基于证据的思想、解释与辩解。科学开端课程以科学探究为核心，重视儿童科学探究能力和解释能力的双重发展。

（一）在科学探究中发展儿童解释能力

美国最重要的科学研究组织之一"美国研究理事会"（National Research Council）在总结"美国科学院""美国工程院"及其他组织的众多研究成果后，提出当代科学、科学研究和科学教育的新趋势：由强调"科学即探索与实验"到强调"科学即辩护与解释"；由强调获得答案到更强调运用证据和策略发展或修正解释；由强调为科学问题提供答案到更强调科学解释……[2]在科学开端课程中，科学教育被定义为在日常生活中共同建构知识系统的过程。所谓"共同建构"，就是指在科学探究过程中，通过一系列的周期活动，师幼之间不断进行讨论和对话，对活动中的现象进行解释，并最终形成某种知识体系的过程。做出解释是儿童探究式教学的基本特征之一[3]。

在科学的本质是探究和解释的科学本质观的指导下，科学开端课程不仅重视儿童的科学探究，更重视儿童解释能力的发展。他们认为，学习解释是儿童发展言语技能的一个重要方面。根据比尔斯（Beals）的定义，所谓"解释"就是一种交流，一方表示有些内容是他或她所不明白的……然后由讲述者明确阐明客体、意图、事件或概念之间的逻辑关系[4]。在科学开端课程的科学探究活动中，设置了科学主题的探究，包括测量和绘图、色彩和光、物质的性能、邻居的生活习惯及运动和机器等，其主要目的是促进儿童各种能力综合地发展[5]。

在美国，以前许多关于儿童解释性语言的研究主要侧重于儿童如何学习因果连接词"因为""所以"[6]，近年来，人们开始从相互影响的角度来研究解释性语言。人们普遍的共识是：解释是通过话语来完成的，解释是扩展性话语的一种形式，它涉及一个题目下的话语排列次序。进一步地说，解释已不再被仅仅定义为因果连接词，而是作为话语的一部分发挥沟通作用，是任何两个概念间的桥梁，它使话语有因果性、推理性、程序性、定义性或逻辑性。也有研究表明，解释能力的发展可以预测幼儿入小学以后的学业成绩[7]。

（二）通过经验性、一致性和综合性的课程内容促进儿童解释能力的发展

科学开端课程的目标强调儿童科学探究和解释能力的双重发展，为了达成这一目标，课程内容的选择和编排也力求能够平衡二者的发展。概括起来，科学开端课程在内容方面有三个特点，即经验性、一致性和综合性。

科学开端课程的经验性指的是课程所涉及的内容是儿童可以亲身体验的，比如科学开端课程的五个主要的课程模组：测量和绘图、色彩和光、物质的性能、邻居的生活习惯、运动和机器，都是儿童日常生活中极其常见的内容，跟儿童的生活息息相关。经验性的课程内容能够促进儿童对相关内容的理解，并进一步内化成自身知识经验系统的一部分。"理解"是连接科学领域和语言领域的一座桥梁。《心理学辞典》中关于"理解"的定义是：个体运用已有的知识、经验，以认识事物的联系、关系甚至本质、规律的思维活动[8]——理解是能够解释，包括口头解释和书面解释（对于儿童来说，主要是口头解释）；能够归纳和概括事物的特征；能够把有关概念运用到新的情景，等等。在科学探究过程中，要让儿童理解科学内容，并能进行合理解释，首要的条件是儿童要解释的内容是与儿童的生活经验紧密相连的。

科学开端课程的一致性强调活动内容的前后连贯，即每一天的科学探究活动是建立在前一天活动的基础上并为后一天的活动提供基础。科学开端课程经过多年的教学实践，形成了特有的课程模式——科学循环教学法，使整个课程内容连贯，符合儿童的认知方式和学习方式。一致性的课程也为儿童解释能力的发展提供了很好的语境，使儿童更加了解事物（或事情）发生的前后关系、因果联系。

科学开端课程的综合性是指每一天科学活动的主题可以扩展到教育活动的所有领域，如戏剧表演、艺术、文学等[9]。以"邻居的生活习惯"主题活动为例，这个活动中，活动内容主要是儿童周围的动物和植物，可以扩展到社会领域，让儿童了解什么是邻居，邻居有哪些类型；语言领域，可以丰富儿童的相关词汇，阅读关于动植物的书籍，了解生物之间的关系；艺术领域，通过观察身边的动植物，亲自动手写写画画，唱一些有趣的歌曲，等等。这些都为儿童学会表达、发展解释能力奠定了基础。

经验性、一致性、综合性的课程内容不仅能够激发儿童的学习兴趣，引发儿童不断进行思考和尝试，而且在综合性的活动中，在儿童与教师的有效互动中，儿童发展了解释能力。

（三）形成特定的教学模式和教师支持策略

科学开端课程采用的具体教学模式是科学循环教学法（pedagogy of science circle）。科学循环教学法包括四个步骤：反映和询问（reflect ＆ask）、计划和预测（plan ＆ predict）、活动和观察（act ＆ observe）、报告和反馈（report ＆reflect）。反映和询问主要发生在主题探究活动的开始，教师通过展示、讨论、阅读相关故事或非故事类书籍来引入科学的话题；计划和预测主要是教师把当日的科学活动介绍给儿童，并引导他们计划活动和预测活动结果；活动和观察是儿童以小组的方式参与科学活动，进行科学实践探索；报告和反馈通常发生在一天结束的时候，儿童通过表格、图画和口头报告等形式进行经验交流。鼓励教师"围绕活动组织语言"，以培养儿童把头脑中关于科学概念的印象转变成语言的能力。

在这种教学模式中，教师为儿童解释能力的发展提供重要的支持，主要的支持方式有三种。

第一种方式是树立榜样（modeling）。在科学开端课程中，树立榜样的目的在于通过教师的示范建立一种具体的语言风格来讨论相关问题，使儿童学会适当的语言表达方式。比如在"颜色混合"主题单元开始的时候，教师花了大量时间唤醒儿童原有的知识经验，引导儿童回顾曾经经历过的、与颜色相关的科学活动，对相关元素进行命名，对活动方式进行描述。在活动之前，对于对颜色混合不熟悉的儿童，教师通过单词和词组激发儿童直接的视觉和触觉的经验。教师示范颜色词和颜色混合动词，如"这是绿色""当我们把这些混合在一起就会得到橘色"，以及因果关系词汇"因为"和"所以"，从而在课堂中建立一种具体的语言风格来进行颜色混合活动的讨论[10]。

第二种方式是复述（recitation）。复述是巩固记忆的心理操作过程，学习材料在复述的作用下，保持在短时记忆中，并向长时记忆中转移。复述是一种综合性的学习方式，它富有创造性，能把记忆、思考、表达三者有机结合起来，使之融为一体。科学开端课程中，教师常采用复述模式来引发儿童说出相关的词汇和句子，同时为同伴示范了恰当的语言形式。比如，教师指红色问：彩虹的第一个颜色是什么颜色？几个孩子回答：红色！其他孩子也跟着回答：红色！有相关研究表明，一般情况下讨论已知答案的问题会抑制儿童参与的积极性。然而，在"颜色混合"活动中，基于典型的可视示范的重复模式，反而吸引了幼儿的注意并鼓励了他们的参与[11]。

第三种方式是教师多提开放性结尾的问题（open-ended questioning）。提问的方式是多种多样的，总的来说，可以分为开放式的提问和封闭式的提问。在科学开端课程中，教师较多运用的是开放性结尾的提问。在"颜色混合"单元活动中，教师多次示范、重复了"混合"这个词汇，并引发儿童深入思考。如教师问："我们如何把这些颜色混合在一起呢？""我们该怎么做才能把它们混合到一起呢？"而不是不断问封闭性结尾的问题，如"颜色混合后变成了什么颜色？"开放性结尾的提问强调以幼儿为主体，强调幼儿已有的知识经验和技能水平，引导幼儿自己观察和认识世界。它不仅有利于培养幼儿思维的独创性、变通性、精密性，有利于锻炼实际解决问题的能力，更有利于儿童大胆地表述自己对问题的理解，发展儿童的解释能力。

二、科学开端课程对我国儿童科学教育的启示

（一）儿童科学教育的目标应包括促进儿童解释能力的发展

科学开端课程的课程目标强调科学领域和其他方面的协调发展，包括支持幼儿的语言、识字、问题解决、社会交往和自我调节等多方面的综合发展。科学开端课程以维果斯基的理论为基础，鼓励儿童在一段持续的时间中，就一个题目进行深入的、不断递进的科学探究，并同时伴有自我解释和讨论交流。

在我国幼儿园教学实践中，受分科教学的影响，强调科目之间的完全独立，科学与语言领域各自承担自己的教育目标。目前实行比较广泛的"整合课程""方案教学"也存在着盲目借鉴外国理论，没有对课程的实质和内涵作深入的挖掘，导致综合课程成为拼盘，各个领域生硬地组合起来的问题。《幼儿园教育指导纲要（试行）》强调："幼儿的学习是综合的、整体的。在教育过程中应依据幼儿已有经验和学习的兴趣与特点，灵活、综合地组织和安排各方面的教育内容，使幼儿获得相对完整的经验。"在科学领域，一个重要的目标是"愿意与同伴共同探究，能用适当的方式表达各自的发现，并相互交流"。借鉴科学开端课程，实现幼儿园科学课程目标多元化，我们应把促进儿童解释能力的发展纳入科学教育领域的目标。"科学探究"侧重于儿童通过动手操作学习科学，"解释"则是让儿童把探究过程中的发现和疑惑用语言表达出来。通过和同伴的交流、解释，甚至是辩解，可促进幼儿发现新问题，开展进一步的探究。

科学开端课程证明了教师可以成功地鼓励儿童学习探究及解释。在成人的支持指导下，年幼儿童有能力进行比较复杂的讨论，包括预测、描述和解释自己的观察和探究。有重要证据表明，儿童在积累了大量知识后，具备了远远高于我们平常所能观察到的抽象能力[12]。年幼儿童在获得丰富的感官经验的基础上，有能力进行比较复杂和比较抽象的科学思考，有能力对科学探究进行深层次的解释。科学探究的主题可以渗透到任何一个相关领域，尤其是语言领域。儿童一边进行科学探究，一边对科学现象进行思考和解释，探究引发解释，也是儿童解释的依据；通过解释又可以促进儿童进一步的探究。

（二）教师为儿童解释能力的发展提供支持和帮助

儿童认知的发展发生于儿童作为积极的参与者与他人的互动之中，教

师的支持与帮助对儿童解释能力的发展至关重要。教师应该成为儿童解释能力发展的"支持者、合作者和引导者"。作为引导者，教师要建立一定的语言风格来引导儿童讨论科学问题，为科学活动中使用的解释性语言提供良好的典范，并引导幼儿运用正确的表达方式；作为支持者，教师应鼓励儿童进行观察和预测，鼓励幼儿使用解释性语言；作为合作者，教师应鼓励所有参与者共同讨论，分享观点，鼓励儿童参与小组讨论，演示如何宽容与理解性地看待别人的解释。

在实际教学中，很多教师往往是控制者和灌输者，解释性话语的运用很少，大多数时间教师使用语言进行行为管理，而不是用于信息交流。当教师有时确实运用解释时，这些解释通常都是用来调解儿童之间的纠纷，而很少用来鼓励儿童获得对事物的了解。尤其是在科学教育活动中，教师急于把正确的"知识"传授给孩子，而忘记了科学探究过程对儿童发展的重要性，更是忽视在探究活动中发展儿童的解释能力。在科学开端课程中，强调教师不是纠正儿童的语言或灌输给儿童正确语言的方式，来直接教会幼儿如何进行解释；相反，强调儿童通过与教师和同伴进行的讨论，在倾听、表达和分享中，学习和模仿教师和他人的解释性语言，在不断运用语言解释的过程中，逐渐提高解释能力。

"儿童天生就是科学家。"科学活动给儿童提供了像科学家一样观察、探索、发现和表达的机会。通过教师的支持与帮助，儿童在科学探索的过程中，可以获得探究能力与解释能力的发展。这有利于儿童形成最初的基本的科学素养，也直接体现了"科学即基于证据的解释"的新科学观。

注　释

[1] FRENCH L A. Science As the Center of A Coherent, Integrated Early Childhood Curriculum [J]. Early Childhood Research Quarterly, 2004 (19)：138—149.

[2] 李雁冰. 科学探究、科学素养与科学教育 [J]. 全球教育展望, 2008 (12)：14—18.

[3] 曹志平. 理解与科学解释：解释学视野中的科学解释研究 [M]. 北京：社会科学文献出版社, 2005：3.

[4] BEALS D E, De TEMPLE J M. The Where and When of Whys and What's：Explanatory Talk Across Settings. Paper Presented at the Biennial Meeting of the Society for Research in Child Development, New Or leans, LA, 1993-03-26.

[5] LUCIA FRENCH，KATHLEEN CONEZIO，MARYLOU BOYNTON. Using Science as the Hub of an Integrated Early Childhood Curriculum：The Science Start! Curriculum. http：//ceep. crc. uiuc. edu/pubs/katzsym/french. html，2000－11.

[6] FRENCH L A. The Development of Children's Understanding of "because" and "so" [J]. Journal of Experimental Child Psychology，1988（45）：262－279.

[7] DICKINSON D K，SNOW C. Interrelationships among Prereading and Oral Language Skills in Kindergartners from Two Social Classes [J]. Early Childhood Research Quarterly，1987（2）：1－25.

[8] 宋书文. 心理学辞典 [M]. 南宁：广西人民出版社，1984：230.

[9] SHIRA MAY PETERSON，LUCIA FRENCH. Supporting Young Children's Explanations through Inquiry Science in Preschool [J]. Early Childhood Research Quarterly，2008（23）：395－408.

[10] SHIRA MAY PETERSON，LUCIA FRENCH. Supporting Young Children's Explanations through Inquiry Science in Preschool [J]. Early Childhood Research Quarterly，2008（23）：395－408.

[11] SHIRA MAY PETERSON，LUCIA FRENCH. Supporting Young Children's Explanations through Inquiry Science in Preschool [J]. Early Childhood Research Quarterly，2008（23）：395－408.

[12] 鲍曼，多诺万，勃恩兹. 渴望学习：教育我们的幼儿 [M]. 吴亦东，等译. 南京：南京师范大学出版社，2004：4.

[原文《在科学探究中促进儿童解释能力的发展——美国科学开端课程对我国儿童科学教育的启示》与张妮妮合作发表于《课程·教材·教法》2011年第5期]

幼儿园数学教育生活化及其实施策略

数学家华罗庚曾经说过："宇宙之大，粒子之微，火箭之速，化工之巧，地球之变，日用之繁，无处不用数学。"[1]这段话可谓对数学与生活二者关系的精彩描述。幼儿的发展特点和学习能力决定了幼儿园课程必须是与幼儿的生活相关联的[2]。数学源于生活，也应用于生活，这决定了幼儿园数学教育应当生活化。只有生活化的幼儿园数学教育才能使幼儿真正体会到数学与人类生活的密切联系，对数学产生亲切感，并能初步运用数学知识去观察生活，从而学会用数学的思维方式去分析、解决日常生活中遇到的问题。

世界上许多国家和地区在数学教育改革过程中都十分重视数学教育与日常生活的关系，将数学教育的范围扩大到学生生活的全部时空，希望通过实践来教育学生，从而使学生学会生活。比如，近年来美国比较流行一种新的教育方式——"木匠教学法"，就是给孩子们一些木块和量尺去量木块的长宽高等，然后拼成一些简单的物体，而教师只是布置任务和解答孩子们在动手活动中遇到的各种问题[3]。"木匠教学法"的核心就是强调数学教育生活化，注重知识来源于生活，让学生自己去发现问题和解决问题，从而发展想象力和创造力。

幼儿园数学教育生活化的实施是一个受多种因素影响的多层次的综合过程，它主要涉及数学教育目标生活化、数学教育内容生活化及数学教育形式生活化三个方面的内容。

一、数学教育目标生活化

学前儿童处于形象思维到逻辑思维萌发及发展的时期，还不能完全理解抽象的数学概念，因此，对学前儿童的数学教育，应是一种启蒙性的教育。《幼儿园教育指导纲要（试行）》指出，数学教育目标为"能从生活和游戏中感受事物数量关系并体验到数学的重要和有趣"。由此可以看出，幼儿园数学教育的目标不在于让幼儿记住多少数学概念、掌握多少数学规律，而重在通过生活和游戏来培养幼儿对数学的兴趣。因此，数学教育目标的设定应当和幼儿的生活经验相联系，数学教育的目标应该生活化。

（一）以促进幼儿整体性发展为最终目标

幼儿教师在设定数学教育目标时要以促进幼儿整体性发展为最终目标。幼儿是数学教育的主体，数学教育的目的是为了促进幼儿的发展。幼儿身心发展水平、发展的可能性和发展的规律，是幼儿园数学教育目标制定的主要依据。数学教育目标的确立应当从幼儿角度出发，涵盖态度情感、能力、知识经验等多个维度，并且目标应是可测的、可评价的、具体的、明确的。

比如，在中班数学活动"到 7 家做客"中，执教教师将目标表述为："正确感知 7 以内的数量。理解数字 7 的实际意义；学习按卡片的数量放入相应数量的物体。"显然，该目标过于单一，只重视了数学知识技能的传授，而忽略了幼儿其他方面能力的发展。结合数学教育目标生活化的要求，我们可以将此活动的目标设定为："正确感知 7 以内的数量。理解数字 7 的实际意义；在游戏中体验学习数学的乐趣；能运用所获得的经验解决生活中遇到的数学问题。"

（二）重在培养幼儿解决生活中的数学问题的意识和能力

数学教育目标生活化强调教师要用幼儿能理解的数学观点和方法引导幼儿去发现和解决生活中的实际问题。以往数学教育的一个最大的缺陷就是，学生学习几年、十几年的数学，做了无数道数学习题，最终却不会在自然和社会生活中运用数学。翻开幼儿的数学课本，球总是圆的，桌子总是方的，可生活中的球并不总是圆的，桌子也并不总是方的。幼儿在接受书本知识熏陶的同时，又不断在丰富多彩的现实生活中接受信息。只有当幼儿真正感到数学活动涉及他当前想要知道的东西或想要解决的问题时，他才会积极主动地去思考和探索，从而真正调动起学习数学的兴趣。

比如，幼儿园每天都统计幼儿出勤人数，教师可将这个问题交给幼儿自己解决。可以引导幼儿通过数数、比较、计算等方法，了解今天来园的小朋友是多少，没有来的小朋友是多少，男孩子和女孩子各有多少，等等。正如弗赖登塔尔所言："数学来源于现实，存在于现实，教学过程应该是帮助学生把现实问题转化为数学问题的过程。"[4]

二、数学教育内容生活化

数学具有广泛的应用性。日常生活中经常需要运用数学知识解决问题，幼儿园数学教育活动的内容如能和幼儿的生活实际相联系，不仅会让他们感到数学就在身边，而且能够让他们感到数学的有用，这样就会激发幼儿学习数学的愿望，使其产生学习数学的动力。实践表明，越是贴近儿童生活的教育内容，儿童越喜欢，因为它生动、自然。

（一）数学教育内容要符合幼儿的认知发展水平

由于每个幼儿所处的文化环境、家庭环境和自身思维方式的不同，幼儿学习数学的能力必定是有差异的。因此，幼儿教师要从幼儿的生活经验和认知水平出发，选择幼儿能理解、感兴趣并密切贴近其生活实际的数学教育内容，让教学根植于生活，让每个幼儿体验到学习数学的乐趣。

在当前的幼儿园数学教育中，幼儿园为了迎合家长的需要，存在着数学教育"求难"的倾向，甚至出现教授小学高年级数学内容的情形。有的幼儿园教师也认为，有难度的学习内容才利于幼儿抽象思维能力的发展。可以肯定的是，这样的教育是"高代价"的教育。首先，只有在儿童"最近发展区"的教育内容才是最有利于幼儿发展的内容，过高或过低都不易被幼儿有效吸收。其次，对于学前期的儿童来说，具体形象思维是主要的思维方式，抽象逻辑思维刚刚开始萌芽，我们不能不顾儿童的思维发展特点，一味"拔苗助长"地发展其抽象思维能力，应认识到形象思维能力也是创造力发展的重要组成部分。

（二）数学教育内容要贴近幼儿的日常生活

《幼儿园教育指导纲要（试行）》指出，"科学教育应密切联系幼儿的生活实际进行"。在幼儿的日常生活中，和数学有关的问题时时刻刻都存在着。如玩具类别、大小、形状、颜色及空间方位，教室里幼儿的多少、高矮及每天的出勤率，户外树木的高矮、粗细、排列的规律，等等。有学者指出，拥有商品零售经验的儿童，在解决货币问题中的表现要优于没有类似经验的儿童，同时，他们能够采用自己的方式对货币数字进行情境性的表征[5]。导致儿童数学认知发展差异的最重要的因素是他们在日常生活中接触数学活动的频率[6]，因此，幼儿园数学教育活动的内容应当和幼儿的生活实际相联系，帮助幼儿增加和积累日常生活中与数学相关的知识经验。比如，进餐时，教师可让幼儿观察对应现象：一个小朋友有一个盘子、一把勺、两个碗，如果发现小朋友和餐具套数正好对应，那么就说明进餐人数与餐具套数是一样多的；吃水果和点心时，可让幼儿从颜色、形状、数量等方面对水果、点心进行观察、比较，并大胆地用语言进行表述。

三、数学教育形式生活化

很多教师在考虑幼儿数学教育形式时，习惯于仅以幼儿认识事物是从具体到抽象这一特点为依据，只强调数学教育的直观性，片面依靠教师在教学活动中的讲解和演示，把答案强加给幼儿。这种单纯符号式的说教使幼儿感到数学是艰涩、无趣的，并逐渐对数学产生畏惧心理。其实，教学是一种多元化手段的展示平台，数学教育形式生活化要求教师不必拘泥于教学形式的限制，应随机开展数学教育活动。

（一）将数学教育渗透在幼儿园一日生活中

有研究表明，在幼儿的日常生活中，涉及数学内容的活动占有很大比例，它们通常在自然状态下发生，并且经常性地、反复地出现，对幼儿的数学学习和问题解决产生着潜移默化的影响[7]。可以说，在幼儿的日常生活中，存在着许多非正式的数学学习和问题解决情境，幼儿凭借着"数"和"形"的中介，实现着对周围世界的基本结构和秩序的认识与把握。这就要求幼儿教师要做一个有心人，巧妙地抓住一日生活中与数学有关的问题情境，随机对幼儿进行数学教育。

比如，教师可以在各个生活环节中（来园、吃饭、游戏、睡觉、离园等）进行时间上的提示，引导幼儿认识时钟，让幼儿有意无意地去观察周围的时钟，幼儿在反复观察的过程中就能自然地认识时钟，并从中初步感知有关的数学知识。再如，进餐时，教师可引导幼儿通过观察碗、筷子、盘子的形状，加深幼儿对几何图形的认识。

（二）引导幼儿在游戏中体会数学的乐趣

在游戏中渗透数学，不但可以使较为抽象的数学知识变得形象有趣，而且会使幼儿的思维变得更敏捷，内化能力增强，对巩固幼儿的数学知识帮助很大。教师应善于抓住游戏中的数学教育契机，激发幼儿学习数学的兴趣。同时，可根据本班幼儿的学习特点，有目的地设计一些数学游戏，让幼儿在玩中、在操作中开始亲近数学，感知数学，从而愉悦地学习数学。

比如，在游戏"造房子"中，教师提供了锥体、正方体积木若干，上面分别写有1—6的数字，目的是复习6以内数的组成，感知组合分解的排列规律。玩时适时引导幼儿将锥体积木做屋顶，根据锥体积木上的数字（例如6），选择写有组成该数的两个部分数（例如4和2）的正方体积木做屋顶下面的柱子，搭成房子。在多样化的操作中让幼儿学会比较、感知：数字越大，积木组成的房子越高。

总之，数学知识本身是抽象的，但它寓于生活，扎根于生活，只有生活化的数学教育才能把抽象的数学变得具体，使数学在幼儿眼中不再是简单的数字，而是富有情趣、充满活力的，这样才能使幼儿体会到数学的真正价值，享受到数学学习的无穷乐趣。

注 释

[1] 黄勋强. 构建"生活化"的数学课堂 [J]. 新课程研究（基础教育），2008（9）：62.

[2] 虞永平. 关于幼儿园课程的理想、构想和遐想 [J]. 山东教育，2003（Z6）：6.

[3] 魏婷婷. 关于"数学生活化"的再辨析：从美国的"木匠教学法"看我国的"数学生活化"[J]. 现代教育科学，2008（6）：77.

[4] 楼亚萍. 数学教学"生活化"的探索 [J]. 宁波教育学院学报，2004（2）：74.

[5] GUBERMAN S R. A comparative study of children's out-of-school activities and arithmetical achievements [J]. Journal for Research in Mathematics Education，2004（35）：117—126.

[6] BALFANZ R，GINSBURG PH，GREENES C. The big math for little kids early childhood mathematics program [J]. Teaching Children Mathematics，2003（9）：264—276.

[7] 庞丽娟，魏勇刚. 论数学问题解决的生态模式 [J]. 心理发展与教育，2008（3）：125.

[原文《幼儿园数学教育生活化及其实施策略》与徐铭泽合作发表于《教育导刊（幼儿教育）》2009年第10期]

幼儿教育"去小学化"难在哪儿?

幼儿教育"小学化"是一个老生常谈却又一直得不到妥善解决的问题。2011 年教育部《规范幼儿园保育教育工作,防止和纠正"小学化"现象》的通知中明确指出,要遵循幼儿身心发展规律,纠正"小学化"教育内容和方式。在教育部印发《指南》所发的通知中,也明确指出"严禁幼儿园提前学习小学内容"。但是,还有为数不少的幼儿园出现汉语拼音、汉字书写、数学计算等小学教学内容,有的幼儿园还要布置大约半个小时的家庭作业。这不禁让我们深思,幼儿教育"去小学化"为什么这么难?

一、"应试教育"压力前移促使幼儿园迎合家长需求

在"应试教育"模式依然根深蒂固的社会环境下,升学"指挥棒"仍然在发挥巨大作用。受"学而优则仕"的人才观和"万般皆下品,唯有读书高"的学习价值观影响,学习成绩被置于最高地位,通过教育和考试获得知识和人力资本,进而为社会竞争增加"筹码",成为很多家庭的首要选择。近年来的"公务员热"、高学历"追逐症"、各省市的"高考状元情结"、职业教育受歧视等问题,使社会竞争压力和"应试教育"压力不断前移。很多人认为,幼儿教育阶段就要为未来竞争做好准备,很多孩子从上幼儿园起就被套上了提早学习的"枷锁"。学前教育的市场化倾向使幼儿园面临生存与竞争的压力。民办园以市场为导向,主要靠社会资源办学,因而招揽生源、稳住生源是其生存的关键。为了争取生源,保证幼儿园的效益及创立品牌,民办园不得不迎合部分家长的需求,打着"不让孩子输在起跑线上"的幌子,开设一些小学课程以获得生存和发展的竞争力。有些幼儿园聘请不合格教师,这些教师没有幼儿发展和教育的专业知识与技能,在教育实践中很容易把小学的教育模式、教学方法带到幼儿园。

二、传统文化中关于儿童和教育的观念影响着教育实践

传统社会"成人本位"的家长制与师生关系,都明显地预设了"启蒙

者—被启蒙者""教育者—被教育者"的二分法，皆认可成人高大、权威的启蒙者和儿童弱小、无知的被启蒙者意象。不少家长持有望子成龙、望女成凤的心理期望，认为孩子送到幼儿园是来学数学、背诗读书的。特别是学前班家长，每日接孩子时，第一句话便是问今天学了几道数学题，识了几个字。而且，中国传统文化中存在重视知识教育和技能训练的传统，让儿童显出基础知识扎实的表象，也一直在诱导着幼儿园与家长的价值取向。幼儿园一日活动的安排具有高度结构性，强调一致性、纪律性、行为控制；幼儿被要求坐有坐相、保持安静并举止得体，这些都反映了传统文化中认为应该在儿童的早期阶段培养其纪律性和行为适宜性的观念。于是，在幼儿教育的空间资源、人力资源等缺乏的情况下，"小学化"的内容和管理方式就成为幼儿教师的方便之举。

面对"不让孩子输在起跑线上"的宣传，我们应该有一个正确的认识。首先，人生是一场比赛吗？显然不是。人生是享受生命历程，过有意义的生活，实现人生价值的过程。所谓"起跑"是经不起推敲的提法。其次，孩子为谁起跑？在孩子学习书写、参加兴趣班时，成人有没有考虑孩子的手部肌肉是否达到了握笔和手写的成熟水平？是否有兴趣学习钢琴、舞蹈、美术？是否有足够的自由游戏时间？显然在这些问题中，孩子不是自主自愿的。最后，所有的孩子在同一个起跑线上吗？当然不是。由于遗传、后天环境和教育的不同，每个孩子都是独特的，有的孩子大器晚成，有的孩子少年早慧。因此，我们要给孩子成长的时间，给孩子展开自己生命能量的时间。

三、幼儿教育的重要性与特殊性没有被广泛认知

由于缺少对儿童世界的深入研究和科学认识，中国的儿童教育概念还停留在"教"知识、道德、技能的层次上，即从外部向儿童灌输大量信息。而且，人们容易惯性地认为幼儿园就是为小学学习知识做准备，提前学习小学内容有益而无害。然而，从早期教育和中小学教育从属于不同教育机构的发展历史可以发现，与中小学教育依赖于社会效能论相比，幼儿园教育教学更多地依赖于发展理论。幼儿期是一个充满生命活力、蕴藏着巨大发展潜力和具有很强可塑性的重要发展阶段，然而又是一个非常脆弱，非常容易被外界环境影响的时期。幼儿园教育如果无视幼儿个体身心发展的需要，不考虑幼儿的内在需要及其发展水平和特点，而只是强调社会需要和知识学习，那么，幼儿园教育势必会失去自身的教育地位与

价值。

作为人类个体受教育的起始阶段，幼儿期是培养孩子的兴趣，让孩子拥有自由想象的空间和健康、轻松的心理状态的最佳时期，是享受童年快乐的阶段。违背学前儿童身心发展规律和学前教育规律，过早强制灌输知识，不仅增加了孩子的生理和心理压力，而且容易使孩子从小产生厌学和恐惧的情绪。死记硬背的训练方式不仅扼杀孩子的想象力，而且限制孩子发散思维的发展。

童年的快乐是幸福人生所必不可少的。精神分析学家弗洛伊德经过研究证明，童年的经验对人格发展具有重要作用。我们不能为了遥远的未来牺牲儿童今天的快乐，没有今天自由游戏、享受童年快乐的儿童，就没有明天活泼开朗、富于创造的成人。

幼儿教育"小学化"是多种因素综合作用的结果，因此，幼儿教育"去小学化"也必将是一个宏大的系统工程。当前，学前教育是基础教育发展中的"短板"，对学前教育的投入一直没有真正纳入公共财政投入体系，公共财政的公共性没有得到充分体现。我们期待，随着国家整体改革的深入，学前教育的重要性和特殊性能够被越来越多的人所认识，政府对学前教育的发展有更多的投入与监管，幼儿教师的入职门槛、专业化水平不断提高，幼儿教育步入健康有序的发展轨道。

［原文《幼儿教育"去小学化"难在哪儿？》与索长清合作发表于《中国教育报》2014 年 12 月 21 日第 1 版］

对幼儿园教育教学"实验热"的理性分析

随着教育改革的不断深入，幼儿园教育教学实验成为幼儿园教育教学改革的重要手段，不断受到社会各界的关注。无论是幼儿园教育教学实验的开展范围还是影响深度都是空前的，形成了"实验热"现象，相关的争论与争议也一直存在。理性地分析教育教学实验对幼儿园教育教学改革的作用有重要意义。

一、幼儿园教育教学"实验热"的成因分析

幼儿园教育教学"实验热"作为一种教育现象，有其发生发展的历史与现实原因，反映着社会的变化与进步，体现着幼儿园教育教学管理的特点。

（一）社会的关注与家长的高期望

随着社会的发展，学前教育得到了前所未有的重视，大到政府小到每一个家庭，都把儿童的早期教育放在了相当重要的位置，把学前教育的质量同国家民族的兴旺发达、家庭的未来联系起来。我国持续多年的"早期教育热"就是人们对学前教育高度重视的表现。如今的"实验热"也反映着教育机构与家长在新形势下求新求变，渴求新的学前教育教学模式，以期更有效地培养人才的心态。

家长们对孩子的高期望也渗透到对幼儿园教育教学的高期望之中。家长本着"不能让孩子输在起跑线上"的心理，对孩子的教育抓得越来越早，投资也越来越大。在送孩子入园的问题上不仅要择园，而且要择班，"实验班"成为大多数家长的首选。家长对"实验班"的需求使得幼儿园实验班的数量不断增加，也促成了幼儿园教育教学实验的不断升温。

（二）幼儿园生存竞争的需要

在当今社会，幼儿园在肩负社会的责任和家长的重望的同时，自身的

生存发展面临着激烈竞争的压力。随着我国市场经济改革的逐渐深入，幼儿园管理体制不断改革，幼儿园被抛入了市场经济的大潮当中，自身的生存与发展问题是其必须面对的挑战。许多幼儿园以"实验班"探索新的教育模式，同时希望通过实验带动教师素质与教育教学质量的提高。但也有相当多的幼儿园为了迎合部分家长的需要，过早地对幼儿进行识字、算术、英语等学科的教育，或者以特长班的形式进行专业教育。为数不少的幼儿园园长提到："迎合家长需要已成为幼儿园生存发展的一种无奈选择。"幼儿园面对激烈的市场竞争，必须以"新"求生存，求发展，这也导致了幼儿园"实验热"的持续升温。

（三）幼儿园教育教学管理上的特点

幼儿园教育是我国基础教育的重要组成部分，但不属于义务教育，在课程管理上有很大的自主空间，没有幼儿必须学习的知识内容上的要求，这为幼儿园教育教学实验的引入提供了便利条件，幼儿园有权决定进行一些教育教学实验。这就使得一些幼儿园各种"实验"自由进出，形式花样翻新，幼儿园在实验中显得十分"躁动"。

二、幼儿园教育教学"实验热"的特点

（一）幼儿园的教育教学实验类型多样

幼儿园的教育教学实验呈现出丰富多彩的局面。不仅不同的幼儿园进行着不同的教育教学实验，而且同一个幼儿园同时进行着不同类型的教育教学实验。同时，随着时间的推移，幼儿园教育教学实验的水平也有了明显的不同，不同层次与不同水平的教育教学实验存在于不同的幼儿园甚至于同一个幼儿园。

幼儿园教育教学实验存在多种类型。从实验的引入方式上可分为"观念引进型""模式引进型"和"教材引进型"。"观念引进型"指实验主要是为了引入某种观念，包括一些教育理念、研究方法及课程组织原则等，很少有固定的操作方式和配套的教具，在实验过程中，鼓励教师创造性地运用某种教育理念或原则。"模式引进型"是指实验主要从操作模式入手，其中的教育观念、研究方法及课程组织方式都有固定的模式，同时引入相关的教具，通过对教具的应用实现其课程理念。蒙台梭利教育法和感觉统合训练都是以模式引进为主要方式的实验。"教材引进型"指实验主要通

过引入成形的教材进行，教材中的教师用书描述了重要的教育观念、课程组织方式等，还有一些设计好的教学内容及部分相配套的教具来帮助指导教师教学，教师的教学能力及创造力决定教材实施的水平。幼儿园的许多语言教学实验多以教材引进的形式进行。以上三种类型是从不同的侧重面划分，不能涵盖幼儿园实验的所有引入方式，有许多实验是以上三种类型的综合。

幼儿园教育教学实验从实验进行方式上可分为"忠实模仿型""多元整合型"和"深化研究型"。"忠实模仿型"的实验多表现为对一种较成熟的课程模式或操作模式的忠实模仿。"多元整合型"指幼儿园教育教学实验将多种课程模式与教育理论进行综合，结合幼儿园自身的实际进行探索。如，有的实验幼儿园或幼儿园的实验班，并不以某种课程模式体现自己的教学实验内容，而是将新的教育学与心理学理论作为实验理论基础，结合幼儿园自身的特点，进行自主实验。"深化研究型"指幼儿园教育教学实验以由浅入深、不断深入的形式展开，实验不停留于简单模仿，也不是短期行为，而是不断深化理论、提升实践的过程。这种实验多是由幼教专家主持的实验课题。

幼儿园教育教学实验类型的多样性还表现在实验教师培训方式的不同上，既有一次性培训，也有渐进的渗透性培训。总之幼儿园教育教学实验百花齐放、五彩斑斓。其中自然不乏以实验为名，谋求实验外其他利益的"伪实验"。

（二）幼儿园教育教学实验多以变革性、外源性为主

从教育实验的发展史来看，教育实验主要有两大派别：一派把教育实验只作为教育科学研究方法使用，用一种科学研究的实验方法严格控制实验中的各种变量，以量化指标呈现研究成果；另一派则把教育实验作为教育改革的途径与手段，认为"教育实验作为一种特殊的实践活动具有尝试、探索、改革的意思"，把教育实验最主要的标志设定为"主动的变革"。杜威的芝加哥大学实验、陶行知的生活教育实验等都是这种重变革、重示范，将科研与实践融为一体的教育实验。这两派都有其存在的必要，在解决问题和研究问题方面都有自己不同的侧重面，而且这两种教育实验的发展史也都证明了其自身存在的价值，那就是研究与发现教育规律。幼儿园当前的教育教学实验多以变革实践为主要目的。改革是教育发展的主题，改革就是为了更新教育观念，改进教育实践，更有效地培养人才，教

育实验作为变革的手段成为必然。因此，我们认为当前幼儿园大量的、多样化的、多层次的教育教学实验主要以变革实践为特点。此外，当前幼儿园教育教学实验多是外源性的。外源性是与内源性相对而言的。从宏观上说，一个国家或地区的文化有外源性与内源性之分；从微观上说，一所幼儿园的管理与教育文化同样有外源性和内源性之分。如果幼儿园教育教学文化的源头是内部的、自主的，我们说它是内源性的；如果幼儿园教育教学文化受外界影响而不断改变，我们说它是外源性的。当然，外源性与内源性不是对立的两极，往往是你中有我，我中有你。当前幼儿园教育教学实验表现出以外源性为主的特点：首先实验动机多是被动的。表面上看好像很多实验是幼儿园主动的、自发的选择和行为，但从其出发点看，有些实验是幼儿园为生存竞争的需要而迎合家长的选择。其次实验内容多是引入的。表现为很多幼儿园只是将现成的课程模式或教育教学内容在幼儿园进行直接的应用研究，这些实验性课程从来源与实验方法上来说都是外来的。如何把外来的实验内容与幼儿园自身的特点相结合，逐渐变成幼儿园自身课程的一部分，是目前幼儿园需要迫切解决的问题。

三、幼儿园教育教学"实验热"存在的问题

通过以上对幼儿园教育教学实验成因与特点的分析，我们认识到，任何事物的发生发展都有其历史必然性，既呈现时代的文化特点，也隐含着发展的潜在动力，同时也存在着各种不完善。辩证地认识当前"实验热"现象的利与弊，肯定其合理内核，发现其存在的问题，是我们应当建立的一种正确看待"实验热"现象的理性态度。

幼儿园教育教学实验正在为幼儿园教育带来积极的变化是不言而喻的。实验为教师观念转变提供了实践舞台；实验为增强教师科研意识和实现教师专业化创造了条件；实验使课程模式多样化，教育教学方法更有针对性。尽管幼儿园当前的大多数实验是外源性的，但是，这种"拿来主义"的合理性在于：对成熟理论与课程模式的模仿过程也是一个学习新理论、新方法的过程。这些外源性的实验在满足幼儿园求新求变的同时，也给幼儿园已有的传统模式带来冲击，在新旧对照中，教师的眼界开阔了，研究意识增强了，进而去寻找更适合自己的教育教学方式。幼儿园通过实验不仅实现着教育观念上的变革，更重要的是改变着实践的方式，促使教师不断探索，为幼儿提供和创造更适宜、更丰富的教育和环境。然而，我们更要清醒地看到"实验热"中存在的问题，主要有以下三个方面。

（一）实验引进上忽视了历史生态差异性

当前有的幼儿园对一些来自于西方发达国家的课程模式与教学方法表现出极大兴趣，愿意投入大量的资金参加教师培训，购置数量可观的教具。这种引进忽视了一个重要问题，那就是历史生态的差异性。"任何一种课程理论和实践的合理性及不合理性，都是受历史的生态限制的。"文化因素制约着教育。由于很少考虑历史生态差异性因素，一味地引进和模仿导致了当前"重课程形式而失去课程灵魂"的局面，而且由这一历史生态差异性引发的矛盾正日益凸显出来。尽管幼儿园为了追求个性化发展而引入实验，却因为忽视自身的个性正在失去个性。不顾自身发展现状，盲目求新求变，不仅突出了传统因素的滞后性，而且破坏了已有的"生态平衡"。

（二）实验过程中缺乏科学指导

教育实验无论是作为研究方法还是作为教育改革的手段，都要遵循科学性原则。教育教学实验活动的研究对象是活生生的、正在成长中的儿童，教育教学实验在本质上既是一种研究活动，也是一种教育活动。因此，教育教学和研究与实验都要服从于教育规律，把幼儿的身心健康发展放在首位，在尊重幼儿身心发展规律的基础上研究、发现教育规律，并在研究中对儿童进行适宜的教育。当前幼儿园教育教学实验中存在着对实验科学性认识不足的现象，其中包括对幼儿身心发展规律的认识不足，对实验研究方法的认识不足。在实验过程中，有的幼儿园只重视幼儿量化知识的掌握而忽视幼儿长期的内隐的发展。有些实验片面强调幼儿智力的可塑性，幼儿的生活自理能力、与同伴交往能力等当下最需要的基本能力的培养却被排除在外。有些幼儿园把实验作为装饰品，过分夸大某一模式的功能。简单模仿某一课程模式或教育方法，都是缺乏科学研究态度的表现。

（三）实验效果缺乏科学评估

教育实验中应有阶段性的评估为实验提供参照，以确证实验是否可行，并不断调整实验方案；在实验结束之后，应有科学评估，论证实验效果，以确定其推广价值。而幼儿园当前为数不少的实验缺乏这一重要环节。有些幼儿园的实验就是为了实验而实验，不仅在开展之初缺乏科学论证，在进行中也没有相应的科学评估，实验的效果更是无人问津。有些幼儿园在引进某一课程模式时，教师只参加过一次培训，便在幼儿园冠以某某实验班之名开始招生了。由此不少实验成为有头无尾、只开展不评估的半截子实验。没有科学论证、缺乏科学方法的指导、没有效果评估的实验，非常有可能导致把幼儿作为实验品，贻误幼儿发展的不良结果。

幼儿园教育教学实验的健康发展需要引起各方的关注。幼儿园应抛弃功利化的追求，重视内源性的教育教学实验，以开放的专业化学习组织为依托，紧密结合幼儿园自身特点，通过开展谨慎的、严肃的实验研究，不断改革和探索，以逐渐提高幼儿园教育教学水平。

参考文献

[1] 联合国教科文组织教育发展委员会. 学会生存 [C]. 北京：教育科学出版社，1996.

[2] 余强基. 谈谈教育实验的几个特殊问题 [J]. 教育研究，1992 (1).

[3] 江雁秋. 在全省科学育儿指导工作上的讲话提纲 [J]. 幼教新视野，2004 (2).

[4] 姚伟，宋小芳. 幼教改革热中的冷思考 [J]. 学前教育，2005 (2).

[5] 许卓娅. 用历史生态的眼光看我国幼儿园课程的理论与实践 [J]. 幼儿教育，2004 (3).

[6] 张俊三. 关于教育实验的若干问题 [J]. 中国教育学刊，1996 (6).

[7] 许群民. 我看我国幼教改革之现状 [J]. 幼儿教育，2004 (5).

［原文《对幼儿园教育教学"实验热"的理性分析》与郑丽波合作发表于《学前教育研究》2006 年第 1 期］

幼教改革热中的冷思考
——斯波代克等人观点的启示

在当代教育改革的热潮中，幼教领域不断涌现出名目众多的教育方案、课程模式，幼教工作者面临着多种选择。不同的教育方案、课程模式有什么本质的区别？哪种方案最适合？哪种方案最能促进儿童的发展？幼教工作者体会到了选择的茫然。美国学前教育专家斯波代克等人的观点，或许会带给我们一些启示。

一、反思现状，关注传统

近年来在幼教改革中新鲜事物不断涌现，我们往往热情欢迎这些新鲜事物，这反映了我们思想观念的日益开放，这对于今天的幼教改革十分有利。但其中也出现了一些盲目现象，往往是一种教育方案或课程模式还没来得及体味、理解，又追逐另一种新教育方案或课程模式，其结果是幼儿园和教师在改革中显得疲于奔命，力不从心。有的幼儿园今天办蒙台梭利班，明天又尝试主题教学，接着又进行方案教学，还觉得多元智能理论也值得学习，看似观念更新快，其实是一种盲从心理的体现，教师和幼儿在其中的收获不甚理想。

反思现状，冷静地审视今天的新事物，可以从关注传统开始。是不是改革中涌现的事物都是真正的创新？斯波代克等人指出，我们崇尚、信奉的许多事物，实际上属于传统事物。他举了两个非常著名的例子。

方案教学。斯波代克说，我们刚接触方案教学时虽然十分激动，但它确实属于真正的传统事物。用方案来组织课程，对于美国进步主义来说，已经是 80 多年的传统了。1952 年在纽约 Beth-Hayeled 为 3 到 8 岁儿童开设的私人学校中，就有人开始采用方案教学。当时，退休的教育学教授克伯屈也是这个学校咨询委员会的成员之一。早在 1919 年，他和同事在哥伦比亚大学教师学院出版的《方案教学法》（也译为"设计教学法"）一书中提出，方案就是在社会环境中进行深入的有目的的活动或活动单元。1952 年，在美国像 Beth-Hayeled 这样的进步学校中，教师开始用方案进行所有科目的教学。20 世纪 60 年代末 70 年代初，在英国的幼儿学校和美国的"开放教育"中，人们对方案教学开始产生了兴趣。

瑞吉欧·艾米莉。在意大利北部地区的小城瑞吉欧·艾米莉实行的瑞吉欧·艾米莉方案，同样让我们幼教工作者感到兴奋。但斯波代克指出，实际上，瑞吉欧·艾米莉方案的产生地并不是意大利。在较早美国进步学校开展的"开放教育"运动中，还有 20 世纪 60 年代和 70 年代的英国全日制幼儿学校中，儿童在活动中通过创造和重构事物的意义来认识周围的世界，与今天瑞吉欧·艾米莉方案似乎区别不大。1964 年，一个叫 Elwyn Richardson 的新西兰教育家在他的《早期世界》一书中，描述了将艺术作为教育幼儿的一种手段，这与瑞吉欧·艾米莉方案中使用的方法几乎是一样的。今天，这个原本属于传统的事物重新出现，却被我们冠以"创新"之名。

斯波代克等人认为，即使指出改革中涌现的一些新鲜事物实质上属于传统，也并不意味着我们因此而反对它们，认识到这些事物属于传统对于今天的改革是十分有益的。在改革中我们往往不关注传统而去不断追逐改革中涌现出的所谓新鲜事物，疲于改革，最后浅尝辄止，一事无成。实际上，任何一种教育方案或课程模式，都以其特定的理论为支撑。教育方案、课程模式的不同不仅仅是形式上的区别，更是理论层面上的不同。我们只有深刻理解每一种方案、课程模式的理论基础，才会意识到有些新鲜事物只是传统事物形式上的翻新和花样的变化，它们建立在同一理论基础之上，在本质上和传统事物是一样的。这样我们就会更加冷静地面对改革中涌现的事物，更加理智地加以选择运用。

二、思想意识与教育方案

斯波代克等人指出，教育方案和模式的理论基础就是一种思想意识。所谓思想意识，不仅仅包括心理学的知识，还包括对教育上什么是好的、什么是有价值的的设想。称一种教育想法为思想意识，表明它是由一系列价值原则构成的，是一个非常系统的关于心理和社会事实的理论结合物。不同教育方案和模式最本质的区别，不仅在于它们的心理学基础不同，更在于它们的思想意识不同。柯尔伯格和梅耶曾将思想意识定义如下："当心理学家杜威、斯金纳、蒙台梭利从事教育活动时，他们提出的理论不仅仅是关于心理学原则的说明，更是一种思想意识。这不是说他们的态度是不科学的，而是教育实践的解决方法不是仅仅来自心理学理论，也不是仅仅来自科学，除了关于儿童怎样学习和发展的设想（心理学因素），还包括对教育上什么是好的、有价值的的设想。他们持有不同的教育理论不是他们的心理学知识不同，而是他们的教育价值取向不同，他们拥有不同的思想意识。"思想意识受人们对教育目的的认识影响。1970年，斯波代克写道："我想说明的是一种早期教育课程的适当来源是一系列的目标，这些目标是儿童教育的目的，其在本质上是一个我们希望儿童是什么的价值说明。"1980年Biber扩充了这种观念，他表明早期教育的目标应该和我们希望儿童是什么和将来成为什么联系起来。由此可见不同的价值观对思想意识起着重要作用。

在多种思想意识的不断发展变化中，形成了三种最具影响力的流派。柯尔伯格和梅耶1972年区别了这三个流派：第一个是浪漫主义流派，以格塞尔和弗洛伊德的发展理论为特征，其观点是先天的成熟和后天的学习是决定儿童发展的两个基本因素，但成熟更重要，不成熟就无从学习。教师的任务就是设置一个良好的环境，让儿童的内在潜力得到充分发展。以这个流派为理论基础的早期教育方案，其主要特征是儿童的创造活动或"儿童中心"。第二个是文化传递流派，其观点认为儿童的行为和发展是由外部刺激决定的，通过刺激与强化就可以按社会的要求改进和塑造儿童的行为。反对自由教育，关注年长一辈向年轻一辈传授的知识，经常用直接的教导或行为分析来描述它的方法。第三个来源于杜威的进步主义哲学，其观点认为儿童的发展既不是直接的生理上的成熟，也不是强化和塑造，它是通过内因和外因相互作用而不断发生质变的结果。这个流派认为知识是埋藏于社会生活之中的，儿童必须从社会生活中收集信息，通过游戏等形式重构、创造信息，并最终内化为自己的知识。

分析以上思想意识流派的主要观点，斯波代克等人指出，很多传统的方案都可归为三个思想意识流派之一：一些方案如生成课程反映了浪漫主义流派；一些方案反映了文化传递流派；一些像瑞吉欧、方案教学这样的方案反映了进步主义流派。由此可见，对于看起来名目繁多的方案、模式，我们只要认清它们的理论基础或思想意识，就有利于我们理清来龙去脉，形成对它们的清晰认识。

三、明确自己的思想意识，做出取舍

任何一个方案都是一定思想意识的反映。教育者所持的教育价值取

向、教育目的决定了他们对理论流派的不同信仰。面对众多教育方案，哪个教育方案更具有发展适宜性？在众多教育方案中我们应该如何选择？

在不同的时期我们受认识水平和时代发展背景的影响往往得出不同的答案，有不同的选择。在当代，比较能达成共识的观点是，不存在任何具有绝对发展适宜性的方案。因为每个方案都各有优势，它们强调的重点不一样，都能在不同程度上促进儿童在某些领域的发展。同时，儿童的家庭背景多样，教育方案和课程模式又有其深厚的文化因素渗透在其中，所以个体适宜和文化适宜是需要我们更多思考的问题。

不仅由于不同的方案各有优势，同样教师自己所持的思想意识在其中的作用也十分重要。儿童的发展并不仅仅取决于方案本身，更关键的因素是教师在自己的教育价值取向、教育目的观支配下对儿童的影响和作用。美国曾有人对伊利诺斯的一个儿童看护中心的户外游戏区进行了观察研究，理论假设是儿童能从他们的活动后果中学习，能不断学会处理他们之间的冲突。但事实并非如此，儿童间的积极社会交往并没有自然出现，而是年龄大的强壮儿童欺负弱小儿童，形成了儿童间的"权势等级顺序"。由此可见，教师的作用、教师的素质在方案中十分重要。好的方案并不必然促进儿童发展。

各种早期教育方案各有优势，且教师的作用十分重要。斯波代克等人指出，我们并不倡导绝对的最具发展适宜性的方案。我们希望早期教育市场重新变成观念市场，在这个市场里，许多观点得以表达、尊重。但教育者要认识到，一些价值观可能在一种文化中被拥护但在另一种文化中被拒绝，可能被一些父母拥护但被另一些父母拒绝。我们必须认识到人们的不同爱好与选择，学会根据自己的实际做出选择，同时也承认彼此的差异，尊重别人的选择。

斯波代克等人的观点带给我们很大的启示。首先，幼教工作者需要根据自己的价值取向和教育目的来明确自己所信仰的思想意识，这种信仰可以作为过滤器帮助我们选择对儿童有价值的教育适宜性方案，使我们在众多方案中能根据自己的文化、地区、幼儿园实际做出最适合自己的选择。其次，幼教工作者还应理解每种思想意识流派，这样才能更深刻地理解每一种教育方案，才能在实践中更自如和有效地应用自己所支持的教育方案。再次，我们还应该了解传统，明白我们今天是站在巨人的肩上，这样我们才会变得更冷静，更有思考力，不会在改革中盲目跟风，随波逐流。

最后，我们应该在幼教工作者之间、幼教工作者与他人之间建立一个持续的对话关系，对话的主题是我们的教育价值观、教育目的观，然后我们将自己的这些观点和信奉的思想意识在我们保留的传统中、在我们支持的方案中表达出来。

[原文《幼教改革热中的冷思考——斯波代克等人的观点带给我们的启示》与宋小芳合作发表于《学前教育》2005 年第 2 期]

瑞吉欧的实验精神与研究方法及其启示

在幼儿教育中，教育教学的实验研究是转变教师观念、促进教师自主发展、形成园本课程的重要途径与手段之一。意大利瑞吉欧教育经验就是教育实验探索的结果，瑞吉欧的实验精神与研究方法对我国当前的教育教学实验有重要的启示作用。

一、瑞吉欧的实验精神

（一）不断探索，大胆实验

实验精神是创新精神的具体表现形式之一，是一种执着于探索，不被传统、权威所束缚，敢于用事实去说明、去检验真理的态度。具有实验精神的人敢于克服困难，敢于摆脱传统束缚，容易形成独具特色的新的教育思想与行为。不断探索、大胆实验的精神贯穿于瑞吉欧教育经验发展的整个历程。瑞吉欧教育经验就是瑞吉欧教育者 30 多年实验探索的结果。从先行者马拉古齐开始，到现在瑞吉欧的所有教育者，都在以行动展示着他们的实验精神。他们学习和借鉴各种理论，虽然这些理论有的大多只是一般原则，并无具体的、适合于学前教育的具体方法，但瑞吉欧教育者通过教育教学实验，将理论整合于实践之中，使各种教育因素有机地组合，形成了独特的教育哲学、教育理念及环境设计理念。瑞吉欧教育者说："作为一个幼儿教育工作者，我们很幸运能够把两个世纪以来多位幼儿教育家的理论和经验一一地接收、实验、引证，然后为我们的孩子铺上一条康庄大道，让他们踏实地健康成长。"瑞吉欧教育者的实验精神已经成为瑞吉欧幼儿园文化的重要组成部分。

我国幼儿园的教育教学创新同样离不开教育教学实验。实验是形成经验的途径，是检验理论的手段，是突破传统的武器，更是教师形成教育教学能力的手段。教师在实践中的探索和创新就是实验精神的体现。幼儿园要鼓励教师勇于在实践中求新，积极地参与教育教学实验，使教师成为一名研究者，而不只是"教育改革的对象和别人成果的消费者"。幼儿园教师要想提高自身的专业化水平，提升自身的社会地位，就要积极参与教育教学实验，在实验中探索，向研究型、专家型教师迈进。英国教育家贝克汉姆认为："教师拥有研究机会，如果他们能够抓住这个机会，不仅能有力地和迅速地推进教学的技术，而且将使教师工作获得生命力与尊严。"

（二）以发展的眼光对待以往的经验和理念

瑞吉欧教育者的实验精神还体现在他们对以往的理论与经验持开放的态度，不仅敢于突破前人理论的局限，而且对自身的教育实践也不固守定势。瑞吉欧教育者曾借鉴过多种理论与经验，包括杜威、皮亚杰、维果斯基等人的理论，但他们并不是简单地照搬照抄，而是用实践去检验、调整和补充理论，进而形成自己的特色理论。瑞吉欧教育者相信，理论与实践是相辅相成的，但是他们反对"实践是理论的推演"这一传统看法，主张运用一种以"实践来滋养的开放的理论"。因此，他们的教育教学实验是基于实践的、基于教师能力水平的、基于幼儿发展的实践活动。瑞吉欧教育经验虽然已经风靡全球，但是瑞吉欧教育者拒绝使用"模式"这个词来谈论他们的教育方法，而是说"我们的方案""我们的经验"，因为瑞吉欧教育者认为他们的探索还远远没有结束，他们还处于探索的过程之中。瑞吉欧教育者的教育教学实验的目的是真正指向儿童发展的。在瑞吉欧教育经验发展初期，他们就有这样一个观点："关于孩子的知识和给予孩子的一切只能从孩子那里学习。"因为儿童是在不断地发展变化着的，因此，教育教学也要随之调整、发展。

我国的教育教学实验多采用理论在先、实践力求证明理论的模式，这种模式的缺陷在于忽视了实践的不确定性、实践主体的文化差异等。例如，将国外的先进教育理论中国化就存在着"不消化"的问题，教师容易陷于盲从。教师应形成批判、反思能力，以发展的眼光看待理论，立足于实践，善于在教育教学实践中发现问题。我们的教育教学实验要避免理论教条、理论权威，不是不要理论，而是要审视理论，以实践去反思理论。每一种教育理论都有其实践发生、发展的历史，我们不能只是抽象地去理解理论，还要了解理论的历史局限性、文化适应性，批判地吸收其合理内核，因地制宜地运用到实践中去，以创新的教育实践去检验、调整已有的理论，甚至形成新的理论。

（三）教育者之间广泛而紧密的合作

瑞吉欧教育者相信，协作、交流和对话是教育成功的灵魂。马拉古齐认为："如果我们的努力成果能够存续许多年，就应该归功于这种集体的智慧。"这里所指的"集体"纵向是行政主管、教学研究人员、教师之间的紧密合作，横向是幼教机构与社区、教师与教师、教师与家长、教师与幼儿之间的合作。教研员不仅协调幼教机构与上级之间的关系，也参与真实情境中的问题解决，如给教师以理论与实践的指导，培训新教师，参与并记录教师与家长的合作活动，并与教师一起进行再探索、再反思。每个班级由两名教师共同教学，平等合作，各展所长。这种教学上的合作，使教师与教师之间得以及时沟通，互相激发，取长补短。

我国的教育教学实验同样离不开合作，但是怎样合作却是一个值得深思的问题。我们目前流行教师集体备课、集体讨论公开课（即"说课"）等形式，这些形式在一定程度上体现了合作，但是与瑞吉欧的合作模式相比，还有许多欠缺。教师组织的日常教育活动绝大部分还是各自为政的，教育教学中发生的问题还不能及时以合作的方式得到解决；教师的创新只能是个别化的、小范围的、短时间的，不能及时总结推广；除了个别骨干教师参与教育教学实验外，大部分教师还处于自由发展状态，没有形成一对一、组与组的互助合作链条。我们认为，教育教学实验不仅是一种创新实践，也是一种广泛的合作，是教师与教师之间、教师与园领导之间、教师与家长之间、教师与幼儿之间的沟通与交流。通过合作，每一个人都有收获，都有提高。

二、瑞吉欧的研究方法

瑞吉欧教育者认为，幼儿教育的有效途径之一是既给幼儿提供自由探究与成长的时间与空间，又使教师作为研究者在教育实践中形成研究能力、教育能力。瑞吉欧教育者的研究方法既是研究法又是教学法，他们一面教，一面学，一面研究，不断地实践和丰富着他们的教育理念。教师在日常教育活动中以观察、记录、谈话与聆听作为主要的教育教学方式，这些既是与幼儿交流、沟通的教学方法，又是研究幼儿、了解幼儿的途径。

观察法。瑞吉欧教育者通过观察儿童与环境的互动来了解儿童。他们观察儿童作用于事物的方法、兴趣、认知冲突及解决问题的难点，以此作为设计、调整活动方案的出发点。瑞吉欧的教师观察儿童的动作、眼神、表情、语言、表达、创作等，观察儿童的特殊需求，以找出与儿童生活紧密相关并对儿童有吸引力的主题，与儿童一起研究、探索，并以合作的方式解决问题。瑞吉欧教育者认为，静静地站在一边，给儿童时间和空间，仔细观察儿童的所作所为，从中有所发现，有所感悟，这样，你的教学就可能不同于往常。

记录法。瑞吉欧的教师记录儿童的语言、感受，记录儿童的学习过程，其中包括儿童学习的动机、兴趣、反应、成果等，教师也记录自己教学的感受，将这些作为教学的参考。他们用自己创造的记录法使实践变得可见、可检、可释和可进一步讨论。他们所采用的记录手段包括幻灯片、投影仪、小手册、录像带等，把儿童作品及与方案主题相关的图片贴在墙壁上并定期更换，也是一种记录的方式。所有的文字描述性记录、对儿童作品的注解、相关照片和录像是瑞吉欧教育者每天必须使用的资料。瑞吉欧教育者认为记录有三种作用：一是给儿童提供关于他们所说所做的具体可见的"记忆"，为下一步学习提供起点；二是为教育者提供研究工具和有利于完善改进的信息；三是为家长和公众提供详细的信息，让他们知道学校里在进行什么，从而获得家长的反馈和支持。

谈话与聆听。谈话是瑞吉欧教育者与儿童交流、互动的主要方式。他们认为知识的学习是在研究讨论中相互启发的成果，在与幼儿谈话的过程中"聆听童声"，让儿童敢于并乐于用语言、表情、姿势、图画、手工、歌谣、歌曲等百种语言去表达思想感情，是对传统教育中"教师讲，学生听"的一种否定。教师在聆听中即时给予支持、鼓励，帮助儿童建立自信心，使儿童在一种平等、宽松的氛围中展示个性。这种以语言为媒介的心灵上的互动过程，就是对儿童进行教育、研究的过程。

方法的科学与否直接影响幼儿的身心发展，影响教师的顺利成长。瑞吉欧教育者一面教、一面学、一面研究的方法是一种双赢的研究法。我们要借鉴瑞吉欧教育者的研究方法，改变重结果不重过程的旧观念，与幼儿建立互动合作关系，以开放的态度组织教育教学活动，通过观察、记录、谈话与聆听等具体的方式来把握幼儿的需要、兴趣、表达风格、表达水平、问题解决水平等，以便在实践中有的放矢。教师要重视环境对幼儿发展的作用，有意识、有目的地为幼儿设置环境，准备材料，为幼儿操作提供时间与空间，并在具体的情境下观察幼儿，研究幼儿。这一过程也是教师向幼儿学习的过程，是教师研究的过程。教师的教育机智就源于对幼儿的观察与研究，源于教师的反思，源于教师日常看似平淡却极富意义的记录、谈话与聆听之中。

[原文《瑞吉欧的实验精神与研究方法及其启示》与郑丽波合作发表于《幼儿教育》2004 年第 5 期]

双性化人格理论及其
对幼儿园性别角色教育的启示

"双性化"的概念产生于 20 世纪 60 年代。1964 年，Rossi 正式提出了"双性化"概念，即"个体同时具有传统的男性和女性应该具有的人格气质"，并认为"双性化"是最合适的性别角色模式。1974 年，美国心理学家 Bem 以这个概念为基础，制定了贝姆性别角色量表，证明了双性化人格的存在[1]。其后，许多国内外学者都在此基础上对双性化人格问题进行了进一步深入的研究。简单说，双性化人格理论认为，双性化人格是一种兼有男女两性人格优点的综合的人格类型，具有较高的心理健康水平，即双性化人格是较完美的人格类型。在幼儿园中，以双性化人格理论为基础创设一种有利于儿童人格发展的教育环境，对儿童进行适宜的性别角色教育，有助于儿童形成正确的性别角色观念，有助于儿童形成健康的人格，有助于促进儿童性别角色社会化的顺利完成。

一、双性化人格理论的主要观点

Whitley 于 1984 年在前人研究的基础上，总结出三种性别角色的模式：第一种是传统的典型性别角色模式，是指那些性别角色符合其生理性别的人的心理健康水平更高，即拥有男性气质的男性和拥有女性气质的女性是心理健康水平最高的人。第二种是双性化性别角色模式，认为男性和女性不是相对的两极，而是我们可以分割的相对的两个维度。认为个体同时具有传统的男性化特质和女性化特质，最适合的性别角色模式是双性化的，而不是单一化的。第三种是男性化性别角色模式，是指那些具有男性化特征的人具有更高的心理健康水平[2]。第二种双性化性别角色模式就是基于双性化人格理论而形成的。

（一）双性化人格是一种兼有男女两性人格优点的综合的人格类型

双性化人格理论认为，现实生活中个体的性格特征是丰富的，男性和女性不是相对的两极，而是我们可以分割的相对的两个维度。个体同时具有传统的男性化特质和女性化特质，最适合的性别角色模式是双性化的，而不是单一化的。即在一个人身上同时具备男性与女性的兴趣、能力和爱好，尤其是心理气质方面具备男性与女性的长处与优点。双性化人格的特征是：既独立又合作，既果断又沉稳，既敏感又豁达，既自信又谨慎，既热情又成熟[3]。

"中性化"与"双性化"是两个截然不同的概念，应该区分开来。轰轰烈烈的"超级女声"造就了广大青少年热烈崇拜的"中性化女孩"，日本漫画和韩国影视里面如美玉的"花样男"成为流行的"明星相"。这些男孩的女性化和女孩的中性化都是"中性化"潮流的具体体现。"中性化"，从社会化的角度来看，它指的是社会中的个体具有性别不典型的特点[4]。笔者认为"中性化"即是属于贝姆提出的"未分化"类型。性别角色中性化现象对传统性别角色的刻板印象提出了质疑，但是把青少年塑造成"假小子"和"娘娘腔"也会容易造成他们的角色紊乱和迷失，随之带来"性取向"的困窘，并导致性别角色认同障碍的出现。而"双性化"则是在保留本性别固有特征的基础上，糅合异性优秀特征的发展。即不论是男孩还是女孩，都应在发挥自己"性别"优势的同时，注意向异性学习，克服自己性格上的弱项，促进身心的全面发展和人格的完善。它是社会中的个体以天赋的生理性别为基础同时吸收、表现、表达出相关性别的个性特点。因此，"'男女双性化'并不代表性别中立或没有性别，也不涉及性的取向，而是描述个人不同程度上表现出两性的行为特征，突破性别刻板印象的束缚"[5]。

（二）双性化人格是一种心理健康水平较高的人格模式

双性化人格理论认为，双性化类型的个体会比较自由地表现男性化和女性化的行为。在社会生活中，具有双性化人格的个体自我概念更为完善，更具有灵活性和适应性。

双性化人格是一种健康人格。美国人本主义心理学家马斯洛和密特尔曼列出了心理健康的10条标准：（1）充分的安全感；（2）充分了解自己，并对自己的能力作适当的估价；（3）生活的目标能切合实际；（4）与现实环境能保持接触；（5）能保持人格的完整与和谐；（6）具有从经验中学习的能力；（7）能保持良好的人际关系；（8）适度的情绪表达及控制；（9）在不违背团体要求的情况下，能作有限度的个性发挥；（10）在不违背社会规范的前提下，能适当地满足个人的基本要求。具有双性化人格特征的个体更符合以上心理健康标准。美国临床心理学家康布兰和贝姆在1976年采用人格归因量表（PAR）测量近千名被试的人的心理健康水平就发现：无论男女，双性化人格都是一种最佳的心理健康模式。司本斯等人采用人格归因量表对女性的调查结果表明，具有双性化人格的人既能胜任男性的工作，也能胜任女性的工作，他们有更好的可塑力和适应力[6]。斯比尔斯等人的研究也表明，双性化的青少年和大学生比类型化的同伴自我评价高，自尊心强，更受同伴欢迎，适应能力更强。双性化的女性比具有典型特质的女性更易把她们的成功归因于能力，很少把失败归因于能力不够，即使失败了也很少表现为无能为力[7]。

双性化人格的个体具有更强的对环境的敏感性和反应能力。Cecilia Cheng 通过实验研究证明：区别双性化个体与男性化个体、女性化个体的适应性行为的最主要的地方在于他们对于环境的敏感性与反应能力，具体说是，在变换的环境中察觉细微之处的能力及根据情景的需要做出相应反应的能力。双性化个体对于情景的改变更具敏感性，并且会根据需要改变自己的行为。"这意味着，具有双性化人格的个体拥有着一种'认知自主'，他们可以跳出自己的性别认知来决定运用哪种策略来更好地处理具体的情况。"然而，男性化个体和女性化个体对他们所扮演的性别角色更具敏感性并且在运用处理问题的技能上是刻板的[8]，可见，双性化人格是一种心理健康水平较高的人格模式。

（三）双性化人格成为一种性别角色发展的新趋势

双性化人格理论的基本假设为男性和女性是两个独立的维度，很多被旧有文化约定为男性或女性单独拥有的人格特质，实质上是属于两性共有的性别特征，男性人格特征和女性人格特征是可以在个体身上很好地融合的。传统的性别角色观念严格界定了男女性别角色标准，限制了男性和女性的行为。以性别特征双性化理论为基础的新的性别特质类型的划分方法，为人类正确理解男女两性差异提供了新的视角。在现代化程度逐渐提高的今天，两性间的距离逐渐缩小，男性可以显现女性的温柔细心，女性也不乏像男性那样勇敢坚强。这种"既独立又合作，既果断又沉着，既敏感又豁达，既自信又谨慎，既热情又成熟"的双性化人格特征是性别角色发展所要求的，有助于形成健康人格。从此人们将不再局限于男性化、女性化这种两极化的分类框架，而是要平等地看待每一个个体。随着社会发展的进步，双性化人格已经成为一种性别角色发展的新趋势。

二、双性化人格理论对幼儿园教育的启示

研究发现，儿童在七岁前不仅发展着性别同一而且也在进行性别角色行为的采择。所以，儿童早期是双性化人格形成的关键阶段，我们应该创设一种有利于儿童双性化人格发展的教育环境。在当前现实情况下，幼儿园进行合理的适宜的性别教育显得尤为必要。

（一）因性施教，培养集两性优点于一身的儿童

理想的"双性化"性别模式从个性角度来讲，应体现为男性以阳刚为主，刚中有柔，而女性则以阴柔为主，柔中见刚；从知识能力的发展来讲，应强调男女共进，取长补短，既具有性别特色，又能优化整体心理水平。这样，健康的性别心理就应该是：一个个体既具有男女之共性，也具有男女之个性，既可以摆脱性别角色标志的束缚，又不失自己的性别本色。因此，提倡双性化教育模式，就是要结合"因性施教"来进行。传统的刻板教养方式、教育观及文化因素，使得男性和女性按照各自既定的性别角色行为规范去成长。在审视传统的性别观念时，我们并不否定男女是存在差异的，特别是在生理上。我们在幼儿园教育中创设有利于儿童双性化人格发展的教育环境也并不是说要忽视男女的两性差异，恰恰相反，我们要承认这种两性差异，实质上这也是承认男女两性在社会生活中具有相互不可替代的独特价值。承认男女有别，这也是客观性的价值事实。

幼儿教师要转变传统的性别观念，培养集男女两性优点于一身的儿童。淡化成人世界固有的性别框架，使每一个儿童都有更广泛的发展空间和选择。对于儿童出现的"异性"特质也不要觉得惊异，也不能妄下结论，更不能予以贬斥，应多赋予儿童一些社会自由度，使得儿童获得多种社会角色体验，增进对人、人生和社会的理解，让他们对男女优秀的人格品质"兼收并蓄"，让儿童的个性得到充分的发展。

（二）适当提高幼儿园男性教师比例，增加低幼阶段男性影响力

在幼儿园中，幼儿教师是儿童认同模仿的对象。教师的言行举止是幼儿学习的榜样，特别是教师对待不同性别的儿童时所采取的不同互动方式，在极大程度上对儿童的性别社会化产生了不同的影响。幼儿园中如果都是清一色的女教师，那么幼儿认同模仿的榜样就只有女性教师。幼儿园在许多方面已经是具有女性化特点的：强调安静、顺从和被动性，而不提倡吵闹、果断、竞争性、独立性等适于男性的品质或行为。男性教师的缺

位将使幼儿减少了发展果断、独立性、竞争性等男性优秀品质的机会，容易使幼儿的性别化过程出现偏差——男孩女性化、女孩女性化过强。这将不利于幼儿性别认同及性别角色的发展，并在一定程度上影响幼儿个性的发展。男教师进入幼儿园可以为幼儿尤其是男孩提供完全不同的教育方式和模仿对象，他们在一定范围内和程度上扮演父亲，至少是成年男性的角色，使得幼儿性别发展有了参照的模本和原型，促进幼儿健康顺利地发展。因此，要适当提高幼儿园男性教师比例，引进部分男教师，可以根据男性教师自身特点，安排一些能够发挥其优势的活动，如开展户外活动，如轮滑等。

（三）以游戏为切入点，找寻双性化人格培养的契机

在幼儿园的日常生活中，游戏是儿童主要的活动形式。儿童的性别角色意识几乎都是在与同伴进行的游戏活动中实现的。笔者观察过的角色游戏活动中就有这样一个例子：一群小朋友在玩"医院"的游戏，男孩子扮演医生，女孩子扮演护士与病人。其中，有一个女孩子对医生的角色很感兴趣，要求大家让她当医生。这时候，一个男孩子说："你是女孩子，就应该做护士！"另外一个男孩子说："对呀，我们男孩子是不能当护士的！"这个小女孩无奈地又回到了她原来的位置上。女孩的行为实际上是对同伴群体所坚守的性别文化的"叛逆"行为，但是最终迫于成为"异己"的压力和威胁，以放弃尝试作为获得同伴认可的条件。这个例子是偶然的，但确实值得我们反思。幼儿在游戏中所表现的某些"出格"行为正是驱除性别偏见，实现双性化人格培养的契机，因此幼儿教师应当从这种契机中寻找性别教育变革的出路。

首先，教师要鼓励幼儿不分性别地在游戏中尝试更多的生活经验。男女幼儿由于生理原因在游戏活动中确实存在着差异性，但是，幼儿教师在组织活动时应将性别公平教育引入儿童的游戏和活动中，既要发挥他们各自的优势，同时也要尽量减少在游戏活动中的差异。幼儿教师在游戏活动的安排上应尽量使游戏的内容和形式变得更加全面，如教师在安排游戏角色时，可以让女孩子扮演一些通常是男孩子扮演的角色，如"警察""猎人"等，使他们能够获得各自不同的情感体验。

其次，教师应鼓励幼儿玩传统意义上的异性的玩具。当男孩子选择布娃娃，女孩子选择手枪等这些传统意义上的异性的玩具时，幼儿教师应该给予鼓励和支持，使孩子能够获得不同的情感体验。要尽可能避免人为造成的心理差异，努力消除性别偏见，使幼儿的个性得到充分的发展。

（四）幼儿园要慎选幼儿教材与读物

在幼儿园中，教师使用的教材和幼儿翻阅的读物是幼儿在幼儿园中性别认知的主要来源之一。虽然现行教材坚持所谓"性别中立"的原则，但在幼儿园的读物和教材中，表现出来的男性和女性的优缺点，已经明显体现了传统的性别观念。如男性优点多表现为聪明能干、诚实勇敢、有责任心、独立性强等；女性优点多表现为勤劳、温顺、心地善良、听话等；男性缺点多表现为不遵守纪律、调皮、霸道、贪玩等；女性缺点多表现为爱哭、软弱、需要保护等。这将使儿童的性别刻板印象进一步形成，不利于其性别角色健康发展。因此，幼儿园教师在挑选教材和幼儿读物时应慎重，教材和读物应该体现出以男性为主人公的内容和以女性为主人公的内容基本一样多，女性角色地位的提高和工作的重要性也要有所体现，只有这样，才能避免幼儿教材与读物所导致的幼儿性别角色刻板印象的形成。

注 释

[1] 希波莱海德. 妇女心理学 [M]. 广州：广东高等教育出版社，1991.

[2] WHITLEY BE JR. Sex-role orientation and psychological wellbeing：Two meta-analysis [J]. Sex Roles，1984（12）：207－225.

[3] 方俊明. 性别差异与两性化人格 [J]. 陕西师范大学学报（哲学社会科学版），1996（3）：142.

[4] 华桦. 论性别角色中性化的形成及原因分析 [J]. 上海教育科研，2006（12）：14.

[5] 石明兰. 双性化教育模式对儿童成长的探析 [J]. 四川教育学院学报，2006（2）：4.

[6] 申继亮. 当代儿童青少年心理学的进展 [M]. 杭州：浙江教育出版社，1993.

[7] 申继亮. 当代儿童青少年心理学的进展 [M]. 杭州：浙江教育出版社，1993.

[8] CECILIA CHENG. Processes Underlying Gender-Role Flexibility：Do Androgynous Individuals Know More or Know How to Cope? [J]. Journal of Personality，2005（6）.

[原文《双性化人格理论及其对幼儿园性别角色教育的启示》与宫亚男合作发表于《大庆师范学院学报》2010年第1期]

家长的教育期望
与孩子的教育成本经济学分析

随着社会的发展，人民生活水平的不断提高，每个家庭都十分重视孩子的教育，不惜教育投入。在重视孩子教育的同时，家庭教育中也出现了家长高期望的误区。孩子教育成本的增加与家长的教育高期望之间有一定的联系。从经济学的视角分析，教育的高成本在一定程度上刺激了家长渴望获得教育收益的高期望，而家长的高期望又容易促成教育的高成本。

一、家庭教育高成本刺激家长的高期望

不久前，上海市一份关于孩子的调查报告在社会上引起极大的反响，其中提到一个惊人的数字："培养一个孩子从出生到 30 岁大概需要 49 万元。"我们不去评论这个数字是否具有代表性，因为它仅仅是 2003 年物价水平下上海徐汇区的统计结果，其他低水平收入的家庭可能无法达到这种投入程度。但是它会带给我们一种信息，在当今社会家庭的支出比例中，孩子成长所需付出的成本在家庭生活支出中所占比例已经相当大，而其中的教育成本已经成为培养孩子经济成本中的重要组成部分。

成本是经济学的一个名词，指从事一项投资计划所消耗的全部实有资源的总和。家庭教育成本是指家庭培养孩子所消耗的教育资源的总价值，或者说是以货币形态表现的，家庭培养孩子直接或间接支付的全部费用。家庭教育成本主要由家庭付出的直接成本和间接成本构成。直接教育成本是指家庭培养孩子所支付的以货币形式表现的全部费用，学费、教材费都属于这一类。直接成本是"看得见"的成本，家庭教育成本中还有一个重要的组成部分，即间接成本，或者叫机会成本。间接成本是一种商品的生产或消费中的其他方面的牺牲。家庭在把大量的资金投入到孩子教育上的同时，放弃了投入到其他投资领域可能带来的收益，牺牲了将资金投入到提高生活质量而带来的生活享受，耗费了本可以用来休闲或工作的业余时间和精力，这些都是间接成本的范畴。对于间接成本的这种牺牲，约翰·斯罗曼做过形象的比喻："你是想花很多钱买一瓶上乘的法国葡萄酒还是买

一瓶便宜的东欧葡萄酒？上乘的葡萄酒会带给你无穷的享受，但它的机会成本很高：因为它很昂贵，如果你决定买它，你就得牺牲很多其他商品的消费。"如今的家长在培养、教育子女过程中不仅投入了大量的直接成本，也投入了很多间接成本。

从经济学的角度来说，人类的任何"活动"都是一种投入产出的活动，任何人类社会关系都可以看作是一种追求自身利益最大化的经济行为主体之间的关系。亚当·斯密在《国民财富的性质和原因的研究》中提出了"经济人"的思想。"经济人"是一种假设的人，有两个最主要的特点：一是他的行为是理性行为，他自己对此有明确认识；二是他追求自己的利益，总是自利的。从家庭对教育的投入来讲，家长就是"经济人"。家长是理性的，家长通过理性思考认为投资教育比投资其他领域能够带来更多的收益。同时，毋庸讳言，家长也是自利的，对教育成本进行投入的最终目的是"产出"，即教育带来的收益。可以说，当前家长对孩子教育成本的高投入多是建立在对教育收益的高期望之上，家长在教育子女的过程中投入了大量的直接成本和间接成本，这无疑会刺激家长对教育收益的期望。从经济学角度看，为了获取更多的教育收益，家长会增加教育成本的投入。在教育这个漫长的过程中投入的教育成本随着时间的推移只能是不断增加，这种不断增加的直接成本和间接成本将一直刺激家长对教育收益的期望。

孩子的成长是一个漫长的过程，教育属于长期投资，教育必须遵循规律循序渐进。现在的问题是很多家长对教育收益的期望过高，主要表现在对孩子未来发展的过高期望和心态上的急躁。有调查显示，城镇居民中，有 95.5％的家长希望自己的子女上大学，其中 42.8％的家长希望子女读到博士。高期望也体现在家长心态的急躁上，对孩子的发展急于求成。由于家长对教育规律和儿童身心发展特点了解有限，许多家长认为只要在学前期抓紧进行教育，就可以任意塑造出自己心目中的完美儿童。家长急切的心态和违背儿童发展特点的要求，不仅影响儿童身心健康发展，而且影响幼儿园和中小学的正常教育教学活动。很多幼儿园依据国家颁布的《幼儿园教育知识纲要》组织教学活动，强调幼儿在身体、社会性、探究精神、艺术表现能力等方面的发展，但是这些隐性的能力提升得不到家长的认可，家长们希望看到的是孩子明显的、能看得见的知识的增加，如孩子一天能背多少古诗，会几道数学题，能说几个英文单词。家长如此高的期望，评价标准又是如此的主观、肤浅，导致很多幼儿园为了适应家长要求，迫不得已地以知识灌输为主，天真的孩子过上了负担沉重的童年生活。这已经引起了许多有识之士的关注。

二、家长的高期望易促成教育的高成本

"经济人"出于理性会选择使其获得最大货币价值的投资，最大货币价值是指相对于成本而言的最大收益。家长所追求的就是相对于教育成本的最大教育收益，家长为了获取更大的教育收益，出于理性会选择增加教育成本的投入。

家长对教育收益的高期望易促成教育成本的增加。教育收益亦称"教育投资——效益"，指通过教育获得的教育利益与付出的教育成本相比较所获得的报酬。家长对教育成本的投入是基于一个"经济人"的理性选择，投资教育所带来的教育收益是家长投入教育成本的原动力。根据人力资本对教育的解释：教育是能在将来获得收益的投资，但个体或家庭必须为此付出一定的直接成本和机会成本。我国现在的社会竞争激烈，就业压力很大，这使家长对自己的孩子能否在将来的社会竞争中处于有利位置而感到十分担忧，所以众多的家长选择在孩子生命的早期，尽自己所能为孩子提供一切受教育的条件。对于家长而言，教育收益意味着家庭未来的经济收入，意味着孩子将来的发展前途。随着家长对可能获得的教育收益的期望提高，会不断加大教育成本的投入，以期获得更多的教育收益。因此，对教育收益的高期望容易促成教育成本的增加。

从经济学出发，教育是一项投资，不同收入水平的家庭投资教育都可以获得一定的教育收益。从教育投资的收益率来看，低收入水平的家庭会获得比高收入水平家庭更高的教育收益，所以低收入水平的家庭反而会更加强调孩子的教育，增加教育成本的投入。对于低收入水平的家庭来说，虽然投入的教育成本很高，负担起来很吃力，但是在可能出现的更高的教育收益面前，他们更希望通过使孩子接受教育来改变现状，提高家庭未来的生活水平。对于低收入水平的家庭来说，将有限的金钱投资到孩子的教育上，相比投入到不能够确保收益的股票等投资领域，进行人力资本的教育投资有着投入少、风险小的优势。所以投入较高的教育成本，以获得更多的教育收益就不可避免地成为低收入水平家庭的理性选择。

家长对孩子发展的高期望导致教育成本不断提高。自计划生育政策实施以来，每个家庭只有一个孩子，这唯一的血脉自然成了全家的宝贝。家长都希望孩子成龙成凤，倾尽全力，不惜代价地给孩子提供最好的教育环

境，对教育寄予极大的期望，但是由于家长对教育规律缺乏正确的认识，致使这种高期望往往演变成一种盲目的投资，使高成本教育有了可以生存的市场。很多"教育经营者"抓住家长的这种高期望的心态，以及现在管理上的不完善，打着各种"神童教育""超前教育"的幌子误导家长，经营着高成本的各种教育。这种现象在家长的盲目认可下愈演愈烈，对年幼儿童教育的高收费现象日益严重，各种各样的"兴趣班"遍地都是。"不要让孩子输在起跑线上"是一个诱人的口号，每个家长都不希望自己的孩子落在别的孩子后面，正是这种心态使得家长即使超出了自己的经济承受能力，也要给自己的孩子提供一个和别人孩子一样的教育环境，所以家长的高期望是促成教育高成本的重要因素之一。

三、教育建议

（一）控制成本投入，走出高成本误区

教育成本的投入的确可以获得教育收益，但这并不意味着投入越高获得的收益就越大，这个收益是有限度的。家长应该更理智地看待投入教育成本带来的收益，教育成本的投入应该是有选择的、有目的的、遵循教育规律的，只有这样的教育投入才能获得更大的教育收益，才能使儿童得到更好的发展；并且可以使教育成本达到最低、最合理的程度。家长减少了教育成本的盲目投入，就使一些非正规的"教育"失去了有利可图的市场，可以促进正规教育机构的良好发展，形成良性循环。

（二）家长要摆正心态，控制过高期望带来的负面效应

家长心态不平主要源于认识上的两个误区：一是教育观上，认为"教育万能"，只要找到合适的教育方法就可以获得立竿见影的巨大效果。其实教育的本质是培养人，发展人，它一定是一个长期的、漫长的过程。儿童的成长是遗传、环境、教育与儿童的主观能动性多种因素相互作用的结果，决不能过分夸大教育单方面的力量。二是发展观上，苛求"速成"。人生并不是一场竞赛，在人生早期这个关键阶段，家长不应该把目光仅仅局限在"初速度"上，应该考虑得更长远，把培养重点放在孩子发展的"加速度"上，让孩子获得可持续发展的能力。

社会在发展，人们越来越重视孩子的教育，我们能够理解为人父母者望子成龙、望女成凤的急切心态，但是这种期望更应该建立在一种理性的

思考上，处理好教育成本和教育期望之间的关系，使教育成本投入日趋合理化。家长的教育期望和孩子的教育成本之间存在着密切的联系，现在过高的教育成本并不应该是社会的正常现象，其内在深层次的社会原因值得我们对其进行深入的探究。

参考文献

　　[1] 约翰·斯罗曼，马克苏特克利夫. 经济学 [M]. 4 版. 郭庆旺，译. 北京：经济科学出版社，2001.

　　[2] 徐安琪. 孩子的经济成本：转型期的结构变化和优化 [J]. 青年研究，2004 (12)：1.

　　[3] 刘泽云，萧今. 教育投资收益分析 [M]. 北京：北京师范大学出版社，2004.

　　[4] 孙志军. 中国孩子的教育成本、收益与家庭教育决策 [M]. 北京：北京师范大学出版社，2004.

　　[5] 李宝元. 人力资本与经济发展 [M]. 北京：北京师范大学出版社，2000.

　　[6] 叶文振. 孩子需求论：中国孩子的成本和效用 [M]. 上海：复旦大学出版社，1998.

　　[7] 梁前德. 湖北城镇居民期望子女受教育程度调查报告 [J]. 湖北商业高等专科学校学报，2002 (3).

　　[原文《家长的教育期望与孩子的教育成本经济学分析》与李卓合作发表于《中国家庭教育》2006 年第 1 期]

后 记

整理自己研究成果的过程，就似对自己人生的回顾。

有人说，人生的道路虽然漫长，但紧要处常常只有几步。我是幸运的，为了成为一名好教师的少年梦，在大学开始了学前教育专业的学习；因为学前教育专业，大学毕业就受联合国儿童基金会的资助去美国学习；回国后在王逢贤老师门下获得教育学博士学位。人生有这样几步，万幸也。我一直感恩！

我是幸运的，经历了我国学前教育事业不断发展的过程。因为研究儿童、研究儿童教育，让我对"儿童是人"有了更深刻的体认。在学术探索的道路上，不断经历"独上高楼，望尽天涯路""衣带渐宽终不悔，为伊消得人憔悴"和"众里寻他千百度，蓦然回首，那人却在，灯火阑珊处"的人生境界，形成了自己对学前教育理论与实践问题的较为系统的认识与理解，同时，也感悟到人生的丰富多彩。

本书呈现的是本世纪以来，我自己以及我的学生在学术道路上不断反思、求证和探索的历程与主要研究成果。我是幸运的，因为教师的职业，自己不仅最大限度地实现人生价值，而且与很多有才华、思进取的优秀青年学子相遇、相知。我们共同努力、上下求索的日子，历历在目！在此，祝福弟子们明天更美好！

随着时代发展，新的理论与实践模式不断出现，本书内容跨越了20年，难免有各种问题，恳请同行提出宝贵意见。

海德格尔曾说过："人，应诗意地栖居在大地上。"与各位共勉！

感谢教育学部！感谢编辑的辛苦付出。

姚 伟

2019 年 12 月

图书在版编目（CIP）数据

儿童发展为本：从理念到策略/姚伟著. —长春：
东北师范大学出版社，2019.12
　（元晖学者教育研究丛书）
　ISBN 978 - 7 - 5681 - 6643 - 0

　Ⅰ. ①儿… Ⅱ. ①姚… Ⅲ. ①学前教育—研究
Ⅳ. ①G61

　中国版本图书馆 CIP 数据核字（2019）第 282942 号

ERTONG FAZHAN WEI BEN：CONG LINIAN DAO CELÜE

□策划编辑：张晓方

□责任编辑：贾秀艳　□封面设计：上尚印像

□责任校对：程　浩　□责任印制：许　冰

东北师范大学出版社出版发行
长春净月经济开发区金宝街 118 号（邮政编码：130117）
电话：0431—84568046
传真：0431—85691969
网址：http：//www.nenup.com
东北师范大学出版社音像出版社制版
辽宁新华印务有限公司印装
沈阳市张士经济技术开发区
中央大街六号路 14 甲－3 号（邮政编码：110021）
2019 年 12 月第 1 版　2019 年 12 月第 1 次印刷
幅面尺寸：169 mm×239 mm　印张：25.5　字数：426 千

定价：79.00 元